보육시설의 운영관리

서정현 저

태영출판사

머리말

우리나라에 보육시설이 처음 설립된 것은 빈민 아동을 위한 구제사업의 일환으로 시작되었다. 그 후 전쟁고아들을 수용하고 기아와 미아를 수용하던 탁아사업은 우리나라의 경제발전과 사회 변화와 더불어 꾸준히 그 성격을 변모하며 성장해 왔다.

1991년 영유아보육법이 제정된 후 보육사업에 대한 체제가 수립되었고 2005년에는 영유아보육법의 개정을 통해 보육사업에 대한 체제가 정비되고 보완되었다.

오늘날 한국 사회에는 선진 산업화와 더불어 급격하게 출산율이 저하되고 이혼율이 급증하였으며, 자녀양육의 문제는 더 이상 각 가정의 개별적 문제가 아니라 국가와 사회가 책임져야 할 사회문제로 인식되고 있다.

보육시설은 꾸준히 증가 추세에 있지만 아직도 보육수요에 비해 부족한 현실이며 시설의 양적인 면 뿐만 아니라 질적 수준을 높이는 데도 힘써야 할 시점이다. 2009년 영유아보육법의 일부 시행규칙을 개정함으로써 기존의 시행규칙의 문제점을 수정 · 보완하고 보육서비스 개선에 박차를 가하고 있다.

이 책은 최근 달라진 영유아보육법과 시행규칙에 근거하여 보육시설을 설립하고 운영하는 데 필요한 요건들을 비교적 상세히 설명함으로써 보육시설을 설립하고자 하는 분들에게 참고가 되었으면 하는 바람이다.

또한, 보육시설에 첫 발을 내디딜 학생들이나 일선의 교사들에게 보육시설의 전체적인 운영체제와 경영의 원리를 알 수 있도록 운영관리와 관련된 각 영역들을 기본 원리와 실제를 함께 엮어서 구성하였다.

보육시설을 운영하기 위해서는 영유아보육법뿐 아니라 관련 제도와 정책, 그리고 유아와 교직원 등 인적 자원관리에 능해야 하며, 영유아의 영양과 건강, 보육프로그램 및 재정과 회계, 그리고 각종 사무관리에 이르기까지 보육서비스와 관련된 모든 영역들을 알아야 하며, 무엇보다도 뚜렷한 보육철학을 가지고 변화하는 사회와 부모의 요구에 맞게 운영의 원리와 실제를 조화시킬 수 있는 능력이 요구된다. 그러한 모든 필요를 충족시키는 참고서가 되기에는 이 책은 아직 많이 미흡한 생각이 든다.

이 교재를 이용하면서 부족한 부분들이나 더 자세히 다루어야 할 사항 등은 언제든 megot@daum.net으로 연락 주십사 당부 드린다. 현재 우리나라의 보육사업은 큰 변화 과정을 겪고 있으며 몇 년 지나지 않아 다시 많은 사항들이 개정되고 달라질 수 있을 것이란 생각을 하며 다음 개편작업을 할 때는 여러분들의 지적 사항들을 참고하여 보다 충실한 교재를 만들어 보리라 다짐해 본다.

끝으로 이 책이 출판될 때까지 인내심을 가지고 열심히 도와 주신 태영출판사 김현태 사장님 및 편집부 여러분들과 본 저서의 표지 그림을 그려 주시고 물심양면으로 도움을 주신 박동일 선생님께 고마운 마음을 전하고 싶다.

2010년 7월

초시마을에서
저자 씀

차 례

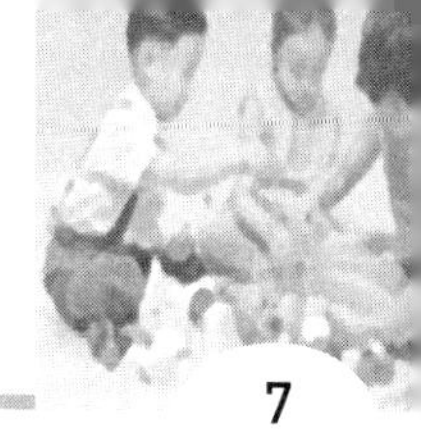

보육시설의 필요성 및 현황

Chapter 01

현대 한국사회에서는 가족구조의 변화와 함께 종합적인 보육서비스가 그 어느 때보다 시급히 필요한 실정이다. 본 장에서는 보육시설의 발달과정을 살펴보고 우리나라 보육시설의 현황을 중심으로 앞으로 보육과 관련한 정책적 과제를 살펴볼 것이다.

1. 보육의 필요성

현대사회에서 유치원과 어린이집을 비롯한 유아를 위한 교육기관은 과거에 비해 보다 중요하고 복잡한 기능을 하는 기관으로 변해 가고 있다. 사회가 급격한 산업화와 핵가족으로 변함에 따라 어린이들을 가족과 친척 중심으로 양육하던 방식이 제도화된 집단육아의 형식으로 바뀌고 있는 추세다. 부모는 자녀를 양육하는 데 유아교육기관이 어린이들에게 적절한 안정성과 지속성, 관심과 자극을 주며, 과거에 가족, 친척, 이웃으로부터 받고 자랐던 특성이나 가치를 제공해 주기를 바란다. 따라서 현대의 유아교육기관은 직접적으로 어린이와 그 부모를 돕고 간접적으로 사회에 봉사하는 복합적 기관으로 변천해 가고 있다.

유아교육기관은 국가와 지역사회의 하나의 기관으로서 사회의 변화를 유아교육기관 내에 반영하며 또 사회를 변화시키는 데 영향을 준다. 유아교육기관은 그 사회의 결혼, 가족제도의 변화와 직업에 대한 가치관의 변화를 반영하면서 가정을 돕고 어린이들의 삶을 안정되게 하면서 풍부한 경험과 교육을 제공한다.

이기숙(1992)은 이러한 현대사회의 변화로 인한 유아교육의 경향을 다음과 같이 제시하고 있다.

① 유아교육에 영아기와 걸음마기의 어린 유아들이 점점 더 포함되고 있다.

② 유아교육의 대상이 점차적으로 다양한 유아들을 대상으로 하고 있다. 장애유아, 발달적으로 지체되었거나 문제가 있는 유아들이 유아교육 속에 통합되고 있다.

③ 현대사회의 다양한 가족구조와 이동현상은 지역사회 내에 다양한 문화형태를 초래한다. 유아교육에서 가정과 지역사회에 대한 이해가 요구되어지며 이것이 유아교육 내용에 반영될 수 있어야 한다.

④ 유아교육은 직 · 간접적으로 유아와 그 가족들에게 보다 광범위한 프로그램을 제공해야 된다. 따라서 여러 형태의 유아교육기관과 함께 기타 관계 기관과의 협조가 필요하다. 유아를 가르치는 교사는 광범위한 영역의 관련 전문가, 사회사업가, 의사, 특수교육자들과 의사소통하며 협조하여야 할 것이다.

⑤ 아동중심 교육과정에 대한 재강조와 발달에 적절한 교육과정과 프로그램의 개념이

강조되고 있다.

⑥ 유아교육 개념에 대해 좀더 통합적인 접근법과 재개념화가 이루어지고 있다. 특히 교육과 보육의 개념이 통합되고 있다. 점차적으로 탁아프로그램도 보호중심의 프로그램에서 벗어나 교육적 프로그램이 되고 있다.

이상에서 살펴본 바와 같이, 유아교육기관이 처음에 세워졌을 때에는 유아들의 복지와 그들의 정상적인 발달에 관심을 가진 사람들에 의해 선택적으로 설립되었고 필요에 의해 다른 지역, 다른 사회와 국가에 전달되어 흥하기도 하고 쇠퇴하기도 하였다. 그러나 유아원, 유아학교, 유치원, 어린이집과 같은 교육기관은 오늘날에도 사회적 요구와 필요에 따라 계속적인 발전을 하면서 현재는 사회와 국가의 필요불가결한 기관이 되었다. 현재 유아교육기관은 개인적인 요구에 의해 필요로 하는 기관 이상의 의미를 가지며 미래사회에 중요한 영향을 주는 기관으로서의 의미가 점점 더 커지고 있다. 즉 교육기관은 그 시대, 사회의 요구와 필요에 따라 그 역할과 성격이 특징지워지는데 앞으로 유아교육기관의 중요성은 더욱 강화될 것이다.

우리나라의 보육시설은 1991년 이후 꾸준히 증가 추세이지만 아직도 보육수요에 비해 시설의 충족이 이루어지지 않고 있으며, 보육의 혜택을 받지 못하는 사각지대의 아동들이 많은 현실이다. 또한, 양적 확대와 더불어 보육시설에 대한 질적 향상도 해결해야 하는 과제로 남아 있다.

현재, 우리나라의 보육서비스의 필요성과 확대 요구를 간략히 제시하면 다음과 같다.

1) 취업모의 증가 및 가족구조의 변화

우리나라의 여성 취업률은 1980년대 이래 현재에 이르기까지 꾸준히 증가 추세이며 결혼 후에도 경제활동에 참가하는 비율이 높아지고 있다. 여성들의 교육수준이 높아지고 자아실현에 대한 욕구 증가, 취업모에 대한 사회적 인식변화 등 여러 가지 현대 한국사회의 변화는 가족구조의 변화와 취업모의 증가에 직접적 · 간접적 영향을 미치고 있다.

다른 한편으로는 이혼율이 증가하여 결혼의 안정성이 낮아진 것도 기혼여성의 취업률 증가와 가족구조의 변화와 여성 취업률의 증가에 영향을 미치고 있다.

그러나 OECD국가의 여성 취업률을 비교해 볼 때 아직 한국의 여성 취업률은 평균 수준에 미치지 못하고 있는 실정이다.

2) 이원화된 보육서비스의 단일화 요구

우리나라의 유아교육기관은 다음 〈표 1-1〉과 같이 보건복지부 산하의 보육시설과 교육과학기술부 산하의 유치원으로 이원화되어 있다. 보육시설의 대상 아동은 6세 미만의 취학전 유아들이며 유치원은 3세부터 취학전 아동을 대상으로 한다. 다음 〈표 1-1〉은 이원화된 유치원과 보육시설의 체제를 간략히 비교한 내용이다.

표 1-1 유치원과 보육시설의 비교

구분	유치원	보육시설
· 법적 근거	유아교육법	영유아보육법
· 소관부처	교육과학기술부	보건복지부
· 교원(종사자)자격	원장, 원감, 유치원교사(1급/2급)	시설장 보육교사(1급/2급/3급)
· 대상아동 연령	만 3세~취학전 아동	0세~취학전 아동
· 연간 교육(보육)일 수	180일 이상	연중 무휴 (공휴일 제외)

이와 같이 법적 근거와 소관부처가 이원화된 체제로 인하여 교원의 자격 및 보육 프로그램과 보육서비스 전체가 이원화되어 행정적 · 제도적인 혼란을 야기하게 한다.

따라서 정부 차원에서 적절한 대책을 마련하여 유아교육기관을 제도적으로 단일화하는 것이 적극적으로 요구된다.

3) 결손가정 및 다문화가정의 증가

2008년 3월 제정된 다문화가족지원법 제1조에는 "다문화가족 구성원이 안정적인 가족생활을 영위할 수 있도록 함으로써 이들의 삶의 질 향상과 사회통합에 이바지함을 목적으로 한다"라고 제정 목적을 밝히고 있다.

현재의 출산율 저하와 국제결혼의 추세, 노동시장 구조의 변화로 볼 때 우리나라에서 다문화사회로의 이행은 당연한 수순일 것이며, 이러한 변화를 인정하고 다문화가정에 대해 이해하고 교육방법 및 여건의 개선을 위해 노력하는 작업은 더 이상 미루어질 수 없는 과제로 부각되었다.

표 1-2 다문화가정 아동 통계

구분		계	동북아	동남아	남북아 (네팔 등)	중앙아 (우즈베키스탄 등)	미국	러시아	기타
2008	만 6세 이하	33,140	17,706	12,865	281	538	865	171	714
			53.40%	38.80%	0.90%	1.60%	2.60%	0.50%	2.20%
	만 7세~ 만 12세	18,691	14,085	2,937	130	121	829	88	501
			75.40%	15.70%	0.70%	0.60%	4.40%	0.50%	2.70%
2009	만 6세 이하	64,040	31,845	28,401	602	1,191	397	428	1,176
			49.70%	44.30%	0.90%	1.90%	0.60%	0.70%	1.80%
	만 7세~ 만 12세	28,922	21,390	6,070	318	236	156	164	588
			74.00%	21.00%	1.10%	0.80%	0.50%	0.60%	2.00%

* 자료출처 : 한국교육개발원(교육통계센터).

다른 한편으로, 급증하는 이혼율로 인하여 한부모가족이 되거나 조부모 슬하에서 양육되는 아동 또한 늘어나고 있는 실정이다. 결손가정에서 자라거나 다문화가정의 아동들은 보육서비스의 시각지대에 놓이기 쉬운 사회적 약자다.

보육 지원을 보다 폭넓게 제공하여 보육서비스가 가장 절실하게 필요한 극빈층과 결손가정의 아동들, 그리고 다문화가정의 아동들에게 혜택을 줄 수 있도록 해야 한다.

4) 전문화된 양육의 필요성

출산율 저하와 더불어 조기교육에 대한 관심과 필요성에 대한 인식이 높아졌다. 부모들은 자녀교육에 있어서 보다 체계적이고 전문화된 교육과 양육을 요구하게 되었고 이러한 관심은 보다 수준 높고 양질의 보육서비스를 요구하게 되었다.

양질의 보육을 위해서는 가장 우선적으로 보육프로그램 뿐 아니라 보육교사의 전문성에 대한 제고가 요구되어진다.

2. 보육의 개념 및 특성

보육시설은 유아를 대상으로 적절한 보호 및 교육을 하는 곳이다. 보육의 개념은 교육대상, 교육장소, 보육의 형식, 그리고 교육방향 및 목적에 따라 달라질 수 있다. 임재택(2005)이 제시하고 있는 유아교육의 개념에 비추어 보육의 개념을 살펴보면 〈그림 1-1〉과 같다.

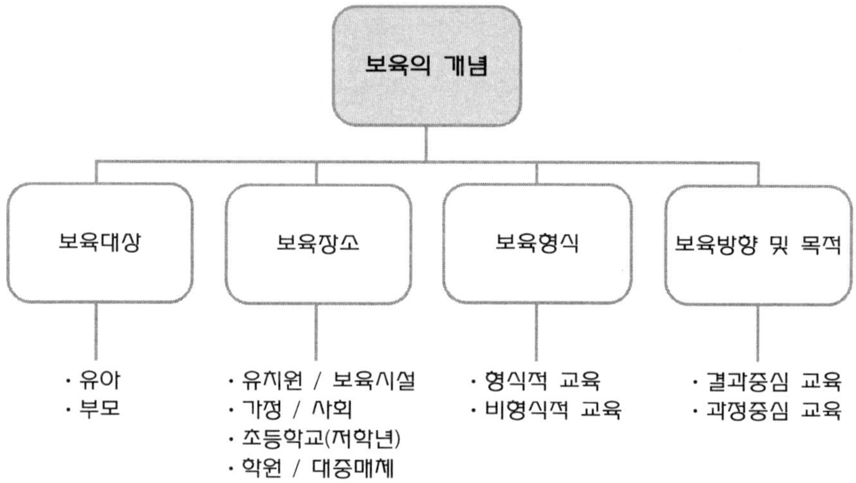

〈그림 1-1〉 **보육의 개념**

위 그림에서 제시한 바와 같이 보육의 개념은 보육대상, 보육장소, 보육형식, 그리고 보육방향 및 목적에 따라 달라질 수 있으며 보육시설의 특성은 각 기관의 교육철학, 사회적 요구와 지역사회의 실정, 대상유아의 연령 등에 따라 그 형태와 프로그램이 달라질 수 있다. 위 그림에서는 보육의 대상을 유아로 국한하지 않고 유아를 보호하고 양육하는 일차적인 책임을 지고 있는 부모 또한 보육대상에 포함시키고 있다.

학자들에 따라 보육과 유아교육의 개념을 엄밀히 구분하기도 한다. 보육은 양육의 의미에 더 중점을 둔 개념으로서, 대상 연령도 갓 태어난 영아들을 포함함으로써 유아교육의 연령에 비하여 더 폭넓다. 그러나 유아들의 특성상, 보호와 양육은 교육과 엄밀하게 구분하기 어려운 실정이다. 따라서 본 저서에서는 유아교육과 보육의 개념을 굳이 엄밀히 구분하지 않고 기술하는 것을 원칙으로 한다.

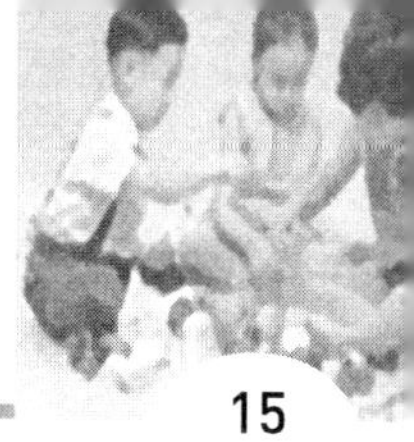

1) 보육의 대상

보육의 대상과 목적은 보육 실행에 필요한 결정을 내리는 데 근본적인 판단기준을 제공한다. 즉, 보육의 대상인 유아를 어떤 존재로 보는가, 보육실행에 있어서 가치판단의 기준이 누구에게 있는가 하는 문제는 보육방법, 교육장소, 보육시기, 보육내용, 보육의 주체자 등을 결정하는 데 영향을 준다.

일반적으로 학자들은 유아에 대한 연령을 0세부터 8세까지로 보며, 어린 연령인 0~3세의 유아들은 영유아로 구분하기도 한다. 보육은 유아기에 있는 어린이들의 전인적인 발달을 도모하는 것이라고 본다. 전인적으로 발달한다는 것은 심신이 조화된 인간을 말하며, 유아기의 특성상 언어, 인지, 신체, 정서 및 사회성의 균형 있는 발달 및 연령에 적절한 보호와 양육을 의미한다. 보육을 초등학교에 들어가기 위한 준비교육, 기술을 습득하는 교육 등으로 이야기하기도 하지만 보육은 유아들의 전인적 성장 · 발달을 위한 전인교육이 주가 되어야 한다는 것이 일반적인 견해다. 보육시설은 이러한 보육의 목적을 달성하기 위한 형식적 · 비형식적인 교육활동이 이루어지는 곳이어야 한다.

2) 보육의 장소

우리나라의 유아교육기관은 교육과학기술부 소관의 유치원과 보건복지부에서 관할하고 있는 어린이집으로 나누어져 있으며 유치원의 경우, 3세부터 취학전 유아들을 대상으로 하고 있으며 어린이집은 3세 미만의 영아들도 대상이 될 수 있다. 어린이집과 유치원의 프로그램은 크게 다르지 않은 실정이다. 상기 지적한 바와 같이 3세~취학전 유아들이 동시에 대상이 되고, 관할 부서가 이원화되어 있어서 제도적 · 행정적으로 여러 가지 문제가 대두되고 있는 실정이다.

3) 보육의 형식

보육의 형식은 보육시설 등 유아교육기관에서 정해진 프로그램에 따라 서비스를 받는 형식적 보육과 일정한 프로그램이나 기관이 없이 가정에서 돌봄을 받는 비형식적 보육으로 구분할 수 있다. 전통적으로 어린 영유아들의 경우 주로 가정에서 부모의 돌봄을 받았으나 가족구조가 변화하고 보육의 대상이 확대됨으로써 형식적 보육서비스를 받는 비율이 높아졌다.

4) 보육방향 및 목적

유아교육과 보육의 개념은 그 방향이나 목적을 어떻게 규정하느냐에 따라 달라진다. 전통적으로 대립되는 두 가지 견해는 과정중심과 결과중심이다.

과정으로서 유아교육을 보는 관점은 보육서비스가 현재의 필요나 흥미를 충족시키는 것을 목적으로 삼고 있는 반면, 보육서비스의 목적을 결과중심으로 보는 관점은 보육을 미래를 위한 준비교육으로 보는 관점이다.

보육과 유아교육의 방향은 이 두 가지 관점이 모두 충족되어야 할 것이다. 즉, 보육서비스는 아동의 전인적 발달을 위해 현재의 요구와 흥미를 충족시킴과 동시에 미래를 위한 평생교육의 일환으로 간주해야 할 것이다.

3. 보육시설의 발달과 역사

1) 보육시설의 발달

보육은 인류의 역사가 시작된 이래 계속되어 왔으나 주로 가정에서 비형식적인 교육으로 진행되었다. 19세기 초 보육의 중요성을 인식한 사람들에 의해 보육시설이 비로소 세워지기 시작하였다. 초기에 세워진 보육시설으로는 1767년 오베르렝(Oberlin)에 의해 세워진 편물학교(école à tricotter), 1837년 프뢰벨(Fröbel)의 유치원(Kindergarten), 1907년 몬테소리(M. Montessori)의 어린이집(Casa di bambini) 등이다.

어린이를 위해 특별히 설립된 학교기관 중 기록에 남아 있는 최초의 학교는 오베르렝이 세운 편물학교로서, 프랑스 남부 알자스 지방에 세워졌다. 2~3세 어린이도 받아들였으며 프로그램은 운동, 놀이, 수공예 교육 등이었고 프랑스 표준어와 그 지방의 방언, 세상에 대한 학습도 포함되었다. 그러나 이 학교는 프랑스의 다른 지방으로 일반화되지는 못했다. 오베르렝의 편물학교는 사회 · 교육적 개혁을 목적으로 설립되었다고 할 수 있다.

유아학교는 1816년 사회개혁가인 오웬(Owen)에 의해 스코틀랜드의 뉴래너크 지방에 세워졌다. 페스탈로치(Pestalozzi)와 루소(Rousseau)의 영향을 받았던 오웬은 뉴래너크에 있는 그의 방직공장에서 일하는 노동자의 자녀들을 위해 성격형성학원(New Institute for the Formation of Character)을 설립하였다. 그리고 나이 어린 아이들을 위한 유아학교를 세웠다. 교육내용은 군사훈련(행진), 담화, 음악, 율동뿐만 아니라 옥외훈련, 실물, 모형, 그림을 통한 놀이, 사물을 관찰하도록 현장학습도 하였다. 오웬의 유아학교는 1825년에 잉글랜드, 스코틀랜드, 아일랜드에 세워졌다. 1827년경에는 미국에도 세워졌으나 1930년 중반 미국에서는 유아학교 운동이 사라졌다. 유아학교는 가난한 가정의 유아들을 교육하고 사회화시킴으로써 빈곤으로부터 벗어나며, 도시 빈민층 자녀들에게 교육의 기회를 주는 동시에 일하는 어머니들을 자유롭게 해 주었다. 오웬은 교육을 통한 사회개혁의 유형을 제시해 주었다.

유치원의 창시자인 프뢰벨은 교육이 유아의 자연스러운 발달을 촉진하는 것이라고 생각하였다. 유치원 교육은 아동관과 교육목적이 전에 설립된 다른 학교기관과 달랐다. 그는 어린이가 적절한 보호를 받는다면 어린 동식물이 자연의 법칙에 따라 자연적으로 성장하듯이 본성을 따라 성장한다고 생각했으며, 놀이를 교육의 수단인 동시에 인간의 자연스러운 삶을 본뜨는 방법으로 보았다. 그리고 보육의 주요 교육내용인 은물과 작업을 만들고 그 놀이의 중요성을 강조하였다. 특히, 그는 유치원교사 양성에도 힘을 기울였다.

이탈리아 최초의 여의사였던 몬테소리는 정신적으로 결함이 있는 어린이를 훈련시켜 더욱 능력 있게 발달시키는 것이 가능하다고 믿었다. 유아의 발달과정에 알맞은 교구를 제공하면 유아는 교구를 통해 시행착오를 거쳐 스스로 잘못을 교정하는 자동교육을 한다는 것이다. 그녀는 유아의 인지발달을 촉진시킬 수 있는 감각교구 및 수 교구를 포함한 몬테소리 교구를 개발하였고, 이는 오늘날에도 몬테소리 프로그램과 함께 세계적으로 널리 활용되고 있다.

영국의 맥밀란(McMillan) 자매는 사회개혁을 추구하였고 가난한 아동들에게 관심을 가졌다. 유아에게 발견되는 의료문제와 사회문제는 유아가 기관에 입학하기 전에 적절히 양육해 주면 수정되거나 방지될 수 있다고 확신하게 되어 유아원을 세웠다. 유아원은 부유한 어린이가 누리는 편의를 가난한 어린이에게도 제공하는 곳이었다. 좋은 습관,

의료검사, 적절한 영양, 청결, 신선한 공기, 적절한 운동이 모두 유아원의 요소로서 이것들이 훌륭한 교육 프로그램과 결합되어 유아의 전인적인 발달을 도왔다.

이상에서 간략히 살펴본 유아들을 위한 기관들은, 그 기관이 세워진 시대, 사회계층, 발달이론, 교육철학에 따라 각 기관의 특성이 다르다는 것을 알 수 있다. 오웬의 유아학교, 오베르렝의 편물학교, 맥밀란의 유아원은 어린이들의 보호와 복지적 성격을 많이 가지고 있으나, 프뢰벨의 유치원, 몬테소리의 어린이집은 복지적 성격도 있지만 교육적 성격이 강하며 어린이들의 성장과 발달을 촉진하는 데 보다 강조점을 두는 특성이 있다고 할 수 있다.

2) 우리나라 보육시설의 발달과정

우리나라의 보육시설의 시초는 1921년 서울의 태화기독교사회관이 탁아 프로그램을 개설함으로써 처음 시작되었다. 1926년 부산 공생탁아소와 대구탁아소 등 두 개의 탁아 시설이 설립되어 본격적으로 빈곤가정의 아동을 보호하고 양육하기 시작했다. 6.25전쟁 이후 수많은 고아가 발생하고 각종 수용보호시설이나 고아원은 주로 외국의 원조에 의해 여러 곳에 설립되었다. 1953년 부산 시립탁아소가 설립되었으나 당시의 시설들은 빈민층 자녀들을 일시적으로 보호해 주는 구호적인 성격을 띠었을 뿐, 체계적인 탁아기능과는 거리가 멀었다.

1961년 아동복리법이 제정되고 정부 주도의 본격적인 탁아사업이 시행되었다. 아동복리법에는 탁아소의 설치기준, 직원배치기준, 탁아시간, 탁아내용 등이 규정되어 있었다. 1960년대 후반에는 탁아소의 숫자가 크게 증가하기 시작했다.

1968년 증가하는 탁아수요에 대응하기 위해 정부에서는 미인가 탁아시설 임시조치요령을 공포하여 탁아소의 명칭을 어린이집으로 개정하고 시설비와 인건비, 운영비 등을 지원하였다.

1970년대 초기에는 정부의 지원으로 어린이집이 급격하게 증가하였으나 양적인 증가에 비해 질적인 측면에서는 매우 미흡한 상태였다. 1977년 어린이집을 수익자 부담으로 개정하고 일반아동에게도 개방함으로써 본래의 탁아기능에서 벗어나게 되고 정부지원이 줄어들게 되자 양적인 증대도 다시 위축되게 되었다.

1981년 제5공화국에 들어서면서 유아교육을 정부의 주요 개혁시책으로 채택하게 되었

고 내무부 산하의 새마을협동유아원을 전국에 설치 · 운영하게 되었다.

따라서 유아교육과 탁아를 담당하는 기관들은 교육부 산하의 유치원, 보사부 관할의 어린이집, 내무부 관할의 새마을협동유아원, 농촌진흥청 관할의 농번기탁아소 등 다양한 체제로 분산되어 있었다.

1982년 유아교육진흥법이 시행되면서 그 동안 보건사회부가 관할하던 어린이집을 새마을유아원으로 개칭하고 그 기능을 유치원 교육과 유사한 형태로 변모시켰다. 1980년대 중반 유아교육진흥법의 영향으로 5세 아동의 취원율이 7.5%에서 57%로 획기적인 양적 증대를 이루었으나 보육시설의 탁아기능이 상실됨으로써 보육수요를 충족시키지 못하는 결과가 초래되었다(임재택, 1991).

1991년 영유아보육법을 제정하고 그 동안 유아교육진흥법에 의거하여 운영되어 오던 새마을유아원을 보사부 산하의 보육시설이나 교육부 산하의 유치원으로 전환하도록 하였다. 이에, 오늘날에 이르기까지 교육과학기술부 관할의 유치원과 보건복지가족부 산하의 어린이집의 양립체제가 형성되게 되었다.

2005년 영유아보육법이 개정되면서 보육시설의 양적 확대뿐 아니라 질적 제고를 꾀하였다. 그 동안 신고제였던 보육시설의 설립이 인가제로 바뀌고 보육교사의 등급을 3등급으로 세분화하는 등 체제정비에 중점을 두었다.

2006년 보건복지부에서 관장하던 어린이집의 업무가 여성부로 이관되었으나 2008년 이후 대부분의 보육시설과 관련한 업무가 보건복지가족부로 이양되었다. 이상과 같은 보육시설의 발달과 관련한 주요 사항들을 요약하면 다음과 같다.

〈우리나라 보육시설의 발달〉

- 1921년 서울의 태화기독교사회관
- 1926년 부산 공생탁아소와 대구탁아소
- 1961년 아동복리법 제정
- 1968년 미인가 탁아시설 임시조치요령을 공포 : 탁아소 =〉 어린이집 개칭
- 1981년 새마을협동유아원 설치(내무부)
- 1982년 유아교육진흥법이 시행 : 어린이집(보사부)=〉 새마을유아원 개칭
- 1991년 영유아보육법 : 새마을유아원=〉 유치원 / 어린이집으로 전환
- 2005년 영유아보육법 개정 : 보육시설 신고제=〉인가제로
- 2006년 여성부로 이관
- 2008년 보육시설의 업무를 보건복지가족부에서 주관

현대사회에서 유치원과 어린이집을 비롯한 유아를 위한 교육기관은 과거에 비해 보다 중요하고 복잡한 기능을 하는 기관으로 변해 가고 있다. 사회가 급격한 산업화와 핵가족으로 변함에 따라 어린이들을 가족과 친척 중심으로 양육하던 방식이 제도화된 집단육아의 형식으로 바뀌고 있는 추세다. 부모들은 보육시설이 어린이들에게 적절한 안정성과 지속성, 관심과 자극을 주며, 과거에 가족, 친척, 이웃으로부터 받고 자랐던 특성이나 가치를 제공해 주기를 바란다. 따라서 현대의 보육시설은 직접적으로 어린이와 그 부모를 돕고 간접적으로 사회에 봉사하는 복합적 기관으로 변천해 가고 있다.

보육시설은 국가와 지역사회의 기관으로서, 사회의 변화를 보육시설 내에 반영하며 또 사회를 변화시키는 데 영향을 준다. 보육기관은 그 사회의 결혼, 가족제도에 대한 가치관의 변화를 반영하면서 가정을 돕고 어린이들의 삶을 안정되게 하면서 풍부한 경험과 교육을 제공한다.

이상에서 살펴본 바와 같이, 보육시설이 처음에 세워졌을 때에는 유아들의 복지와 그들의 정상적인 발달에 관심을 가진 사람들에 의해 선택적으로 설립되었고 필요에 의해 다른 지역, 다른 사회와 국가에 전달되어 흥하기도 하고 쇠퇴하기도 하였다. 유아원, 유아학교, 유치원, 어린이집과 같은 교육기관은 오늘날에도 사회적 요구와 필요에 따라 계속적인 발전을 하면서 현재는 사회와 국가의 필요불가결한 기관이 되었다. 현재 보육시설은 개인적인 요구에 의해 필요로 하는 기관 이상의 의미를 가지며 미래사회에 중요한 영향을 주는 기관으로서의 의미가 점점 더 커지고 있다. 앞으로 보육수요의 증가와 보육에 대한 필요성과 인식의 개선으로 보육시설의 중요성은 더욱 강화될 것이다.

4. 보육시설의 현황과 전망

1) 보육시설의 현황

현재 정책적으로 보육서비스의 확대는 꾸준히 이루어지고 있으나 부모들의 요구에 미치지 못하는 실정이며 아직 완전한 선진국 유형의 보육지원과는 거리가 멀다. 〈그림 1-2〉는 보육시설의 연도별 변화 추이를 보여주고 있다.

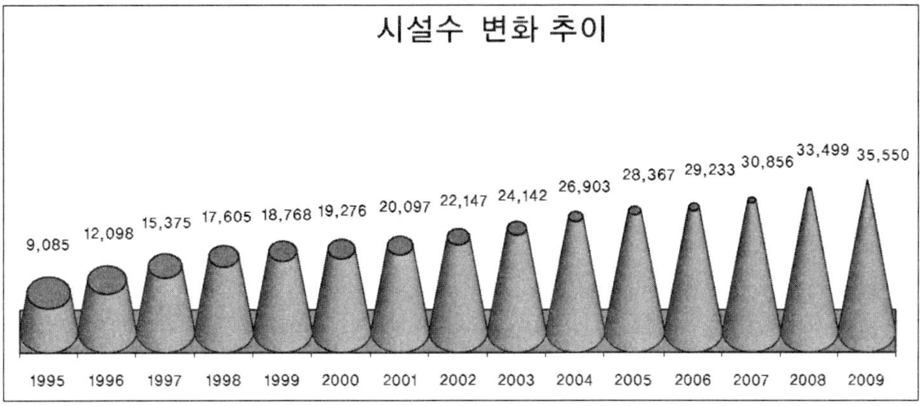

〈그림 1-2〉 **보육시설 변화 추이**

* 자료출처 : 한국보육정보센터(보육시설 통계)

위 그림에서는 꾸준히 보육시설이 확대되고 있는 것처럼 보이지만, 보다 심각한 문제는 보육시설의 편중화 현상에 있다. 국 · 공립 보육시설은 저소득층 밀집 지역 및 농어촌 지역 등 취약 지역에 우선 설치를 원칙으로 하고 있으나 원아모집의 문제 등을 이유로 도심이나 중산층 이상 지역에 편중되어 있는 실정이다.

보육시설의 지역편중 현상은 보육서비스의 불평등 현상과 더불어 사회 계층간의 격차를 심화시키는 결과를 초래할 것이다.

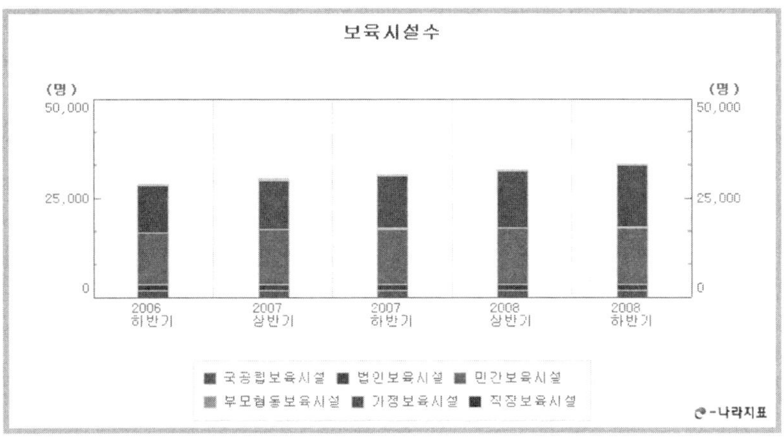

〈그림 1-3〉 **보육시설 유형별 증가 추이**

* 자료출처 : 보건복지부 보육정책과

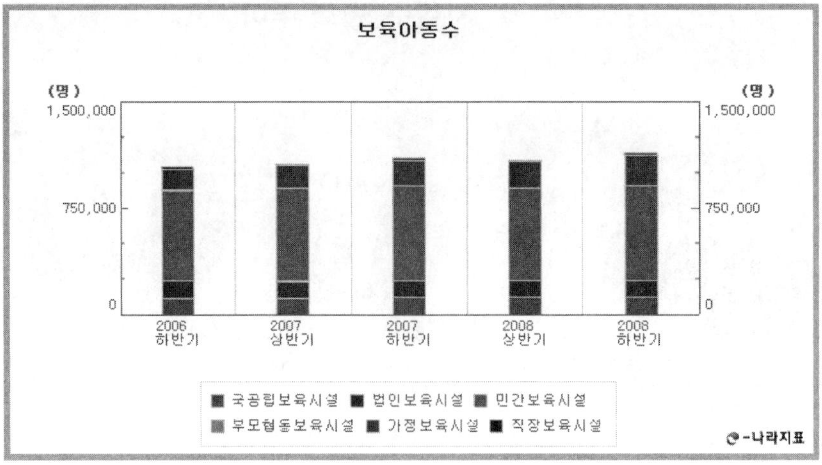

〈그림 1-4〉 **보육시설 유형별 보육아동**

* 자료출처 : 보건복지부 보육정책과

〈그림 1-3〉과 〈그림 1-4〉에서 알 수 있듯이 보육시설은 매년 증가하여 2008년 현재 33,499개소로 1997년 대비 2배 이상 증가하였다. 보육시설의 유형별로 살펴보면 국 · 공립보육시설이 차지하는 비율은 5.5%이며, 민간보육시설이 59%를 차지하고 있다. 가정보육시설, 직장보육시설, 그리고 민간보육시설이 차지하는 비율이 94.5%를 차지함으로써 우리나라 보육시설의 민간의존도가 절대적으로 높은 것을 알 수 있다. 1995년 이후 취업여성의 증가와 보육수요의 증가에 비하여 국 · 공립보육시설의 증가율은 제자리걸음을 한 셈이다.

보육수요가 급증함에 따라 1998년 영유아보육법을 개정하여 보육시설을 신고제로 완화함으로써 민간보육시설이 급격한 증가를 하게 된 것이 민간보육시설 의존도가 높아진 주요 원인으로 볼 수 있다.

2005년 이후 보건복지부에서 여성가족부로 보육 업무가 이관되면서 다시 인가제로 환원되면서 보육시설의 증가추세는 둔화되었다.

보육시설의 민간의존도를 낮추고 국 · 공립보육시설을 대폭 확충하여 나아가 보육서비스의 공공화를 이루는 것이 오늘날 우리나라 보육정책이 당면한 가장 큰 과제 가운데 한 가지다.

2) 이원화된 유아교육제도

현재 우리나라에서는 〈그림 1-5〉와 같이 동일한 연령대의 유아들에 대해 유아교육기관이 이원화되어 있어서 많은 문제점을 안고 있다. 보육시설의 경우 0세~취학전 유아들을 대상으로 하고 있으나 영아전담 보육시설은 2001년 현재 전체 보육시설의 0.5%에 해당하고 대부분의 시설들이 3세~취학전 유아들을 대상으로 하고 있다. 따라서 유치원 대상 아동과 연령이 중복되고 보육프로그램과 유치원 교육과정은 큰 차이가 없는 실정이다. 또한 유치원의 경우에도 종일반의 운영이 확대되고 보육의 기능이 강화됨으로써, 현재 두 기관간의 차이가 거의 없는 편이다.

이와 같이 보육시설과 유치원의 기능이 중복되어 있는 반면, 관할부서가 다르고 교원양성체제도 이원화되어 있어서 보다 효율적인 보육서비스를 위해 단일화된 유아교육기관 및 통합적인 교사 양성체제가 모색되어야 한다.

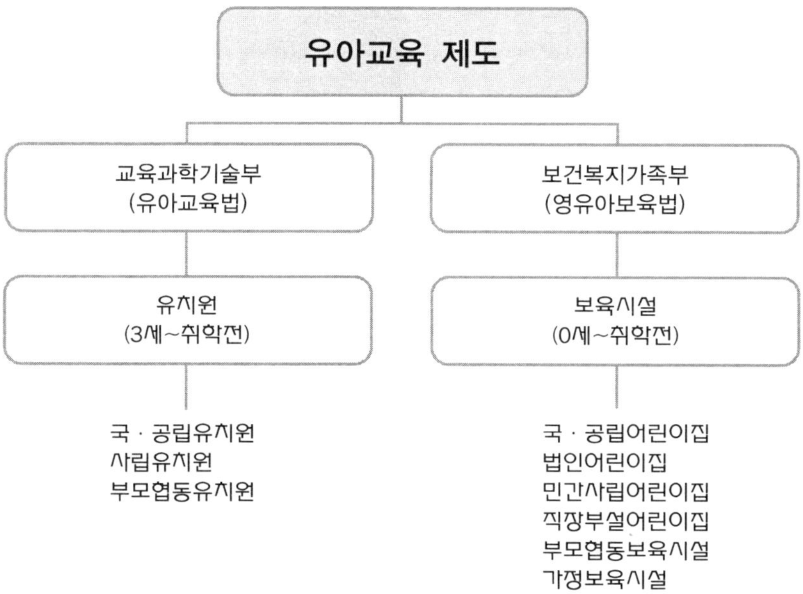

〈그림 1-5〉 유아교육 제도

3) 보육서비스 확대를 위한 정책과제

우리나라의 보육정책이 당면한 과제들을 향후 전망과 함께 살펴보면 다음과 같이 몇 가지로 정리해 볼 수 있다.

(1) 보육의 사회화를 통한 일자리 창출

오늘날 출산율이 급격히 감소된 원인 가운데 한 가지는 육아 문제로 인한 결혼 및 출산 기피현상 때문이다. 육아의 경제적 부담을 줄이고 보육서비스와 지원을 확대함으로써 출산율을 높이고 보육을 통한 일자리 창출을 동시에 도모할 수 있도록 하고, 또한 보육서비스를 양육 및 교육에 국한하지 않고 저출산 대응책, 부모교육, 임신 · 출산 서비스에 이르기까지 확대할 필요가 있다.

(2) 제도의 일원화 및 국 · 공립보육시설의 확대

유치원과 어린이집의 양분화로 인해 생기는 제반 문제점을 해결하기 위해 보육과 교육을 일원화하고 정부차원의 전폭적인 보육료 지원으로 무상보육이 이루어질 수 있도록 해야 한다. 즉, 영유아 보육의 무상보육과 공교육이 이루어질 필요가 있다. 사교육으로 인한 부모들의 경제적 부담을 덜어줄 프로그램의 개발 또한 함께 이루어질 수 있어야 한다.

또한 국 · 공립보육시설을 확충하여 보육시설의 편중화 현상을 막고 농어촌 및 도서벽지의 아동들에게도 보육서비스를 골고루 받을 수 있는 기회를 주어야 한다.

(3) 소외계층에 대한 보육지원 강화

특수교육이 필요한 아동, 결혼 이민자 및 조손가정 등 보육서비스가 가장 필요한 계층이 오히려 보육의 사각지대에 놓여 있는 경우가 많다. 이러한 소외계층을 위한 전폭적인 보육지원이 필요하다.

(4) 양질의 보육서비스 제공

보육서비스의 확대뿐 아니라 보다 양질의 보육서비스를 위한 노력이 필요하다. 현재

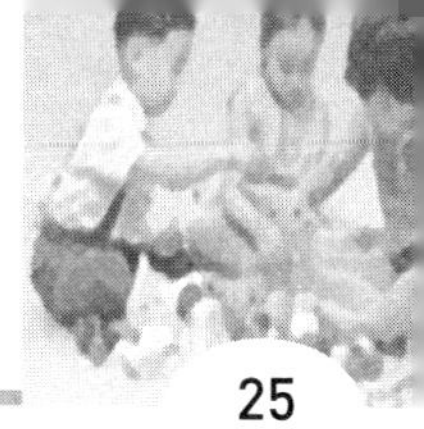

보육평가인증제를 통해 과거에 비해 질적으로 향상된 보육서비스를 위한 노력이 시도되고 있다. 그러나 평가인증제도가 여전히 의무적 사항이 아니므로 향후 그 확산에 대해서는 미지수다. 보다 양질의 보육서비스를 위해서는 평가인증제도를 의무화하는 정책이 요구된다.

(5) 보육담당자의 질적 향상

보육의 질은 교사를 비롯한 보육담당자의 질에 좌우된다고 해도 과언이 아니다. 보육교사 및 시설장 그리고 보육에 참여하는 고용자들의 질적 향상을 위해 국가적 관리가 필요하며 보육담장자의 자격 기준 또한 한층 더 강화되어야 한다.

(6) 무상보육의 실시

보육시설을 이용하고자 하는 아동들에게 보육의 무상지원이 이루어져야 한다. 특히 소외계층 및 저소득층 아동들 가운데는 보육의 혜택을 받을 수 없는 아동들이 많은 실정이다. 현재 점차 정부적 지원이 늘어나고 있지만, 모든 아동들이 무상으로 보육서비스를 받을 수 있도록 전격적인 지원이 필요하다.

보육시설 운영의 개념과 원리

Chapter 02

본 장에서는 운영과 관리의 개념 및 의미를 살펴보고, 보육시설을 운영하기 위한 제반 영역별 내용을 간략히 개괄할 것이다.

1. 보육시설의 운영의 개념과 원리
2. 운영관리의 영역 및 내용

1. 보육시설 운영의 개념과 원리

1) 운영관리의 개념

운영관리의 사전적 의미는 운영조직체를 만들고 그것을 가장 효과적으로 달성될 수 있도록 여러 종류의 시책을 강구하는 일을 말한다.

운영관리 또는 경영관리라는 개념에는 두 가지의 의미가 포함되어 있는데, 첫째는 운영체의 관리라는 의미이며, 둘째는 운영과 관리라는 의미다. "운영체"란 통일된 생각에서 일정한 시설을 기반으로 복수의 인간이 협동하는 시스템을 의미하므로 국가, 기업, 보육시설을 비롯한 학교 그리고 가정 등은 모두 운영체로 볼 수 있다.

첫 번째 의미에서의 "운영관리"란, 운영체를 잘 운영하기 위한 시책 전부를 가리키는 것으로서 영어의 "management" 의미와 같다.

두 번째 의미의 운영과 관리는, 첫 번째 의미의 "management"를 계층적 기능분화로 파악하는 방법으로서 운영을 "administrative management", 관리를 "operative management"로 표현한다(워키백과사전, 2010).

운영관리의 개념은 학자들에 따라 다소 차이가 있으나 "시설의 목적과 목표를 효과적으로 달성하기 위한 인적 · 물적 · 재정적 · 운영 방법적 조건을 정비하고 운용하는 일"로 정의되어질 수 있다(김옥련, 1993). 즉, 운영관리란 시설의 목적이나 목표를 효과적으로 달성하기 위해 인력, 시설, 환경 및 자금을 효율적으로 조정하고 운용하는 것을 말한다.

보육시설은 그 특성상 일반 기업체나 회사에 비해 규모가 작고 전문성이 미약한 편이다. 따라서 시설을 운영함에 있어서 일관성이 없고 비체계적으로 운영되기 쉬운 특징이 있다.

보육시설이 합리적으로 운영되기 위해서는 체계적인 운영이 필수적이며 유아들과 부모들의 요구를 합리적으로 만족시키기 위해 시설의 운영과 관리를 평가하고 보다 나은 계획을 수립하고 적용해야 한다.

2) 운영관리의 원리

운영관리의 기능은 대체로 ① 계획, ② 조직, ③ 지휘, ④ 조정, ⑤ 통제 등 다섯 가지 요소로 이루어져 있으며, 이러한 일련의 과정들이 원활하게 일어나게 하기 위해서 임재택(2005)이 제시하고 있는 몇 가지 원리를 간략히 정리하면 다음과 같다.

(1) 타당성의 원리

이 원리는 보육시설이 바람직한 교육계획을 세우고, 그 운영과 관리활동이 교육계획에 비추어 타당성이 있어야 함을 말한다. 가령, 보육시설에서 행사를 계획하고 있다면 그것이 유아교육의 목표달성을 돕는 활동이어야 한다.

(2) 민주성의 원리

보육시설의 운영에 있어서 민주적인 방법을 채택하여야 한다. 즉, 보육시설의 원장은 교직원들의 의견이나 요구를 적극적으로 반영해야 하며 운영관리의 실천에 있어서 독단과 편견이 배제되어야 함을 의미한다.

(3) 효율성의 원리

효율성이란 최소의 노력과 경비로 최대의 효과를 낳는 것을 의미한다. 그러나 교육시설의 경우, 효과는 단기간에 나타나지 않을 수 있으며, 인간을 대상으로 하는 것이므로 효율성의 원리가 적용되지 않을 수도 있다. 즉, 교육은 최소의 노력과 경비보다는, 충분한 노력과 환경이 제공되어져야 하기 때문이다.

(4) 적응성의 원리

오늘날 급변하는 사회적 변화 및 요구사항 등에 보육시설은 적절하게 적응할 수 있어야 한다. 가령, 출산율이 급감소하고 맞벌이 부모가 증가추세인 오늘의 한국 사회에 적응하기 위해서는 출산장려책 및 부모의 요구와 바람직한 유아교육의 방향을 적절히 조절하여 프로그램을 설정할 필요가 있는 것이다.

(5) 안정성의 원리

이는 적응성의 원리와 대치되는 개념으로서, 유아교육은 변화를 수용하고 현실에 적응하여야 하지만, 종래의 교육에 대한 철학이나, 정통성, 그리고 가치관 등을 고수하여 안정적인 계획을 세우고 운영해야 한다는 것이다.

3) 운영관리의 과정

운영관리의 과정은 교육활동이 시작되는 단계부터 끝나는 단계까지의 전과정이 계속적으로 순환하는 것을 의미한다. 순환과정을 이루는 구성요소에 대해 학자들은 여러 가지를 제시하고 있다. 페이욜(Fayol)은 계획, 조직, 명령, 조정, 통제를 들었다. 김옥련은 유치원 운영관리 민주화와 과학화를 위해서 PDS(Plan-Do-See) 기능이 바람직하다고 제시하였다. 즉, 계획(Plan)→실시(Do)→평가(See)의 순환과정으로 본다(재인용, 김주건, 1997).

이영자 등(1997)은 의사결정, 기획, 조직, 의사전달, 영향, 실행, 조정, 평가를 들었다. 이상의 견해를 종합해 보면, 운영관리의 과정은 다음 그림과 같이 계획, 조직, 의사교환, 실행, 평가의 순환과정이라고 할 수 있다. 각 과정을 설명하면 〈그림 2-1〉과 같다.

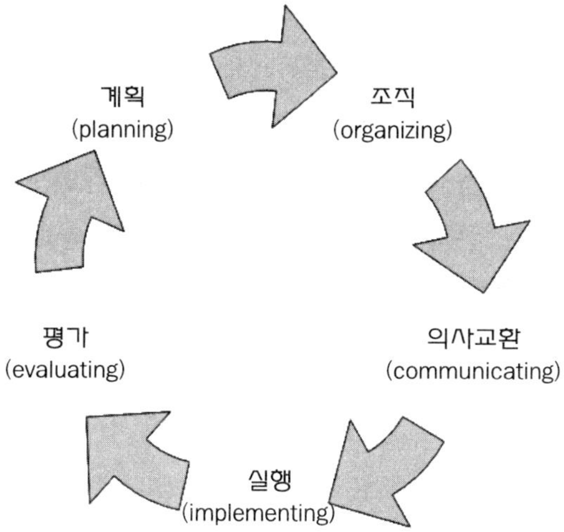

〈그림 2-1〉 **운영관리의 과정**

(1) 계 획

계획은 무엇을 어떻게 해야 하는지를 말해 주는 것으로 목적과 행동을 구체화한다. 보육시설의 효율적인 운영에 필요한 절차와 방법은 합리적이고 일관성 있게 계획해야 한다. 이에 포함되어야 할 내용은 외부환경과 보육시설의 여건분석, 교육목표 및 운영목표 설정, 운영방침 설정, 활동계획의 작성, 목표와 계획에 대한 평가 등이다.

가령, 교육을 받을 만한 시설의 잠재적 수요를 예상하기 위해 인구수와 출생률을 알아보면 도움이 될 것이다. 그리고 시설이 소재해 있는 지역사회에 다른 보육시설이 얼마나 있는지, 그들이 교육 프로그램 경비, 위치, 연혁 등을 알아보면 새로운 교육 프로그램을 계획할 때 수요를 판단하는데 도움이 될 것이다.

운영계획을 할 때 운영자가 다음과 같은 점을 고려한다면 효과적인 시설의 운영계획이 될 것이다(Hildebrand, 1993).

① 운영자는 보육시설을 운영하는 목적에 분명한 진술을 제시해야 한다. 즉, 누구를 위해 어떤 활동을 하는지 등 프로그램의 궁극적 목적을 구체적으로 진술해야 한다. 예를 들면 "우리 시설은 6개월부터 6세까지 어린이 100명을 돌보는 시설이다". 와 같이 명확하고 구체적으로 진술하는 것이다.

② 운영자는 교육서비스 프로그램을 실시하기 위한 허가장과 법규를 따라야 한다.

그리고 교직원들이 그 법규와 허가에 대해 확실히 이해하게 한다.

③ 운영자는 시설의 실제적이고 적합한 목적과 목표를 개발한다. 시설의 교육서비스 대상의 연령, 프로그램의 철학 등에 따라 목적과 목표는 달라야 한다.

④ 운영자는 필요하다면 새로운 프로그램과 계획을 개발하고 평가하고 수정한다.

⑤ 운영자는 정책위원, 교직원, 부모를 비롯해 다른 사람들과 더불어 목적, 프로그램, 계획, 과정에 관해 정기적으로 협의한다.

(2) 조 직

조직은 사람, 물건, 사실과 같은 요소를 정비하고 활동들을 연결시킴으로써 모든 독립적인 부분들이 달성하고자 하는 목적을 효과적으로 성취하도록 하는 것이다. 조직과정에서 운영자가 해야 할 일은 먼저, 프로그램 관리를 촉진하기 위해 구성단위들을 조직하는 것이다. 그 다음은, 시설의 일이 효율적으로 이루어지도록 운영자는 공간, 자료, 시설, 설비를 정리하고 활용한다.

조직은 목표를 효율적으로 달성하기 위한 협동체제의 구성을 의미하며 주로 형식적인 조직을 의미하지만, 비형식적 조직 및 자생조직이 형성될 가능성과 활동을 고려하여 능률적인 조직이 되도록 노력해야 한다. 운영자는 다음과 같이 인적 · 물적 요소의 적절한 배정과 각 요소의 유기적인 상호관련이 발휘되도록 구조화해야 한다.

① 운영자는 교직원이나 다른 사람과 건설적 관계를 유지한다.

② 운영자는 직원 개발의 역동적 프로그램을 계획하고 수행한다.

③ 운영자는 물리적 요소들을 조직하고 시설의 규칙 및 원리를 조직한다. 조직되어야 할 물리적 요소는 교사, 시설, 매체 등이며 시설의 규칙이나 원리는 운영방침, 교육계획안, 활동계획안, 일과표 등이다.

(3) 의사교환

조직 사회에서 의사소통은 의사결정 및 바람직한 조직풍토를 형성하는데 매우 중요한 역할을 한다. 의사교환은 서로에 대한 이해를 도우며 경청, 설명, 정보교환, 의사소통, 기술적인 정보사용이 포함된다. 인간관계와 의사소통기술은 운영자에게 필수적이다. 운영자는 직원의 성취를 객관적으로 평가하며 강점과 약점에 관하여 충분한 의사소통을 해야 한다.

(4) 실 행

의사교환을 통해 운영정책이 관여하는 여러 가지 측면, 즉 조직, 인사, 재정, 시설, 사무, 교육활동 등이 시설의 교육목표 달성에 최적의 상태가 되도록 조화시킨 후, 이를 실행한다. 보육시설에서는 교직원 상호간의 접촉을 통해 갈등을 해소해 나가도록 하며 직원회의 및 운영위원회 등을 통해 부조화 등을 조절하여 최대한의 목표달성을 할 수 있도록 노력해야 한다. 실행하는 것은 계획을 실제 수행하는 것과 관련한 것이다.

(5) 평 가

계획한 과업의 결과를 의도성을 갖고 분석하며 보다 합리적이고 효율적인 운영이 되도록 하기 위해서 평가는 매우 중요한 요소다. 평가는 계획의 적절성을 사정하는 역할을 한다. 시설을 운영하기 위해 운영관리의 각 영역별 평가, 프로그램 평가, 원아들의 발달 평가, 교직원들의 근무평정, 그리고 자기평가 또한 매우 중요하다. 또한 계획, 조직, 의사교환, 조정, 평가의 순환과정에 있어서 각 단계마다 평가가 이루어져 필요에 따라 피드백이 이루어져야 한다.

보육시설의 전체적 운영평가는 다음 계획에 반영되어야 하며 평가의 결과를 잘 활용하고 기록을 보존하는 데도 노력할 필요가 있다.

2. 운영관리의 영역 및 내용

1) 운영관리의 영역

보육시설을 운영하고 관리하기 위해서는 시설의 운영에 관련된 전반적인 모든 측면을 포괄적으로 고려하여야 한다. 따라서 시설을 운영하는 시설장은 운영관리와 관련한 각 범주의 내용과 체계에 대해 알고, 시설 운영을 위한 체계적인 접근이 필요하다.

Decker & Decker(1992)는 보육시설의 운영에 도움이 될 수 있는 공통적이고 일반적인 운영관리의 정책에 대하여 ① 프로그램 서비스 정책, ② 행정상의 정책, ③ 교직원 인사정책, ④ 원아관리 정책, ⑤ 건강정책, ⑥ 재정정책, ⑦ 평가기록에 관한 정책, ⑧ 학부모 관리정책, ⑨ 대외정책 등 9가지 범주를 제시하고 있다. 이러한 운영관리 정책을 중심으로 보다 구체적으로 범주의 내용을 살펴보면 다음과 같다.

(1) 프로그램 서비스 정책

유아의 보호와 교육이 제대로 이루어지기 위해서 유아에 대한 음식물 제공, 등하교 차량 제공, 사회복지 서비스 등 유아와 관련한 제반 서비스도 함께 제공되어야 한다.

지역사회 특성을 감안한 독창적인 보육시설을 운영하기 위해서는 첫째, 지역사회의 요구나 바람이 무엇인지 알아보고 둘째, 이러한 지역사회의 요구에 바탕을 둔 보육프로그램의 철학을 개발하는 일이며 셋째, 지역사회의 요구와 재원 등에 적합한 보육프로그램의 형태를 결정하는 일이다.

(2) 행정상의 정책

여기서 포함되는 세부영역은 보육시설의 운영위원회의 조직과 위원의 선정이나 임명에 관한 사항, 원장과 감독관의 임명과 임무, 명령체계와 같은 다양한 행정적 운영체계 및 행정조직의 구성원과 그 기능 등에 관련된 사항을 포함한다.

종래의 보육시설이 단순한 유아교육 및 양육에 국한되어 있었던 데 비해, 오늘날은 지역사회의 종합적인 서비스센터로서 그 역할을 넓혀 가고 있다.

(3) 교직원 인사정책

여기서 포함되는 세부영역은 교직원의 채용 및 임용에 관한 사항, 교직원 자격, 교직원의 업무분담, 교직원 훈련, 근무평정, 재직기간 및 퇴직에 관한 사항, 보수 및 근무여건에 관한 사항, 결근과 이직에 대한 대책, 교직원의 개인적인 활동과 전문적인 활동에 관한 사항 등을 다룬다.

(4) 원아관리 정책

유아의 모집과 관리에 관련된 정책으로서 유아모집, 입학과 출석 관리, 학급 크기, 유아와 교사의 비율, 유아의 교육과 보호 등에 관한 각종 서비스 활동, 야외학습과 행사 등의 특별활동 등에 관한 사항이 포함된다.

(5) 건강정책

건강정책 영역에는 유아의 건강 진단, 의료정책, 신체검사와 예방접종과 같은 건강서비스와 관리, 위급 사태의 관리, 영양과 음식물 관리, 휴식을 위한 시설, 건강과 안전에 대한 교육과 교사훈련, 환경감독 서비스 등이 포함된다.

(6) 재정정책

보육시설 운영에 있어서 재정적인 문제와 관련된 정책으로서 운영자금의 출처, 예산, 지출항목, 물품구입과 서비스를 위한 지침과 세부절차, 결산과 회계감사에 관한 사항 등이 포함된다.

(7) 평가와 기록에 관한 정책

여기에 포함된 사항은 기록, 보존에 관한 정책으로서 사무기록과 교직원 인사기록, 서류보관 및 관리, 기록에 관한 업무, 보고서류, 통신, 문서발송 및 접수, 설비취급에 관한 사항 등을 의미한다.

(8) 학부모 관리정책

이것은 부모참여와 교육에 대한 부모의 요구충족, 다양한 목적을 위해 원장 또는 직원 만나기 등을 결정하는 정책으로서 부모의 보조교사 역할, 유아의 입학이나 퇴학, 발달상황 기록, 프로그램 참여, 부모참여와 교육, 건의사항과 불만 토로 등에 관한 사항을 협의하기 위한 원장 및 교사와의 접촉과 관련된 절차 등이 포함된다.

(9) 대외정책

지역사회 참여와 관계된 영역으로서 지역사회 인사의 참여유형, 보육시설의 시설활용과 지역사회 인사의 참여유형, 보육시설의 시설활용과 지역사회 시설의 활용, 유아교육 관련단체나 학회와의 관계 및 지역사회 인사와의 의사소통을 위한 대중매체의 활용방안 등이 포함된다.

이러한 범주의 구분은 학자들에 따라, 운영실제에 따라 다소 달라질 수 있다. 가령, 건강정책은 원아 관리정책의 영역에 포함될 수 있으며, 학부모 관리정책 또한 대외정책에 포함될 수 있다. 프로그램 관리정책에 포함될 수 있는 시설 및 설비의 관리를 따로 구분하여 운영하기도 한다. 이와 같이 운영관리 영역들의 세부내용과 정책의 강조점은 각 시설의 운영철학과 사회적 요구, 지역실태 등에 따라 달라질 수 있다.

2) 보육시설의 운영관리의 영역 및 주요내용

유아교육기관을 운영하기 위한 영역 및 그 내용들을 도르시와 스키에라(Dorsey & Sciarra, 2003), 김옥련(1995), 임재택(2005) 등의 분류를 간략히 종합해 보면 다음 〈표 2-1〉과 같다.

표 2-1 유아교육기관 운영관리의 영역 및 주요내용

영역		주요 내용
1	원아관리 및 학급운영	입학 및 퇴학, 학급편성, 원아 출결석, 건강 및 보건, 안전 기타 원아와 관련한 사항들
2	교직원 관리	교원과 직원의 임용(채용, 전직, 퇴직 등), 교직원 업무분장, 학급담당, 교직원 복지, 교원 연수, 교직원 회의, 근무평가, 장학지도 등
3	교육 프로그램 관리	교육과정의 계획 및 내용관리, 연간 행사계획 및 관리, 현장체험학습 관리, 영양, 안전, 생활습관 지도의 계획 및 관리
4	시설・설비관리	건물, 교실, 유원장 등 실내외 시설 및 설비의 안전관리, 각종 시설설비와 관련한 구입・수리 및 유지
5	재정관리	납입금의 수납, 보조금, 전입금, 기부금, 차입금, 이월금, 시설비, 교구・교재비, 인건비 등의 관리
6	교구・교재관리	교육활동에 필요한 각종 교구・교재 및 시청각 기구의 구입 및 관리, 환경구성, 흥미영역의 구성 및 관리
7	사무관리	사무분장, 사무처리 조직 및 관리, 보고서류, 법정문서관리, 기록서류, 통신, 사무기록과 교직원 인사기록, 서류보관 및 관리, 기록에 관한 업무
8	부모와의 협력	부모회의 조직과 운영, 가정통신, 부모교육의 계획 및 운영, 상담 및 참관과 관련한 업무, 인적 자원의 조사 및 부모참여 계획 등
9	지역사회와의 협력	지역 환경관리, 지역사회기관(보건소, 경찰서, 소방서 등), 유아교육협회(보육・유치원정책위원회 및 유치원・어린이집연합회 등)와의 협력, 유아교육 관련 연구소 및 아동상담소와의 연계, 지역 대중매체와의 협력, 각종 지역봉사단체와의 연계 및 지원

이상에서 살펴본 각 영역들의 내용은 매우 밀접한 관련을 가지고 있으므로 총체적인 접근이 필요하다. 가령, 최근 출산율이 급감하면서 원아모집에 큰 어려움이 있는 경우는 나아가서 재정관리도 어려움에 봉착하게 된다. 이러한 경우에는 특히 원아모집을 위해 홍보정책에 더욱 많은 노력을 기울이게 된다.

시설의 운영을 위한 제반 영역들은 독립적으로 이루어질 수도 있으나 대부분 순환적으로 작용하며, "원활한 기관의 운영"이라는 목적으로 밀접하게 상호 연계되어 있는 것이다.

3) 교직원의 조직

조직의 효율성을 높이기 위해서는 조직 구성원들의 관계를 나타내는 조직표가 필요하다. 보육시설의 조직기구표는 시설장을 위시하여 각 조직의 권한과 역할을 나타낸 것이므로 조직 구성원들의 위계를 알 수 있으며 운영을 원활하고 체계적으로 할 수 있도록 도움을 준다.

조직표는 시설의 운영방침이나 구성원의 규모, 업무량, 시설의 규모 등 각 시설의 실정에 따라 다르게 조직될 수 있다.

소규모 보육시설의 조직표를 예시하면 다음 〈그림 2-2〉와 같다.

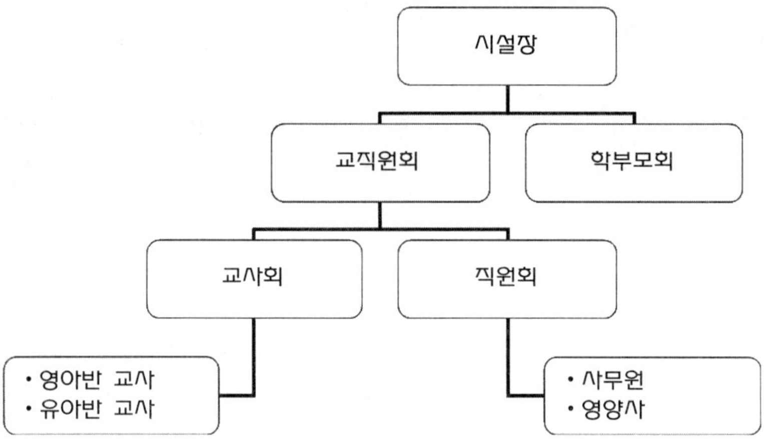

〈그림 2-2〉 **보육시설 조직표**

보육시설의 효율적인 운영을 위한 조직은 고정적인 것이 아니라 시설의 변화에 따라 융통성 있게 재조직되어야 한다.

보육시설의 운영자는 시설장의 법적 요건을 갖추어야 하며 조직을 운영하고 관리하기 위한 자질과 능력이 필요하다. 보육시설 운영자는 시설 운영을 전체적으로 파악하는 능력뿐 아니라 사무적인 기술을 가지고 있어야 하며 교직원과 학부모 및 원아들을 원만하게 다룰 수 있는 인간관계 기술 또한 갖추어야 한다.

보육시설의 설립

Chapter 03

영유아 보육서비스의 필요성이 대두되고 많은 사람들이 보육시설을 창업하고자 한다. 보육시설을 설립하고 성공적으로 운영하기 위해서는 국가와 지역사회의 유아교육 정책의 성격과 방향을 정확하게 이해하는 것이 선행되어야 할 것이다. 본 장에서는 우리나라의 유아교육 및 보육정책의 방향에 대하여 간략히 살펴보고, 개정된 보육법에 의거하여 실제적인 보육시설의 설립인가의 법적 요건과 절차를 보육시설의 유형별로 설명할 것이다.

I. 보육시설 설립의 기초

1. 우리나라 보육정책의 발달
2. 영유아보육법의 개정
3. 보육시설의 설립과정

II. 유형별 보육시설 설치의 실제

1. 보육시설 설치를 위한 상담
2. 보육시설 유형별 설치 요건
3. 보육시설의 설치신고
4. 보육시설의 인가

I. 보육시설 설립의 기초

1. 우리나라 보육정책의 발달

우리나라에 설립된 보육시설은 1921년 태화기독교사회관의 탁아 프로그램을 시초로, 빈민아동들과 전쟁고아들을 위한 탁아 프로그램으로 시작되었다. 1961년 정부는 아동복리법을 제정하여 취업 또는 질병으로 아동양육이 불가능한 아동들을 위탁 · 보호하는 기관으로 규정했으나 특별한 재정적 지원이나 정책적 지원 없이 방치되어 있었다. 1982년 유아교육진흥법을 제정하여서, 그 동안 보사부에서 관장하던 어린이집의 관할부서는 내무부로 이관되었다. 이 과정에서 어린이집의 명칭도 새마을유아원으로 바꾸었으며 유치원과 유사한 성격으로 변모시켰다. 결국, 보사부 관할의 어린이집과 농촌진흥청 관할의 농번기탁아소, 내무부 관할의 새마을협동유아원이 통합되어 내무부 관할의 새마을유아원이 된 것이다.

1980년대에는 이와 같이 유치원과 새마을유아원의 양립체제로 있던 두 기관은 급격한 양적 팽창을 이루었다.

1990년대에 들어오면서 보육시설들의 질적 향상이 이루어지기 시작했으며, 사회적 요구에 따라 보다 어린 연령의 유아들을 대상으로 한 프로그램들이 대두되었다.

1991년 양립체제였던 두 기관은 교육법에 의거하여 운영되는 유치원, 유아교육진흥법에 의거하여 운영되는 새마을유아원, 그리고 영유아보육법에 의거하여 운영되는 보육시설로 다시 분리가 된다. 1993년 내무부 산하의 새마을유아원은 유치원 또는 어린이집으로 전환하게 되어 다시 이원화되었다.

2004년, 입법 예고하였던 유아교육법 시행령이 국무회의에서 심의 의결되어(2005. 1. 25.) 유아교육법이 제정(법률 제7120호, 2004. 1. 29. 공포, 2005. 1. 30. 시행)되어, 그 동안 초등교육법에 포함되어 있었던 유아교육 관련 조항들이 독립된 유아교육법으로 제정 · 시행된다. 한편, 2004년 영유아보육법도 개정이 되었으며(법공포일 : 2004. 1. 29) 2005년부터는 개정된 영유아보육법이 시행되었다(법시행일 : 2005. 1. 30). 그 동안 보건복지부에서 관할하던 보육시설들은 2004년 6월부터 여성부에서 그 업무를 관장하게 되었으며, 보육시설의 질적 향상을 위해 많은 노력을 기울이고 있다.

유아교육법의 제정과 영유아보육법의 개정은 유아교육과 보육이 진일보하는 큰 계기가 되고 있다. 그러나 보육시설의 이원화로 인해 유치원과 보육시설의 갈등과 대립이 계속되고 있는 현재, 보육과 유아교육체제의 통합과 일원화는 향후 숙제로 남아 있는 실정이다.

2. 영유아보육법의 개정

1) 개정된 영유아보육법의 의의

2005년 영유아보육법이 대폭 개정되고 2009년 일부 시행규칙이 다시 개정되었다. 2005년 1월 30일부터 개정된 주요내용 및 개정 사유는 다음 〈표 3-1〉과 같다.

표 3-1 영유아보육법의 개정내용 및 사유

주요 내용	개정 사유
· 국무총리 소속하에 보육정책조정위원회를 신설하고, 보건복지부에 중앙보육정책위원회를, 그리고 지방자치단체에 지방보육정책위원회를 설치함	· 보육정책에 관한 관계부처 간의 의견을 조정하고, 보육에 관한 각종 정책 · 사업 · 보육지도 등을 심의하기 위함
· 보육시설의 종류에 법인보육시설 및 부모협동보육시설을 포함	· 현행 민간보육시설에 포함되어 있던 법인시설은 정부지원시설로서 일반개인시설과 차별화되므로 별도의 유형화가 필요하며, 공동육아제도 활성화의 법적 근거를 마련하기 위함
· 보건복지부장관, 시 · 도지사 및 시장 · 군수 · 구청장은 보육시설 수급계획 등 보육계획을 수립 · 시행함	· 보육계획에 따른 보육시설의 설치 및 운영의 합리화와 효율화를 도모함
· 보육시설 설치 · 운영시 시장 · 군수 · 구청장의 인가를 받도록 함	· 현재 신고로 되어 있는 보육시설의 설치에 대해 인가를 받도록 함으로써 시설의 질적 수준을 향상하기 위함

주요 내용	개정 사유
· 직장보육시설 설치 의무화 사업장에 대해 지역의 보육시설과 위탁계약을 체결할 수 있도록 함	· 직장 근로자가 이용할 수 있는 직장보육시설 설치 및 운영을 활성화하기 위함
· 보육교사에게 보건복지부장관이 검정·수여하는 자격증을 부여하고, 등급을 1·2·3등급으로 나눔	· 보육교사에게 국가공인자격증을 부여함으로써 교사의 자격에 대한 체계적인 관리와 질적 수준을 향상하고자 함
· 국·공립 및 법인 보육시설과 기타 대통령령이 정하는 보육시설의 장은 영아·장애아 등에 대한 보육을 우선적으로 실시토록 함	· 보육수요 충족률이 낮고 민간에서 보육을 기피하고 있는 영아·장애아 등 취약보육을 활성화하기 위함
· 국·공립 및 법인 보육시설과 기타 대통령령이 정하는 보육시설의 장은 국민기초생활보장법에 의한 수급자와 보건복지부령이 정하는 저소득층의 자녀가 우선적으로 보육시설을 이용할 수 있도록 함	· 저소득층 자녀에 대한 보육의 우선 제공을 통해 저소득층의 취업을 활성화하고 자녀양육에 대한 부담을 완화함
· 국가 및 지자체가 보육시설의 설치, 보육교사의 인건비, 초과보육 운영경비 등 운영에 소요되는 경비를 전부 또는 일부 보조하도록 함	· 보육시설에 대한 경비 지원을 통해 보육사업을 활성화하고 국가의 공적 책임을 강화함
· 보건복지부장관은 보육시설에 대한 평가인증을 실시할 수 있도록 함	· 보육시설에 대한 평가를 통해 보육시설의 자율적인 서비스 개선 등 보육서비스의 질적 수준을 향상하기 위함
· 보육비용의 보호자 부담 원칙을 삭제하고, 국가와 지방자치단체가 저소득층 등의 보육비용을 부담토록 하되, 지원은 소득수준·거주지역 등에 따라 차등화할 수 있음	· 보육에 대한 국가 및 지방자치단체의 책임을 강화하고 차등보육료 지원제도 실시의 법적 근거를 마련함
· 보육시설의 장 또는 보육교사의 위법, 부당, 과실, 교육 불이행 등에 대해 자격의 취소 또는 정지할 수 있도록 함	· 보육시설의 장과 보육교사가 보육서비스를 제공함에 있어 법을 준수토록 하고 효과적으로 자격을 관리하기 위함

2) 2005년 개정된 영유아보육법의 특징

2004년 영유아보육법의 시행령 및 시행규칙이 개정됨에 따라 2005년부터 달라진 주요 사항들을 정리하면 다음과 같다.

(1) 직장보육시설 설치 의무대상 확대

상시 여성근로자 300인 이상→상시 여성근로자 300인 이상 또는 근로자 500인 이상

사업장에 설치하도록 함으로써 직장보육시설의 확충을 꾀하였다.

(2) 보육시설종사자 경력증명 발급기관 변경

보육시설의 장 ⇒ 시 · 군 · 구에서 관리(2005년 7월 31일 이후)

그 동안 보육시설종사자들의 경력 등을 각 시설에서 담당하였으나 시 · 군 · 구에서 체계적으로 관리하도록 하였다.

(3) 보육시설종사자의 전문성 제고를 위한 자격기준 강화

· 보육교사의 자격등급을 현 2등급에서 3등급으로 변경하고, 승급 시 경력요건을 강화하였다.

· 보육시설의 장의 자격은 "보육 등 아동복지업무 경력이 있는 자"로, 보육교사 자격은 "보육업무의 경력이 있는 자"로 한정하였다.

· 보육교사교육원 수료 시 보육교사 3급 취득하도록 하였다.

(4) 보육교사 국가공인 자격증제도 도입

보육교사 자격은 국가에서 검정 후 자격증을 발급하도록 하였다(2005년 4월 이후).

(5) 보육시설 설치기준 강화

· 위험시설로부터 50m 이내 떨어진 곳에 설치(기존시설 제외)하도록 하였다.

· 보육시설 정원은 300인을 초과할 수 없음(기존시설 제외)

· 보육시설 면적을 영유아 1인당 3.63m^2 ⇒ 4.29m^2로 늘리고 보육실 면적은 영유아 1인당 모두 2.64m^2로 변경(기존시설 제외)하였다.

· 가정보육시설은 단독 · 공동주택에만 설치(기존시설은 5년 이내에 기준만족)하도록 하였다.

· 보육실은 1층에 설치하는 것이 원칙이고 예외로 2층과 3층을 사용할 수 있는 경우는

① 건물 전체가 보육시설인 경우(영아반은 반드시 1층에 설치해야 함)

② 사업장 내에 직장보육시설을 설치할 경우(기존에 2층과 3층에 설치된 시설은 1년 이내에 비상재해 대비시설을 갖추면 계속 운영 가능)

이상과 같이 영유아보육법의 개정은 보육시설들이 질적으로 한 걸음 더 나아가는 계기가 되었다.

3) 2009년 개정된 영유아보육법의 시행규칙

2005년 시행된 영유아보육법의 한계점을 보완하고자 2009년 7월 3일 영유아보육법 가운데 일부 시행규칙이 개정되었다. 개정의 이유 및 내용은 다음과 같다.

(1) 개정이유

현행 제도의 운영상 나타난 일부 미비점을 개선 · 보완하기 위해 일부 시행규칙을 개정하였다. 또한, 어려운 용어를 쉬운 용어로 바꾸며, 길고 복잡한 문장과 체계 등을 정비하여 간결하게 하는 등 국민이 법 문장을 이해하기 쉽게 정비하였다.

(2) 주요 개정 내용

① 보육서비스 이용권의 발급 및 관리(안 제35조의 2부터 제35조의 4까지 신설)
② 보육시설의 놀이터 설치 및 비상재해 대비시설 기준 정비
개정 전후의 주요 사항들을 간략히 제시하면 아래 〈표 3-2〉와 같다.

표 3-2 개정 영유아보육법의 주요 개정 내용

변경 전	변경 후	개정사유 및 기대효과
보육은 영유아를 위한 "사회복지서비스"라고 명시함	보육의 정의를 영유아를 위한 "보육시설 및 가정양육 지원에 관한 사회복지서비스"로 변경함	보육시설과 가정양육의 지원을 통한 보육을 실현하기 위함
영아 · 장애아 등을 우선으로 취약보육을 실시해야 한다고 함	취약보육대상에 "다문화 영유아"를 포함함	급증하는 다문화가정의 자녀들에 대한 관심과 보육서비스 제공을 위함
〈신설〉	보육시설 안전공제사업 실시 및 안전공제회를 설립하도록 함	보육시설의 안전사고 예방 및 보상에 관한 규정을 제도화함
〈신설〉	보육시설 · 유치원 미이용 아동에 양육수당 지급하기로 함	양육부담 경감 및 보육료/교육비 지원과의 형평성 제고를 위함
〈신설〉	보육서비스 이용권 제도(보육전자	보육비용 지원에 대한 부모의 체감도

변경 전	변경 후	개정사유 및 기대효과
	바우처 카드)를 도입하기로 함	향상과 보육비용 지원 행정처리 부담 경감을 위함
〈신설〉	다자녀 가구의 보육료를 지원하기로 함	기존부터 시행되고 있는 다자녀에 대한 지원 근거를 명시함
〈신설〉	보육비용 지원 대상자 선정과 관련한 근거를 명시함	보육비용 지원 근거를 명확히 함으로써 보육비용 지원의 효율화와 적정성 제고를 위함
〈신설〉	보육서비스 이용권 제도 도입에 따른 부정 사용을 제재하는 규정을 마련함	신규로 도입하는 보육서비스 이용권 제도의 부정 사용을 방지하고자 함

(3) 개정 영유아보육법의 의의

① 취약보육 대상의 확대 적용

다문화 영유아가 취약보육의 대상에 포함된 개정 영유아보육법을 통해 보다 많은 다문화가정의 자녀들이 보육시설 이용률이 높아지고 언어 발달 지체 및 문화 부적응 문제가 해소될 것으로 보인다.

② 양육 수당의 도입

수요자 중심의 보육정책에 따라 그 동안 보육시설을 이용하지 않는 영유아들은 보육서비스의 사각지대에 놓여 있었다.

2007년 보육시설과 유치원을 이용한 영유아의 수는 전체의 약 56%를 차지한 반면, 약 44%의 영유아들은 보육시설과 유치원을 이용하지 않는 것으로 나타났다. 이는 유아교육기관을 이용할 수 없는 사각지대에 놓인 영유아들이며 이러한 영유아들을 위한 보완책으로 개정 법안에서는 보육시설과 유치원을 이용하지 않는 가정의 자녀에게도 영유아의 연령과 보호자의 경제적 수준을 고려한 양육수당을 지급하겠다는 법적 근거를 마련하였다.

③ 보육서비스 이용권제도

보육전자 바우처 카드가 보육서비스 이용권제도라는 이름으로 개정 영유아보육법에 명시되었다.

그 동안 보육시설에 바우처 형식으로 제공되던 보육 지원금을 부모에게 카드의 형태로 직접 지급함으로써 보육료를 지원받고 있다는 인식을 향상시키고, 보육에 대한 관심과 참여도가 높이기 위한 것으로 해석된다.

또한 부모와 영유아는 다양한 보육시설 및 보육서비스를 선택할 수 있고, 보육시설과 지방자치단체는 보육비용 지원과 관련한 행정처리 부담이 경감될 것이라며 긍정적인 효과를 기대하고 있다.

또한 보육서비스 이용권제도의 부정 사용에 관한 제재 규정을 함께 법안을 개정하였다. 이를 위반한 자는 5년 이하의 징역형 또는 3천만원 이하의 벌금형에 처해질 수 있다. 시행규칙에는 부정 사용 규정의 범위 및 벌칙을 명확히 제시하였다.

④ 다자녀 가족에 대한 지원

다자녀 가구에 대한 보육료 지원은 기존에 시행되어 온 보육사업의 일환이다. 이번 개정을 통해 다자녀 가구의 자녀에 대한 보육료 지원의 근거를 법적으로 명시하였다는데 그 의의가 있다. 국가와 지방자치단체가 자녀가 2인 이상인 가구에 대하여 추가적으로 보육료를 지원할 수 있음을 법적으로 명시하였다.

⑤ 보육비 지원 대상자에 대한 규정

기존에는 보육비용 지원에 필요한 절차가 복잡하고 근거가 미약하여 보육비용 지원 대상자 선정과 관련하여 어려움이 많았다.

개정 법안을 통해 보육비용 지원을 위한 신청 및 재산 · 소득 조사 근거 규정이 마련되었으므로 보육비용 지원 근거가 명확히 함으로써 보육비용 지원의 효율화와 적정성이 제고될 것으로 기대된다. 지원 대상자에 대한 개정 내용은 다른 개정 내용보다 앞선 2009년 4월 1일부터 시행되었다.

(4) 개정 시행규칙의 미비점

2009년 개정된 보육법에서는 보육의 공공성 강화 정책에 대한 구체적인 계획이 제시되지 못하고 있으며 국 · 공립보육시설 확대에 대한 대안이 마련되지 못했다. 앞서 밝힌 바와 같이 우리나라의 국 · 공립보육시설의 비율은 5.5%에 불과한 실정이어서 공보육의 실현을 앞당기기 위해서는 국·공립보육시설의 확대가 절실한 실정이다.

3. 보육시설의 설립과정

1) 보육시설의 설치

기존의 영유아보육법 시행령과 시행규칙은 2005년 개정되었다. 개정된 보육정책의 가장 큰 특징은, 기존의 신고제에서 인가제로 전환하고 설치기준도 강화하였으며 보육시설 종사자의 전문성도 제고하였다는 점이다.

2009년 개정된 영유아보육법의 시행 세칙은 안전과 관련한 사항들이 강화되어 있으며, 보육시설의 입지와 관련한 사항 및 지역 보육수급을 확인 후 인가를 검토하도록 명시하여 보육수급의 불균형을 제어하고 균형 있는 보육시설의 수급이 되도록 명시하였다. 신설된 사항을 중심으로 보육시설의 설치 과정을 설명하면 다음과 같다.

(1) 보육시설의 종류(제2장 10조)

영유아보육법에 명시된 보육시설의 종류는 다음 〈그림 3-1〉과 같다.

보육시설의 종류

- **국 · 공립보육시설**–국가 또는 지방자치단체가 설치 · 운영하는 시설
- **법인보육시설**–사회복지사업법에 의한 사회복지법인이 설치 · 운영하는 시설
- **직장보육시설**–사업주가 사업장의 근로자를 위하여 설치 · 운영하는 시설
- **가정보육시설**–개인이 가정 또는 그에 준하는 곳에 설치 · 운영하는 시설
- **부모협동보육시설**–보호자들이 조합을 결성하여 설치 · 운영하는 시설
- **민간보육시설**–제1호 내지 제5호에 해당하지 아니하는 보육시설

〈그림 3-1〉 **보육시설의 종류**

(2) 보육시설의 설치 전 상담제도

2009년 신설된 보육법의 시행규칙에는 보육설치 전 상담에 관한 사항을 다음과 같이 명시하고 있다.

○ 지방자치단체의 장은 보육시설을 설치하고자 하는 자가 사전에 상담을 요청하는 경우, 관할지역의 보육수요, 보육시설 입지조건 및 설치기준 등에 관하여 사전 고지하는 등 적극 협조하여야 한다(시행규칙 제4조의 2).

(3) 보육시설의 입지조건

2009년 신설된 보육법의 시행규칙에는 보육시설의 입지조건에 관하여 더욱 강화하였다.

(4) 지역 보육의 수급

2009년 신설된 보육법의 시행규칙에는 지역의 보육시설 수급 상황에 따라 인가를 검토하도록 명시하고 있다. 즉, 보육시설을 설립하고자 하는 지역의 보육대상 아동과 보육수요율을 파악하여 보육의 수요와 공급에 적절한지 여부를 판단하여 인가를 하도록 한다. 보육수급율과 관련한 상세한 사항은 아래와 같다.

① 보육시설 이용권역 설정

- '보육시설 이용권역'이란 '해당지역의 보육시설을 주로 이용하는 아동이 거주하는 지역적 범위'를 의미한다.

② 보육수요와 공급의 산출

보육수요 파악 : 이용권역 내 〈보육대상 아동 수 × 보육수요율〉 (기준일 : 매년 1월 1일)

- '보육수요율'이란 6세 미만의 취학전 영유아의 수를 기준으로 현재 보육시설을 이용하는 아동과 향후 보육시설을 이용할 것으로 추계되는 아동의 비율을 의미함
- 보육수요율은 〈표 3-3〉(지역별 보육수요율-중기)을 적용할 수 있으나, 시 · 군 · 구 또는 특정지역의 여건에 맞지 않는 경우, 별도 설정하여야 함

표 3-3 지역별 보육수요율-중기

구 분	영 아	유 아
대도시	30.2%	42.2%
중소도시	31.5%	43.9%
읍 · 면	42.5%	63.8%

주) 2004년도 보육시설실태조사 결과자료임('09 실태조사 중)

③ 보육공급 파악

- 중장기 국 · 공립보육시설 확충계획, 주택 재개발 등에 따른 보육시설 공급계획 반영
- 인가받은 보육시설의 정원 및 인가 절차가 진행 중인 시설의 정원 반영
- 보육계획 수립 시 상기 (중기)보육수요에 근거하여 보육시설 수급계획을 수립함

④ 보육시설 정원충족률 산출

- 정원충족률 : 이용권역 내 보육시설별 정원을 기준으로 보육시설을 이용 중인 아동(현원)의 비율을 의미함(기준일 : 매년 1월 1일)

⑤ 보육수요와 보육시설 정원충족률을 확인 후 인가 제한 가능

- '보육수요'는 '보육시설별 정원'과 동시에 '보육시설별 현원'을 모두 충족해야 하며 보육시설별 정원만 만족할 경우, 인가에 제한을 받을 수 있다(두 요건을 동시에 충족해야 함).
- 〈지역별 보육수요율〉에는 유치원 이용 아동수를 포함하지 않고 추계하므로, 보육공급 및 보육시설 정원 산출 시에도 유치원 이용 아동 수를 반영하지 않는다.

(5) 보육시설의 비상재해 대비시설

2009년 신설된 보육법의 시행규칙에는 보육시설의 비상재해 대비시설 요건에 관하여 더욱 강화하였다. 이 요건은 신규인가 시설 및 비상재해 대비시설을 새로 설치하거나 재설치하는 시설에 적용한다. '09. 7. 3 이전에 인가받은 보육시설 중 2층 이상에 설치하는 비상재해 대비시설을 설치하지 아니하였거나, 불량 또는 위험하게 설치한 시설은 '10. 12. 31까지 동 기준에 의하여 설치하여야 한다. '09. 7. 3 이전에 인가받은 보육시설 중 2층 이상에 설치하는 비상재해 대비시설을 설치하지 아니하였거나, 불량 또는 위험하게 설치한 시설은 '10. 12. 31까지 동 기준에 의하여 설치하여야 한다.

(6) 보육시설 인가와 관련한 법령

보육시설의 인가와 관련한 영유아보육법과 건축법령을 정리하면 다음과 같다.

보육시설 인가 관련 법령

[1] 영유아보육법령

○ 법 제10조(보육시설의 종류)

○ 법 제11조(보육계획의 수립 및 시행)

○ 법 제13조(국·공립보육시설 외의 보육시설의 설치)

○ 법 제14조(직장보육시설 설치 등)
○ 법 제15조(보육시설의 설치기준)
○ 법 제16조(결격사유)
○ 법 제20조(결격사유)
○ 법 제28조(보육의 우선제공 등)
○ 법 제45조의 2(행정제재처분효과의 승계)
○ 법 제39조(세제지원)
○ 시행령 19조(보육계획의 내용, 수립시기 및 절차)
○ 시행령 25조(사업주의 비용보조)
○ 시행규칙 제4조의 2(보육시설의 설치 전 상담)
○ 시행규칙 제5조(보육시설의 설치인가 등)
○ 시행규칙 제9조(보육시설의 설치기준 등)
○ 시행규칙 제10조(보육시설의 종사자 배치기준)
○ 시행규칙 부칙 제2조(경과조치) 등

[2] 기타 법령
○ 「건축법」
i) 건축법 제2조(정의)
ii) 시행령 별표 1(용도별 건축물의 종류) : 제1호, 제2호, 제11호
iii) 건축법 제19조(용도변경)

2) 보육계획의 수립 및 시행

영유아보육법 제2장 11조에는 보육시설 설치를 위해 다음과 같이 보육계획을 수립하고 시행하도록 명시하고 있다.

① 보건복지부장관, 시 · 도지사 및 시장 · 군수 · 구청장은 보육사업의 원활한 추진을 위하여 보건복지부장관의 경우에는 중앙보육정책위원회, 그 밖의 경우에는 각 지방보육정책위원회의 심의를 거쳐 보육시설 수급계획 등을 포함한 보육계획을 수립 · 시행하여야 한다.

② 보건복지부장관, 시 · 도지사 및 시장 · 군수 · 구청장은 제1항의 규정에 의한 보육계획의 수립 · 시행을 위하여 필요한 경우에는 보육시설, 보육관련 법인 및 단체 등에 대하여 자료제공 등의 협조를 요청할 수 있으며, 그 요청을 받은 보육시설 · 보육관련 법인 및 단체 등은 정당한 사유가 없는 한 이에 응하여야 한다.

③ 제1항의 규정에 의한 보육계획의 내용 · 수립시기 및 절차 등에 관하여 필요한 사항은 대통령령으로 정한다.

(1) 국 · 공립보육시설의 설치 등(제2장 12조)

국가 또는 지방자치단체는 국 · 공립보육시설을 설치 · 운영하여야 한다. 이 경우 국 · 공립보육시설은 제11조의 규정에 의한 보육계획에 따라 도시 저소득주민 밀집주거지역 및 농어촌지역 등 취약지역에 우선적으로 설치하여야 한다.

(2) 국 · 공립보육시설 외의 보육시설의 설치(제2장 13조)

① 국 · 공립보육시설 외의 보육시설을 설치 · 운영하고자 하는 자는 시장 · 군수 · 구청장의 인가를 받아야 한다. 인가한 사항 중 중요한 사항을 변경하는 때에도 또한 같다.

② 제1항의 규정에 의한 인가에 관하여 필요한 사항은 보건복지부령으로 정한다.

(3) 직장보육시설의 설치 등(제2장 14조)

① 대통령령이 정하는 일정규모 이상의 사업장의 사업주는 직장보육시설을 설치하여야 한다. 다만, 사업장의 사업주가 직장보육시설을 단독으로 설치할 수 없을 때에는 사업주 공동으로 직장보육시설을 설치 · 운영하거나, 지역의 보육시설과 위탁계약을 체결하여 근로자 자녀의 보육을 지원하거나 또는 근로자에게 보육수당을 지급하여야 한다.

② 제1항의 규정에 의한 보육시설의 설치 · 위탁계약 및 보육수당의 지급에 관하여 필요한 사항은 보건복지부령으로 정한다.

(4) 보육시설 설치기준(제2장 15조)

보육시설을 설치 · 운영하고자 하는 자는 보건복지부령이 정하는 설치기준을 갖추어야 한다.

(5) 결격사유(제2장 16조)

다음 각호의 1에 해당하는 자는 보육시설을 설치 · 운영할 수 없다.

① 미성년자 · 금치산자 또는 한정치산자

② 정신질환자

③ 마약 · 대마초 또는 향정신성의약품중독자

④ 파산자로서 복권되지 아니한 자

⑤ 금고 이상의 실형을 선고받고 그 집행이 종료(집행이 종료된 것으로 보는 경우를 포함한다)되거나 집행이 면제된 날부터 3년이 경과하지 아니한 자

⑥ 금고 이상의 형의 집행유예 선고를 받고 그 유예기간 중에 있는 자

⑦ 제45조의 규정에 의하여 보육시설의 폐쇄명령을 받고 1년이 경과되지 아니한 자

2009년 하반기 보육시설 설치인가 지침 개정

내용	현행	변경
인가신청서	ㅇ 〈변경〉 -「전기사업법」 제66조의 2의 규정에 의한 전기안전점검서 「액화석유가스의 안전관리 및 사업법」 제29조 제2항에 의한 가스안전점검서	ㅇ 인가 구비서류 -「전기사업법」 제66조의 2의 규정에 따른 전기안전점검확인서 및 「도시가스사업법」 제15조 제5항 및「액화석유가스의 안전관리 및 사업법」 제27조 제2항의 규정에 따른 완성검사증명서
	ㅇ 〈신설 〉	ㅇ 신규인가 구비서류 -「소방용기계 · 기구의 형식승인 등에 관한 규칙」 제5조에 따른 현장방염처리물품의 방염성능검사성적서 및 방염성능검사확인표시 ㅇ 변경인가 구비서류 - 임대차계약서 (대표자 또는 소재지가 변경되는 경우로서 부동산을 임차하는 경우 해당) - 보육시설운영계획서 (운영경비와 유지방법을 포함하며, 대표자 변경의 경우에만 해당) - 인근놀이터 이용계획서 (대표자 또는 소재

내용	현행	변경
		지가 변경되는 경우로서 50인 이상의 시설로서 옥외놀이터나 옥내놀이터를 설치하지 아니하는 경우만 해당)
인가신청	○ 〈변경〉 - 대표자의 자산 및 부채현황과 부채가 있을 경우 변제능력이 있음을 확인하는 각서로 갈음	○ 대표자의 자산 및 부채현황, 보육시설 운영에 따른 연간 세입총액을 기준으로 보증보험증권 제출
설치 전 상담	○ 〈신설〉	○ 비상재해 대비시설, 옥외놀이터 , 위험시설 등 보육시설 입지와 관련된 사항은 유념하여 고지 ○ 경비의 지급 및 변제능력에 관한 서류로 보증보험증권 제출
지역 보육 수급 확인 후 인가여부 검토	○ 〈변경〉 - 보육시설이 균형 있게 배치될 수 있도록 보육시설 수급계획을 수립하여야 하며, 보육시설이 난립하는 지역에 대하여 인가가 제한될 수 있음	○ 보육시설이 균형 있게 배치되고 지역주민의 보육에 대한 요구를 반영할 수 있도록 보육계획을 수립하고 인가 시 판단기준으로 활용 ○ 보육시설의 수급현황을 분석하여 보육계획에 반영하여야 하며, 보육시설이 난립하거나 보육시설의 질적 수준이 낮은 지역에는 인가시 판단기준으로 활용 가능 ○ 보육계획 - 국 · 공립시설 확충계획 - 취약보육 활성화 시책 - 평가인증 목표율 수립
	○ 인가 특례 〈신설〉	○ 국 · 공립시설, 의무보육시설, 직장보육시설, 장애아전담시설, 부모협동보육시설 인가제한 불가 ○ 인가제한일 이전에 상담시 설정한 유효기간 내에 보육시설을 설치한 경우 인가 ○ 건물의 일부를 사용하면서 건물의 2층 이상에 보육시설을 설치한 시설이 소재지 변경 시 특례 - 정원 및 기간에 대한 조건없이 대표자 변경 가능 - 일정조건 충족시 평가인증, 영아전담 및 시간연장 · 휴일보육 · 24시간 보육시설 지정 유지

내용	현행	변경
	○ 〈신설〉	○ 인가제한 주의사항 - 법에 근거하지 아니하는 대표자 자격 규정 - 인가 제한지역에서 기존시설의 종류 및 규모에 따라 선별하여 인가하는 사례 등
	○ 〈변경〉 - 보육시설 수급현황 분석방법: '보육수요보육공급'시 보육시설 설치인가 제한 가능	○ 보육수요 : 보육시설별 정원 및 보육시설별 현원, 보육시설별 정원의 경우, 인가 제한 가능 (동시충족) ○ 보육수요, 보육공급, 보육정원 산출시 유치원 이용 아동을 포함하지 않음
놀이터 종류 및 설치기준	○ 〈신설〉	○ 놀이터 설치 원칙 - 영아용 놀이기구를 구비하지 아니한 인근놀이터는 인가하지 아니함 - 정원 50인 이상의 시설 중 옥외놀이터를 설치하지 않은 경우, '10. 1. 29까지 현행 기준에 의하여 놀이터를 설치하여야 함
	○ 〈신설〉	○ 놀이터 면적 기준 - 영유아 1인당 3.5㎡ 이상 - 시설 규모별 면적기준 제시
	○ 〈신설〉	○ 대체놀이터 인정기준 - 놀이터 부지가 있거나 신축, 증개축 시에는 반드시 자체 옥외놀이터 설치 - 인가 제한지역 또는 정원증원의 경우, 옥외놀이터 및 옥내놀이터 설치한 시설은 우선 인가
	○ 〈변경〉 - 옥내중간 놀이터의 경우, 화재에 대비하여 설치하는 비상재해 대비시설을 설치하지 아니할 수 있음. 다만, 건물과 연결되는 출입문은 방화문을 설치하는 것을 원칙으로 함	○ 다만, 보육시설로 사용하는 건물이 내화구조이고, 건물의 벽 또는 벽에 해당하는 4면의 1/2 이상이 외기와 직접 접하고, 놀이터의 출입문을 방화문으로 설치하고 소방차의 접근이 용이한 경우에 한하여 비상재해 대비시설을 설치하지 않을 수 있음
	○ 〈신설〉	○ 옥상놀이터 설치기준 - 보호난간 높이, 구조, 재질 등 - 고정식 놀이기구 설치 금지 - 비상재해 대비시설 설치기준 등
	○ 〈변경〉 - 놀이터 설치검사 - 신규, 대표자 · 정원증원 · 소재지 변	○ 신규 인가, 소재지 변경, 정원(증원) 변경에 따라 대표자 명의의 소유 또는 임차한 토지에 놀이터를 새로 설치하거나 놀이기

내용	현행	변경
	경시설 · 증개축 시설이 자체놀이터를 설치하는 경우 '설치검사'를 필한 후 인가	구를 증설하는 경우, '설치검사를 통과'한 시설에 한해 인가 ○ 대표자 명의의 소유 또는 임차한 토지에 놀이터가 설치되어 있는 보육시설 중에서, 보육시설의 대표자를 변경하는 경우 '설치검사'를 필한 후 인가 ○ 「어린이놀이시설 안전관리법」 시행과 관련, 행정안전부에서 정한 검사일정에 따라 인가 관청에서 설치검사 대상을 지정하고 검사를 명한 경우
보육시설 내부 마감재료	○ 〈신설〉	○ 어린이 활동공간의 환경안전기준에 관한 세부적인 사항은 「환경보건법」에 의함(건축부서, 환경부서 담당)
비상재해 대비 시	○ 〈신설〉	○ 비상재해 대비시설 경과조치 - '09. 7. 3 이전에 보육시설로 인가받거나, 보육시설 용도로 건축허가를 받은 경우, 보육시설 1층에 설치하는 비상구의 규정은 적용하지 아니함 - '09. 7. 3 이전에 인가받은 보육시설 중 2층 이상에 설치하는 비상재해 대비시설을 설치하지 아니하였거나, 불량 또는 위험하게 설치한 시설은 '10. 12. 31까지 현행 기준에 의하여 설치함 - 위험 · 불량 · 미설치 시설에서 변경인가 신청 시 '10. 12. 31까지 새로운 기준으로 재설치 확인서를 제출하는 경우 인가
	○ 〈추가〉 비상계단 설치기준	○ 비상계단 등은 사용자의 하중을 고려하여 튼튼한 기초 위에 기둥과 지지대를 설치하여야 하며, 필요시 보조기둥을 설치 ○ 비상계단 등으로 통하는 출구와 비상계단 등까지의 사이에 단차가 있는 경우, 안전하게 접근할 수 있는 구조여야 함
	○ 〈추가〉 미끄럼대 설치기준	○ 대피용 미끄럼대는 지붕이 개방된 구조의 직선형 미끄럼대 또는 반원통형의 나선형 미끄럼대를 의미함 (원통형 미끄럼대는 불가) ○ 미끄럼대의 미끄럼면은 균일되게 시공되

내용	현행	변경
비상재해 대비 시		어 용접이음부에 의한 충격이 발생되지 아니하도록 하여야 함
	○ 미끄럼대 〈변경〉 - 미끄럼대의 활주판의 평균경사도는 35° 를 초과하지 않아야 함 - 미끄럼대는 불연재로 설치 - 나선형 미끄럼대는 KFI 인정제품으로 설치	○ 미끄럼대의 활주판의 평균경사도는 25° 이상~35° 이하 설치 ○ 불연재 또는 내열성이 있는 금속 · 합성수지재로 설치 ○ KHI 인정 나선형 미끄럼대가 없는 경우, 직선형으로 설치
	○ 〈신설〉	○ 자동설치식 미끄럼대 - KFI 인정제품에 한하여 인정 - 고정식 비상재해 대비시설 보조설비로 인정 - 신규 · 변경 인가시설에는 설치 불가
시행규칙	○ 〈신설〉	○ 소방 및 화재대피시설에 대하여 자치단체의 장이 요청하는 경우, 관할 소방관서는 그 설치여부를 확인한 후 통보함

II. 유형별 보육시설 설치의 실제

1. 보육시설 설치를 위한 상담

보육시설을 설치하기 위해서는 상담제도를 이용하면 편리하다. 이는 보육시설 설치인가 관청에서 보육시설을 설치하고자 하는 자에게 해당 지역의 보육수요 등 지역적 여건과 보육시설 설치기준 등에 관한 체계적이고 전문적인 대면상담을 제공하고자 운영하는 민원행정서비스다.

상담제도는 보육시설 설치인가에 관한 예비검토 단계이므로 상담의 결과는 행정상 확정의 효력이나 쟁송 시 법적 대항력이 없다. 따라서 상담 결과가 보육설치를 인가하는 것과는 다르다는 점을 미리 알아두어야 할 것이다.

다음 〈표 3-4〉는 사전 상담제도의 절차와 내용에 대하여 알기 쉽게 요약한 것이다.

표 3-4

보육시설 사전 상담제도의 이해

시행기관	전국 시 · 군 · 구청
상담 팀 (시 · 군 · 구청)	· 팀장 : 보육부서 담당과장 또는 담당계장 · 반원 : 보육부서 및 건축부서 실무담당, 기타 위험물 인 · 허가 부서 등 유관 부서 실무담당으로 자율 구성
협조자 (유관기관)	· 소방관서, 경찰관서 등과 상시 협조체제 구축
상담 대상	① 보육시설을 신규로 설치하고자 하는 자 ② 보육시설의 소재지를 변경하고자 하는 자 ③ 기존 보육시설을 증 · 개축하거나, 시설의 대표자 및 종류를 변경 또는 정원을 증원하고자 하는 자 ④ 기타 보육시설 설치 · 변경, 휴지, 폐지 등에 관해 상담을 원하는 자
상담 방식	· 시설 설치 여건을 사전에 파악하고, 보육시설 설치 · 운영에 필요한 정보를 적극 제공하기 위하여 대면상담함 · 민원인기관 방문상담, 공무원 현장방문상담으로 한정
상담 신청	① 방문신청 : 민원인이 시 · 군 · 구청을 직접 방문하여 신청 ② 원격신청 : 전화, 팩스 등을 통하여 접수, 상담일정을 확정하여 신청인에게 통보
상담 절차	① 접수 : 시 · 군 · 구청 보육부서 · 시 · 군 · 구청 보육부서에 위에서 제시한 〈보육시설 설치 상담신청서〉 및 구비서류를 제출한다. ② 상담 : 보육부서 설치인가 담당자가 수행 · 민원인으로부터 시설 설치에 관한 충분한 정보를 파악하고, 설치관련 법령, 지침 등 내용을 민원인에게 상세하게 안내한다. ③ 상담결과 통보 · 즉시 확인 가능한 경우, 상담결과를 즉시 통보한다. · 상담으로 확인 불가 시 자료를 검토 후 통보한다. · 필요에 따라 현장 확인 후 검토한 결과를 통보한다. · 자료만으로 판단 곤란 시 팀을 구성하여 합동 현장조사 후 결과를 제시한다. ④ 종합회의 : 상담팀장 주재 · 경미한 사안에 대하여는 종합회의 생략 가능 ⑤ 보육시설 설치 상담 의견서를 작성하여 통보한다. · 경미한 사안인 경우 구두통보 가능

상담 시 구비서류

보육시설 설치에 대한 상담을 받기 전 구비해야 할 서류는 다음 〈표 3-5〉와 같다.

표 3-5 보육시설 설치 상담 구비서류

- 건축물대장등본 - 시설의 구조별 면적이 표시된 평면도 구분		구분서류	비고
필수		- 보육시설 설치 상담신청서	-
권장	시설 부지를 선정하고자 하는 자	-	- 설치자가 시설장인 경우 시설장 자격을 증명하는 서류(졸업증명서, 성적증명서, 자격증사본 및 경력증명서 중 증명 가능한 자료 일체) - 보육시설을 변경 인가받고자 하는 자는 진행단계(부지선정, 신축 등)에 따라 서류 준비 * 시 · 군 · 구청에서 자체 확인이 가능한 자료는 제출 생략 가능
	(부지 선정 완료 후) 시설을 신축 · 증개축하고자 하는 자	- 보육시설 설계도면	
		기존 건물(또는 기존 보육시설)을 매입(또는 임차)하고자 하는 자, 보육시설을 설치 중이거나 설치한 자	

보육시설 설치 상담의견서				
신청인	성 명		주민등록번호	-
	주 소 (연락처)	☏ : e-mail:		
시설의 소재지 주소				
상담결과 종합의견		* 상담 신청내용에 대한 검토결과를 기재할 것		
부적합 사유		* 시설 설치 부적합 결정 시에만 기재할 것 * 위반되는 법령 규정 등을 상세히 안내할 것		
기타 참고사항				
시 · 도		시 · 군 · 구	년 월 일 과 보육시설설치상담팀 (☎ - -)	
※ 본 상담은 신청인이 보육시설 설치(또는 변경) 시 필요로 하는 정보를 제공할 목적으로 시행되고 있으며, 상담결과는 행정상 확정의 효력이나 쟁송시 법적 대항력이 없음을 알려드립니다.				

2. 보육시설 유형별 설치 요건

1) 국 · 공립보육시설

국 · 공립보육시설은 국가와 지방자치단체가 설치 · 운영(위탁운영 포함)하는 시설 중에서 직장보육시설을 제외한 시설을 말한다.

국 · 공립보육시설의 설립요건 및 절차는 다음 〈표 3-6〉과 같다.

표 3-6 국·공립보육시설의 설립요건 및 절차

국·공립보육시설의 설치 요건	
규모 및 명칭	· 상시 영유아 11인 이상을 보육할 수 있는 시설 · 보육시설의 명칭은 "○○어린이집"으로 함
설치절차	· 국가 및 지방자치단체의 장이 인가절차 없이 직접 설치하되, 보육시설 수급계획 등을 포함한 보육계획을 사전에 수립함 · 영유아보육법상의 설치기준을 모두 갖추어야 함 · 지방자치단체의 경우 설치 시 지방보육정책위원회의 심의를 거쳐야 함
배치기준	· 저소득층 밀집지역 및 농어촌지역 등 취약지역과 보육시설이 부족한 지역에 우선적으로 설치하는 등 지역별로 균형 있게 배치함

국·공립보육시설을 운영하는 각급 기관의 장은 보육시설의 종사자를 공무원 등으로 채용하여 직접 운영하거나, 법인·단체 또는 개인에게 위탁 운영이 가능하다.

그리고 지방자치단체가 설치한 공립보육시설의 관리 및 운영에 관하여는 「지방자치법」 제144조 제2항의 규정에 따라 조례로 정한다. 보육시설의 위탁에 관한 구체적인 사항은 시행규칙 제24조 제8항에 따라 조례로 정한다.

공립보육시설을 위탁 운영 시 유의사항은 다음과 같다.

① 비영리법인·비영리단체 또는 개인을 수탁기관으로 선정해야 한다.

② 시설장과 보육교사 등 종사자는 공개 채용해야 한다.

③ 비영리법인·비영리단체 또는 개인에게 위탁 운영할 경우에는 명의 대여 등 형식적인 위탁운영을 금지한다.

④ 신규위탁은 공개경쟁에 의한다. 위탁 운영 중인 보육시설을 기존 수탁자에게 재위탁하는 경우 보육정책위원회의 심사를 거쳐 결정해야 한다. 재위탁하지 않을 경우에는 공개경쟁의 방법에 의한다.

⑤ 다음 어느 하나에 해당하는 자에게 위탁하는 경우 최초 위탁 시 공개 경쟁하지 않고 위탁할 수 있다.

㉠ 민간보육시설을 국가 또는 지방자치단체에 기부 채납하여 국·공립보육시설로 전환하는 경우 기부채납 전에 그 보육시설을 설치·운영한 자

㉡ 국·공립보육시설 설치 시 해당 부지 또는 건물을 국가 또는 지방자치단체에

기부 채납하거나 무상으로 사용하게 한 자

㉢ 「주택법」에 따라 설치된 민간보육시설을 국 · 공립보육시설로 전환하는 경우 전환하기 전에 그 보육시설을 설치 · 운영한 자

⑥ 기존에 국가 또는 지방자치단체가 설치한 사회복지관에 국 · 공립보육시설이 포함된 경우에는 「사회복지사업법」 제34조 제5항 규정에 의한 절차에 따라 위탁할 수 있다. 다만, 이 경우에도 법 시행령 제7조 제2항 제5호에 의한 지방보육정책위원회의 심의를 거쳐야 한다.

⑦ 국 · 공립시설(재) 위탁 시에는 법 제26조에 의한 취약보육(영아, 장애아, 시간 연장 보육) 중 2개 이상 실시를 전제 조건으로 위탁한다.

⑧ 기존 수탁자에 대한 재위탁 심사 시에는 취약보육을 실시하거나 평가인증을 통과한 운영자에게 가점을 부여할 수 있다.

2) 법인보육시설 및 민간보육시설

법인보육시설은 「사회복지사업법」에 의한 사회복지법인이 설치 · 운영하는 시설을 말하며, 민간보육시설이란, 비영리법인, 비영리단체 또는 개인이 설치 · 운영하는 시설을 의미한다.

법인보육시설 및 민간 사립보육시설의 설립요건 및 절차는 다음 〈표 3-7〉과 같다.

표 3-7 법인 및 민간 사립보육시설의 설립요건 및 절차

법인 및 민간 사립보육시설의 설치 요건	
규모 및 명칭	· 상시 영유아 21인 이상을 보육할 수 있는 시설을 갖추어야 한다. · 보육시설의 명칭은 "○○어린이집"으로 하여야 하며, 명칭 사용에 유치원, 학원 등 유사기관으로 오인할 수 있는 명칭은 사용할 수 없다. ※ ○○유치원 부설 · ○○미술 · ○○영어 어린이집 등 사설학원으로 오인할 수 있는 표기는 할 수 없으며, 동일 간판 또는 상하좌우에 붙어 있는 간판에 유치원 명칭 사용 불가
설치절차	· 관할 시장 · 군수 또는 구청장에게 사전에 인가 신청을 받아야 한다. · 영유아보육법상의 설치기준을 모두 갖추어야 한다. · 「건축법 시행령」에 의거하여 노유자 시설 중 영유아 보육시설에 설치할 수 있다.

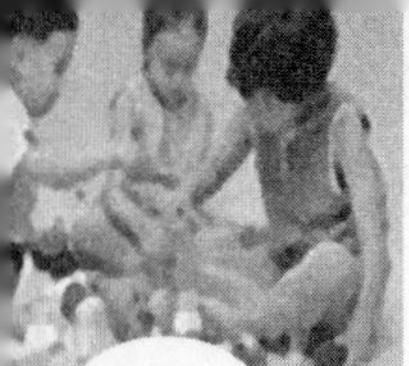

배치기준	· 지역 보육수요와 보육시설의 공급현황 등을 감안하여 지역별로 균형 있게 배치되도록 해야 한다.

3) 직장보육시설

직장보육시설은 사업주가 사업장의 근로자를 위하여 단독 또는 공동으로 사업장 내 또는 그에 준하는 인근 지역과 사원주택 등 사업장 근로자 밀집 거주 지역에 설치 · 운영하는 시설을 의미한다.

국가 또는 지방자치단체의 장이 소속 공무원을 위하여 설치 · 운영하는 시설도 직장보육시설에 포함된다.

직장보육시설은 보육정원의 1/3 이상이 시설을 설치한 사업장의 근로자의 자녀이어야 하는 것을 원칙으로 한다.

그러나 고용보험기금의 지원을 받는 사업장의 경우이거나 직장보육시설을 설치한 사업장의 근로자의 자녀가 보육정원의 1/4 이상이면서 동시에 총 정원의 1/2 이상이 고용보험에 가입한 근로자의 자녀인 경우에는 인가가 가능하다. 이러한 사항은 재직증명서 또는 고용지원센터의 '고용보험 피보험자격 확인통지서'로 확인한다.

직장보육시설의 설립요건 및 절차는 다음 〈표 3-8〉과 같다.

표 3-8 직장보육시설의 설립요건 및 절차

직장 보육시설의 설치 요건	
규모 및 명칭	· 상시 영유아 5인 이상을 보육할 수 있는 시설 · 보육시설의 명칭은 "○○어린이집"으로 함
설치절차	· 직장보육시설은 영유아보육법상의 설치기준을 모두 갖추어야 하며, 설립자는 관할 시장 · 군수 또는 구청장에게 사전에 인가를 신청을 하여야 한다. · 보육시설을 사업장 내에 설치하는 경우에 한하여 안전사고 및 재난에 대비한 시설을 갖추어 사옥 내 3층까지 보육실을 설치할 수 있다. · 다른 보육시설과 마찬가지로 「건축법 시행령」에 의거하여 노유자 시설 중 영유아보육시설에 설치할 수 있다. 그러나 작장보육시설의 경우, 「영유아보육법」, 「산업집적 활성화 및 공장설립에 관한 법률」 및 관계법령(자치법규 포함)에 위배되지 않으면, 별도의 노유자 시설로의 용도변경 없이 "부속용도"에 해당하는 곳에 직장보육시설의 설치가 가능하다.

	• 상시 영유아 20인 이하를 보육하는 직장보육시설은 가정보육시설을 설치할 수 있는 곳에도 설치할 수 있다. ※ 정원 20인 이하인 경우, 건축법시행령 단독주택 및 공동주택에도 설치가 가능하다.
배치기준	• 직장보육시설은 사업주가 소속 근로자의 자녀 양육지원을 목적으로 설치 · 운영하는 시설이므로 지역 보육수요로 제한할 수 없다.

(1) 직장보육시설의 설치 의무

직장보육시설이 부족한 현실에 입각하여 2005년 영유아보육법이 개정되었다. 개정 이후, 다음과 같이 직장보육시설의 설치 의무가 보다 강화되었으며 직장보육시설의 설치를 권장하기 위해 법적, 행정적 조치를 취하고 있다. 직장보육시설 설치 의무사업장은 조속히 시설을 설치하도록 시 · 도지사가 지도하여야 한다.

의무사업장 이외의 사업장에 대하여 노동부의 지원(고용보험기금에서 설치 · 운영비 지원 등) 계획을 안내하여 직장보육시설 설치를 적극 유도하고, 사내근로복지기금에서 설치 · 운영비 등을 지원하도록 권장 · 지도하도록 하여 직장보육시설의 확충에 노력하고 있다.

① "상시 여성근로자 300인 이상 또는 근로자 500인 이상을 고용하고 있는 사업장"의 사업주는 직장보육시설을 설치하여야 한다.

② 의무사업장의 사업주가 직장보육시설을 단독으로 설치하기 어려운 경우에는 사업주 공동으로 직장보육시설을 설치 · 운영하거나, 지역의 보육시설과 위탁계약을 체결하여 근로자의 자녀의 보육을 지원하거나, 근로자에게 보육수당을 지급하여야 한다.

※ 공동보육시설의 설치 · 관리 및 운영을 협의하기 위한 조합(또는 협의회) 설치 가능

③ 사업주 단독 또는 공동으로 직장보육시설을 설치하거나, 지역의 보육시설과 위탁계약을 체결한 경우, 사업주는 직장보육시설의 운영 및 수탁보육 중인 영유아의 보육에 필요한 비용의 100분의 50 이상을 보조하여야 한다.

④ 의무사업장 여부를 판단하기 위한 상시 근로자의 수 산정은 전체 기업규모가 아닌 단위사업장을 기준으로 하며, 이 경우 '사업장'은 사업이 행하여지고 있는 인적 · 물적 시설이 존재하는 장소적 범위를 중심으로 보는 개념으로서 동일 장소에 소재하여야 한다. 또한 '상시근로자'는 임시직, 정규직, 일용직 등을 총망라하여 평균적으로 사용하는 근로자를 의미한다.

⑤ 직장보육시설 설치 의무는 국가 및 지자체에도 적용되므로 지방자치단체의 공공기관에 직장보육시설 설치 의무가 있는 근로자가 있을 때 소속 공무원을 위하여 직장보육시설을 설치해야 한다.

⑥ 의무사업장의 사업주가 직장보육시설을 단독으로 설치하기 어려운 경우에는 사업주 공동으로 직장보육시설을 설치 · 운영하거나 지역의 보육시설과 위탁계약을 체결하여 근로자 자녀의 보육을 지원하거나 또는 근로자에게 보육수당을 지급하도록 한다.

⑦ 필요한 경우, 관할 구역 내 지방노동청장 또는 지방노동지청장과 협조하여 근로감독차원의 행정지도를 병행한다.

⑧ 직장보육시설에 다니는 영유아에 대해 일정한 요건에 해당되는 경우(차등보육료 지원아동, 만 5세아, 장애아 등) 보육료 지원을 받을 수 있다. 다만, 보육수당과 보육료 지원은 중복하여 받을 수 없다.

※ 단, 두 자녀 이상 보육료는 중복지원 가능함

(2) 보육수당

직장보육시설을 설치할 수 없는 사업주는 보육시설을 이용하는 영유아의 보호자인 근로자에게 보육수당을 지급하여야 하며, 이 경우 연령별 정부 보육료 지원 단가의 100분의 50 이상을 지급해야 한다.

> ※ 연령별 정부 보육료 지원 단가
> - 만 0세 383천원, 만 1세 337천원, 만 2세 278천원, 만 3세 191천원, 만 4~5세 172천원, 장애아 383천원/원

이와 같이 보육수당을 지급하도록 한 취지는 사업주가 영유아의 보호자인 근로자에게 직장보육시설을 이용하도록 하여야 함에도 불구하고 이를 설치하지 못하는 부득이한 경우에 근로자가 대체 보육시설을 이용하게 됨으로써 입게 되는 경제적 비용을 지원하기 위한 것이다.

보육수당의 지급대상은 보육시설을 이용하는 만 6세 미만의 영유아를 둔 근로자로서 남성을 포함하며, 비정규직 근로자라도 고용보험 가입대상자인 경우에는 보육수당을

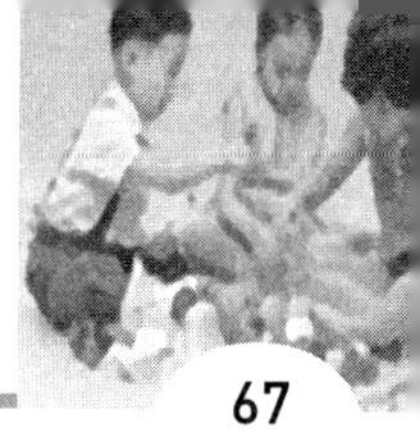

지급하여야 한다.

아동 1인에 대하여 보육수당을 중복하여 지원받을 수 없으며, 보육시설 이용을 확인할 수 있는 증빙자료를 당해 사업장에 제출하는 것을 원칙으로 한다.

(3) 직장보육시설에 대한 지원 정책

정부는 직장보육시설에 대해 다음과 같이 직접적 · 간적접으로 지원 정책을 마련하였다.

표 3-9 정부의 직장보육시설 지원 정책(직접지원)

지원주체	구 분	지원종류	내 역	지원한도	비 고
노동부	설치비	무상지원	시설전환비	1억원 (공동 2억원)	- 소요금액의 60~80% 지원 (우선지원대상기업 80%, 영아 · 장애아 시설 80%)
			유구비품비	5천만원	
		융 자	시설건립 시설매입 시설임차 시설개 · 보수 시설전환	5억원	- 상환 : 5년 거치 5년 균등분할 상환 - 이율 : 대기업 2%, 우선지원기업 1% * 토지매입비는 융자대상에서 제외
	운영비	무상지원	시설장, 보육교사, 취사부 임금지원	1인당 월 80만원	- 시설장은 매분기말일 기준 보육아동수가 20인 이상인 경우 지원 - 취사부는 매분기말일 기준 보육아동수가 40인 이상인 경우 지원
보건복지부 (시 · 군 · 구)	운영비	무상지원	시간연장 보육지원	동 지침	- 시 · 군 · 구청장으로부터 시간연장 보육시설로 지정받은 시설에 한함
		무상지원	교재 · 교구비 지원	동 지침	- 공공기관 또는 고용보험 기금에서 운영비를 지원받는 시설은 제외

표 3-10 정부의 직장보육시설 지원 정책(간접지원)

구 분	지 원 내 용	비 고
보육시설 취득시 부동산 관련 세제지원	사업주가 직장보육시설 설치 운영을 목적으로 부동산(토지, 건축물) 취득시 취득세, 등록세, 재산세, 도시계획세, 공동시설세, 사업소세 면제	지방세법 제272조 제5항
소득세 또는 법인세 공제	2009. 12. 31일까지 직장보육시설을 신축 또는 구입하는 경우, 취득금액의 100분의 7 공제	조세특례제한법 제94조 제1항
특별소비세 면제	영사기 등 보육시설에서 보육용으로 구입하는 기자재	특별소비세법 제18조 제1항
보육시설 운영비용 필요경비 인정	보육시설의 운영비를 부동산 소득과 사업소득의 각 연도별 총 수입금액에 대응하는 필요경비로 인정	소득세법시행령 제55조 제1항 제25호

※ 법인 명의로 부동산 취득과 보육시설 인가를 받은 직장보육시설의 경우 보육시설 운영을 위탁하는 경우에도 취득세 · 등록세 면제 대상에 해당된다.

(4) 공공기관의 직장보육시설 설치

① 시 · 도지사는 관내 시 · 도, 시 · 군 · 구청 내 유휴공간(또는 별도 신축)을 활용하여 직원자녀를 위한 직장보육시설을 설치하여야 한다.

② 직장보육시설은 근로자의 자녀양육 지원 환경을 조성하는데 그 목적이 있으므로 공공기관의 경우 우선적으로 직장보육시설을 설치 · 운영하여야 하며, 보육수당 지급으로 직장보육시설 설치를 대체하는 것은 부득이한 경우(사업장 내 또는 인근에 영유아의 안전을 위협하는 위험시설 내포)에 한정된다.

③ 상시 여성근로자 300인 이상 또는 근로자 500인 이상을 고용하고 있는 정부(재)투자기관, 정부출연기관 등에 대하여도 단독 또는 공동으로 직장보육시설을 설치 · 운영하도록 적극 지도해야 한다.

(5) 직장보육시설 설치현황 보고

시 · 도지사는 지방자치단체의 직장보육시설 설치 등 의무이행 현황을 매 분기 종료 후 1월 이내에 보건복지부장관에게 보고해야 한다.

4) 가정보육시설

가정보육시설이란 개인이 가정 또는 그에 준하는 곳에 설치 · 운영하는 시설을 의미하며 기존의 "놀이방"과 같은 명칭은 더 이상 사용할 수 없다.

가정보육시설의 설립요건 및 절차는 다음 〈표 3-11〉과 같다.

표 3-11 가정보육시설의 설립요건 및 절차

가정 보육시설의 설치 요건	
규모 및 명칭	· 상시 영유아 5인 이상 20인 이하를 보육할 수 있는 시설 · 보육시설의 명칭은 "○○어린이집"으로 하며, 명칭 사용에 유치원, 학원 등 유사기관으로 오인할 수 있는 명칭은 사용할 수 없다. ※ 기존의 가정보육시설이 "○○어린이집"으로 명칭을 변경할 경우, 동일 시 · 군 · 구 내 다른 어린이집과 동일한 명칭을 사용할 수 없다.
설치절차	· 관할 시장 · 군수 또는 구청장에게 사전에 인가 신청을 받아야 한다. · 영유아보육법상의 설치기준을 모두 갖추어야 한다. · 「건축법 시행령」 에 따라 가정보육시설은 공동주택에 포함되므로, 임대아파트 단지 내에 가정보육시설을 설치하고자 할 때는 소재지 관할 지자체의 인가를 받으면 설치가 가능하다. · 상가 등을 주택으로 용도 변경하고 가정보육시설로 인가 신청하는 경우, 내부구조가 가정 또는 이에 준하는 곳으로 인정되는 경우에 인가받을 수 있다.
배치기준	· 지역 보육수요와 보육시설의 공급현황 등을 감안하여 지역별로 균형 있게 배치되도록 해야 한다.

5) 부모협동보육시설

자녀교육에 관심이 증가하면서, 부모들이 직접 자녀들을 위해 보육시설을 설립하고 운영에 직접적으로 참여하는 경우가 늘어났다. 부모협동보육시설이란, 보호자 15인 이상이 조합을 결성하여 설치 · 운영하는 시설을 의미한다.

부모협동보육시설의 설립요건 및 그 운영의 방법은 다음 〈표 3-12〉와 같다.

표 3-12　부모협동보육시설의 설립요건 및 운영의 방법

부모협동보육시설의 설치 요건	
규모 및 명칭	· 상시 영유아 11인 이상을 보육할 수 있는 시설 · 시설의 명칭은 "○○어린이집"으로 하며, 명칭 사용에 유치원, 학원 등 유사기관으로 오인할 수 있는 명칭은 사용할 수 없다.
설치절차	· 관할 시장 · 군수 또는 구청장에게 사전에 인가 신청을 받아야 한다. · 영유아보육법상의 설치기준을 모두 갖추어야 한다. · 상시 영유아 20인 이하를 보육하는 부모협동보육시설은 가정보육시설을 설치할 수 있는 곳에도 설치할 수 있다. ※ 정원 20인 이하인 경우, 단독주택이나 공동주택에도 설치가 가능하다.
운영방식	· 보육아동을 둔 보호자 15인 이상이 상호 출자하여 공동으로 보육시설을 설치 · 운영할 것을 약정함으로써 그 효력이 발생한다. · 출자는 조합원의 약정에 따라 금전, 기타 재산 또는 노무로 대신할 수 있다. · 조합원은 아동보육의 필요성이 없게 되거나 기타 조합계약으로 정하는 시기에 탈퇴할 수 있으며, 출자금은 탈퇴 당시 조합의 재산 상태 및 지분에 의한다. ※ 부득이한 사유 없이 조합의 불리한 시기에 탈퇴하지 못함 · 조합의 업무집행자는 조합계약 또는 조합원의 3분의 2 이상의 찬성으로 선임된다. · 시설 운영에 관한 통상 사무는 시설장이 전임하며, 주요사항은 조합원과 반수 이상의 찬성으로 결정한다. · 조합원이 최대한 보육과정 및 의사결정에 참여하여 소기의 설립 목적을 달성하도록 노력해야 한다.

3. 보육시설의 설치신고

1) 보육시설 설치신고 절차

보육시설을 설치하기 위해서는 다음 〈그림 3-2〉 양식에 의거한 보육시설 설치 신고서를 제출하여야 한다.

보육시설 설치신고서의 뒷면에는 처리 절차가 기재되어 있으며, 접수된 보육시설 설치신고서는 해당 시, 군, 구에 접수되어 검토 작업을 거쳐 승인을 하게 된다. 보육시설 설치신고서의 처리과정을 간략히 기술하면 다음 〈그림 3-2〉와 같다.

신고서 작성 및 접수 (신고인)

↓

신고서 접수 (시/군/구)

↓

신고서 내용 검토 (담당자)

↓

결재 (시/군/구청장)

↓

신고서 작성 및 교부 (담당자)

〈그림 3-2〉 **보육시설 신고 처리절차**

2) 구비서류

보육시설 설치신고서에 필요한 서류는 다음과 같다.

① 법인인 경우, 법인의 정관 및 등기부등본

② 건축물관리대장등본과 시설 및 설비목록(부동산을 임차한 경우에는 임대차계약서)

③ 시설의 구조별 면적이 표시된 평면도

④ 종사자의 자격을 증명하는 서류

표 3-13 (서식) 보육시설 설치신고서

<table>
<tr><td colspan="7">보육시설 설치신고서</td><td>처리기간
2일</td></tr>
<tr><td rowspan="2">신 고 인</td><td>① 성명(법인 · 단체는 대표자)</td><td colspan="2"></td><td colspan="2">② 법인 · 단체명</td><td colspan="2"></td></tr>
<tr><td>③ 주 소</td><td colspan="6">(전화 :)</td></tr>
<tr><td rowspan="4">시설개요</td><td>④ 명 칭</td><td colspan="2"></td><td>⑤ 시설종별</td><td colspan="3"></td></tr>
<tr><td>⑥ 소 재 지</td><td colspan="6">(전화 :)</td></tr>
<tr><td>⑦ 시설장 성명</td><td colspan="2"></td><td>⑧ 개설예정연월일</td><td colspan="3">. . .</td></tr>
<tr><td>⑨ 주민등록번호</td><td colspan="2"></td><td>⑩ 보육정원</td><td colspan="3"></td></tr>
<tr><td rowspan="3">⑪
시설설비</td><td>보 육 실</td><td>㎡</td><td>양 호 실</td><td>㎡</td><td>대 지</td><td colspan="2">㎡</td></tr>
<tr><td>놀 이 터</td><td>㎡</td><td>조 리 실</td><td>㎡</td><td colspan="3" rowspan="2">기 타</td></tr>
<tr><td>사 무 실</td><td>㎡</td><td>목 욕 실</td><td>㎡</td></tr>
<tr><td rowspan="2">⑫ 직 원</td><td colspan="2">총 인 원</td><td colspan="2">보 육 교 사</td><td colspan="3">비 고</td></tr>
<tr><td colspan="2">명</td><td colspan="2">명</td><td colspan="3"></td></tr>
<tr><td rowspan="2">⑬ 예 산</td><td colspan="2">수 입 액</td><td colspan="2">지 출 액</td><td colspan="3">비 고</td></tr>
<tr><td colspan="2">원</td><td colspan="2">원</td><td colspan="3"></td></tr>
<tr><td colspan="8">영유아보육법 제7조 제2항 및 제5항, 동법시행규칙 제6조 제1항의 규정에 의하여 보육시설을 설치하고자 신고합니다.

년 월 일

신고인 (서명 또는 인)
시장(군수 · 구청장) 귀하</td></tr>
<tr><td colspan="7">※ 구비서류
1. 법인의 정관 및 등기부등본(법인인 경우에 한합니다)</td><td>수 수 료
없 음</td></tr>
<tr><td colspan="8">2. 건축물관리대장등본과 시설 및 설비목록(부동산을 임차한 경우에는 임대차계약서를 포함합니다)
3. 시설의 구조별 면적이 표시된 평면도
4. 종사자의 자격을 증명하는 서류
※ 구비서류 중 건축물관리대장 또는 시설의 구조별 면적이 표시된 평면도를 신고관청에서 확인할 수 있는 경우에는 당해 서류의 제출을 생략할 수 있습니다.</td></tr>
</table>

31314-05011민 210mm×297mm

99.4.30.개정승인 (일반용지 60g/㎡(재활용품))

구비서류 중 건축물관리대장 또는 시설의 구조별 면적이 표시된 평면도를 신고관청에서 확인할 수 있는 경우에는 해당 서류의 제출을 생략할 수 있다.

시설, 설비 및 기타 설치하고자 하는 보육시설에 관련한 사항은 다음의 설치신고서의 서식내용에서 확인할 수 있다.

3) 영아 및 장애아 전담 보육시설

영아 및 장애아 전담 보육시설을 설립하기 위해서는 영유아보육법에 의해 설치 · 신고된 보육시설 중 특수보육에 관심이 있고 관련 규정에 적합하게 운영할 수 있는 시설이어야 한다. 신청서 양식에 의거하여 관할 시장 · 군수 · 구청장에게 제출하면, 시 · 도지사에게 접수한다.

처리절차는, 시/군/구의 검토과정을 거쳐서 시/도에 의견서를 제출하면 지정 결정에 대한 처리는 시/도에서 이루어진다. 즉, 시/군/구를 경유하여 시/도에서 서류가 처리된다.

영아 및 장애아 전담 보육시설을 설치하기 위한 구비서류에는 일반 보육시설에 필요한 구비서류 외에 시설 종사자현황, 교육계획안 및 예산서가 첨부되어야 한다.

영아 및 장애아 전담 보육시설 지정신청서는 다음 〈표 3-14〉와 같다.

4) 특수 보육시설

특수 보육시설을 설치하기 위해서는 영유아보육법에 의해 설치 · 신고된 보육시설 중 특수보육에 관심이 있고 관련 규정에 적합하게 운영할 수 있는 시설이어야 한다. 특수 보육시설 지정신청서 및 처리 과정은 영아 및 장애아 전담 보육시설을 설치하는 과정과 마찬가지로 시/군/구를 경유하여 시/도에서 서류가 처리된다.

특수 보육시설을 설치하기 위한 구비서류는 일반 보육시설에 필요한 구비서류 외에 시설 종사자현황, 교육계획안 및 예산서가 첨부되어야 한다.

특수 보육시설 지정신청서 서식은 다음 〈표 3-15〉와 같다.

표 3-14 (서식) 영아 및 장애아 전담 보육시설 지정신청서

<table>
<tr><td colspan="7">영아 · 장애아 전담 보육시설 지정신청서</td></tr>
<tr><td rowspan="2">신 청 인</td><td>① 성명(대표자 또는 설치자)</td><td colspan="2"></td><td>② 법인 · 단체명</td><td colspan="2"></td></tr>
<tr><td>③ 주 소</td><td colspan="5">(전화 :)</td></tr>
<tr><td rowspan="4">시설개요</td><td>④ 명 칭</td><td colspan="2"></td><td>⑤ 시설종별</td><td colspan="2"></td></tr>
<tr><td>⑥ 소 재 지</td><td colspan="5">(전화 :)</td></tr>
<tr><td>⑦ 시설장 성명</td><td colspan="2"></td><td>⑧ 주민등록번호</td><td colspan="2">-</td></tr>
<tr><td>⑨ 보 육 정 원</td><td colspan="5">명(2세 미만 명, 2세 명, 3세 이상 명)</td></tr>
<tr><td rowspan="3">⑩ 시설설비</td><td>보 육 실</td><td>㎡</td><td>양 호 실</td><td>㎡</td><td>대 지</td><td>㎡</td></tr>
<tr><td>놀 이 터</td><td>㎡</td><td>조 리 실</td><td>㎡</td><td colspan="2" rowspan="2">기 타</td></tr>
<tr><td>사 무 실</td><td>㎡</td><td>목 욕 실</td><td>㎡</td></tr>
<tr><td rowspan="2">⑪ 종사자</td><td colspan="2">총 인 원</td><td colspan="2">보 육 교 사</td><td colspan="2">비 고</td></tr>
<tr><td colspan="2">명</td><td colspan="2">명</td><td colspan="2"></td></tr>
<tr><td rowspan="2">⑫ 예 산</td><td colspan="2">수 입 액</td><td colspan="2">지 출 액</td><td colspan="2">비 고</td></tr>
<tr><td colspan="2">원</td><td colspan="2">원</td><td colspan="2"></td></tr>
<tr><td colspan="7">위와 같이 ( ) 전담 보육시설 지정을 신청합니다.
년 월 일
신고인 (서명 또는 인)
시 · 도지사 귀하</td></tr>
<tr><td colspan="6">※ 구비서류
1. 법인의 정관 및 등기부등본(법인인 경우에 한합니다)
2. 건축물관리대장등본과 시설 및 설비목록(부동산을 임차한 경우에는 임대차계약서를 포함합니다)
3. 시설의 구조별 면적이 표시된 평면도
4. 운영계획서 (시설 · 종사자현황, 교육계획안, 예산서)
※ 구비서류 중 건축물관리대장 또는 시설의 구조별 면적이 표시된 평면도를 신청관청에서 확인할 수 있는 경우에는 당해 서류의 제출을 생략할 수 있습니다.</td><td>수 수 료
없 음</td></tr>
</table>

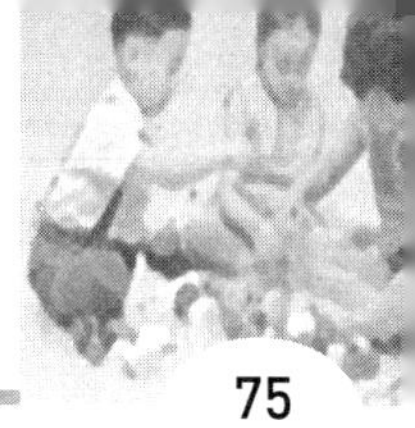

표 3-15 (서식) 특수 보육시설 지정신청서

특수 보육시설 지정신청서

신 청 인	① 성명(대표자 또는 설치자)			② 법인 · 단체명		
	③ 주 소	(전화 :)				
시설개요	④ 명 칭			⑤ 시설종별		
	⑥ 소 재 지	(전화 :)				
	⑦ 시설장 성명			⑧ 주민등록번호	-	
	⑨ 보육정원					
⑩ 시설설비	보 육 실	m²	양 호 실	m²	대 지	m²
	놀 이 터	m²	조 리 실	m²	기 타	
	사 무 실	m²	목 욕 실	m²		
⑪ 종사자	총 인 원		보 육 교 사		비 고	
	명		명			
⑫ 예 산	수 입 액		지 출 액		비 고	
	원		원			

위와 같이 (　　　) 보육시설 지정을 신청합니다.

년 월 일

신고인 (서명 또는 인)

시 · 군 · 구청장 귀하

수 수 료
없 음

※ 구비서류

1. 법인의 정관 및 등기부등본(법인인 경우에 한합니다)
2. 건축물관리대장등본과 시설 및 설비목록(부동산을 임차한 경우에는 임대차계약서를 포함합니다)
3. 시설의 구조별 면적이 표시된 평면도
4. 운영계획서 (시설 · 종사자현황, 교육계획안, 예산서)

※ 구비서류 중 건축물관리대장 또는 시설의 구조별 면적이 표시된 평면도를 신청관청에서 확인할 수 있는 경우에는 당해 서류의 제출을 생략할 수 있습니다.

4. 보육시설의 인가

1) 인가신청

국 · 공립보육시설 외의 보육시설을 설치하고자 하는 자는 보육시설 인가신청서를 관할 시장 · 군수 또는 구청장에게 제출하여 시설의 소재지를 관할하는 시장 · 군수 또는 구청장의 인가를 받아야 한다.

앞서 제시한 바와 같이 보육시설을 설치하고자 하는 자는 보육수요 등 지역여건 및 보육시설 설치 기준에 관하여 관할 시장 · 군수 또는 구청장에게 사전에 설치 전 상담을 요청할 수 있다.

인가신청에 필요한 서류는 다음과 같다.

① 법인의 정관 및 출연금 등에 관한 서류(법인인 경우에만 해당한다)
② 단체의 회칙 또는 규약(단체인 경우에만 해당한다)
③ 임대차계약서(부동산을 임차하는 경우에만 해당한다)
④ 시설의 구조별 면적이 표시된 평면도와 시설 및 설비 목록
⑤ 보육시설의 장의 자격을 증명하는 서류
⑥ 보육시설종사자의 채용계획서
⑦ 보육시설 운영계획서(운영경비와 유지 방법을 포함한다)
⑧ 설립자가 개인인 경우 경비의 지급 및 변제 능력에 관한 서류
⑨ 인근 놀이터 이용계획서(영유아 50인 이상의 시설로서 옥외놀이터나 옥내놀이터를 설치하지 아니하는 경우에 한한다)
⑩ 「전기사업법」 규정에 의한 전기안전점검확인서 및 「도시가스사업법」 및 「액화석유가스의 안전관리 및 사업법」의 규정에 의한 완성검사증명서
⑪ 「소방용 기계 · 기구의 형식승인 등에 관한 규칙」 제5조에 따른 현장방염처리물품의 방염성능검사성적서 및 방염성능검사확인표시
⑫ 신설된 조항으로서, "경비의 지급 및 변제능력에 관한 서류"는 보육시설 설치 · 운영하고자 하는 자의 자산 및 부채현황, 보육시설 운영에 따른 연간 세입총액을

기준으로 보증보험증권을 제출하여야 한다.

※ 채무의 변제능력이 없는 경우 및 임대건물의 소유권이 불분명한 경우에는 영유아의 보육에 지장을 줄 수 있으므로 인가 불가(변경인가의 경우 포함)

⑬ 영유아의 안전과 보육시설의 안정적인 운영을 위해 건축물대장등본을 보육시설 인가 시 확인하도록 하고 있으나, 건축물대장등본의 소유자와 사실상 소유자가 다를 경우 이를 증명할 수 있는 서류를 확인하여 사실상 소유자가 보육시설 설치 · 운영하는 자가 된다.

2) 인가의 변경

보육시설을 설치 · 운영 중인 자가 인가받은 사항 중 중요사항, 즉 시설의 종류나 명칭, 대표자의 소재지, 시설의 정원, 시설장 명의 등을 변경하려는 경우, 보육시설 변경인가 신청서를 사전에 제출하여야 한다.

시설장 변경 인가신청서는 시설장을 변경하기 7일 전에 관할 관청에 제출하고, 변경인가를 득한 후 임면하는 것이 원칙이다.

또한, 지자체에서 필요하다고 판단하여 요청하는 경우, 보육시설의 장의 변경 시에도 임대차계약서(임대시설에 한함)를 첨부해야 한다.

영유아보육법이 개정되어 시행되기 전(2005년 1월 29일 이전)에 설치된 보육시설의 경우, 2010년 1월 29일까지 개정된 영유아보육법 시행규칙에 의한 설치기준 중 「보육시설의 구조 및 설비기준」을 갖추어야 한다. 다만, 면적기준은 종전 규정(보육시설 면적은 영유아 1인당 3.63㎡, 보육실 면적은 3세 미만의 경우 2.64㎡, 3세 이상인 경우 1.98㎡)를 적용한다. 또한, 2층 또는 3층에 이미 보육실이 설치되어 있는 보육시설에 대하여는 1층에 보육실을 설치하도록 한 부분을 적용하지 않는다.

※ 위험시설로부터 50m 거리 제한, 보육 정원 300인 초과 금지 등 규정도 적용 제외

※ 단, 지하층 또는 4층 이상에 설치된 보육시설(보육실)은 2010. 1. 30부터 현행법령에서 정한 층수와 면적기준이 적용됨(2010. 1. 29까지 운영 가능)

그러나 '05. 1. 29일 이전에 설치된 보육시설 중에서 ① 시설을 증 · 개축하거나 ② 대표자 · 종류 · 소재지 또는 정원(증원에 한함)의 변경을 신청할 경우 현행 영유아보육법령의 기준(설치기준, 종사자 배치기준 등)을 적용하게 된다.

'05. 1. 29일 이전에 인가받은 보육시설에서 변경인가를 신청하는 경우에는 반드시 현장 확인 후 인가를 해야 한다.

건물의 일부를 사용하고, 당해 건물의 2층 이상에 설치된 보육시설의 경우, 현행 설치기준의 층수 규정을 충족하기 어려우므로 변경인가가 제한된다.

단, 500세대 이상의 공동주택 단지에 설치된 보육시설의 대표자 변경은 보건복지부장관이 인정하는 불가피한 사유에 해당하는 것으로 인정하여 허용된다.

보육시설이 설치된 건물의 1층에 보육시설을 설치할 공간이 없는 경우에 한정하여 대표자 변경만 허용되며, 이 경우 면적은 기존 기준을 적용할 수 있다.

보육시설의 시설과 설비

Chapter 04

보육시설을 설립할 때는 입지조건 및 실내외의 기본시설과 설비가 영유아들이 활동하는데 불편함이 없이 계획되어져야 한다. 건물의 구조나 건물의 위치 등은 설치를 한 후에는 수정이 어려우므로 사전에 철저한 계획과 검토가 이루어져야 한다.

영유아보육법에서는 보육시설의 설치 요건을 명시하고 있으며 이러한 시설 설비의 기준에 적합하지 않을 경우 인가가 나지 않으므로, 보육시설의 설립을 계획할 때는 이러한 요건들을 면밀히 검토해야 할 것이다.

본 장에서는 보육시설의 시설과 설비 요건 및 기준에 대하여 구체적으로 검토할 것이다.

1. 보육시설의 위치 및 건물구조

1) 보육시설의 위치 선정

유아들은 물리적 환경의 영향을 매우 많이 받는다. 따라서 보육시설의 위치를 선정할 때는 원지 주변의 환경 및 입지조건들을 고려하여야 한다.

(1) 원지 및 주변의 환경

인간의 발달 과정을 통하여 볼 때 유아기는 신체적, 심리적으로 외부의 환경적 조건에 쉽게 영향을 받는 시기다. 따라서 유아를 위한 교육 시설의 환경은 주변에 유해한 요소가 없는 곳으로써 유아의 발달을 촉진시킬 수 있도록 세심히 계획되어야 한다.

원지 주변의 자연적 · 사회적 환경에 대하여 유의해야 할 조건은 다음과 같다.

① 토지의 형태로는 불규칙한 형태보다는 직사각형이나 정사각형이 좋으며 방위로 볼 때 동서간의 길이가 긴 것이 바람직하다. 경사진 토지인 경우에는 북쪽보다 남쪽이 낮아야 한다. 또 높낮이의 차이가 있는 토지일 때, 기복이 심하지 않아 그것을 잘 이용할 수 있다면 원지에 변화를 주므로 오히려 좋다.

② 원지나 그 주위에 습기가 차지 않고 지반이 견고하여야 한다. 지면이 약간 볼록하고 주위보다 적당히 높은 지대일 때 자연적 배수가 되므로 좋다.

③ 햇빛이 잘 들어오고 태풍, 돌풍, 강설 등 자연 재해의 위험성이 없어야 한다.

④ 주위에 교통이 빈번한 도로나 철도 또는 위험한 강, 바다, 연못, 호수가 없어야 한다.

⑤ 공장, 쓰레기장 등이 근처에 없어서 유해 가스, 매연, 먼지, 소음, 병원균 등이 들어올 염려가 없어야 한다.

⑥ 풍기가 문란하거나 소란스럽지 않아 유아에게 위해를 줄 염려가 없어야 한다.

⑦ 수도, 전기, 가스, 전화, 공원 등의 지역사회 자원을 이용하기가 편리해야 한다.

⑧ 지역 개발 계획상의 규제 사항을 조사하여 앞으로의 전망을 판단한다.

(2) 등원 조건

유아의 주거 지역과 가까워야 하며 이상적인 위치는 안전한 도로를 따라 걸어올 수 있는 거리 이내에 있거나 혹은 교통수단을 이용하여 안전하게 올 수 있는 곳에 위치하여야 한다.

차량을 이용하여 등원하는 것이 거의 일반화되어 있는 요즘이지만, 가정이나 부모의 직장과 보육시설의 물리적 거리는 부모와 유아의 심리적 안정감에 영향을 미친다. 따라서 가급적 가까운 거리에 위치하고 있어서 언제든 부담 없이 들를 수 있고 데려다 줄 수 있는 가까운 거리에 위치하는 것이 좋다.

(3) 경제성과 장래성

원지를 설정할 때는 토목공사비가 적게 들고 상하수도 시설이나 전기 및 통신시설 등 사회 기반시설을 이용할 수 있는지, 그리고 주변의 도시계획 상황 및 인구 증가추세 등을 고려하여 향후 장래성을 살펴보아야 한다.

대도시 지역은 땅값이 비싸기 때문에 원지 면적을 충분히 확보하기 어려운 실정이지만, 최소한 프로그램 실시를 원활하게 할 수 있을 정도의 면적이 되어야 할 것이며, 변두리나 농촌 지역은 원지 확보에 어려움이 없는 대신, 인근에 취원 대상 유아들이 충분하지 않을 수도 있다. 원지의 면적을 정할 때는 현재의 재정상태, 예상 원아 수 및 학급 수 등을 고려하여 신중하게 결정하여야 할 것이다.

(4) 건물의 구조와 형태

유아는 특별히 계획된 환경을 필요로 하기 때문에 모든 보육시설은 다른 기관이나 건물과 독립되어서 자체의 대지와 건물, 설비를 갖추는 것이 좋다. 유아교육 시설의 건물은 동선의 경제성 및 안전성 등의 이유로 단층 건물이 추천되어지고 있다.

또한 특별한 사정으로 2층 이상의 건물을 사용할 때와 다른 건물에 부속된 경우는 가능한 한 유아의 활동 공간 특히 보육실과 화장실은 1층에 두고 그 밖의 부속실들은 위층에 두는 것이 좋으며, 2층 이상으로 된 건물의 경우는 이에 따른 안전시설, 즉 계단의 경사도, 폭과 깊이, 난간의 높이와 간격, 방화 시설 등을 병행하여 설치해야 한다(이기숙

외, 1984).

특히 건물의 구조와 형태는 영유아보육법에 제시된 사항들에 위배됨이 없는지 세심히 검토해야 할 것이다.

(5) 실내 · 외 시설 배치

설계 시 반영되어야 할 몇 가지 구조적 원리로는 첫째로 건축 비용의 절약 및 관리 유지의 용이성 고려, 둘째로 프로그램 운영에 편리하도록 활동실, 보조실, 놀이터 등의 시설 배치 고려, 셋째로 유아에게 주는 신체적 · 심리적 영향력 고려 등을 들 수 있다.

보육시설이 계획하는 학급 수, 원지의 형태에 따라 합리적으로 설계되어야 한다. 유아기는 또래 친구들과 성인과의 밀접한 관계가 중요한 때이므로 지나치게 많은 학급 설치로 유아가 너무 많은 어린이들과 접하게 하는 것은 바람직하지 않다. 학급 수 계획 시 유아가 접하는 인원수를 고려하여 계획하고 학급 수가 많을 때에는 설계 시 따로 분리된 놀이터, 상호 커뮤니케이션 영역의 배려가 있어야 할 것이다.

특히 실외시설을 설치할 때 2009년 개정된 영유아보육법에 의거하여 안전시설 및 규격 등을 사전에 검토하여 설계할 필요가 있다.

2) 보육시설 입지 및 구조의 법적 조건

보육시설은 보육수요 · 보건 · 위생 · 급수 · 안전 · 교통 · 환경 및 교통편의 등을 충분히 고려하여 쾌적한 환경의 부지를 선정하여야 한다. 영유아보육법에서 명시하고 있는 보육시설의 입지조건 및 구조의 기준은 다음과 같다.

(1) 보육시설의 입지조건

① 지방자치단체의 장은 “보육시설은 보육수요, 보건, 위생, 급수, 안전, 교통, 환경 및 교통편의 등을 충분히 고려하여 쾌적한 환경의 부지를 선정”하여야 하므로, 영유아의 신체적 · 사회적 안전에 위험하다고 판단되는 시설(폐기물 처리시설, 유흥업소, 전염병원 등) 인근에 보육시설이 입지하지 않도록 인가를 제한할 수 있으며, 위험시설 또한 보육시설 인근에 입지하지 않도록 노력하여야 한다.

② 보육시설은 「주택건설기준 등에 관한 규정」에서 규정하고 있는 위험시설로부터 수평거리 50m 이상 떨어진 곳에 배치해야 한다.

이때, 보육시설의 범위는 건물뿐만 아니라 전용 부수 공간 (놀이터 · 주차장)을 포함하며, 위험시설의 범위는 그 충전 · 저장설비 등의 시설물만이 아닌 이들 시설이 설치되어 있는 장소를 포함한다. 따라서 위험시설과 보육시설간의 이격거리 산정은 각각의 장소적 경계가 되는 양 건물의 부지경계선을 기준으로 하는 것을 원칙으로 한다.

※ 보육시설에 전용 부수공간이 없는 경우, 보육시설이 입지한 건물 외벽을 기준으로 최단거리를 측정하며, 부지경계선에 담(또는 벽)을 설치한 경우, 부지경계선과 담(또는 벽) 중 최단거리를 기준으로 한다.

※ 위험시설 중 주유소 방화벽과 같이 벽이 있는 경우, 보육시설의 부지경계선과 위험시설의 벽을 기준으로 산정할 수 있다.

③ 지방자치단체의 장은 보육부서와 건축 및 기타 부서 간 긴밀한 협조체계를 구축하여, 보육시설의 인가 또는 위험시설의 신축을 위한 건축 허가 시 보육시설의 입지조건을 충분히 고려하도록 조치하여야 한다.

(2) 보육시설의 구조

영유아보육법에서 명시하고 있는 보육시설 구조의 일반기준은 다음과 같다.

① 보육시설의 건물구조 및 보육실, 화장실, 놀이기구 등이 영유아의 안전과 이용에 편리하도록 설계 · 시공되어 있는지 확인해야 한다.

영유아보육법에서 명시하고 있는 기본시설은 보육실, 조리실, 목욕실, 화장실, 옥외놀이터(정원 50인 이상의 시설인 경우), 급배수시설, 비상재해 대비시설(보육시설이 2층 이상인 경우) 등이다.

② 보육실은 건축물의 1층에 설치해야 하며, 당해 보육시설이 1층에 해당하는지 여부

는 건축법상의 층수와 관계없이 실제상의 층수를 기준으로 한다.

즉, 보육실이 위치한 해당 층의 4면이 80% 이상 지상에 노출되어져 있고, 보육시설의 주출입구의 하단이 지표면으로부터 1미터 이내인 경우에 실제상의 1층으로 간주한다. 따라서 건축물대장에 1층으로 기재되어져 있어도 실제상 2층인 경우에는 1층으로 인정할 수 없다.

③ 건물 전체가 보육시설인 경우 및 사업장(사옥) 내 직장보육시설을 설치하는 경우, 2층 및 3층까지만 보육실을 설치할 수 있다.

건물 전체를 보육시설로 사용하는 경우도 영아반 보육실은 1층에 우선적으로 배치해야 한다. 또한, 건물 전체를 보육시설로 사용하는 경우에는 지하층을 포함한 건물 전체가 건축법상 노유자 시설(보육시설)로 용도가 지정되어 보육시설로 전용되어야 한다. 그러나 직장보육시설을 설치하는 경우에는 건축법상 부속용도를 반드시 노유자 시설로 지정하지 않아도 설치가 가능하다.

④ 화장실은 보육실과 동일한 층의 인접한 공간에 설치하며(층간 설치 지양), 목욕실은 보육실과 인접한 공간에 설치해야 한다(건물 외부 설치 불가).

⑤ 영유아용 변기는 수세식 변기로 설치하고, 가능한 한 10~15인당 1개 이상을 설치하는 것이 바람직하다.

⑥ 시설규모에 따라 사무실, 양호실, 식당, 자료실, 상담실, 강당, 놀이터 등을 설치할 수 있으며, 동 설비는 보육정원 책정의 기준이 되는 시설면적에 포함시킨다.

※ 단, 정원 50인 이상 시설이 옥외놀이터를 대체하여 옥내놀이터를 설치하는 경우, 놀이터 면적은 시설면적에서 제외한다.

⑦ 시설장의 사무실은 보육실과 동일 층에 설치하는 것이 바람직하다. 종사자 휴게실은 설치가 가능하나, 보육정원 책정의 기준이 되는 시설면적에서는 제외한다. 종사자를 위한 기숙시설은 농산어촌 등과 같이 교사 등 종사자 수급이 곤란한 경우에 한하여 제한적으로 인정되며, 보육정원 책정 기준이 되는 시설면적에서 제외한다.

※ 대표자의 주거시설로 사용하거나, 종사자가 가족과 함께 주거하는 것은 불가

※ '05. 1. 29 이전에 인가받은 시설의 경우, 대표자 · 소재지 · 정원(증원) · 종류 변경 및 증 · 개축 시부터 적용된다.

⑧ 지하층은 조리실을 포함한 보육공간으로 사용할 수 없으며, 보육정원 산정의 기준이 되는 시설면적에서도 제외한다. 지하층은 종사자 관련 시설 또는 물품 창고 등으로 사용하는 것이 바람직하다.

3) 건물의 구조와 배치

(1) 건물의 형태

유아는 특별히 계획된 환경을 필요로 하기 때문에 모든 보육시설은 다른 기관이나 건물과 독립되어서 자체의 대지와 건물, 설비를 갖추는 것이 좋다. 유아교육 시설의 건물은 다음과 같은 이유로 단층 건물이 추천되어지고 있다.

첫째, 유아의 모든 활동이 한 층에서 이루어질 때 교사의 시간과 노력이 절약된다.

둘째, 실내놀이와 실외놀이 간의 감독 및 의사소통이 용이하다.

셋째, 교사를 포함한 성인들 자원이 보다 능률적으로 활용될 수 있으며 프로그램도 융통성 있게 활용될 수 있다.

넷째, 유아가 실내 · 외를 쉽게 드나들 수 있으므로 활동이 바뀔 때 종종 발생하는 유아들 간의 갈등이 감소된다.

또한 특별한 사정으로 2층 이상의 건물을 사용할 때와 다른 건물에 부속된 경우는 가능한 한 유아의 활동 공간 특히 보육실과 화장실은 1층에 두고 그 밖의 부속실들은 위층에 두는 것이 좋으며, 2층 이상으로 된 건물의 경우는 이에 따른 안전시설, 즉 계단의 경사도, 폭과 깊이, 난간의 높이와 간격, 방화 시설 등을 병행하여 설치해야 한다(이기숙 외, 1984).

(2) 실내 · 외 시설 배치

보육시설의 실내 · 외 시설과 배치는 다음과 같이 몇 가지 구조적 원리가 미리 반영되어야 할 것이다.

첫째, 건축 비용의 절약 및 관리 유지의 용이성을 고려한다.

둘째, 프로그램 운영에 편리하도록 활동실, 보조실, 놀이터 등의 시설 배치도 고려해야 한다.

셋째, 유아에게 주는 신체적 · 심리적 영향력을 고려해야 한다.

보육시설이 계획하는 학급 수, 원지의 형태에 따라 세 가지 기본 유형에서 변형하여 설계될 수 있다. 유아기는 또래 친구들과 성인과의 밀접한 관계가 중요한 때이므로 지나치게 많은 학급 설치로 유아가 너무 많은 어린이들과 접하게 하는 것은 바람직하지 않다.

학급 수 계획 시 유아가 접하는 인원수를 고려하여 계획하고 학급 수가 많을 때에는 설계 시 따로 분리된 놀이터, 상호 커뮤니케이션 영역의 배려가 있어야 할 것이다.

(3) 보육시설의 면적

2009년 개정된 영유아보육법 시행세칙에는 보육시설의 면적 산정 및 정원 책정 기준이 신설되었다.

보육시설 정원은 보육시설 전용으로 사용하는 시설(실내) 면적, 보육실 면적, 옥외놀이터(또는 대체놀이터) 면적을 기준으로 책정하므로 예상되는 원아들의 인원 수에 맞게 적절한 부지가 확보되어야 한다.

보육실의 면적은 반별 최대정원을 고려하여 계획하고 설치하도록 한다.

① 50인 미만의 시설의 정원

보육시설 전용 면적과 보육실 면적으로 각각 책정한 보육아동의 수 중 적은 수를 정원으로 한다.

② 50인 이상 시설의 정원

보육시설 전용 면적, 보육실 면적, 놀이터 면적으로 각각 책정한 보육아동 수 중

적은 수를 정원으로 한다.

㉠ 보육시설의 면적을 산정하는 경우, 보육시설 전용으로 사용하는 시설의 실내 면적은 영유아 1인당 4.29㎡ 이상이어야 한다. 따라서 50인 이상의 원아를 수용하는 보육시설의 면적은 적어도 50×4.29㎡ 이상이 되어야 할 것이다.

㉡ 보육실은 영유아 1인당 2.64㎡ 이상, 놀이터(정원 50인 이상 시설)는 1인당 2.5㎡ 이상으로 한다. 따라서 교사 1인이 담당하는 5세아 1반은 최대 20명이므로, 보육실 면적은 20×2.64㎡ 이상으로 계획하여야 한다.

㉢ 보육시설 전용으로 인정하는 면적의 산정은 아동보육과 직·간접적 관련이 있다고 인정되는 실내설비를 기준으로 한다. 따라서 동일건물 내의 타시설과 공동으로 사용하는 부분들, 가령, 건물의 현관·복도·계단 등은 면적의 선정에서 제외된다.

또한, 옥외놀이터를 대체하는 실내놀이터, 종사자 관련시설(휴게시설 등), 지하층도 면적 산정에서 제외된다.

㉣ 보육실은 영유아의 주된 생활공간이므로 면적 산정 시 보육시설 자체현관, 복도, 통로로 사용되는 면적은 제외된다. 그리고 구조상 주방·식당이 분리되어 있지 않은 경우, 동 면적도 제외하는 것이 원칙이다.

㉤ 정원 50인 이상 시설일 경우, 놀이터 설치기준에 의하여 놀이터를 설치하여야 한다.

2. 보육시설의 시설과 설비

1) 시설 및 설비의 개념

시설이란, 유아들의 교육을 일정한 장소에서 계속적으로 운영할 수 있도록 하기 위하여 설치되어 있는 물리적 환경을 의미하며 부지, 건물 및 건물 속의 현관 복도, 보육실과 유희실 등의 크기, 구조, 그리고 교문 담장 등의 공작물 등을 의미한다. 넓은 의미로 볼 때, 시설은 설비를 포함한 개념이다.

설비란, 건축부대 시설의 의미를 지니며 급수시설, 배수시설, 위생설비, 조명설비, 냉난방 설비를 포괄하며 보육시설의 경우 책걸상, 선반, 가구뿐 아니라 넓게는 교재 · 교구를 포함시킬 수 있다.

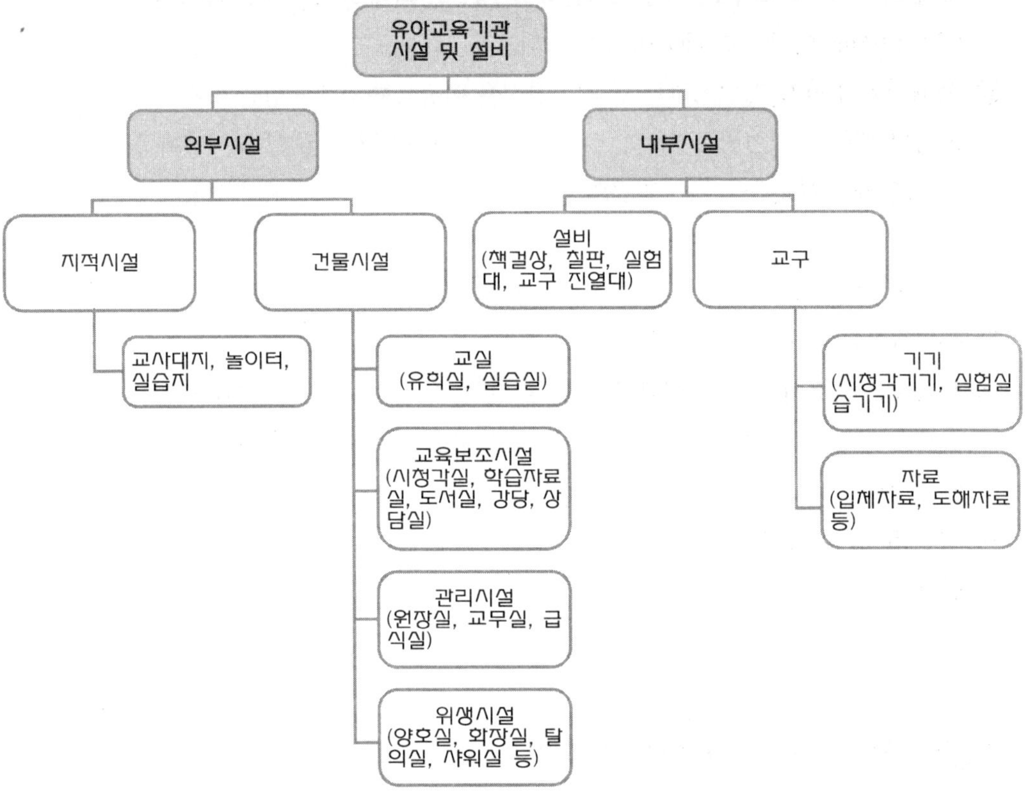

〈그림 4-1〉 **보육시설의 시설 및 설비**

2) 보육시설 구조와 설비의 법적 기준

영유아보육법에 의한 구조와 설비의 일반적 기준은 다음과 같다. 보육시설의 건물 및 설비는 설계할 때 법적 요건을 미리 살피지 않으면 건축 후에 변경을 하기에는 시간적 · 경제적 부담이 크다. 특히 법적 요건에 맞지 않을 경우 시설의 인가가 나지 않으므로

설계하기 전에 미리 검토해야 한다.

보육시설의 구조와 설비는 그 시설을 이용하는 영유아의 특성에 맞도록 하여야 한다. 법에 규정된 보육실의 설비 기준은 다음과 같다.

① 보육실은 1층에 설치하여야 한다. 다만, 사업장 내에 직장보육시설을 설치하는 경우와 건물 전체를 하나의 보육시설로 사용하는 경우 및 그 밖에 불가피한 사유가 있다고 인정되는 경우에는 2층과 3층에 보육실을 설치할 수 있되, 건물 전체를 하나의 보육시설로 사용하는 경우에도 영아반 보육실은 반드시 1층에 설치하여야 한다.
② 보육실은 거실, 포복실 및 유희실을 포함하여 영유아 1인당 2.64㎡ 이상으로 한다.
③ 보육실에는 침구, 놀이기구 및 쌓기놀이 활동, 소꿉놀이 활동, 미술활동, 언어활동, 수 · 과학활동, 음률활동 등에 필요한 교재 · 교구를 갖추어야 한다.
④ 보육시설은 환기 · 채광 · 조명 · 온습도가 적절히 유지 · 관리되도록 하여야 한다.
⑤ 보육실은 바닥 난방시설을 갖추어야 한다.

3) 실내 기본설비의 계획

보육시설의 실내 기본시설들은 유아들이 활동하기 편하고 안전해야 한다. 실내 기본시설 설치의 주요 고려사항을 다음과 같이 정리해 볼 수 있다.

표 4-1 실내 기본시설 설치의 주요 고려사항

실내 기본시설	주요 고려사항
출입구 및 현관	· 출입구는 안전하고 혼잡하지 않으며, 교통이 혼잡한 도로와 인접해 있지 않도록 할 것 · 현관은 활동실과 가까울 것(현관에서 실내 보육실과 실외가 보여야 함) · 현관의 문과 바닥은 사고를 예방할 수 있도록 함 · 현관문은 유아들이 쉽게 열 수 있도록 해야 한다. · 출입구와 현관은 장애아도 출입이 용이하도록 경사로 설치 · 부모들이 유아들을 관찰하고 쉴 수 있도록, 소파를 설치

실내 기본시설	주요 고려사항
	· 현관은 입구가 넓어야 한다(적어도 7~8명의 유아들이 한꺼번에 신발을 신고 벗을 수 있도록 넓어야 함).
보육실 (교실)	· 법적 보육실 면적(일인당 2.64㎡)은 최소한의 면적이며 보육실 면적은 적어도 일인당 3.6㎡ 이상일 것 · 남향이어서 밝고 따뜻해야 한다. · 영역별 구성을 위해 충분한 공간 확보가 필수적이다.
유희실	· 바닥 자재는 탄력성이 좋고 청소하기 용이하고 소리가 적게 나는 것으로 선택 · 평균대, 뜀틀, 트램플린, 매트 등 유아들이 안전하게 신체활동을 할 수 있는 다양한 체육시설과 놀이시설 · 세균과 먼지를 많이 흡수하는 카펫은 사용하지 말 것 · 충분한 공간 확보를 위해 이동이 용이한 설비를 갖출 것
수면실 (낮잠, 휴식)	· 종일반의 경우 보육실과 분리한 수면실을 설치하는 것이 좋다. · 수면실의 위치는 보육실과 가까워야 하며 교사가 유아들을 관찰하기 용이한 위치에 설치
화장실	· 유아의 신체에 맞는 세면대 및 변기 설치 · 연령이 어릴수록 충분한 수의 변기 설치 · 바닥은 미끄럼 방지시설 (안전시설) · 실외에서 쉽게 사용하는 장소에도 설치 · 온수에 유아들이 화상을 입지 않도록 안전조치
양호실	· 설치 권장 시설 (교무실 등과 겸용 가능) · 응급조치에 필요한 의료품 및 도구 비치 (안전을 위한 잠금장치)
조리실	· 채광이 잘 되도록 하고, 기계 환기시설을 설치 · 창문에는 방충망을 설치하여야 한다. · 식기를 소독하고 위생적으로 취사 및 조리할 수 있는 설비 · 보육실과 떨어진 곳에 설치
포복실 · 수유실	· 보육시설에는 영유아들이 안전하게 기어다닐 수 있는 포복실 및 조용한 분위기에서 수유를 할 수 있는 수유실 설치

]

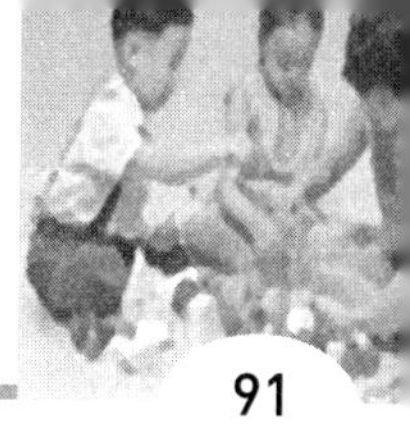

위 기본 시설 외, 기타 시설로서 자료실 및 관찰실, 교무실 등의 설치가 권장된다. 실내외의 기본환경 설비 및 설치 시 일반적인 고려사항은 다음 〈표 4-2〉와 같다.

표 4-2 실내 기본환경 설비

실내 환경설비	주요 고려사항
책상	· 2~4인용 등 다양한 형태로 이용할 수 있는 책상 구비 · 유아의 신체 치수에 맞게 제작된 책상
의자	· 유아의 연령에 맞는 의자 구비 · 소파, 팔걸이 의자, 책상용 의자 등 다양한 종류의 의자 구비 · 유아가 쉽게 이동할 수 있는 무게와 형태일 것
사물함	· 용도에 따라 출입구 또는 보육실에 배치
교구정리장	· 개방형 정리장과 폐쇄형 정리장을 영역에 맞게 배치 · 바퀴가 달려 있어서 융통성 있게 활용 가능한 것 구비
싱크대	· 유아의 신체치수에 맞게 설치 · 각 학급당 설치

표 4-3 실외 기본시설

실외 기본시설	주요 고려사항
놀이터	· 배수시설 설치 및 유아들이 충분히 활동할 수 있는 공간 확보 · 동적 활동과 정적 활동 영역의 구분 · 유아의 연령에 맞는 복합놀이시설 설치 및 안전시설 구비 · 흙길, 잔디밭, 모래밭 포장도로 등 다양한 형태의 바닥 설치 · 물놀이, 모래놀이 시설 설치 권장(배수시설)
창고	· 실외에서 사용하는 다양한 놀이도구 및 동물사육, 식물 재배에 필요한 도구를 보관할 수 있는 창고의 설치
동물사육장 (식물재배장)	· 사육장은 직사광선과 바람을 막아 줄 수 있는 건조한 곳에 설치 · 식물 재배장은 햇볕이 잘 들고 물을 사용하기 편리한 곳에 설치
울타리	· 그네 등 사고가 빈번한 곳, 큰길과 인접한 놀이터 주변에는 안전 울타리를 반드시 설치

3. 실내 기본시설

1) 출입구 및 현관

출입구는 보육시설을 이용하는 모든 사람들이 드나드는 곳이므로 출입구는 안전하고 혼잡하지 않으며, 사람들에게 좋은 느낌을 주는 곳이어야 한다. 특히 교통이 혼잡한 도로와 인접해 있지 않는 것이 좋다.

첫째, 보육실과 가까우며 현관에서 실내 보육실과 실외가 보여야 한다.

둘째, 규모가 작은 기관일수록 실내에 상담실을 따로 마련하기보다는 현관 부분에 그 기능을 포함시키는 것이 좋다. 현관 게시판을 통해 정보 교환을 할 수 있고 기관의 행사, 홍보, 전달 사항 등을 알릴 수 있도록 한다.

셋째, 현관의 문과 바닥은 사고를 예방할 수 있도록 하고 유아들이 쉽게 열 수 있도록 해야 한다. 투명한 유리로 되어 있는 현관문은 자칫 유아들이 부딪혀 다치는 경우가 생기므로 피하는 것이 좋다.

넷째, 출입구와 현관은 신체장애아도 출입이 용이하도록 계단이 없이 경사로 하여야 한다. 또한 현관이 계단과 연결되어 있는 경우에는 계단의 폭이 일정하여 위험을 줄이는 것이 좋다.

다섯째, 현관은 입구가 넓어야 한다. 많은 유아들이 한꺼번에 출입을 해야 하는 경우가 많으므로, 적어도 7~8명의 유아들이 한꺼번에 신발을 신고 벗을 수 있도록 넓어야 한다.

여섯째, 현관은 아늑하고 즐거운 분위기로 꾸며서 편안함을 느낄 수 있도록 한다. 부모들이 유아들을 관찰하고 쉴 수 있도록, 소파를 설치해 두는 것도 좋을 것이다.

2) 활동실(보육실)

(1) 보육실의 크기

보육시설의 보육실은 휴식과 낮잠을 잘 수 있는 공간이 있어야 한다. 데커와 데커

(Decker & Decker, 1992)는 종일반의 경우 낮잠 자는 시간을 위해 유아당 2.7m^2(0.84평)가 더 필요하다고 보고 있다. 보육실에서 낮잠을 자는 경우 낮잠을 고려한 종일반 보육실의 크기는 유아당 최소 3.2m^2(1평) 이상이어야 함을 알 수 있다[1]. 종일반 학급 인원 수가 25명인 경우 보육실의 면적은 최소한 25평 이상이 되어야 한다.

보육실, 또는 보육실은 작업과 놀이, 이야기 나누기 등 대부분의 교육이 일어나고 유아들이 하루 중 대부분의 시간을 보내는 곳이다. 무엇보다도 원아들이 충분한 공간을 활용할 수 있을 만큼의 공간 확보가 필수적이며, 남향이어서 밝고 따뜻해야 한다.

보육법에서 제시하고 있는 활동실의 면적은 영유아 1인당 2.64m^2 이상으로 규정하고 있다. 그러나 그것은 최소한의 권장 기준이라고 할 수 있다. 계획된 프로그램은 차질 없이 실시하고 영역별 구성을 하려면 충분한 공간 확보가 필수적이다.

(2) 천정의 높이

천정이 너무 높을 경우에는 유아에게 지배적인 느낌을 줄 수 있으며 난방의 열효율이 떨어진다. 반면, 천정이 너무 낮을 경우에는 공기 순환이 어려워 비위생적이 될 수 있다. 보육실 천정의 높이를 부분에 따라 다르게 할 경우 소음 통제에 바람직하다. 바람직한 천정의 높이는 3~3.5m이다.

어린 영유아들의 경우, 성인들에 비해 키가 작으므로 성인을 기준으로 한 천정의 높이는 유아들에게는 매우 높아 보일 수 있다. 이럴 경우, 부분적으로 나지막하게 천막이나 덮개로 간이 천정을 드리워 주면 유아가 안정을 느낄 수 있다.

3) 유희실(실내 놀이터)

유희실의 시설에서 가장 중요한 것은 바닥으로 유아들이 구르고 뛰고 엎드리고 눕고 하는 활동을 할 수 있도록 충분히 배려해야 한다. 따라서 바닥 자재는 탄력성이 좋고 청소하기 쉬우며 소리가 적게 나는 것이 좋으며 적절한 보온을 유지할 수 있는 것이어야 한다. 카펫은 소음을 흡수하고 손상이나 파손을 막아 주지만 세균과 먼지를 보유하게 되므로 바람직하지 않다.

---

1) 학자마다 보육실 공간의 크기를 다르게 제시하고 있다. 학급당 유아 수가 적어지면 1인당 면적은 다소 증가되어야 한다.

유희실에는 평균대, 뜀틀, 트램플린, 매트 등 유아들이 안전하게 신체활동을 할 수 있는 다양한 체육시설과 놀이시설이 갖추어져야 하고, 이러한 시설들은 공간을 많이 차지하는 특성이 있으므로 충분한 공간이 필요하다. 또한 보육실에서 가급적이면 다양한 활동이 가능하도록 고정 시설보다는 융통성 있게 설치하고 쉽게 정리할 수 있는 설비와 시설을 활용하는 것이 좋다.

4) 낮잠 또는 휴식을 위한 방

종일반이 있을 경우 낮잠 또는 휴식을 위한 방이 따로 있으면 편리하다. 낮잠실을 분리하는 데서 오는 이점은 다음과 같다.

① 따로 마련된 낮잠실은 유아의 휴식 환경을 바람직하게 하며 매트나 담요 등이 한 곳에 있으므로 교사의 번거로운 노력을 줄일 수 있다.

② 가정에서와 같은 안락감과 편안함을 제공해 준다.

③ 유아가 잠자는 동안 보육실이 정돈될 수 있으며 필요에 따라 재배치될 수 있다. 또한 수면 습관의 차이에 부응할 수 있다.

④ 보육실과 낮잠실을 옮겨 다니게 함으로써 공간의 변화를 느끼게 한다. 성인들이 한 장소에서 오랜 시간 있으면 좌절감을 느끼는 것과 마찬가지로 유아도 그러하며 특히 종일반의 경우에는 더욱 그러하다. 실외 놀이터가 어떤 해방감을 주기는 하지만 실내 공간을 다양하게 함으로써 갇혔다는 느낌을 최소화할 수 있다. 낮잠실이 없는 경우 종일반 보육실 바로 옆의 반일반의 보육실을 낮잠시간에 활용하는 방안도 고려할 수 있다.

⑤ 잠에서 먼저 깬 유아가 다른 유아의 잠을 방해하지 않고 다른 곳에서 활동할 수 있게 한다. 유아들의 수면 습관은 각자 차이가 나기 마련이다. 비교적 많이 자는 유아가 있는가 하면, 거의 성인과 같은 리듬을 가지고 있는 유아들도 있다. 유아들의 개별적인 수면 습관을 배려하여, 일찍 깨거나 낮잠을 자지 않으려고 하는 유아들을 위한 대안이 필요하다.

방을 따로 마련할 수 없는 경우에는 보육실에 낮잠을 위한 공간을 마련해야 한다. 낮잠실을 분리한 경우 그 위치는 유아가 활동하는 방 가까이 있어야 이동에 따르는 문제와 교사의 수고를 덜어 준다.

〈사진〉 **낮잠 영역의 정리장**

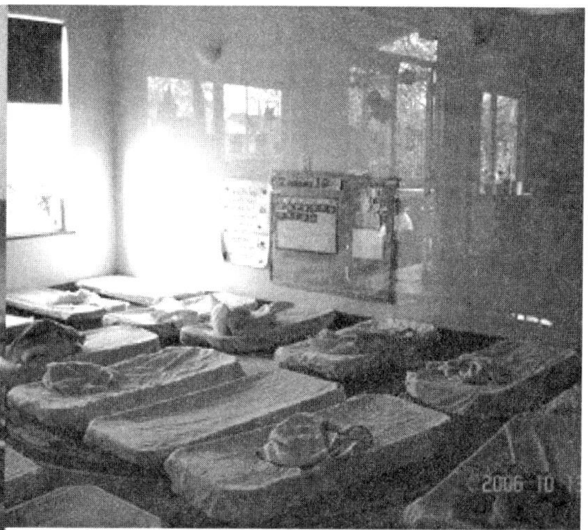

〈사진〉 **낮잠 영역**

5) 화장실 및 목욕실

영유아보육법에는 영유아용 수세식 변기로 가능한 한 10~15인당 1개 이상을 설치하는 것이 바람직한 것으로 제시하고 있다. 어릴수록 많은 수의 변기가 요구되며 보통 10인당 1개 이상의 변기를 둘 것이 제안되고 있다. 2세 미만의 영아들에게는 이동식 변기를 학급마다 비치해 두어야 한다.

세면대는 유아가 화장실을 사용한 후만이 아니라 간식이나 식사 전후, 그리고 놀이

활동과 관련지어 수시로 사용하게 된다. 따라서 세면대의 위치는 화장실 속에 위치하는 것보다는 화장실의 출입구 근처 편리한 곳에 위치하는 것이 좋다.

세면대 외에도 화장실에는 다음과 같은 이유로 유아가 몸을 씻을 수 있는 시설이 되어 있어야 한다.

① 유아는 모래, 흙놀이 등의 실외 활동으로 아주 더러워질 수 있다.

② 유아가 다칠 경우 상처를 치료하기 전에 다친 곳을 씻어야 할 필요가 있을 수 있다.

③ 대소변을 가릴 줄 아는 유아들이지만 때로는 실수하는 경우가 있다.

화장실의 위치는 보육실(보통 교실)과 실외 양쪽에서 출입이 가능한 곳에 있어야 한다.

성교육상 건전한 태도를 기르기 위해서 화장실은 남녀용으로 분리해서 설치하지 않는다. 건축설계상 대부분 화장실은 북쪽에 위치하기 쉬운데, 유아들이 두려움을 느끼지 않도록 밝은 분위기를 만들어 주고, 혼자 화장실에 갇혀 있는 느낌을 주지 않도록 화장실 문을 낮게 설치하는 것이 좋다.

〈사진〉 화장실

화장실은 올바른 손씻기 습관을 위해 세면대가 설치되어 있다. 물론, 세면대의 높이는 유아들의 키 높이를 고려하여 낮게 설치해야 하며, 물을 많이 사용하는 화장실과 목욕실의 경우, 미끄럼 방지를 위한 바닥시설이 필수적이다.

목욕실은 영아들을 위해 꼭 필요한 시설이다. 목욕실은 가급적 보육실과 가까이 있어야 하며, 냉수 및 온수시설이 되어 있어야 하고 난방시설이 있어야 한다. 온수의 경우 유아들이 화상을 입지 않도록 고정 장치를 하도록 명시되어 있다.

6) 양호실

양호실의 설치는 법적으로 필수 사항은 아니고 권장 사항이며, 양호실은 교무실과 같은 타시설과 겸용이 가능하다. 양호실에는 전문적인 의약품이 아닌, 해열진통제, 붕대, 연고, 핀셋, 소독제 등 응급처치에 필요한 의약품과 도구를 비치해 두어야 하며 약장은 반드시 잠금장치를 하여 의약품으로 인한 사고를 방지해야 한다.

7) 부엌(조리실)

종일반이 있는 유치원이나 어린이집의 경우 급식을 하는 경우 조리실이 필요하다. 조리실은 유아들의 보육실과 비교적 먼 곳에 위치해 있는 것이 바람직하다. 영유아보육법에는 조리실에 대해 다음 3가지 법적 규정을 명시하고 있다.

① 조리실은 채광이 잘 되도록 하고, 기계 환기시설을 하여 청정한 실내 환경을 유지하도록 하며, 창문에는 방충망을 설치하여야 한다.

② 식기를 소독하고 위생적으로 취사 및 조리할 수 있는 설비를 갖추어야 한다.

③ 공공기관이나 사회복지관 안에 설치된 보육시설의 경우에는 동일 건물에 있는 조리실을 함께 사용할 수 있다.

유아들의 영양과 건강을 책임지는 조리사의 경우 다음 〈표 4-4〉와 같은 조리 시 유의사항을 준수하여야 한다.

표 4-4 조리 시 유의사항

<table>
<tr><th>조리 시 유의사항</th><th>용모 준수사항</th></tr>
<tr><td>· 세척, 소독된 용기를 사용한다.</td><td rowspan="5">· 위생복은 흰색을 착용한다.
· 항상 깨끗한 상태를 유지한다.
· 위생복을 착용한 채로 실외나 화장실에 가지 않는다.
· 위생모를 착용한다.
· 위생화를 신는다.
· 위생화를 매일 소독하고 주 1회 내부 세척한 후 건조해서 사용한다.
· 화장실은 전용 신발을 비치하여 이용한다.
· 마스크는 반드시 착용한다.</td></tr>
<tr><td>· 전처리를 할 때는 비닐/종이 등을 깔고 작업을 한다.</td></tr>
<tr><td>· 조리장의 비오염 구역 및 조리대 위에는 원재료 상자나 바구니를 절대로 두지 않는다.</td></tr>
<tr><td>· 원재료는 위생적으로 취급하고, 깨끗이 씻는다.</td></tr>
<tr><td>· 식재료가 상호 오염이 되지 않도록 실내의 정리정돈, 전처리 순서를 명시하고 작업 구역을 달리 한다.</td></tr>
<tr><td>· 음식을 조리할 때는 충분히 가열한다(75℃ 이상).</td><td rowspan="2">· 반지, 시계 등의 악세서리 착용을 금한다.
· 눈화장, 립스틱을 진하게 하지 않는다.
· 향이 강한 화장품, 향수 등은 사용하지 않는다.</td></tr>
<tr><td>· 조리되었거나 냉장 보관했던 위해 발생 가능한 음식은 74℃ 이상에서 15초간 음식 전체를 골고루 재가열한 후 제공하여야 하며 2회 이상 재가열하지 않는다.</td></tr>
<tr><td>· 레시피에 적힌 양대로 잘 정량해서 사용한다.</td><td>· 다음의 경우에 손을 깨끗이 씻거나 소독한다.</td></tr>
<tr><td>· 도마와 칼은 용도별로 구분해서 사용한다(전처리용/조리용/생선용/채소용/육류용 등).</td><td rowspan="5">- 음식을 조리하거나 보관/저장할 때
- 화장실 이용시
- 코를 풀고 나서
- 애완동물을 만졌을 경우
- 흡연하거나 오물을 만진 후
- 외출해서 돌아왔을 때
- 작업 전/후 또는 작업이 바뀔 때마다
- 조리실에 들어가기 전
- 계란 등 식품을 취급한 후</td></tr>
<tr><td>· 음식의 맛을 볼 때는 적은 양을 그릇에 떠서 다른 수저로 맛을 보고 사용한 그릇과 수저를 다시 사용하지 않는다.</td></tr>
<tr><td>· 조리 전 식재료는 바닥에 두지 말고 조리 시 또는 후에 반드시 뚜껑을 닫는다.</td></tr>
<tr><td>· 차가운 음식을 조리할 때에는 냉장된 재료를 사용하고, 즉시 냉장 보관한다.</td></tr>
<tr><td>· 조리용과 세척용 고무장갑을 분리한다.</td></tr>
</table>

4. 실내 환경의 설비

보육시설의 실내 환경 설비는 유아들의 신체조건을 고려해야 하고 안전에도 유의해야 한다. 따라서 유아들의 건강과 발달에 적합한 실내설비를 위해서는 다음 사항들을 고려

하여 설계되고 배치되어야 한다.

1) 쾌적한 실내 환경

쾌적한 실내 환경을 유지하기 위해서는 온도, 습도, 채광 및 통풍의 적절한 조건을 갖추어야 한다. 대부분의 시간을 보육실내에서 생활을 하는 영유아들의 건강과 위생을 위해 이러한 실내 환경의 조건은 중요한 요소이므로 적정 기준을 유지하여 쾌적한 실내 환경을 유지하도록 노력해야 한다.

(1) 온 도

보육시설의 온도는 18～20℃가 가장 적당하며, 10℃ 이하면 난방이 필요하고, 25℃ 이상이면 냉방을 해야 한다. 실내온도와 실외온도의 차이가 5℃ 이상이면 좋지 않기 때문에 실내온도 조절에 신경을 써야 한다. 교사는 실내온도에 따라 각 유아의 옷의 두께를 조절해 주도록 한다.

(2) 습 도

무관심하기 쉬우나 유아의 건강유지와 밀접한 관계가 있는 것이 습도다. 실내온도 18℃에 40～60%의 습도가 가장 적합하다. 특히, 겨울철에는 습도유지를 위해 가습기를 사용하고, 가습기 사용 시에는 깨끗하게 물을 갈아 주어야 한다. 가습기가 없는 경우 젖은 수건이나 옷을 걸어 적절한 습도를 유지한다.

(3) 채 광

유아가 자연광선에 노출되는 것이 부족하면 성장을 저해하고 저항력이 감소되므로 자연채광을 충분히 받을 수 있도록 배려해야 한다. 창문의 차단장치를 제거하고, 블록 유리 등의 사용으로 자연채광의 효율성을 높이며, 커텐, 블라인드, 버티걸, 발 등으로 채광을 조절해야 한다.

(4) 통 풍

적당한 통풍은 건강을 촉진하고, 호흡기 질환을 예방하며, 보온과도 관계가 높다. 특히, 겨울철 난방 시에는 환기 부족으로 감기에 걸리기 쉽고, 유독가스에 의한 중독도 일어날 수 있다. 그러므로 실내 환기가 잘 이루어지도록 환풍기를 설치하고, 수시로 창문이나 문을 열어 환기를 시킨다.

〈사진〉 **온도, 습도, 채광 등을 고려한 방**

2) 실내 마감재료

영유아보육법 시행규칙에는 다음과 같이 보육시설 내부의 마감재료 등에 관한 기준을 제시하고 있다. 보육시설의 실내 마감 재료는 화재에 안전한 난연제를 사용하여야 하며 어린 영유아들에게 미치는 영향을 고려하여 유해한 물질이 없는 재료를 사용해야 한다.

- ○ '보육시설 내부의 마감재료'에 관한 세부적인 사항은 「건축법시행령」 제61조 및 「건축물의 피난 · 방화구조 등의 기준에 관한 규칙」 제24조 규정을 준용(건축부서 담당)
- ○ '방염'에 관한 사항은 「소방시설설치유지 및 안전관리에 관한 법률」 제12조 및

동법 시행령 제19조 내지 제20조의 규정에 의함(소방관서 담당)

○ '어린이 활동공간의 환경안전관리기준'에 관한 세부적인 사항은 「환경보건법」제23조 제5항, 제29조, 제33조 제1항, 「환경보건법 시행령」제22조 제1호, 제22조 제2호, 제22조 제3항의 규정에 의함(건축부서, 환경부서 담당)

3) 보육시설의 설비

(1) 채광과 조명

채광과 조명은 유아의 시력에 영향을 줄 뿐 아니라 감각기관을 통해 구체적인 물체와 상황에 대한 개념을 획득하기 위해 사물을 정확히 보아야 하는 유아에게는 학습의 중요한 조건이 된다. 건물과 보육실은 충분히 햇빛이 들어오는 남향이 좋다. 만일 사정상 채광 상태가 좋지 못한 경우에는 인공조명을 사용하여 적절한 조도를 유지해 주어야 한다.

어두운 보육실은 유아들 및 성인의 정서에도 많은 영향을 주는 것으로 알려져 있다. 충분히 햇빛을 보지 못하면 우울증이 생기고 무기력해지는 것으로 알려져 있으므로, 장시간 보육실에서 지내는 유아들의 정신위생을 위해서도 적절한 채광 상태는 반드시 고려되어야 한다.

다음 사진은 실내 채광의 효과를 높이기 위해 천정에 인공조명을 설치하였다.

〈사진〉 인공조명을 설치한 보육실 내부

(2) 보육실의 바닥

바닥 재료 선택 시에는 탄성, 견고성, 안전성, 관리, 음향 통제 등을 고려해야 한다. 교실 바닥 재료는 리놀륨, 나무, 비닐, 타일 등이 좋다. 영아를 위한 보육실의 바닥은 탈것 놀이를 위한 부분을 제외하고는 카펫이 바람직하다.

근자에는 탄력성이 높고 비교적 저렴한 우레탄 재질의 바닥제품들이 많으나 재질에서 나오는 화학성분으로 인해 "새집증후군"과 같은 나쁜 영향을 미칠 수 있으므로 유의해야 한다. 반면, 나무 바닥은 위생적이고 인체에 미치는 영향도 좋은 것으로 알려져 있지만 소음통제를 하기 어려운 단점이 있다.

보육실은 대부분 영역별로 구성되어 있으므로, 영역의 특성에 따라, 물을 많이 사용하는 곳은 리놀륨과 같이 젖지 않고 닦기 쉬운 재료가 좋고, 블록 영역과 같이 소음이 많이 나거나, 문학 활동 등 안정적이고 편안한 분위기를 필요로 하는 영역에는 부분 카펫을 사용하는 것이 좋다.

(3) 보육실의 벽

벽은 게시판이나 다른 자료를 쉽게 붙일 수 있는 표면 재료를 사용하는 것이 바람직하다.

소음 흡수에 유리하고 쉽게 못이나 핀을 이용하여 게시물을 게시할 수 있는 코르크 제품들이 권장되고 있으나 코르크는 못핀이나 압정 등이 쉽게 빠져 나와 안전사고의 위험이 있으므로 게시물 관리에 유의해야 한다.

천정은 빛의 70%를 반사하고 벽면은 빛의 50%를 반사한다.

채광 상태가 좋지 못한 경우는 교실의 벽면 색채를 밝은색으로 채색함으로써 밝은 느낌을 줄 수 있으며 눈부심을 방지하기 위해 무광택으로 처리하는 것이 좋다.

(4) 창 문

창문은 채광, 환기, 방음, 온도 조절 등과 밀접한 연관이 있다. 창문의 면적은 바닥 면적의 1/5 정도가 적합한 것으로 알려져 있다. 창문의 기능을 효율적으로 하기 위하여 다음과 같은 점을 고려하여야 한다.

첫째, 창문의 높이가 적절해야 한다. 창문은 유아가 바닥에 서서 밖을 내다보기에 편한 높이여야 한다. 그러나 창의 높이가 너무 높아서 유아들이 밖을 내다보지 못하면, 갇힌 느낌이 들며 채광 상태도 좋지 못하게 된다. 그러나 창이 지나치게 낮으면 유아들이 주의가 산만해진다. 창문의 높이는 유아의 키를 고려하여, 60~70cm가 적절하다.

둘째, 환기 및 채광을 위하여 실외놀이 시설과 인접한 벽은 가능한 한 남향으로 하고 그 전면에 창을 낸다. 닫았을 때 틈이 없어서 소음이 차단되고, 겨울철 난방효율이 높아야 한다.

셋째, 창문의 안전 관리를 고려해야 한다. 창은 유아들이 쉽게 여닫을 수 있도록 하고, 손가락이 끼거나 깨어져서 안전사고가 나지 않는 안전창문이어야 한다. 2층 이상의 경우에는 낙상 위험을 방지하는 것도 필요하다.

여름에는 방충망을 설치하여 모기나 벌레들을 방지하는 것이 좋다.

(5) 난 방

중앙집중식 난방이 바람직하며 실내 온도는 20～22℃, 습도는 50~60%를 유지하는 것이 좋다. 그리고 기어다니는 영유아를 위한 포복실의 경우는 바닥을 통한 난방이 필요하다.

(6) 방 음

소리가 울리거나 흡음이 잘 되지 않으면 유아 상호간, 교사와 유아간의 언어 전달이 어려워 소리를 지르는 현상이 생기므로 유아의 바른 언어생활 지도가 어렵고, 교사와 유아에게 피로를 주어 정서적 안정을 잃게 하므로 가능한 한 소음을 줄일 수 있는 자재를 사용한다.

방음에 효과가 있는 재질은 코르크, 천으로 된 가구들, 카펫 등이며, 창문이나 문도 방음이 잘 되도록 하여 이웃한 교실이나 보육실의 소음으로 방해받지 않아야 한다.

(7) 급수전

학교시설설비기준령(교육법전편찬회, 1996)에 의하면 상수도 시설이 있는 학교에는 1학급당 급수전을 2개 이상 갖추게 되어 있다. 보육시설은 특성상 물을 많이 사용하는 편이므로 각 보육실마다 급수전이 필요하며, 유아들의 키에 적합하도록 설치되어야 한다. 상품화되어 있는 싱크대는 유아들에게 높을 수 있으므로 디딤대를 설치하여 높이를 보완할 수 있다.

(8) 포복실 및 수유실

유치원에는 이런 시설이 필요하지 않으나 영유아를 종일제로 보육하는 시설에는 필요한 시설이다. 법적 시설 기준상 권장사항이지만, 별도의 조용하고 아늑한 포복실과 수유실은 영유아들을 수용하는 시설에는 필요한 시설이다.

(9) 자료실

교육활동에 필요한 여러 가지 교재 및 교구들을 보관할 수 있는 자료실이 필요하다. 각 보육실마다 자료실을 따로 만드는 경우도 있지만 대부분 교무실의 한 부분을 사용하거나 교사실 근처에 자료실을 비치하고 있다. 자료를 체계적으로 보관하고 관리하는 것은 교육활동에 매우 중요하다. 자료실에는 캐비닛과 자료 정리장 및 보관함이 비치되어 있어서 정리하고 활용하기 편리하게 되어 있어야 한다.

〈사진〉 유아 작품모음 자료함

(10) 관찰실

관찰실은 부모나 교사, 또는 실습생들이 유아들의 활동을 방해하지 않고 유아들의 학습활동 과정을 관찰할 수 있도록 일방경(one-way mirror)이 설치되어 있다. 관찰실에서 플래시를 이용하여 사진을 찍을 때는 보육실에 관찰자들의 모습이 비치게 되므로 관찰실 사용수칙을 비치해 두어서 실수하지 않도록 한다.

4) 보육시설의 기본 설비

(1) 책 상

유아의 활동은 보통 4~6명의 소집단으로 이루어지나 6인용 책상인 경우에는 크기가 크기 때문에 이동시나 책상을 모아 놓을 때 불편하다. 따라서 보육실에는 2~4인용 책상으로 활동에 따라 다양하게 구성하여 활용하는 것이 가장 바람직하다.

유아용 책상은 목재를 사용하는 것이 바람직하고 몇 개의 책상은 내열 플라스틱판과 같이 표면을 물로 씻을 수 있는 것으로 제작하는 것도 바람직하다(NAEYC, 1973).

표 4-5 책상의 치수

연령 / 구분	2세	3세	4세	5세	6세
가로	80~120cm				
세로	40~60cm				
높이	39cm	42cm	45cm	48cm	50cm

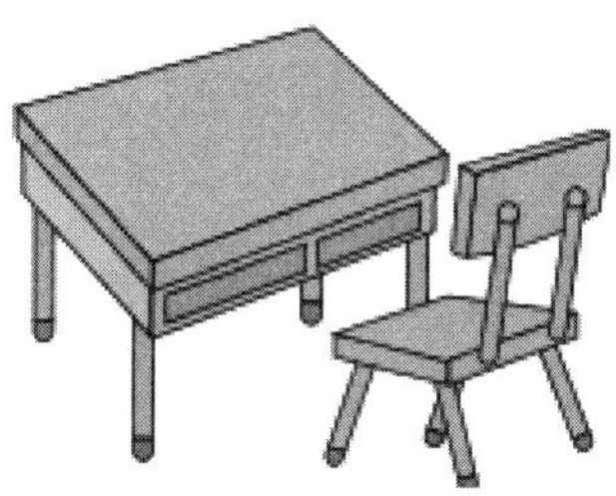

(2) 걸 상

① 걸상의 종류는 보육실용, 유희실용, 놀이터용 등으로 구분될 수 있다.

② 걸상의 치수는 유아의 체위를 기준으로 한다. 걸상의 앉는 면의 높이는 '하대 높이', 즉 발에서 무릎까지의 높이에서 1㎝를 뺀 치수가 적당하다.

걸상은 유아가 스스로 옮길 수 있도록 가볍고 안전한 것이어야 한다.

표 4-6 걸상의 크기

연 령	높 이	앉는 면의 깊이
2세	22㎝	18㎝
3세	24㎝	19～20㎝
4세	25㎝	21㎝
5세	27㎝	22㎝
6세	28㎝	23㎝

(3) 개인 사물함

유아 개인의 소지품을 일정한 장소에 보관하는 것은 유아를 하나의 독립된 개체로 존중하는 것의 표현이며, 동시에 유아 스스로 자신의 물건을 정리하는 습관을 기르는 면에서 아주 중요한 의미를 갖는다. 그러므로 실내 및 실외 신발, 여분의 옷, 외투, 자신의 작품 등을 보관하는 개인 사물함이 필요하다. 유아의 외투나 신발을 보관하는 곳은 출입구(현관)에서 주요 놀이 장소로 가는 도중에 위치하는 것이 좋다. 이와 같은 공간은 복도나 보육실의 한편에 위치하게 되며 어른의 도움을 받아 옷을 갈아입어야 하는 유아도 있으므로 충분한 공간이 필요하다.

(4) 교구 정리장

실내 교구 및 각종 자료를 적절히 보관하기 위해서는 교구 정리장이 있어야 한다. 첫 번째 종류는 문이 없는 개방식 또는 선반식 교구 정리장이며, 또 다른 종류는 폐쇄식 교구 정리장이다(Osmon, 1971). 개방식 교구 정리장은 일반적으로 문이 달린 교구 정리장보다 유아교육 현장에 적절하다고 생각된다. 폐쇄식 교구 정리장의 형태는 붙박이 시설보다 이동식이 편리하며, 장 아래의 한쪽 면에 바퀴를 달아 움직이기 쉽게 할 수도 있다. 붙박이로 벽에 부착된 장은 벽의 사용에 제한을 주게 되나 장은 보육실 배치에 융통성을 부여할 수 있으므로 바람직하다. 교구 정리장의 높이가 유아의 눈높이를 초과해서는 안 되겠다.

(5) 싱크대

가능하면 교실마다 싱크대를 설치하고 수도를 설치하여 유아들이 손을 씻거나 미술활동, 요리활동에 필요한 용구나 자료를 씻고 활동에 필요한 물을 공급받도록 한다. 연령별 싱크대의 높이는 3세 45cm, 4세 50cm, 5～6세 55cm가 적절하다.

〈사진〉 **싱크대**

영유아보육법에서 제시하고 있는 기타 실내 시설기준은 다음과 같다.

(6) 기타 실내 시설기준

① 영유아가 접근할 수 없는 안전한 장소에 응급조치를 위한 비상약품 및 간이 의료기

구 등을 비치하여야 한다.

② 비상구를 제외한 모든 출입문 및 창문은 안쪽에서 잠길 우려가 없어야 하고, 밖에서 쉽게 열 수 있어야 하며, 출입문 및 창문의 가장자리에는 영유아의 손이 끼지 아니하도록 손끼임 방지 고무패킹이나 완충장치를 설치하여야 한다.

③ 돌출형 방열기(라디에이터)는 영유아의 신체가 직접 닿지 아니하도록 울타리를 설치하여야 하며, 이와 유사한 온열기를 사용하는 경우에는 영유아가 직접 온열기에 닿지 않도록 적절한 보호 장치를 설치하여야 한다.

④ 책상, 의자 등 가구의 모서리는 둥글고 표면이 매끄럽게 처리된 것이나, 고무 등으로 모서리에 보호 장치를 설치하여야 한다.

⑤ 보육실에 설치된 교구장, 수납장 등은 안전을 위하여 아래 부분에 무거운 비품을 보관하여야 하고, 선반을 설치하는 때에는 물건이 추락하지 않도록 지지대를 설치하여야 하며, 무거운 물건은 너무 많이 쌓아 놓아서는 아니 된다.

⑥ 보일러 설비, 퓨즈박스(두꺼비집), 화기, 소독수, 살충제, 조리실의 칼, 가위, 포크, 랩 등은 영유아의 손이 닿지 않는 위치에 배치되어야 한다.

⑦ 보육시설 내부(벽, 천장 등)의 마감 재료는 건축법 시행령 제2조 규정에 의한 불연재, 준불연재 또는 난연재를 사용하여야 하며, 실내장식물과 창문에 설치하는 커텐류 및 카펫 등 소방시설 설치유지 및 안전관리에 관한 법률 제12조의 규정에 의한 방염대상물품은 소방시설 설치유지 및 안전관리에 관한 법령의 규정에 의한 방염성능이 있는 것으로 설치하여야 한다.

5) 장애아 전담 보육시설의 설비기준

장애아 전담 보육시설이나 장애아만을 20명 이상 보육하기 위해서는 「장애인 · 노인 · 임산부 등의 편의증진보장에 관한 법률」에서 정한 설비 외에 다음의 설비기준을 갖추어야 한다.

(1) 장애아 전담 보육시설 실비기준

① 장애아가 활동하기에 충분하도록 보육시설은 장애아 1인당 7.83제곱미터 이상, 보육실(교실, 거실, 포복실, 유희실, 치료교실, 집단보육실을 포함한다)은 장애아 1인당 6.6제곱미터

이상의 면적을 확보하여야 한다.

② 집단 보육실(강당, 놀이실)은 문턱없이 접근이 가능한 통로에 연결되어야 하고 휠체어 · 보행기 등의 출입에 장애가 없어야 한다.

③ 출입구는 비상 재해시 대피하기 쉽도록 복도 또는 넓은 공간에 직접 연결되게 설계되어야 하며, 시각장애아를 위한 점자블록이나 유도장치를 갖추어야 한다.

④ 옥외 피난계단의 유효 폭은 0.9m 이상이어야 한다.

⑤ 회전문과 자재문은 금하며 자동문 설치시 문의 개폐시간은 3초 이상을 확보하여야 한다.

⑥ 휠체어에 앉은 영유아가 문의 손잡이를 잡을 수 있어야 한다.

⑦ 계단 외에 엘리베이터 또는 기울기 1/12 이하의 경사로를 설치하여야 한다.

(2) 장애아 3명 이상을 보육하는 장애아 통합시설의 경우

① 2층 이상의 시설에는 엘리베이터를 설치하거나 적어도 한 곳 이상에 기울기 1/12 이하의 경사로를 설치하여야 한다.

② 출입구는 비상 재해시 대피하기 쉽도록 복도 또는 넓은 공간에 직접 연결되도록 하고, 시각장애아를 위한 점자 블록이나 유도장치를 설치하여야 한다.

③ 복도, 문, 화장실은 휠체어의 출입에 장애가 없어야 한다.

④ 옥외 피난계단의 유효폭은 0.9미터 이상이어야 한다.

위 설비기준과 같이 장애아에 대한 관심이 높아지고 시설 설립요건이 마련되어 있으나 기존의 건물들에는 아직도 장애아를 배려한 시설이나 장비가 매우 미흡한 편이다.

5. 실외 시설

1) 놀이터의 위치 및 크기

유아를 위한 실외 놀이터는 2, 3세와 4, 5, 6세 유아를 위한 놀이터와 분리하여 위치하게 하는 것이 바람직하다, 놀이터의 위치는 가능하면 보육시설의 건물 앞쪽, 특히 남쪽에 배치하여 햇빛과 그늘을 적당히 제공받을 수 있도록 한다.

놀이터는 배수가 잘 되거나 배수 시설을 갖춘 입지라야 한다. 놀이터 주위는 경계를 표시하는 울타리가 있어야 유아가 보다 자유로이 활동을 할 수 있고(Baker, 1968, p. 62), 외부의 방해를 받지 않고 놀이터의 활동이 이루어질 수 있다.

우리나라 학교시설설비기준령에는 놀이터는 '최소 기준 면적은 150m^2(유아 1인당 3.75m^2)로 하고 40인을 초과할 때에는 그 초과하는 원아 1인당 1m^2를 가산한 면적으로 한다'(교육법전편찬회, 1996, p. 989)고 명시되어 있다.

기존의 영유아보육법에서는 52인 이상 영유아를 보육하는 시설에 한해 놀이터를 설치하도록 하였으며, 유아 1인당 2.5m^2 이상으로 하고, 모래밭 및 놀이시설 3종 이상을 설치해야 한다고 명시되어 있다. 다만, 지역적 특수성에 따라 옥내놀이터 또는 인근놀이터를 활용할 수 있다. 2009년 개정된 영유아보육법에서는 놀이터의 종류 및 면적기준에 대한 규정이 강화되고 변경되었다. 특히 안전에 대한 규정이 강화되었다.

유아 1인당 2.5m^2 이상이었던 놀이터의 면적기준이 유아 1인당 3.5m^2 이상 규모의 옥외놀이터를 설치하도록 함으로써 유아들의 실외 활동의 면적기준을 확대하였으며 재해에 대비한 안전시설 또한 매우 엄격하게 규정하였다.

2) 놀이터의 종류 및 면적기준

2009년 개정된 영유아보육법에서는 놀이터의 종류 및 면적기준에 대한 규정이 다음과 같이 신설되었다. 새로운 기준은 신규 보육시설이나 신축, 증축, 그리고 소재지를 변경하는 보육시설에 적용된다.

놀이터 면적기준을 충족시키지 못하는 시설의 경우는 2010년 1월 29일까지 새로 규정된 기준에 의거한 놀이터를 설치하여야 한다.

- ☞ 신규, 신축, 증개축, 소재지 변경 시 옥외놀이터를 설치하여야 함
- ☞ 업무용시설 밀집 지역 등과 같이 지역특수성이 인정되는 경우에 한하여 대체놀이터 인가
- ☞ 영아용 놀이기구를 구비하지 아니한 인근놀이터는 인가하지 아니함
- ☞ 정원 50인 이상 시설 중 옥외놀이터를 설치하지 않은 경우, '10. 1. 29까지 현행 기준에 의거 놀이터를 설치하여야 함

(1) 놀이터 설치의 기본 원칙

정원 50인 이상의 보육시설은 영유아 1인당 3.5㎡ 이상 규모의 옥외놀이터를 설치하여야 한다. 이때, 12개월 미만의 영아만을 보육하는 시설은 제외된다. 놀이터 설치의 기본 원칙은 다음과 같다.

① 보육시설 자체부지가 있는 경우, 옥외놀이터를 설치하여야 함

② 신축, 증·개축, 소재지 변경으로 면적 확보가 가능한 경우, 옥외놀이터를 확보하여야 함

③ 보육시설의 지하층에는 놀이터를 설치할 수 없다.

④ 놀이터는「영유아보육법」,「어린이놀이시설 안전관리법」,「품질경영 및 공산품 안전관리법」,「환경보건법」 등에서 정한 기준을 준수하여 설치하여야 한다.

⑤ 보육시설의 2층 이상에 놀이터를 설치하는 경우, 영유아보육법령에서 정하는 비상재해 대비시설을 설치해야 한다.

(2) 놀이터 면적 및 바닥 설치 기준

옥외놀이터의 면적은 영유아 1인당 3.5㎡ 이상으로 설치하는 것을 원칙으로 하며, 아래 〈표 4-7〉의 규정에 따라 놀이터를 설치할 수 있다.

표 4-7 놀이터 면적기준(산출 면적의 소수점 이하는 절사)

정원	면적 산정 기준	비고
50인~99인	정원×45%×3.5㎡	정원 50명~99명의 시설의 경우, 각 정원의 45%를 기준으로 1인당 3.5㎡ 이상으로 놀이터를 설치함
100인~129인	100명×45%×3.5㎡	정원 100명~129명의 시설의 경우, 45명을 기준으로 1인당 3.5㎡ 이상으로 놀이터를 설치함
130인~159인	130명×40%×3.5㎡	정원 130명~159명의 시설의 경우, 52명을 기준으로 설치함

160인～199인	160명×40%×3.5㎡	정원 160～199명의 시설의 경우, 64명을 기준으로 설치함
200인～249인	200명×35%×3.5㎡	정원 200명～249명의 시설의 경우, 70명을 기준으로 설치함
250인～300인	250명×35%×3.5㎡	정원 250명～300명의 시설의 경우, 87명을 기준으로 설치함

놀이터의 면적을 산정할 때 실내놀이터의 면적을 제외하고, 놀이터의 바닥은 모래밭, 천연 및 인공 잔디, 고무매트, 폐타이어 블록으로 설치하여야 한다.

놀이터의 면적은 영유아보육법의 설치기준에 따라 설치한 바닥 면적에 한하여 인정하며, 고정식 놀이기구가 설치된 부분에 대하여는 「어린이놀이시설 안전관리법」의 설치검사로 인정받은 면적을 인정한다.

(3) 놀이터의 종류

놀이터는 다음과 같이 실외에 설치하는 옥외놀이터와 건물의 내부에 설치하는 옥내놀이터로 구분할 수 있다.

① **옥외놀이터** : 보육시설의 자체부지에 부속하여 설치한 실외놀이터

② **옥내놀이터** : 보육시설 건물 내부의 실내·외 공간에 설치한 놀이터

- 실내놀이터 : 보육시설 내부의 방(이에 준하는 공간)에 설치한 놀이터
- 옥내중간놀이터 : 보육시설의 중간층의 실외공간을 활용한 놀이터를 의미하며 건물 내부 공간 중 외부와 직접 접하는 공간에 설치된 놀이터 (예 => 중간옥상, 베란다 등)
- 옥상놀이터 : 보육시설의 최상층 바닥면 공간에 설치하는 놀이터

③ **인근놀이터** : 보육시설과 인접하여 설치한 실외놀이터

옥내중간놀이터 및 옥상놀이터의 유형은 다음 그림과 같이 설치될 수 있다.

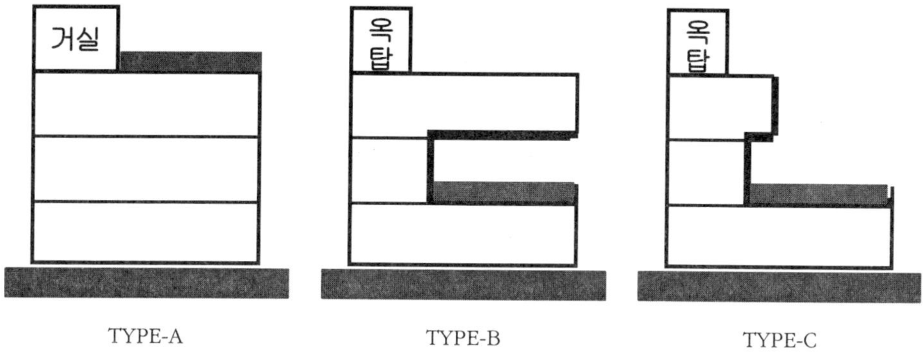

※ TYPE-A : 옥상에 실(거실)이 일부 있고 놀이터가 있는 유형
※ TYPE-B : 건물의 중간층 일부에 놀이터가 있는 유형
※ TYPE-C : 건물의 중간층 일부에 놀이터가 있는 유형

〈그림 4-2〉 **옥내중간놀이터 유형의 예**

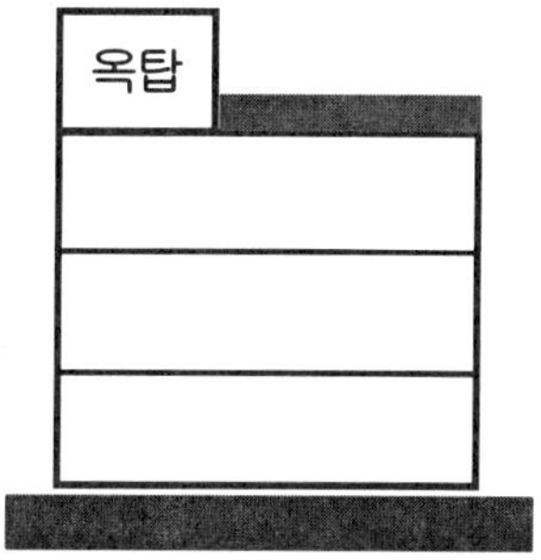

〈그림 4-3〉 **옥상놀이터 유형의 예**

(4) 대체놀이터 인정기준

대체놀이터는 도심이나 업무용시설 밀집지역 등 일정 지역 전체가 옥외놀이터 부지 확보가 어려운 특수성이 인정되는 경우에 한하여 제한적으로 허용된다.

놀이터 부지가 있는 경우 및 건물을 신축, 증·개축하는 경우, 반드시 옥외놀이터 또는 대체놀이터로 옥내놀이터를 설치해야 하며 부지가 있음에도 대체놀이터를 사용하는 것은 허가하지 않는다.

- 지역적 특수성이 인정되는 경우에 한하여 인근놀이터가 인정된다.

· 대체놀이터의 종류는 옥내놀이터 및 인근놀이터가 있다.

인가제한 지역 또는 정원증원의 경우, 옥외놀이터(전부 또는 일부) 및 옥내놀이터를 설치한 시설에 대하여 우선 인가해 준다.

옥외놀이터 부지가 부족한 경우, 보육시설 인가 시 대체놀이터의 면적을 다음과 같이 합산하여 산정한다.

- 옥외놀이터 부지가 놀이터 면적기준을 충족하지 못한 경우, 부족한 면적은 옥내놀이터 또는 인근놀이터의 면적을 합산하여 인가한다.
- 합산놀이터는 최소 1개 반 이상이 동시에 이용할 수 있는 면적을 확보하고, 1종 이상의 놀이기구를 1개 반 이상이 동시에 사용하도록 설치한다.
- 옥외놀이터에 대체하여 설치하는 옥내놀이터의 면적은 영유아 1인당 4.29㎡를 기준으로 산정하는 보육시설 면적에서 제외한다.

(5) 옥내놀이터(실내 · 옥내중간 · 옥상놀이터)의 설치기준

① 공통 기준

- 놀이터로 사용하는 공간 및 놀이터 주변에는 소음, 분진, 폭발, 화재 등의 위험시설을 설치하거나 방치할 수 없다.
- 건물 내부를 엘리베이터로 이동하지 아니하는 경우(건물 최상층 바닥 면에 설치하는 놀이터 포함) 보육실로부터 5층 이내로 설치한다.

※ 엘리베이터가 정상작동(정기점검 대상)하고, 영유아보육법령에서 규정한 비상재해 대비시설을 설치한 건물의 경우, 층수 제한 없이 놀이터 설치 가능

- 옥내놀이터까지 계단으로 이동하는 경우, 아동용 손잡이 레일을 영유아가 잡거나 짚고 올라갈 수 없는 구조로 설치하고, 기타 안전에 필요한 장비를 설치해야 한다.

② 실내놀이터 세부기준

- 실내놀이터는 놀이터 전용공간으로 확보하여야 하며, 조명 · 채광 · 환기 · 온습도가 적정하여야 한다.
- 보육시설 2층과 3층의 실내에 놀이터를 설치하는 경우, 비상계단 또는 미끄럼대를 비상재해 대비시설 설치기준에 의거하여 설치해야 한다.
- 보육시설 4층 이상의 실내에 놀이터를 설치하는 경우, 비상계단을 비상재해 대비시

설 설치기준에 의거하여 설치해야 한다.

※ 동일 층에 실내놀이터 입구로부터 비상재해 대비시설까지 보행거리가 50m 이내에 비상재해 대비시설이 있는 경우, 동 시설로 인정

③ 옥내중간놀이터 세부기준

- 보육시설의 중간층에 놀이터를 설치하는 경우, 영유아의 안전을 위하여 보호난간(이하 난간) 및 기타 안전에 필요한 장비를 설치하여야 한다.
- 난간은 영유아가 잡거나 짚고 올라갈 수 없는 구조(가로구조 금지)로, 최소 1.5m~1.8m의 높이로, 부식, 파손 등의 위험이 없는 재질로 설치하여야 하며, 난간의 안치수는 80㎜ 이하로 설치한다.

※ 방부목 처리 목재난간, 10mm 이상의 강화유리, 금속제인 경우에는 부식되지 아니하는 것 또는 도금이나 녹막이 등 부식방지 처리한 것 등

- 옥내중간놀이터를 보육시설 2층 이상에 설치한 경우, 실내놀이터와 동일한 비상재해 대비시설을 설치하는 것을 원칙으로 한다. 다만, 보육시설로 사용하는 건물이 내화구조이고, 건물의 벽 또는 벽에 해당하는 4면의 1/2 이상이 외기와 직접 접하며 놀이터의 출입문을 방화문으로 설치하고, 소방차의 접근이 용이한 경우에 한하여 비상재해 대비시설을 설치하지 않아도 된다.

④ 옥상놀이터 세부기준

- 보육시설로 사용하는 건물의 최상층의 바닥면에 놀이터를 설치하는 경우, 영유아의 안전을 위하여 보호난간 및 기타 안전에 필요한 장비를 설치하여야 함
- 보호난간은 최소 1.5m~1.8m의 높이로 설치하되, 바닥면 최하단으로부터 1.2m까지는 콘크리트 또는 조적(벽돌 등)으로 설치하여야 하며, 기타 사항은 옥내중간놀이터 설치기준을 적용함
- 옥상에는 고정식 놀이기구를 설치할 수 없음(설치된 경우 즉시 철거)
- 빗물 등의 배수, 위생관리가 잘 되도록 설치하며, 그늘막 설치를 권장함

(6) 인근놀이터 인정기준

인근놀이터를 대체하여 인정해 주는 기준은 보육시설의 대표자 명의의 소유 또는 임차한 토지에 설치한 옥외놀이터 또는 「어린이놀이시설 안전관리법」의 관리대상인

공용놀이터에 한해 인정된다.

보육시설이 아닌 외부건물에 설치한 인근놀이터로 인정하지 않으며, 대표자 명의의 소유 또는 임차한 인근놀이터의 경우도 놀이터 설치검사 대상이 된다.

초등학교의 놀이터인 경우, 놀이기구가 영유아의 연령에 맞지 않으며, 초등학생들의 수업시간에 시설물 사용이 사실상 어려우므로 인근놀이터로 인가해 주지 않는다.

대체놀이터는 영유아용 놀이기구가 모두 설치된 경우이어야 한다. 따라서 인근놀이터가 일정 연령 이상의 아동이 이용 가능한 놀이기구를 설치하였다면, 영아용으로 적합한 놀이기구를 설치해야 한다.

인근놀이터로 인정을 받기 위해서는 놀이터 이용계획서 및 인근놀이터 관리주체의 사용승낙서를 제출받아야 하며, 동일 시간대의 놀이터 이용 아동 수를 확인 후 인가해 준다.

지자체에서 관리하는 공용놀이터의 경우, 사용승낙서 또는 사용승낙 여부를 확인할 수 있는 증빙자료를 확인 후 인가해 준다.

인근놀이터는 자체 옥외놀이터에 준하여 사용하므로, 보육시설부터 보행거리 100미터 이내에 위치하여야 하는 것을 원칙으로 한다. 또한, 놀이터로 이동할 때, 교통사고의 위험이 없고, 차도를 횡단하지 않아야 한다.

보육시설에 비해 보육수요가 많은 등 지역적 특수성에 따라 인근놀이터의 기준을 달리 적용할 필요가 있는 시 · 군 · 구는 지방보육정책위원회의 심의를 거쳐 자체적으로 별도기준을 정할 수 있다.

기존에 인근놀이터를 사용하는 시설은 대표자 · 소재지 · 정원 · 종류 변경, 증 · 개축 시부터 새로운 시행규칙이 적용된다.

3) 놀이터의 시설 설비

(1) 울타리

실외놀이터는 관목이나 나무로 울타리를 설치하여 유아 보호에 대한 교사의 과중한 책임 부담을 덜어 주고 외부의 방해를 받지 않고 유아들이 자유롭게 활동할 수 있도록 한다.

놀이터가 큰길과 인접해 있는 경우에는 적어도 120㎝ 높이로 울타리를 세워야 한다

(Decker & Decker, 1992, p. 183). 이는 유아들이 인접한 도로로 쉽게 드나들면서 생길 수 있는 교통안전에 대비한 것이다.

보육시설의 건물 대문은 입출입이 관리될 수 있어야 하고, 유아가 혼자 나갈 수 없도록 되어 있어야 안전사고를 미연에 방지할 수 있을 것이다.

(2) 놀이터 바닥

놀이터는 배수가 잘 되어야 하며 특히 건물 주변의 배수 처리가 잘 되어 바닥이 빨리 마르도록 처리하여야 한다. 놀이터의 바닥은 놀이 영역에 따라 다르게 처리되어야 하며 흙바닥, 포장된 길이 있는 딱딱한 바닥, 모래밭, 잔디밭, 언덕 등으로 다양하게 구성되어야 한다.

놀이기구가 있는 바닥은 탄력성이 있고 안전한 재질의 바닥처리를 함으로써 낙상에 대비한 안전을 도모해야 하며, 포장된 바닥은 유아들이 자전거 등 탈것들을 타고 놀 수 있도록 하기 위한 것이다.

(3) 창 고

놀이터에 실외 창고를 설치하여 유아들이 탈것, 큰 블록 등 실외놀이 기구를 쉽게 꺼내고 제자리에 정돈할 수 있도록 한다.

〈사진〉 **놀이터**

〈사진〉 **정리함**

6. 실외 시설의 계획

1) 실외 공간 배치

실외 공간도 실내 공간과 마찬가지로 정적 활동 영역이 있다. 실외에서 두 활동 간에 분명한 구분을 하기는 어려우나 대근육 활동이 포함될 때 동적인 활동으로 분류할 수 있다. 놀이터 크기의 약 1/3은 정적 활동 영역으로, 그 나머지 영역이 테라스와 동적 활동 영역으로 배당되어야 한다(Decker & Decker, 1992). 정적 활동 영역은 동적 활동 영역과 떨어져 있게 배치하여 활동이 방해되지 않도록 한다. 정적 활동 영역 근처는 낮은 관목을 심어 경계를 만들어 줄 수도 있다.

2) 실외놀이 기구의 배치

보육시설의 실외설비는 특히 안전시설에 유의해야 한다. 따라서 연령에 맞는 실외시설을 선택해야 하며 설비 후에도 정기적인 점검을 함으로써 안전사고에 대비해야 한다.

2009년 개정된 영유아보육법에서는 놀이기구 설치 기준이 신설되었다. 신설된 놀이기구 설치 기준에서는 놀이기구 설치의 기본 원칙과 안전기준을 다음과 같이 명시하고 있다.

(1) 놀이기구 설치의 기본 원칙

① 보육시설의 놀이기구 및 어린이 용품은 「영유아보육법」 및 「어린이놀이시설 안전관리법」, 「품질경영 및 공산품 안전관리법」, 「환경보건법」에서 정한 기준에 적합한 놀이기구를 설치하여야 한다.

② 놀이기구는 영아용과 유아용 또는 대상 연령별로 설치하여야 한다.

③ 놀이터에 대근육 활동 놀이기구 1종 이상 포함, 최소 3종 이상의 놀이기구를 설치한 경우에만 인가해 준다.

④ 옥외놀이터에는 고정식 놀이기구를 설치하는 것을 원칙으로 하며, 「어린이놀이시

설 안전관리법」 설치 검사 후 고정식 놀이기구를 임의로 철거하거나 이동식 놀이기구로 대체할 수 없다.

⑤ 옥상놀이터는 고정식 놀이기구 설치를 금한다.

(2) 놀이기구 종류

① 대근육 활동 놀이기구 (고정식)

대근육 활동 놀이기구는 영유아의 대근육 발달을 위한 놀이기구를 말하며 그네, 미끄럼틀, 정글짐, 회전놀이기구, 공중놀이기구, 흔들놀이기구, 오르는 기구, 건너는 기구, 또는 이를 2가지 이상 결합한 복합놀이기구 등을 말한다.

복합놀이대는 놀이기구 1종 설치로 간주하며, 아동 안전을 위하여 영아용과 유아용으로 각각 설치하는 것을 원칙으로 한다. 그리고 옥상놀이터에는 고정식 놀이기구를 설치할 수 없다.

3세용 복합놀이기구와 5세용 복합놀이기구는 높이와 규모가 차이가 난다. 따라서 원아들의 발달 연령에 맞는 복합놀이기구를 설치해야 한다.

〈사진〉 복합놀이대(5세용)

ⓐ 그네 : 유아들이 가장 좋아하는 실외놀이시설 가운데 하나가 그네다. 그러나 가장 안전사고가 많은 것도 그네다. 그네의 안장에 다치지 않도록 고무나 우레탄 등으로 되어 있는 것이 좋다. 그리고 그네의 흔들림이 미치는 지점까지 울타리를 만들어 두는 것이 안전사고를 미연에 방지할 수 있는 방법이다.

ⓑ 미끄럼틀/시소 : 미끄럼틀에서는 추락 사고가 가장 빈번하게 일어날 수 있다. 유아들의 추락 사고에 대비하여 미끄럼틀이 설치된 장소의 바닥은 우레탄이나 모래 등 탄력이 있어서 충격을 흡수할 수 있는 소재로 처리하는 것이 좋다.

ⓒ 동물사육장 : 보육시설에서는 실외공간에 새, 토끼, 모르모트, 닭 등 기르기 쉬운 야생동물이나 가축들을 사육하여, 유아들이 동물의 생태를 이해하고 관찰할 수 있도록 해 주는 것이 좋다. 동물사육장은 직사광선과 바람을 막아줄 수 있는 건조한 곳에 설치하여야 하며, 사료를 공급하고 청소하기 편리한 곳에 설치한다.

② 대근육 활동 놀이기구(이동식)

이동식 대 근육놀이기구란 영유아의 대근육 발달을 위한 놀이기구 중 이동 가능하거나 실내용으로 제작한 놀이기구를 의미한다. 가령, 놀이집, 널빤지와 안전사다리, 삼각대, 뜀틀, 평균대, 점핑 바운서, 구르기용 매트, 헌 타이어, 대형 블록종류, 이동식 농구대 등을 말한다.

③ 모래놀이기구

모래놀이는 영유아의 감각 및 정서발달 등을 위해 매우 중요하다. 모래밭과 모래놀이대 등이 모래놀이기구이며, 모래놀이는 물놀이와 인접하여 설치하는 것이 좋다.

모래놀이는 유아들을 몰입하게 한다. 따라서 한여름에는 직사광선 아래에서 장시간 놀게 될 위험이 있으므로 차양을 설치하는 것이 좋으며 모래는 바람에 유실되기 쉬우므로 정기적으로 다시 채워 주어야 한다. 또한 모래 속에 날카로운 물체나 유리조각 등이 없는지 자주 관리할 필요가 있다.

그 외, 물놀이 도구(수영장 포함), 게임놀이, 공놀이, 사회극적 놀이도구(놀이집, 자동차 등 탈것, 소꿉놀이) 등을 권장하고 있다.

표 4-8

놀이터 종류에 따른 놀이기구 설치 기준

구 분		고정식 놀이기구	이동식 놀이기구	모래놀이기구
옥외놀이터		○	△	○
대체 놀이터	실내놀이터	△	○	○
	옥내중간놀이터	△	○	○
	옥상놀이터	×	○	○
	인근놀이터	○	×	○

※ 설치가능(○), 설치불가(×), 여건에 따라 인정(△)

옥외놀이터에 설치하는 놀이시설물은 「품질경영 및 공산품 안전관리법」에 의하여 놀이기구 안전검사를 필한 제품을 사용하여야 한다.

놀이터에 설치하는 놀이시설물은 안전을 고려하여 다음과 같이 설치하여야 한다.

① 놀이시설물은 영유아의 신장 및 체중을 고려하고, 표면도색의 독성여부를 확인하여야 한다.

② 영유아가 추락할 가능성이 있는 놀이시설물 아래와 주변의 공간은 충격을 흡수할 수 있도록 안전장치를 설치하여야 하며, 영유아가 걸려 넘어지거나 부딪칠 수 있는 방해물이 없도록 하여야 한다.

③ 놀이시설물의 어떠한 부분에도 영유아의 살을 베거나 찌를 수 있는 날카로운 부분, 모서리, 뾰족한 부분이 없도록 하여야 한다.

④ 놀이시설물의 돌출부분인 볼트와 너트는 위로 튀어나오지 아니하도록 하여야 하며, 볼트와 너트가 위를 향하고 있는 때는 그 높이가 3.2밀리미터를 넘지 아니하도록 하여야 한다.

⑤ 놀이시설물에 구멍이나 틈이 있는 경우 영유아의 몸이 빠지거나 끼는 사고가 없도록 조치하여야 한다.

⑥ 놀이시설물은 안전하게 설치하여야 하며, 제조업자의 취급설명서에 따라 설치하여야 한다.

3) 「어린이놀이시설 안전관리법」에 의한 설치검사

실외놀이 시설은 「어린이놀이시설 안전관리법」에 의한 설치검사를 받아야 한다. 「어린이놀이시설 안전관리법」이란, 행정안전부장관이 고시하는 어린이 놀이기구의 시설기준 및 기술기준에 따라 놀이기구를 설치하고, 행정안전부장관이 지정하는 안전검사기관(한국생활환경시험연구원)으로부터 놀이기구의 안전 설치검사를 받아야 하는 것을 말한다(2008. 1. 26 시행).

기존시설은 '12. 1. 26까지 설치검사를 받도록 유예기간을 부여하고 있으나, 놀이터를 새로 설치하거나 인가요건이 변경되는 경우, 설치검사를 통과한 시설에 한하여 인가해 준다.

설치검사 결과 놀이기구에 대한 사용 중지 · 개선 또는 철거명령을 받은 경우, 놀이기구 이용을 중지하도록 행정조치하고, 반드시 재설치 기간을 부여한 후 인가한다.

4) 보육시설의 비상재해 대비시설

보육시설은 비상재해 대비시설에 대한 규정을 신설하고 다음과 같이 적용한다.

① 보육시설은 비상재해 및 안전사고에 대비하여 대피시설 및 기타 필요한 장비를 구비하여야 함

② 보육시설이 1층인 경우, 비상시 양방향 대피가 가능하여야 함

③ 보육시설이 2층 이상인 경우, 비상시 각 층별로 양방향 대피가 가능하여야 함

☞ 신규인가 시설 및 비상재해 대비시설을 새로 설치하거나 재설치하는 시설에 적용함
☞ 보육시설 설치 전 상담 시, 동 기준을 충족하는 건축물에 보육시설을 설치하도록 반드시 고지함
☞ '09. 7. 3 이전에 인가받은 보육시설 중 2층 이상에 설치하는 비상재해 대비시설을 설치하지 않았거나, 불량 또는 위험하게 설치한 시설은 '10. 12. 31까지 동 기준에 의하여 설치함

2층 이상의 건물일 경우, 규정에 맞는 비상계단 및 미끄럼대를 설치하고 스프링클러 등 화재에 대비한 시설을 갖추어야 한다.

〈사진〉 미끄럼대 전개 직전 상태 (보육시설 내부)

〈사진〉 미끄럼대 전개 후 상태 (보육시설 외부)

5) 보육시설의 안전점검

시설의 실내 · 외 환경의 안전을 위해 주기적으로 안전점검을 할 필요가 있다.

다음 〈표 4-9〉는 실내 · 외 환경 및 놀잇감과 놀이기구에 대한 안전점검을 위한 체크리스트다.

표 4-9

보육시설 안전점검 체크리스트

부문	점 검 항 목	점검결과	조치사항
총평	★ 오늘, 우리 보육시설은 영유아를 안전하게 보육할 준비가 되었는가? (위험요소가 없고 안전한가?)		
실내 · 외 환경	- 실내 · 외 환경에 전반적으로 위험한 곳은 없는가?		
	- 옥외놀이 공간에 위험한 곳 및 방치된 놀이기구는 없는가?		
	- 출입문은 안전한 상태로 유지되고 있는가?		
	- 바닥에는 미끄러운 곳이 없는가?		
	- 복도, 계단, 비상계단, 미끄럼대 등에 방치된 물건은 없는가?		
	- 모든 보육용품과 비품이 제자리에 있는가?		
	- 보육용품이나 비품 유리창 등에 날카로운 모서리 등이 없는가?		
놀잇감 및 놀이기구	- 망가져 날카롭고 위험한 것은 없는가?		
	- 부품이 빠지거나 작은 볼트 등이 흩어진 것은 없는가?		
	- 놀잇감 및 놀이기구의 수납 상태가 양호한가?		
전기 · 화기 · 위험물 · 차량안전	- 콘센트의 안전덮개로 잘 보호되는가?		
	- 화기에 의한 안전사고 위험은 없는가?		
	- 위험물에 의한 안전사고 위험은 없는가?		
	- 차량 내 소화기 비치여부 및 비치상태가 적합한가?		
	- 차량 내 안전벨트 등 안전장비의 상태는 양호한가?		
	- 차량에 영유아를 보호할 수 있는 사람(보육교사 등)이 탑승하는가?		

보육과정의 계획과 실행

Chapter 05

영유아의 발달과 요구에 맞는 보육 프로그램 개발과 적용은 보육서비스에서 핵심적인 요소다. 본 장에서는 보육 프로그램의 개발과정을 살펴보고, 현재 적용되고 있는 표준보육과정의 영역별 내용구성 및 실제 적용 가능한 프로그램을 연령별로 제시하였다.

1. 보육 프로그램의 개발
2. 표준보육과정
3. 보육과정 운영의 최근 동향
4. 보육 프로그램의 기본내용
5. 보육과정 계획의 실제

1. 보육 프로그램의 개발

영유아보육 프로그램은 영유아의 안전한 보호와 신체적 · 생리적 욕구를 충족시킬 뿐만 아니라 제반 영역의 발달을 증진시키는 것을 주목적으로 하여, 영유아를 가정이 아닌 장소에서 하루 종일 보호해 주고 교육을 제공해 주는 프로그램이다.

보육시설의 기능에 대한 관점이 보호기능에 중점을 두던 종래의 탁아에서 발달의 결정적 시기에 있는 영유아들의 보육과 교육을 소홀히 할 수 없다는 인식이 팽배함에 따라, 보호뿐 아니라 교육의 기능을 한층 강화하는 보육으로 바뀜에 따라서 보육 프로그램 역시 교육활동을 강화한 포괄적인 프로그램으로 계획되어 실행되고 있다. 우리나라 보육 프로그램의 개발 과정 및 현황은 다음 〈표 5-1〉과 같다.

표 5-1 보육 프로그램 개발 현황(1993~2003년)

연도	프로그램명	사업 목적
1993	영유아 보육 프로그램	영유아 보육의 질적 수준 향상을 위하여 보육시설에서의 표준교재 개발
1995	전국규모의 표준보육 프로그램 개발연구	프로그램이 부족한 영아보육시설에 영아보육 프로그램 제공으로 영아보육의 질 향상 도모
	보육시설에서의 표준 급·간식 프로그램	급·간식 프로그램을 개발, 보급하여 영유아의 건강증진 도모
1996	방과 후 아동보육 프로그램 개발	초등학교 방과 후 생활지도를 통해 아동의 건전 성장 도모
	아동안전 보육 프로그램	보육시설 내 아동의 사고예방 및 안전보육 환경 조성
1997	유아보육 프로그램 개발연구	보육시설에서 보육받는 3~5세 유아의 지적·정서적 발달 도모
	어린이집 유아교육 프로그램 개발연구	
1998	영아교육 프로그램 개발	영아반 교육 프로그램의 이론적 기초 확립 및 영아반 환경구성과 교사의 교육활동 내용을 개발
	부모참여 교육 프로그램 개발	부모참여를 통한 보육시설과 가정을 연계한 일관된 보육환경 제공
	장애아 보육 프로그램 개발	장애아 통합보육을 목표로 장애 조기치료 및 예방 등 특수보육 프로그램 개발
1999	영유아용 야간·24시간 보육 프로그램	수요가 증가하고 있는 24시간, 야간보육의 효과성과 보육의 질 제고
	영유아용 창의성 개발 프로그램	전문적이고 심화된 개발 보급으로 영유아의 창의성 개발
	보육시설 유형별 운영·관리 프로그램 개발	시설유형에 따른 표준적인 운영·관리 프로그램 개발로 시설운영의 효율성 도모
	종사자용 보수·승급 교육 프로그램	종사자 교육훈련의 통일성을 기하고 질적 향상 기여
2000	영유아 보건생활 교육 프로그램	영유아기부터 실천할 수 있는 건강생활 습관을 익히도록 프로그램 개발
	영유아 예절 및 전통보육 프로그램	전통보육의 장점을 발굴하여 보육현장에 접목시켜 보육의 질 향상
	지역자원을 활용한 실외활동 프로그램	지역 자원을 활용하여 영유아의 야외학습 활동영역을 넓혀 효과적인 야외활동지도 방법에 기여
2001	특별활동(과학·환경) 프로그램	영유아시절부터 자연환경과 인간의 상호작용, 환경보호의 중요성, 자연 친화적 삶의 방식 등에 대한 교육 및 인식제고 도모
	표준보육과정	보육시설별로 프로그램 운영에 차이를 보이고 있는 등 보육서비스의 체계적인 질 관리가 이루어지지 못하고 있는 실정임을 감안, 보육시설에서 공통적으로 활용할 수 있는 표준보육과정 개발

2. 표준보육과정

1) 표준보육과정의 기본 원리

표준보육과정에서 기본적으로 전제한 영유아에 대한 관점, 영유아와 환경과의 관계, 학습과 발달에 대한 관점 등은 그간에 축적된 과학적 연구와 실증적 자료를 바탕으로 하며 구체적으로 다음과 같다.

(1) 모든 영유아는 어떤 상황이나 환경에서도 자신의 발달과 경험을 스스로 구성해 갈 수 있는 능력이 있다.

(2) 영유아의 발달이나 경험은 사회, 정서, 언어 , 건강, 신체 및 인지적 측면이 서로 상호 연결되어 다차원적으로 관련되며 발달한다. 따라서 한 영역의 발달이나 경험만을 강조해서는 바람직한 성장을 이룰 수 없다.

(3) 영유아는 자신의 학습속도와 기질, 상황, 사전경험, 환경에 따라 개인차를 나타내며 이런 개인차를 고려해 줄 때 자신의 잠재력을 최대한으로 발휘해 나간다.

(4) 영유아 개인의 성장과 경험에 중요한 영향을 미치는 요인들은 보육 환경과 보육교사뿐 아니라 또래, 가족 및 지역사회 구성원이다. 환경은 영유아의 발달에 적합하고 우리나라 사회문화에 적합하며 개별적 흥미가 고려될 때 영유아에게 더 바람직한 영향을 미친다.

(5) 영유아는 자신의 선택에 의해 놀이를 할 때 , 그리고 주변의 환경을 직접 탐색하도록 격려될 때 관련된 지식, 기술 및 태도를 가장 잘 습득할 수 있다. 이 시기의 영유아는 대집단에서 교사주도로 이끌려 가는 수동적 경험보다 자신의 오감각을 사용하여 실생활에서 직접 체험하고 놀이할 때 가장 바람직한 행동변화를 수반한다.

(6) 질적으로 우수한 교사는 자연스런 상황에서 영유아에게 다양한 경험 기회를 제공하고 편안하고 안전하게 보호하면 영유아가 또래나 교구들과의 상호작용을 통해 새로운 지식이나 기술을 습득할 수 있도록 세심한 관찰로 개별적이고 민감한 지원을 한다.

2) 추구하는 인간상

표준보육과정을 통해 궁극적인 목적으로서 추구하는 인간상은 다음과 같다.

(1) 스스로 노력하는 자율적인 인간

미래사회는 세계화, 정보화, 다양화, 첨단시술화가 더 강화될 것이며 이러한 사회에서 유능한 인간으로서 역할을 다하기 위해서는 자율적인 능력을 습득하고 새로운 환경이나 문제를 당면하였을 때 스스로 노력하고자 하는 특성이 있어야 한다. 이는 한 인간의 개별성을 중요시하며 이들이 나타내는 흥미와 관심을 주요하게 여긴다.

(2) 건전한 인성을 가진 창의적 인간

물질문명의 발달로 인해 인간성이 상실되고 이기주의가 만연하기 쉽다. 영유아기는 이후 인간의 기본 자질과 태도 및 품성의 기초를 이루는 중요한 시기다. 자신의 독특한 생각과 탐색을 즐기되 집단 환경이나 타인과의 관계에서 기본예절을 지키며 인간존중을 우선으로 하는 태도를 갖추도록 함은 중요하다. 또한 생명, 인권, 자유와 평등을 존중하고 남과 나누며 사는 태도를 기르도록 한다.

(3) 사회에 기여하는 민주적 인간

인간은 사회적 동물로서 함께 어울려 살아갈 때 사회와 문화는 발전해 나간다. 영유아가 성장하며 사회에 소속되어 적극적 역할을 담당함으로써 사회에 기여할 수 있어야 한다. 이는 자기 자신에 대한 높은 자존감이 있고 타인과 긍정적 관계를 형성할 수 있으며 민주적 의사결정 능력이 있을 때 가능하다.

(4) 자신의 문화를 사랑하되 새로운 가치를 추구하는 인간

21세기의 세계화, 전문화, 개성화를 추구하는 미래사회에서는 새로운 가치를 추구하는 것을 필요로 한다. 심신이 안정되고 자신만의 독특한 생각과 느낌을 즐기는 아동들은 새로운 가치를 추구한다. 사회에서 다른 나라의 문화를 의미 있게 해석하고 즐기기 위해서는 먼저 우리나라 문화에 대한 자긍심과 이해가 바탕이 되어야 할 것이다.

3) 표준보육과정의 목표 및 구성 체계

(1) 총괄적 목표

표준보육과정에서 추구하는 총괄 목표는 다음과 같다.

첫째, 자신을 사랑하고 존중하며, 또래나 가족, 보육교사 등 타인과 긍정적 관계를 맺으며 사회에서 더불어 사는 태도를 기른다.

둘째, 일상생활에 필요한 기초적인 언어 능력을 습득하여 자신의 생각을 언어로 표현하고 타인과의 의사소통 능력을 기른다.

셋째, 자신의 신체에 대한 긍정적 인식과 필요한 기초 체력을 길러 운동능력을 향상한다.

넷째, 친근한 주변과 자연의 예술적 요소를 탐색하고 창의적 표현을 즐기는 경험을 통해 풍부한 감성 및 심미감을 기른다.

다섯째, 주위의 여러 사물과 자연 현상에 대하여 인지적 관심과 호기심을 가지고 탐구하며, 이에 필요한 기초 능력과 태도를 기른다.

여섯째, 보육시설이나 사회에서 안전하고 건강하게 살아가는데 필요한 기본생활 태도를 기른다.

(2) 영역별 내용 구성

표준보육과정 구성의 특징을 간략히 정리하면 다음 〈그림 5-1〉과 같다.

① 표준보육과정은 총 6개영역으로 구성

6 개 영역은 사회관계, 의사소통, 자연탐구 , 예술경험 ,신체운동 및 기본생활 영역이다. 각 영역은 인간의 5개 발달영역인 사회, 언어, 인지, 정서, 신체발달 영역에서 밝히고 있는 연령에 적합한 내용과 그 영역의 영유아가 알아야 할 지식과 기술 및 태도를 포함하여 내용을 구성하였다. 기본생활 영역은 어린이집의 일상생활에서 결정적인 영유아의 건강, 안전, 영양, 및 예절과 질서 등을 내용으로 선정하여 구성하였다.

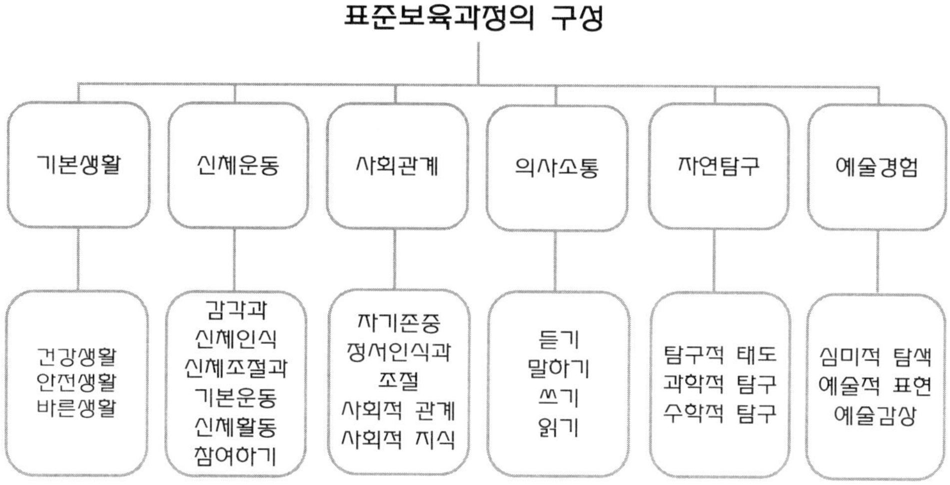

〈그림 5-1〉 **표준보육과정의 구성**

② 각 영역은 연령집단별로 구분

연령집단은 2세 미만 영아, 2세 영아, 3~5세 유아의 세 연령집단으로 구분되어 있다. 각 영역은 연령별로 목표와 내용이 구분되어 기술되어 있다. 따라서 2세 미만부터 5세까지의 보육목표와 내용이 어떻게 계열성 있게 경험되도록 기술되어 있는가를 볼 수 있다. 그러나 연령별로 구분하여 각 영역의 목표와 내용을 보고자 할 경우에는 사회관계의 2세 보육목표와 내용, 의사소통의 2세 보육목표와 내용 등과 같이 각 영역의 연령 부분을 분리하여 재조직할 수 있다.

③ 각 연령집단 내의 보육내용은 1~3수준까지 세분화

수준이란 연령, 발달, 개인차를 포함한 의미다. 표준보육과정의 2세 미만 보육내용은 3수준으로 되어 있고 2세 보육내용은 2수준, 3~5세 보육내용은 3수준으로 되어 있다. 예를 들어, 4세를 담당하고 있는 교사는 3~5세 보육내용의 2수준을 기본으로 하되 개인의 발달적 차이를 고려하여 빠른 유아가 있을 경우에는 3~5세 보육내용의 3수준을 적용할 수 있다. 이처럼 3~5세 보육내용을 다시 연령별로 분류하기보다는 융통적인 사용을 위해 수준별로 분류하였다. 한편 연령별 보육내용을 다시 수준별로 구분하여 보육교사들이 자신이 맡은 연령집단의 보육목표와 내용에 대한 수준을 명확히 알고 쉽게 사용할 수 있도록 하였다.

④ 보육교사를 위한 연령집단별 지침으로 기술

영유아를 위한 연령별 보육목표와 내용뿐만 아니라 교사를 위한 연령집단별 지침이 함께 제시된 것이 표준보육과정의 특징이다. 지침에는 해당 연령에서 교사가 반드시 알아야 하는 영유아의 발달적 지식, 물리적 환경 구성방법, 지도방법, 지도시 유의점 등의 내용이 포함되었다.

⑤ 표준보육과정의 영역별 내용

표준보육과정은 기본생활, 신체운동, 사회관계, 의사소통, 자연탐구, 예술경험의 여섯 영역으로 구성되어 있다. 각 영역은 영유아가 건강하고 안전하며 바르게 생활하는 데 필요한 내용과 신체, 사회, 언어, 인지, 정서 등 전인적 발달을 위해서 갖추어야 할 지식과 기술 및 태도를 포함하고 있다.

표 5-2 기본생활 영역의 성격과 내용구성

기본생활	
성격	기본생활 영역은 '건강한 생활', '안전한 생활', '바른생활'의 세 가지 내용범주로 구성된다. '건강한 생활'에서는 건강 · 영양 · 위생적인 생활을 강조하며, 영유아가 신체의 청결과 위생, 수면과 휴식, 바른 식생활 등 의식주에 대한 올바른 습관을 기르도록 하여 발달을 촉진하고 심신을 건강하게 한다. '안전한 생활'에서는 안전사고 예방 · 대처 능력의 향상을 강조하며, 영유아가 안전하게 놀이하는 방법과 위험한 상황을 알고, 위험한 상황에 처하게 되었을 때 침착하고 적절하게 대처하며, 자신의 안전뿐만 아니라 타인의 안전을 배려하며 안전생활을 습관화하도록 한다. '바른생활'에서는 예절 · 질서 · 절약을 강조하며, 영유아가 공동생활과 인간관계의 기본이 되는 예절과 질서를 알고 지키며 습관화하고, 일상생활 속에서 절약을 실천하여 즐겁고 원만한 사회생활을 영위할 수 있도록 한다.
목표	건강, 안전, 바른생활에 관한 지식 · 기술 · 태도를 배우고 익히며 올바른 습관을 길러, 자신의 건강과 안전을 자기 스스로 보호하고 타인을 존중하며 즐겁게 생활한다. 가) 청결과 위생, 수면과 휴식, 바른 식생활, 의생활 및 심신의 건강을 바탕으로 발달을 촉진한다. 나) 위험 요인과 상황에 대해 알고 안전하게 대처하는 능력을 길러서 자신과 타인을 보호한다. 다) 일상 속에서 예의바르고 질서를 잘 지키며 절약하는 행동을 습관화하여 즐겁게 생활한다.
내용구성	기본생활 영역은 일생의 기초이며 사회생활의 기본이 되는 건강, 영양, 안전에 관한 지식과 기술을 습득하고 바르게 생활하는 태도를 기르는 내용으로 구성한다.

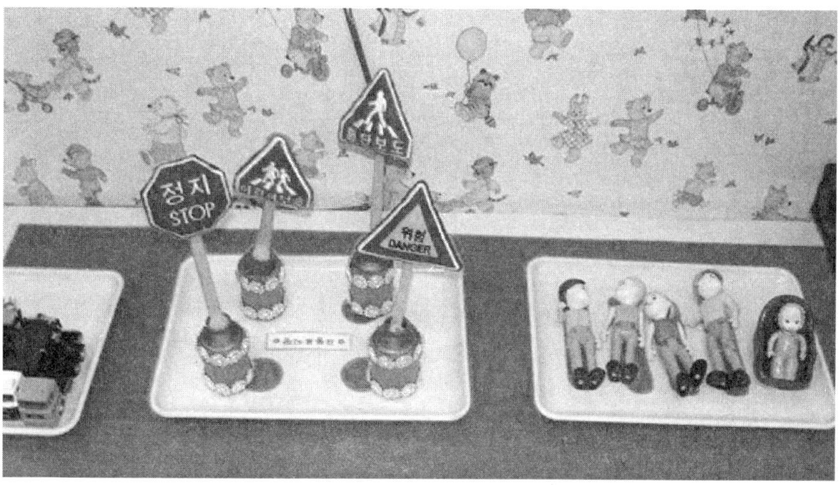

표 5-3 신체운동 영역의 성격과 내용구성

신체운동	
성격	신체운동 영역은 '감각과 신체 인식', '신체조절과 기본운동', '신체활동 참여'의 세 가지 내용범주로 구성된다. '감각과 신체 인식'에서는 영유아가 감각능력을 기르고 감각기관을 활용하며 자신의 신체를 긍정적으로 인식하도록 한다. '신체조절과 기본운동'에서는 영유아가 협응력과 신체조절 능력을 기르고 신체균형감을 익히며 이동, 비이동, 조작 운동 등의 기본운동 능력을 습득하여, 자신의 신체를 유연하고 활발하게 움직이는 의지와 능력을 키우도록 한다. '신체활동 참여'에서는 영유아가 신체활동을 할 때 적극적으로 참여하고, 다양한 기구를 활용하여 안전하고 즐겁게 신체활동을 하는 경험을 통해서 기초 체력을 형성하고 생활하면서 규칙적으로 운동할 수 있도록 한다.
목표	자신의 신체를 긍정적으로 인식하고 즐겁게 신체활동에 참여함으로써 영유아기에 필요한 기본운동 능력을 기른다. 가) 기본적 감각능력을 키우고, 자신의 신체를 긍정적으로 인식한다. 나) 신체를 조절하고 기본운동 능력을 기른다. 다) 신체활동에 즐겁게 참여한다.
내용구성	다양한 신체활동을 통하여 자신의 신체에 대해 긍정적으로 인식하고, 일상생활에 필요한 기본운동 능력을 기르며, 신체활동에 즐겁게 참여하는 내용으로 구성한다.

표 5-4 사회관계 영역의 성격과 내용구성

사회관계	
성격	사회관계 영역은 '자기존중', '정서인식과 조절', '사회적 관계', '사회적 지식'의 네 가지 내용범주로 구성된다. '자기존중'에서는 영유아가 자신의 독특한 자아에 대해 인식하고, 자신감과 독립심을 기르도록 한다. '정서인식과 조절'에서는 영유아가 자신과 다른 사람의 다양한 정서를 인식하고, 자신의 정서를 조절하고 표현할 수 있도록 한다. '사회적 관계'에서는 영유아가 가족, 또래와 지역사회의 구성원으로서 관련된 다른 사람들과의 관계를 이해하고, 그들과 더불어 조화롭게 기능하며 살아가는 능력을 기르도록 한다. '사회적 지식'에서는 영유아가 지역사회, 우리나라, 세계의 구성원으로서 필요한 자질을 갖추고 능력을 함양하며, 자신과 관계된 여러 사회현상에 관심을 가지고 이해하도록 한다.
목표	자신에 대해 존중감을 키우고, 자신과 다른 사람의 정서를 인식하고, 이를 사회적 관계에서 적절히 조절하여 활용할 수 있도록 하며, 가족, 또래, 지역사회와 긍정적인 관계를 형성하고, 유능한 사회 구성원으로 기능하게 하기 위하여 필요한 사회적 지식을 획득하도록 한다. 가) 자신의 독특한 자아에 대해 인식하고 자신감과 독립심을 기른다.

사회관계	
	나) 자신과 다른 사람의 정서를 이해하고 표현하며, 자신의 정서를 조절하고 활용한다. 다) 다른 사람과의 관계를 이해하고 더불어 살아가는 능력을 기른다. 라) 자신을 둘러싼 사회 현상에 관심을 가지고 이해한다.
내용구성	자신을 존중하고, 가족과 또래 및 지역사회와 긍정적인 사회관계를 형성하며, 유능한 사회 구성원이 되기 위해 필요한 사회적 지식과 태도를 기르는 내용으로 구성한다.

표 5-5 의사소통 영역의 성격과 내용구성

의사소통	
성격	의사소통 영역은 '듣기', '말하기', '읽기', '쓰기'의 네 가지 내용범주로 구성된다. '듣기'에서는 영유아가 주변의 소리에 관심을 가지고 구분하여 들을 수 있는 기회와 환경을 제공하고, 일상 대화나 동요・동시・동화 등을 잘 듣고 이해할 수 있도록 한다. '말하기'에서는 영유아가 언어적・비언어적 의사소통을 할 수 있는 기회와 환경을 제공하고, 바른 태도와 정확한 발음으로 자신의 생각이나 경험을 대상과 상황에 맞게 표현할 수 있도록 한다. '읽기'에서는 영유아가 주변의 글자나 그림책에 흥미를 가지고 이해하는 능력을 길러 읽기에 흥미를 느낄 수 있도록 한다. '쓰기'에서는 영유아가 소근육을 사용하여 긁적거리기를 해 보며 글자의 느낌을 경험하고, 쓰기 도구와 매체를 사용하여 자신의 느낌, 생각, 경험을 쓰기로 표현하는 것에 흥미를 가지고 참여할 수 있도록 한다.
목표	듣고 말하는 것을 즐기며 상황에 맞는 언어를 익혀 바른 언어생활을 하도록 하고 일상생활에 필요한 의사소통 능력과 기초적인 문해 능력을 기른다. 가) 다른 사람의 이야기를 주의 깊게 듣는 태도와 이해력을 기른다. 나) 바르게 말하는 태도와 정확한 발음으로 자신의 느낌, 생각, 경험을 말로 표현하는 능력을 기른다. 다) 주위의 사람들과 대화하고 여럿이 함께 토론하며 서로의 의견을 나누는 경험을 하게 한다. 라) 글과 글자에 친숙해지는 경험을 쌓아 읽기와 쓰기에 흥미를 가지게 한다.
내용구성	듣고 말하는 것을 즐기고, 상황에 맞는 의사소통 능력과 기초적인 읽고 쓰는 능력을 익히는 데 필요한 올바른 언어생활 태도와 능력을 기르는 내용으로 구성한다.

표 5-6 자연탐구 영역의 성격과 내용구성

자연탐구	
성격	자연탐구 영역은 '탐구적 태도', '수학적 탐구', '과학적 탐구'의 세 가지 내용범주로 구성된다. '탐구적 태도'에서는 영유아가 주변의 사물과 자연현상에 대하여 관심을 가지고 보고 듣고 느끼고 궁금해하며, 끊임없이 알아가고자 하는 태도를 갖게 하고 이에 필요한 기초기술을 습득하도록 한다. '수학적 탐구'에서는 영유아가 일상생활에서 수량과 공간을 인식하고 비교하며 규칙성을 인식하는 등 구체적인 경험과 조작활동으로 수학의 기초능력을 기르도록 한다. '과학적 탐구'에서는 영유아가 주변의 사물, 생명체, 자연현상에 대하여 관심을 가지고 능동적이고 적극적으로 탐색하는 과정에서 과학적 기초지식을 습득하도록 한다.
목표	주변의 사물과 자연현상을 지각하고 호기심을 가지며, 지속적으로 탐구하는 태도를 가지며 문제해결을 위한 기초능력을 기르고, 자연을 사랑하는 마음을 가진다. 가) 주변사물과 자연환경에 대해 지속적으로 호기심을 가지고 탐구하는 태도를 가진다. 나) 일상생활의 여러 상황과 문제를 수학적으로 이해하고 해결하기 위하여 기초능력을 기른다. 다) 주변사물과 자연현상에 대한 기초 지식을 쌓고 자연을 사랑하는 마음을 가진다.
내용구성	다양한 감각을 이용하여 주변 사물과 환경을 지각하고 탐색하며, 이러한 과정에서 발생하는 의문점을 해결하는 데 필요한 수학적 · 과학적 기초 능력을 기르는 내용으로 구성한다.

표 5-7 예술경험 영역의 성격과 내용구성

예술경험	
성격	예술경험 영역은 '심미적 탐색', '예술적 표현', '예술 감상'의 세 가지 내용범주로 구성된다. '심미적 탐색'에서는 영유아가 주변의 친근한 자연이나 생활환경에서 음악적 · 동작적 · 가작적 · 미술적 요소에 관련된 현상이나 사물을 흥미롭게 보며 집중하여 탐색하도록 한다. '예술적 표현'에서는 영유아가 음악 · 움직임 · 모방 · 미술 경험을 마음껏 시도하고 표현하며 자유롭게 즐기도록 한다. '예술 감상'에서는 친근한 소리나 노래, 아름다운 사물이나 환경, 춤 · 극놀이 · 미술작품을 즐기며 생활에서 예술에 대해 지속적으로 흥미를 가지도록 한다.
목표	주변의 친근한 환경과 생활에서 예술적 요소에 관심을 보이고 흥미로운 경험을 하고 즐김으로써 창의성과 감성을 기른다. 가) 주변 생활에서 발견한 단순한 예술적 요소에서부터 점차 다양한 요소까지 아름다움에 관심을 보이고 탐색한다. 나) 자신의 생각과 느낌을 음악, 움직임과 춤, 극놀이, 미술활동으로 표현하는 것을

예술경험	
	즐기며 점차 다양하고 창의적으로 표현한다. 다) 생활에서 자연, 사물, 예술 작품들을 보고 즐긴다.
내용구성	사물이나 소리・자연・예술 작품의 아름다움에 관심을 가지고 탐색하며, 생각이나 느낌을 음악・동작・극・미술로 표현하고, 표현된 것들을 보고 즐김으로써 풍부한 감성 및 창의성을 기르는 내용으로 구성한다.

3. 보육과정 운영의 최근 동향

오늘날 유아교육에 있어서 보육과정의 운영 및 교수–학습 방법은 다음과 같은 동향을 나타내고 있다.

1) 주제중심 통합교육

유아가 스스로 자연스럽게 학습할 때는 자신의 현재 흥미에 기초하여 무의식적으로 모든 교과 영역을 통합하게 된다. 그러므로 교사가 교육과정을 계획할 때 의식적으로 이러한 유아의 학습 패턴에 맞추어 주제를 중심으로 여러 교과와 생활영역이 연결되어질 수 있도록 주제를 정하여 그와 관련된 활동을 계획하여 통합교육이 이루어지도록 운영하는 주제중심 통합교육 접근이 추천되어지고 있다. 즉 언어, 수학, 사회, 과학, 미술 등 여러 교과 및 생활 영역의 주제를 중심으로 통합하여 교육과정을 구성하여 운영함으로써 주제를 중심으로 연결된 지식을 갖게 되고 통합적 사고를 할 수 있는 능력을 갖게 되므로 주제중심의 통합적인 보육과정 구성이 강조된다(Kard & Chard, 1989).

이와 같이 주제를 중심으로 교과를 통합하여 활동을 계획하면 교과별로 분리하여 학습이 이루어질 때보다 자연스러운 학습이 이루어질 수 있고 유아가 보다 능동적으로 학습하게 된다. 아울러 유아의 반응에 따라 교육 내용 및 활동 방법을 융통성 있게 조절할 수 있다.

통합적 보육과정의 실천 상황을 보면 유아들이 주제 관련 자료에 깊이 몰두하고 또래 친구와 상호작용하기 때문에 비형식적으로 운영되는 것처럼 보인다. 그러나 주제중심 통합적 접근 프로그램을 운영하기 위해 교사가 계속적인 관찰을 통해 유아의 흥미와 요구가 무엇인지를 파악하고, 지적으로 가치 있는 주제 활동을 고안해야 하며, 풍부한 교수 매체(교재, 교구, 인적 자원)와 전반적 학습 환경에 대해 계획 · 준비하여 프로그램을 운영하여야 한다(Cruikshank, 1992). 이에 더하여 교사의 역할에 유아의 학습 속도조정 안내 및 학습 활동의 적절한 종료점 결정이 포함된다.

선정한 주제에 대하여 개념과 아이디어 전개망 구성, 활동망 구성, 주간 계획 및 일일 계획 구성, 환경 구성, 활동 운영 및 평가의 순환적 과정을 통하여 보육과정이 운영된다. 아울러 전과정에서 모든 교과 영역, 발달 및 생활 영역이 포함되어지면서 각각의 영역에서의 특수성이 무시되지 않도록 유의하여 주제중심 통합교육이 이루어진다.

2) 프로젝트 접근

통합교육의 모델의 하나로 들 수 있는 것이 Katz와 Chard(1989)가 제안한 프로젝트 접근법(project approach)이다. 프로젝트 접근법은 Dewey와 열린교육(open education)에서 아이디어가 생성된 것이다.

유아교육기관에서 프로젝트는 한 주제를 며칠에서 몇 주에 이르는 기간 동안 탐색하는 것을 포함한다. 유아는 처음 계획에서부터 참여하게 된다. 프로젝트는 한 유아에 의해 수행되어질 수도 있고 소집단 또는 전체 학급이 수행할 수도 있다. 프로젝트의 주제는 보통 유아에게 친근한 세계에서 설정된다.

교사는 주제를 선정하여 주제중심 통합활동을 전개하면서 유아가 좀더 알아보고 싶어 하는 것을 프로젝트로 정하여 조사, 실험, 관찰을 통하여 발견하고 정리하도록 돕는다. 교육과정의 계획 · 운영은 유아의 현재 전개하고 있는 프로젝트 중심으로 하며, 활동망 구성시 여러 관계 영역이 통합되어지도록 다양한 영역에서의 활동 가능성에 유의하여 진행을 돕는다.

유아들의 자연스러운 학습은 놀이를 통해서만 이루어지는 것이 아니다. 유아가 알아야 하는 지식 · 태도 · 기술은 자연스럽게 관찰 · 탐구할 수 있고 유아가 관심있는 것들에 대한 지적 활동에 몰두할 수 있는 프로젝트 전개 기회와 체계적이고 합리적인 교육에 의해 효율적으로 개발될 수 있다. 관찰 · 탐구 과정이나 프로젝트 전개 활동시 교사가 유아의 활동 수준과 근접발달지대에 적절한 비계설정으로 활동을 확장하거나 보다 아이디어를 가지고 활동을 전개할 수 있도록 지원하는 것으로 유아의 학습이 자연스럽게 이루어지므로, 최근 유아교육 교수-학습 방법으로 프로제트 접근법과 활동 과정에서의 비계설정이 많이 추진 · 실천되고 있다.

3) 발현적 보육과정의 운영

통합적 교육과정 운영이 유아교육에서 크게 가치 있는 교수-학습 원리로서 채택되는 것과 마찬가지로 발현적 교육과정(emergent curriculum) 운영 역시 그러하다. 발현적 교육과정 운영은 매일의 일과에서 발생하는 아이디어와 흥미에 강조를 두어 계획하는 교육과정 운영을 의미한다. 유아는 자신이 관계, 의미, 흥미를 발견한 상황 속에서 가장 잘 학습하기 때문에, 교사는 미리 정해진 교육과정의 틀은 종합적 아이디어로 사용하고 일상생활에서 발생하는 발생적 교육과정의 운영도 고려하여야 한다(Hirsch, 1987; Bennett, 1988).

4) 발달에 적절한 보육과정 운영(DAP)

최근 발달에 적절한 실천이 가능하도록 교육과정을 구성하여 교수-학습 활동을 운영하는 것에 역점이 주어지고 있다. 발달에 적절한 실천이란 연령에 따라 유아가 어떻게 발달하고 학습하는가에 대한 연구 결과가 반영되어지는 실천을 의미한다. 또한 같은 연령 내에서도 유아의 발달 단계, 개별적 요구와 흥미, 특정 지역사회의 상황에 적절하도록 활동이 계획 · 실천되고 상호작용이 이루어지는 것을 의미한다.

발달에 적절한 지도의 실천은 두 가지 측면에서 이루어져야 한다. 하나는 연령별 적절성이고 다른 하나는 개인별 적절성이다. 우선, 교실에 유아 연령 범위에 적절한 활동과 자료를 포함함으로써 환경 구성 및 활동이 연령에 적절해야 한다. 표준보육과정에 제시된 수준별 목표와 내용이 이를 위한 길잡이가 될 수 있다. 유아는 수준에 적절하고 필요한 목표를 가르치는 활동에 참여할 수 있어야 한다. 활동 영역의 학습 과제는 교육과정의 개념과 기술 학습을 조성하는 과제가 포함되어야 할 것이다.

둘째, 환경 구성 및 활동이 개별 유아의 요구를 맞출 수 있도록 개별 유아에게 적절해야 한다. 교실 구성원의 연령이 혼합 연령으로 구성되어 있을 수도 있고, 혼합 연령으로 구성되어 있지 않더라도 다양한 발달 단계에 있는 유아들로 구성되어 있을 수 있다. 연령이 같더라도 각자 경험의 범위와 교육적 지지가 다른 가정에서 온 유아들로 구성되어 있을 것이다. 그러므로 유아의 성숙도, 경험, 사전 지식, 학습 능력을 고려하여야 한다. 복합 연령으로 학급을 구성하든, 단일 연령으로 구성하든 유아의 배경을 고려하여 다양한 수준의 활동을 제공함으로써 모든 유아가 성공적으로 활동을 수행할 수 있도록 한다. 발달에 적절한 교육이 실천되기 위해서는 교사는 모든 유아가 항상 동시에 같은 것을 하는 것을 기대하지 않고 활동 선택의 기회를 제공해야 한다. 뿐만 아니라 교사가 개별 유아의 신호에 기초하여 비지시적, 중재적, 지시적 교수 행동 유형을 적용하여 상호작용함으로써 유아의 개별 차이에 부합된 교육이 이루어질 수 있다(Bredekamp & Rosegrant, 1992).

발달에 적절한 교육이 실천되는 유아교육기관의 환경은 유아가 능동적으로 탐색하고 구체적, 조작적 경험을 할 수 있도록 환경을 구성해야 한다. 이렇게 구성된 실내와 실외 환경에서 다양한 놀이를 통한 학습이 인정되며 원하는 활동을 선택할 수 있을 때 발달에 적절한 교육이 실천될 수 있다(Hart, Burts, & Charlesworth, 1997).

5) 학습에서의 사회적 상호작용의 필요성 강조

최근 또래와 성인과의 사회적 상호작용이 학습에 필수적인 요소이며 사회적 상호작용은 유아들이 협력하여 학습하는 기회와 사회적 행동 학습 기회를 제공한다는 점에서 강조되고 있다. 특히 Vygotsky의 연구들(Vygotsky, 1962, 1976, 1978)이 알려지면서 사회적 상호작용이 생각을 매개하는 도구이며 비계설정(scaffoding) 등의 사회적 상호작용으로 발전된 인지발달을 이룰 수 있도록 안내할 수 있다는 생각들이 제시되었다(Slavin, 1983).

즉, 교사와 능력 있는 또래 친구와의 상호작용이 유아의 근접발달지대에 적절할 때 유아의 발달 및 학습에 도움이 된다는 것이다. 교사와 유아 간에 긍정적이고, 지원적이며, 개별적인 상호작용이 이루어질 때 유아의 최적의 발달이 가능하다고 연구 결과들은 보고하고 있으며(NAEYC, 1984), 교사와 유아의 상호작용의 양과 형태가 유아교육기관의 질을 판단하는 중요한 요인 중의 하나로 제시되고 있다.

6) 과정과 기술, 정서 및 태도의 발달 중시

기존의 보육과정이 인지적 발달에 많은 중점을 두고 강조를 했다면, 오늘날은 지식과 이해의 발달뿐만 아니라 기술의 발달도 강조하며 지식과 기술을 실제 적용해 보는 기회를 가지게 하는 것을 중요시한다. 정서적 영역은 학습 전반에 영향을 줄 뿐 아니라 유아들의 긍정적인 태도에도 영향을 준다. 유아가 학습에 대한 긍정적 느낌과 태도를 가지게 되도록 학습 과정을 고려하는 것이 매우 중요한 요소로 간주되고 있다. 따라서 단순히 의미 없이 반복 연습을 시키기보다는 즐거움과 만족감을 가지고 학습이 이루어지도록 고려한다.

7) 수행평가의 강조

평가방법에서 교육과정에 대한 최근 관점에 부응하고 유아의 학습을 보다 명확히 반영하는 수행평가가 강조되고 있다. 유아의 활동 관찰기록, 작품 또는 활동 과정을 담은 포트폴리오 등을 통해 유아의 영역별 수행 정도의 평가를 하고, 평가 결과를 교육과정 구성 및 운영에 반영함으로써 보다 발달에 적절하고, 유아의 흥미를 고려한 교육이 이루어질 수 있기 때문이다.

이렇게 발달에 적절한 교육과정의 운영을 실천한다면 모든 유아가 동시에 같은 활동을 하도록 기대하지 않을 것이며, 같은 활동을 하더라도 똑같은 결과를 기대하지 않을 것이다.

평가방법의 변화는 학습과정의 변화를 낳게 되고, 더불어 보육과정의 편성과 운영에도 영향을 주게 된다.

4. 보육 프로그램의 기본내용

우리나라 보육시설의 보육과정은 「영유아보육법」 제18조와 동법 시행규칙 관련 별표 9에 제시되어 있는데, 이것이 보육 프로그램의 기본내용이 된다. 기본내용의 방향을 제시하는 보육의 기본 원칙은 다음과 같다.

표 5-8 보육의 기본 원칙

보육 프로그램의 기본 원칙	
교육	- 영유아의 신체적, 사회적, 지적 및 언어적 발달에 기여할 수 있는 경험 제공 및 자아 존중감 발달
영양	- 충분하고 균형 있는 영양공급 및 바른 식습관 지도
건강	- 영유아의 신체적 · 정서적 건강을 위한 예방적 서비스 제공
안전	- 영유아 스스로가 자신의 안전을 보호할 수 있는 능력과 기술을 가지도록 지도
부모에 대한 서비스	- 부모참여, 부모교육, 보육과정의 관찰 등을 통하여 보육의 효과 제공
지역사회와의 교류	- 지역사회 인사의 보육활동에의 참여, 지역사회의 보육시설 활용, 보육시설의 지역사회 시설의 활용 등을 통하여 효율적인 보육 프로그램의 운영

1) 영아를 위한 보육 프로그램

(1) 영아를 위한 보육계획 수립 원칙

① 영아를 위한 보육을 계획할 때는 영아의 하루생활을 우선적으로 고려해야 한다. 영아의 하루생활은 충분히 먹고, 편히 쉬고, 즐거운 놀이를 할 수 있어야 한다. 이러한 배려를 하면서 교육활동을 개입시키려면 영아의 심신이 피로하지 않을 정도의 약간의 부분이 되어야 한다.

② 영아의 보육활동을 계획할 때는 각 영아의 개인적인 발달차를 고려하는 개별적인 접근이 되어야 한다. 특정 연령집단의 영아들에게서는 발달의 공통적인 경향도 나타나기는 하지만, 0~2세 영아의 발달수준은 월령에 따라 개인차가 클 수 있는 만큼 각 영아의 발달단계에 따라 다른 보육활동을 계획해야 한다.

③ 영아에 대한 보육목표는 때와 장소에 관계없이 영아와 교사가 생활해 나가는 과정 중에서 달성될 수 있는 만큼 보육목표를 달성해 가는 방법은 비형식적인 교육방법을 많이 취해야 한다. 즉, 교사는 일상적으로 영아와 상호작용하는 과정에서 각 영아의 요구와 발달수준에 맞는 활동을 제시하고 반복하여 숙달시키도록 도와야만 한다.

(2) 일과 운영의 원리

보육시설의 일과는 장시간(하루 10~12시간)에 걸쳐서 진행되기 때문에 일과활동은 무엇보다도 영아의 신체적 · 심리적 상태를 고려하여 무리 없이 구성되어야 한다. 특히, 영아(만0~2세)에 대한 접근은 개별적인 접근 위주로 이루어져야 한다.

2) 영아의 연령에 따른 일과구성

영아의 연령에 따라 일과를 구성할 때 주의해야 할 원칙은 다음과 같다(보건복지부, 1995).

(1) 6~11개월

① 이 시기에는 빠른 속도로 성장을 하기 때문에 균형 있는 영양공급이 매우 중요하다. 따라서 이유식과 우유를 먹이는 횟수에 내용물을 충실히 제공하되, 각 영아의 생리적인 요구에 따라 융통성 있게 계획한다.

② 교사는 부모와 영아의 대소변에 관하여 이야기를 나누어 부모와 같은 방법으로 기저귀를 갈아 주며, 특히 위생에 유의한다.

③ 잠자는 것도 영아의 월령에 따라 차이가 있기 때문에 영아 각자의 요구에 따라 충분한 휴식을 취하도록 한다.

④ 식사 전후와 실외놀이 이후에는 반드시 손과 얼굴을 씻어 주어야 하며, 더울 때는 되도록 자주 씻어 준다.

⑤ 온도의 변화를 주어 더위와 추위에 대한 저항력을 길러 준다. 바람이 없는 날 창문을 열어 신선한 공기를 마시게 하거나 하루에 20분 정도에서 차츰 시간을 늘려 바깥 공기를 쐬게 한다. 이러한 활동에 익숙해지게 한 후 일광욕을 시킨다.

⑥ 이 시기는 감각을 통하여 많은 것을 학습하는 시기인 만큼 시각, 청각, 촉각 등의 감각 발달을 시킬 수 있는 자극을 충분히 주어야 한다. 이를 위해 다양한 물건을 실제로 보고, 듣고, 만져 볼 수 있는 다양한 놀이를 계획한다.

⑦ 이 시기의 영아들은 빠른 속도의 신체발달을 보이므로 다양한 대근육운동과 소근육운동을 촉진시킬 수 있는 활동을 제공한다.

⑧ 모든 활동은 개별적으로 이루어져야 하며, 영아의 의사표현을 받아 주어 언어발달과 안정된 인간관계의 기초를 길러 줄 수 있는 활동을 계획한다.

(2) 만 1세(12~23개월)

12~23개월 영아들은 팔 · 다리를 자유롭게 움직이고 몸의 움직임도 다양해지는 등

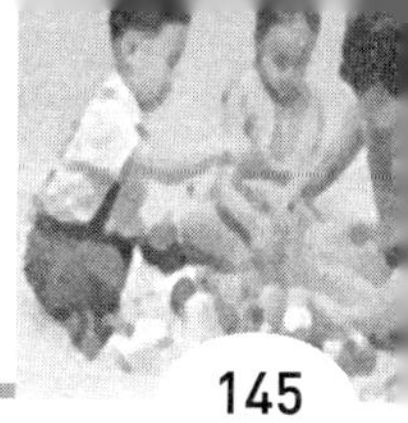

이전보다 행동의 범위가 넓어지고, 주변사물에 대해 호기심을 갖는 등 많은 능력의 발달을 보인다. 그러므로 이 시기의 영아들에게는 실제로 듣고, 냄새 맡고, 만지고, 맛볼 수 있도록 탐색의 기회를 주며 대 · 소근육 발달을 위한 놀이 활동을 제공해 주어야 한다. 이 시기의 영아들은 신체를 자기 마음대로 움직일 수 있게 되면서 자신감이 생기고 점차 독립심이 길러지기 때문에 식사, 수면, 배설, 옷 벗기와 청결과 같은 기본생활습관을 서툴더라도 혼자 스스로 할 수 있도록 도와 주어야 한다.

만 1세 영아들을 위한 일과 계획시 고려해야 할 구체적인 사항들은 다음과 같다.

① 생후 1년이 지나면서 대다수의 영아가 서고 걷게 되므로 아기 체조를 시켜 주거나 끌고 다니는 놀잇감, 계단식 놀이기구, 적목 등을 실내 · 실외놀이 시간에 제공해 준다.

② 이유식에서 유아식으로 바뀌는 시기이므로 식사를 충분히 못할 수 있다. 그러므로 점심 전후 오전 10시, 오후 3시 정도에 우유 및 간식을 준다.

③ 대소변 훈련은 생후 20개월경부터 시작할 수 있으므로 부모와 의논하여 일과 속에 일관성 있게 반영하여 훈련시킨다.

④ 건강하고 규칙적인 수면습관을 갖게 하기 위하여 일정한 시간 동안 충분한 휴식을 취하도록 한다.

⑤ 청결습관을 길러 주기 위해 식사 전후와 실외놀이 이후에 더럽혀진 얼굴과 손을 스스로 씻도록 한다.

⑥ 만 1세 정도의 영아들은 스스로 신발과 옷을 벗게 하고 실내 · 실외놀이 후 사용한 놀잇감을 치우게 한다.

⑦ 추위에 대한 저항력, 주변 환경에 대한 흥미, 대근육 발달을 돕기 위해 하루 30~40분 정도 실외놀이를 제공한다.

⑧ 만 1세경에는 호기심의 증가와 더불어 기억력이 증가하므로 창의적인 만들기, 퍼즐 끼우기 등과 같은 활동을 실외놀이 시간에 제공한다.

⑨ 언어를 습득하는 시기이므로 활동 중에 가능한 한 말을 많이 하도록 계획한다.

⑩ 이 시기의 영아들은 집단 활동을 위한 준비가 아직 미숙하므로 대부분의 활동을 개별적으로 진행해야 한다.

(3) 만 2세(24~35개월)

생후 2년 이후부터는 영아 스스로가 건강을 지키는 생활이 조금씩 가능해지며, 호기심을 가지고 주위를 관찰하며, 주의 집중하여 활동에 몰두하고 모르는 것을 질문도 할 줄 알게 된다. 교사나 또래와 어울리면서 사회성의 기틀이 마련되고, 지금까지 몸짓이나 표정으로 의사를 표현하던 것에서 언어를 통해 타인과 관계를 맺을 수 있게 발전한다.

만 2세 영아들을 위한 일과 계획 시 고려해야 할 구체적인 사항들은 다음과 같다.

① 영아 프로그램은 일상적 생활, 일과관리를 위한 시간, 자유선택 놀이시간, 정리정돈, 간식시간, 낮잠, 짧은 집단 활동시간, 실외놀이 등의 일과가 조직되어야 한다.

② 영아에게 선택의 자유를 주고 개인적 움직임이 가능하도록 시간대와 활동구성이 이루어져야 한다. 영아가 원하지 않는 활동에 강제로 참여하도록 하지 않으며, 다양한 활동에 참여할 수 있는 기회를 준다.

③ 영아의 신체적 요구에 따라 일과순서를 유동성 있게 구성하도록 한다. 고정된 낮잠시간이 영아의 신체적 리듬과 맞지 않는 경우가 있으므로 활동유형에 따른 활동시간대를 구분해 두되 영아마다 융통성을 부여한다.

④ 한 영역에서 다른 영역으로의 전이는 개별적 요구를 따른다. 즉, 놀이활동에서 화장실 가기와 간식 먹기, 점심 후 화장실 가고 낮잠 자기, 실내놀이에서 실외놀이, 자유선택활동에서 특별활동이나 화장실 가기, 낮잠 자기에서 자유선택활동 등은 항상 개별적인 제안을 따른다. 특정영역을 떠나거나 들어갈 때 교사의 개별적 관심을 받으며, 도움을 얻기 위해 1~2분 이상 기다리는 일이 없도록 한다.

⑤ 일과순서는 영아의 경향성을 고려해서 효과적인 순서를 계획한다. 오전 창의력이 높을 때 미술활동, 간식 후 약간의 휴식을 취한 후 실외놀이, 낮잠 전후 책 읽어주기 등을 계획하는 것이 그 예다.

⑥ 영아를 위한 프로그램 일과도 활동적 시간과 조용한 시간, 구조적 활동과 비구조적 활동, 함께 모이는 시간과 개별적 시간이 조화를 이루어야 한다.

3) 영아를 위한 일과활동

(1) 등 원

영아가 등원을 하면 부모와의 상세한 대화를 통하여 전날 밤 가정에서 어떻게 지냈는지 알아보고, 영아보육에 필요한 정보를 교환한다. 교사는 영아를 반갑게 맞이하여 어머니와 편안한 분위기에서 헤어질 수 있도록 돕고, 아침잠이 부족한 영아는 계속 잠을 잘 수 있도록 배려한다.

(2) 수유와 이유(식사와 간식)

식사와 간식 시간이 영양 면에서 뿐만 아니라 심리적인 면에서도 즐겁고 편안한 시간이 되도록 배려해야 한다. 식사와 간식을 통해 영아는 균형적인 영양을 섭취할 수 있을 뿐만 아니라 친구들과 즐거운 경험을 나누고, 음식과 식사에 대해 긍정적이고 바른 태도를 습득할 수 있다. 점심과 간식의 내용이나 양, 횟수 등은 영아의 연령과 총 수탁시간을 고려하여 적절히 조절해야 하는데, 영아의 개인적인 수유 스케줄을 고려하여 융통성 있게 제공한다. 수유 시에는 성인과 영아 간의 상호작용이 충분히 이루어질 수 있도록 개별적인 활동으로 진행한다.

(3) 수면시간

영아는 수면이 하루생활 중 많은 부분을 차지하므로 수면시간도 하나의 활동으로 세밀하게 계획되어야 한다. 영아들이 편안함과 안정감을 느낄 수 있도록 하며, 자기 전에 수유와 이유, 식사 등을 하고 기저귀를 갈아 주어 수면 도중에 깨어나는 일이 없도록 한다. 자주 조금씩 자는 습관보다 한 번에 2시간 정도 푹 자는 습관을 들이고, 먼저 깨어나는 영아들이 계속 자는 영아들을 방해하지 않도록 조용한 활동을 제공한다. 각 영아의 잠들기 전의 습관이나 잠들 때까지의 시간, 총 수면시간, 잠버릇, 잠깬 후의 습관 등을 파악하여 안정된 수면을 취하도록 도와 준다. 영아가 잠에서 깨면 기저귀를 점검한 후 갈아 주고 수유한다.

(4) 배 변

영아의 배변은 대 · 소변 훈련 전까지는 거의 개인 시간표에 따라 이루어진다. 교사는 수시로 기저귀를 점검하고 갈아 주어야 한다. 특히 수유와 이유 직후, 수면 전에는 기저귀를 갈아 주어야 한다. 기저귀는 각 집에서 가져온 개인 소지품으로 하고, 각 영아의 기저귀가 섞이지 않게 한다. 기저귀 가는 시간은 교사와 영아 모두에게 즐거운 시간이 되도록 한다. 기저귀를 갈면서 영아의 눈을 마주 보고 이야기를 걸고, 노래도 들려주며, 놀이도 하면서 즐거운 분위기를 유지한다. 배변훈련은 영아가 충분한 준비가 되었을 때 시작하되, 부모와 보조를 맞추어 진행한다. 배변훈련 중인 영아에게는 교사의 특별한 주의가 필요하다. 가정에서 부모가 지나치게 강압적으로 배변훈련을 하지 않도록 협조를 구한다. 식사나 낮잠 후, 놀이할 때 영아의 주의를 환기시켜 줌으로써 대 · 소변 가리기를 효과적으로 도와줄 수 있다.

(5) 자유선택활동

교실공간을 여러 가지 흥미영역으로 구성하여 다양한 자료와 활동을 경험해 보게 한다. 활동영역별로 주제와 연결시켜 개별적 활동을 계획하여 준비하고, 이러한 활동 중에서 영아가 흥미 있는 활동을 선택하여 놀이할 수 있도록 도와 준다. 교사는 다양한 활동과 자료를 준비해 주고, 영아의 활동을 관찰하고 도와 주는 촉진자 역할을 해야 한다.

영아를 위한 흥미영역으로는 기저귀 갈이 영역, 수유영역, 대근육 활동영역, 블록영역, 도서영역, 조작놀이영역, 음률활동영역, 미술활동영역, 소꿉놀이영역, 물 · 모래놀이영역을 들 수 있다.

(6) 집단 활동

영아기는 또래와의 상호작용이 원활하게 이루어지지 않는 시기인 만큼 집단 활동은 일과 중 많은 비중을 차지하지 않는다. 그러나 비슷한 발달단계에 있는 2~3명의 영아가 함께 놀게 할 수도 있으며, 음악이나 특별한 도구를 사용하여 그 학급의 모든 영아가 영향을 받는 활동을 진행할 수도 있다.

〈사진〉 **개별활동영역**

5. 보육과정 계획의 실제

교사가 학습 활동을 계획할 때에는 어떤 종류의 활동이 어느 활동 시간대에, 어느 영역에서, 어떻게 이루어질 것인가를 생각해야 한다. 어떤 종류의 활동을 제공할 것인가 하는 문제는 유아를 위한 교육 목표가 무엇인가와 연결된다. 교육 목표가 결정되면 교사는 교육 목표와 일치하는 학습 경험과 활동을 계획하게 된다.

1) 교육 목표 세우기

교육 목표는 교사의 유아교육 철학, 유아의 연령, 유아의 학습 정도, 유아교육기관이 있는 지역사회 여건 등에 의해 영향을 받는다. 유아의 학습이 수동적 과정이라는 견해를 가진 교사는 유아의 학습이 능동적 과정이라는 견해를 가진 교사와는 다른 목표를 세울 것이다. 학습이 수동적으로 일어나기를 고려할 때는 유아가 움직이지 않고 앉아 있는 것을 학습하고, 조용히 하고, 교사에게 주목하도록 돕는 것이 목표에 포함될 것이다. 반대로 학습이 능동적 과정이라고 볼 때, 목표에는 유아가 상호작용하고, 서로 이야기하고, 누구 또는 무엇에 자신의 주의를 집중할 것인가를 학습하도록 돕는 것이 포함될 것이다.

유아교육기관의 목표가 읽고 쓰는 능력을 길러 주는 것이라고 생각하는 교사와 다양한 기술의 발달을 도와 주는 것이라고 생각하는 교사가 계획하는 학습 경험과 활동은 다를 것이다. 목표가 다양할수록 계획은 복잡해진다.

지역사회에 따라 유아가 학습하기를 기대하는 점이 다르다. 또 지역사회마다 그 특정한 사회 범위보다 더 큰 사회에 적응할 수 있도록 도와 주는 것이 목표이나, 유아를 위한 교사는 유아가 직접 접하는 사회를 인식할 필요가 있고 교수 목표도 이에 따라 조절해야 한다.

교사의 철학, 학교교육의 목적, 유아의 연령, 지역사회 여건 등의 요인을 고려한 후에 교사는 유아를 위한 특정한 목표를 설정해야만 한다. 목표를 범주로 분류하는 것도 도움이 된다. 목표 범주로는 수학, 언어, 미적 감상 및 표현, 대 · 소근육 운동 기술, 친구와의 관계, 성인과의 관계, 과학, 사회, 작업 기술 등을 포함할 수 있다. 각 범주별로 특별한 목표를 나열한다. 그러나 교실의 모든 유아가 모든 목표를 달성하지는 않을 것이다. 교사는 개별 유아와 관련지어 유아의 발달 단계를 고려하여 목표를 조절하고 수정하여야 한다. 유아의 발달단계 자체가 무엇을 가르쳐야만 하는가를 말해 주지는 않으나 어떤 사실을 언제, 그리고 어떻게 가르칠 것인가 하는 것에 대한 결정의 지침이 된다.

목표의 상세화가 고도로 미리 예정된 학습 상황으로 이끌어지는 것을 의미하지는 않는다. 교사는 유아가 학습하기를 원하는 것에 대한 명확한 사고를 할 필요는 있으나 사고의 명확성이 각각의 목표를 유아가 특정한 고정된 방법으로 습득하도록 지시하는 것을 의미하지는 않는다. 목표의 상세화는 유아가 동시에 여러 목표를 달성할 수 있는 경험을 갖도록 돕기 위한 것이다.

현재 여성가족부에서 개발한 표준보육과정은 국가적 목표 및 일반적인 보육의 목적과 목표가 제시되어 있다. 이러한 보육의 기본 목표는 각 보육시설의 여건에 맞게 조정되어 적용되어야 할 것이다.

2) 학습 경험과 활동의 계획

학습 경험과 활동에 대한 일반적 계획은 연간 또는 월별로 계획되어져야 한다. 그리고 세부적 계획과 수정안이 주별, 일별, 시간대별로 필요에 따라 만들어져야 한다.

유아를 위한 학습 경험과 활동은 주제중심 통합교육 접근 방법에 의해 이루어진다. 주제중심 통합교육 접근 방법에 의해 학습 경험과 활동을 계획할 경우 주제 전개에 의해 학습 내용 및 학습 활동이 계획된다. 또한 주제가 다루어지는 시기 및 그 시기의 유아의 발달 수준에 따라 확정되는 학습 내용 및 학습 활동에 차이가 난다. 표준보육과정은 발달수준별로 보육내용의 범주를 구분하였다. 만 1세 미만의 경우, 3수준, 만 2세는 2수준, 그리고 3~5세는 3수준으로 영역별 활동을 연령별로 구분하여 제시하고 있다.

그러므로 유아를 위한 교사는 연초에 담당 유아들의 연령 및 배경을 고려하여 그 유아들이 관심을 많이 가지거나 다루어 주면 바람직한 주제들을 선정하고 선정한 주제들에 대한 주제 전개의 얼개를 작성해 둔다. 실제 주제를 다루는 시기에 주제에 대한 흥미의 계기와 발달 수준을 고려하여 활동 및 수준을 확정하여 주제 전개가 이루어진다.

(1) 주제의 전개

주제 전개란 유아가 흥미를 가지는 주제들을 파악한 후 그 주제에 내포된 소주제를 파악하고 소주제에 내포된 개념 및 아이디어 또는 내용을 교과, 발달 및 생활 영역을 중심으로 전개하고, 내용을 다루는 활동을 전개하는 것이다. 주제 전개를 통해 여러 교과와 생활 영역이 통합적으로 다루어졌는지, 사회관계, 의사소통, 자연탐구 , 예술경험 ,신체운동 및 기본생활 영역이 고루 다루어졌는지 살펴야 한다. 각 활동들이 5개 발달영역인 사회, 언어, 인지, 정서, 신체발달 영역이 총체적이고 통합적으로 골고루 다루어졌는지를 파악하여 유아들에게 의미 있고 풍부한 경험을 제공해야 한다.

주제를 전개할 때는 표준보육과정 지도 자료집 등 참고 자료에서 주제에 포함될 내용이나 활동의 예를 참조할 수 있다. 주제 전개 시 고려할 것은 유아의 연령과 발달 수준, 경험적 배경, 지역사회 특성, 주제 다루는 시기 등에 따라 구체적으로 내용의 범위, 선정될 활동, 활동의 수준이 다르게 전개되고 계획되어져야 한다는 것이다. 구체적으로 주제 전개 과정을 제시하면 다음과 같다.

(2) 주제의 선정

연간 진행될 주제를 선정할 때에는 다음과 같이 유아의 흥미, 생활과의 관련성, 지역사회의 문화와 가치관, 유아의 학습 가능성, 유아의 발달 등을 고려하여 선정한다(이영자, 1994). 이와 같은 사항을 고려하여 주제를 선정할 경우 활동 진행과정에서 유아의 프로젝트 활동으로 연결될 가능성이 높다.

① 유아의 흥미에 적절한 주제를 선정하라.

유아에게 적절한 주제를 선정하려면 유아가 흥미와 관심을 표현한 주제를 선정한다. 그러나 유아가 관심을 표현할 때까지 기다리지 않더라도 교사가 견학, 자원인사의 초청, 활동실(보육실) 환경 변화(예 : 실물 전시, 그림 게시, 책 전시) 또는 비디오 테이프, 필름 스트립, 슬라이드의 제시나 그림책 읽고 들려주기 등으로 유아의 흥미를 자극할 수도 있다. 유아가 주어진 자극에 의해 관심을 보이면 주제로 선정하여 활동을 좀더 발전시켜 제시할 수 있다.

② 유아의 생활과 관련된 주제를 선정하라.

유아의 생활에 관련된 주제를 선정하려면 유아들이 직접 경험하는 것들이어야 한다. 예를 들어, 농촌에 사는 아이들에게는 백화점이라는 주제보다는 시장이라는 주제가 더욱 적합할 것이고, 박물관(예 : 민속박물관)에 대한 주제를 다루려면 근처에 박물관이 있어서 경험을 할 수 있을 때에 가능하다.

③ 지역사회의 문화와 가치관이 반영된 주제를 선정하라.

이러한 주제는 교사가 지역사회의 특성을 파악하고 그 지역의 문화와 가치관을 긍정적으로 받아들이고 발전시키려는 태도가 형성되었을 때에 한하여 전개가 가능하다. 그러므로 교사는 먼저 유아가 사는 지역사회의 특성을 파악하고 자신의 가치관을 정립할 필요가 있다.

④ 다양한 영역에 대한 깊이 있는 학습이 가능한 주제를 선정하라.

주제가 잘 선정되면 주제 관련 활동을 하면서 기술의 발달이 눈에 띄게 나타나게 된다. 주제를 잘 선택했을 때 수학, 언어, 과학, 사회 등의 개념과 기술을 학습할 수 있는 기회를 제공하기가 쉽고, 유아가 정보 수집에 능동적으로 참여하여 지식을 구성할 수 있게 된다.

⑤ 보육시설에서 학습 내용으로 정할 가치가 있는 주제를 선정하라.

보육시설에서 특별히 다루지 않아도 모든 가정이나 종교 단체를 통해 학습이 이루어질 수 있는 주제의 경우에는 (예 : 석가탄신일, 부활절) 가능하다면 주제 선정에서 제외하고, 주제로 선정하더라도 다루는 기간을 짧게 한다.

⑥ 지식, 기술 태도의 발달에 도움이 되는 주제를 선정하라.

교사는 주제가 유아의 주변 세계 이해에 도움이 되는가를 고려하여야 한다. 아울러 주제 활동이 지식, 기술, 태도의 발달을 증진시킬 수 있느냐도 고려하여 주제를 선정한다.

(3) 개념 또는 주요 아이디어의 전개

주제 선정 원리에 의해 주제가 선정되면 주제에 내포된 개념 또는 주요 아이디어에 대한 전개가 요구된다. 주요 아이디어를 전개하는 것은 주제 내에서 다룰 수 있는 각 세부 생활영역(사회관계, 의사소통, 자연탐구, 예술경험, 신체운동 및 기본생활 영역)의 세분적인 아이디어의 분류를 명확하게 해 주기 때문이다.

(4) 생활영역 내용 파악 및 흥미영역별 활동 선정

개념(아이디어)이 전개되면 다루어지는 개념이 내포하고 있는 생활영역별 내용을 파악해야 한다. 다루는 내용이 특정 생활영역에 제한되는 경우도 있으나 대부분 개념들은 모든 생활영역을 포함하고 있다.

내용과 활동을 선정할 때는 개괄적으로 틀을 구성하고, 좀 더 구체적으로 아동들의 연령이나 발달수준에 맞게 주제에 대한 개념과 구체적인 내용을 나열해 보고, 실천가능한 내용과 활동을 선정한다. 이때, 제반 활동영역에서의 활동들이 상호 연계를 가지고 통합적으로 다루어지고 있는지 확인한다.

또한, 주제의 개념이 다루어지면서 여러 활동들을 통해 내용 영역들간에 통합이 이루어졌는지도 확인해야 한다. 즉 언어, 과학, 미술, 음악, 동작 등의 모든 교과영역이 통합적으로 적용되었는지, 그리고 각 교과영역의 하위요소들(예; 의사소통의 읽기 · 쓰기 · 말하기 · 듣기, 예술경험의 예술적 표현, 예술 감상, 심미적 탐색 내용영역의 통합)이 통합적으로 다루어졌는지 확인해야 한다.

3) 연간, 월간, 주간 보육계획의 수립

연간교육을 수립하기 위해서는 여성가족부에서 고시한 표준보육과정과 시 · 도에서 배부한 보육과정 내용을 완전히 습득해야 한다. 이를 위해 정례적인 교사회의 시간뿐만 아니라 주말의 연구시간을 통해 충분히 숙지한 후 연간계획, 월간계획, 주간계획을 수립해야 한다.

표준보육과정에는 보육시설의 유아들을 어떤 인간으로 길러야 하는지에 대한 목적과 목표가 분명히 제시되어 있으므로 그러한 장기적인 목표를 이루기 위해 유아들에게 제공될 학습경험과 활동에 대한 계획을 세울 수 있다. 학습경험과 활동에 대한 일반적인 계획은 연간교육계획과 월간교육계획, 주간교육계획, 일일교육계획으로 나누어 수립하게 된다.

연간교육계획, 월간교육계획, 주간교육계획은 주로 새 학년도 입학 전 2월 중에 수립하게 된다. 3월에 새 학기가 시작되면 보육시설에서 교사가 모두 모여 연구해야 할 시간이 더 적게 되므로 2월 중이 이러한 계획수립에 가장 적합한 시기라고 볼 수 있다.

이러한 교육계획 수립을 위해서는 먼저 전체 교사가 모여 현행 표준보육과정에 대한 이해를 해야 하며, 다음으로 연령별 주임교사회의(만 5세반, 만 4세반, 만 3세반, 영아반)를 소집하여 연령에 따른 연, 월, 주간교육계획에 포함될 단원과 주제를 차별화한다. 즉, 연령에 따라 다루어야 할 내용과 수준, 견학을 포함한 교육행사 등을 단계화한다. 그 후 연령별 담당교사들끼리 모여 현행 표준보육과정과 연간 교육행사, 기존에 실시했던 연, 월, 주간, 일일교육계획 등을 고려하여 연구 · 토의시간을 가진 후 새 학년도 보육과정의 연간, 월간, 주간교육의 단원과 주제를 결정한다.

(1) 연간계획

연간계획에서는 전반적인 학사 및 특별 견학 계획이 이루어지며 전반적으로 다루어질 수 있는 주제의 제시 및 주제 전개의 전체적이고 개략적인 틀을 작성한다. 이때, 학교나 기관의 특성이 반영되어야 하고, 당해 연도의 특성이나 특징적 활동이 반영되어야 한다.

연간교육계획안과 월간교육계획안은 일일교육계획 수립에 항상 참고할 수 있도록 일일교육계획을 매일 기록하는 수첩에 부착, 사용하는 것이 좋다. 주간교육계획안은 어린이집과 학부모와의 교육적 연계를 위하여 매주 가정통신문을 보낼 때 함께 보내면 효과적이다.

(2) 월간계획

월간계획에서는 유아의 생일, 공휴일, 견학 계획 등과 같은 것이 구체적으로 짜여질 수 있다. 또한 계절적인 특별활동을 계획할 수 있다(씨앗 뿌리기, 수확활동, 단풍잎 모으기, 썰매타기 등).

월간계획의 목적은 자세하고 구체적인 내용을 알기 위한 것이 아니라 주간계획을 할 때 교사가 중요한 활동이나 행사 등을 상기하기 위한 것이다. 가령, 그 달에 견학이 있는 경우, 교사가 차량 확보 및 장소 섭외 등 미리 계획을 세워야 하고, 부모들에게도 미리 알려야 하기 때문이다. 월간계획은 늦어도 해당 달이 되기 전 2주 정도 전에는 세워야 한다.

(3) 주간계획

주간계획에는 특정한 주에 있을 모든 활동들이 구체적으로 계획되어야 한다. 주제중심의 통합적 프로그램을 시행하는 경우, 주간계획은 일과시간표에 기초하여 작성되므로 주간계획은 일과활동을 계획하는데 구체적인 참고자료가 된다.

주간계획을 할 때는 반드시 전 교직원이 함께 계획에 참여해야 하며, 보조교사나, 지원자의 임무 등도 계획에 포함되어야 한다.

(4) 일일계획

일일계획은 주간계획을 기초로 구체적인 활동 순서를 정하고 상세하게 작성하는데, 대체로 하루 전날 계획한다. 일일계획은 유아의 연령과 프로그램 유형에 따라 다르게 작성된다.

일일활동 시간의 순서를 결정할 때는 다음과 같은 사항을 고려해야 한다.

① 활동의 성격이 동적인 활동과 정적인 활동이 교차되고, 참여방법이 서로 다른 활동이 교차되도록 한다.

② 여러 가지 유형의 상호작용(대집단, 소집단, 교사-유아, 유아-유아)의 기회가 제공되도록 계획한다.

③ 실내활동, 실외활동, 견학 장소 등 다양한 환경에서 활동할 수 있는 기회를 제공한다.

④ 계획→ 활동→ 평가의 순서대로 활동시간이 짜여져 있어서 유아가 자율적으로 탐색활동을 통해 하루일과를 설계하고, 수행하고 그리고 하루활동을 평가해 볼 수 있는 기회를 제공한다.

⑤ 학급의 인원수, 연령, 사용할 수 있는 공간, 보조교사의 유무 등을 고려하여 작성한다.

보육과정을 어떻게 편성하고 운영하느냐는 교사의 역량이 가장 크게 작용하는 부분이다. 창의적인 교사가 창의적인 아이들을 길러낼 수 있는 것은 당연한 일이다. 그러나 유아교육에서 중요한 점은 창의적이고 민첩한 교사뿐 아니라 성실한 교사다. 성실함과 창의성을 함께 가지기는 어려운 일이겠지만, 늘 즉흥적이고 일관성 없는 교사보다는 덜 창의적이지만 꾸준하고 성실한 교사가 더 바람직한 교사라고 믿는다.

활동을 미리 계획하고, 충실하게 계획에 따르는 교사는 성실한 교사라고 할 수 있다. 머릿속에 다양한 아이디어가 있지만, 정작 게으름으로 실행하지 않거나 기분 내키는 대로 일관성 없이 보육과정을 운영한다면 교사의 창의성은 오히려 역작용을 할 수 있다.

또한, 교사들은 유아교육의 새로운 동향이나 학문적 조류에도 민감해야 할 것이다. 근자에 유아교육평가의 움직임과 함께 유아보육과정의 운영이나 계획이 평가에 근거해 변화되어 가고 있는 조짐이다. 유아들의 수행평가를 위해서는 엄청난 시간과 공간이 필요하다. 특히, 수행평가를 위한 작업들은 교사들의 부지런함이 강조되는 부분이라 하겠다. 무조건적으로 유아들의 모든 자료들을 모으는 것으로 수행평가의 준비가 될 수 없으며 보육과정과 평가에 대한 철저한 계획과 노력이 필요하다.

나아가서, 교사들은 넓은 안목으로 유아교육의 흐름을 주시하고, 나름대로 유아교육에 대한 철학이 필요할 것이다. 이러한 교사의 철학이야말로 "유행"이나 "한때의 조류"로서 보육과정을 실행하는 것이 아닌, 보다 성숙한 보육과정을 계획하고 운영하는 것이라고 생각된다.

(5) 보육과정 계획의 실제

다음은 연령별 보육과정 계획의 실제 예시를 제시한 것이다.

1세 연간보육과정 (예시)

월 / 주제	소 주 제	행사
3월 1주 ~ 3월 4주 어린이집 적응하기 I	어린이집에 왔어요.(I) 엄마와 기분 좋게 헤어져요.(I) 어린이집에 왔어요.(II) 엄마와 기분 좋게 헤어져요.(II)	신체검사 학부모 면담
4월 1주 ~ 4월 4주 어린이집 적응하기 II	우리 반에 무엇이 있을까?(I) 우리 반에 무엇이 있을까?(II) 어린이집에 무엇이 있을까?(I) 어린이집에 무엇이 있을까?(II)	부모 간담회
5월 1주 ~ 5월 5주 놀잇감	어떤 놀잇감이 있을까?(I) 어떤 놀잇감이 있을까?(II) 놀잇감은 재미있어요.(I) 놀잇감은 재미있어요.(II) 배변의사를 표현해요.(배변훈련 I)	어린이날 행사 가족 축제
6월 1주 ~ 6월 4주 동 물	동물과 친해져요.(I) 동물 흉내를 내보아요.(I) 동물과 친해져요.(II) 동물 흉내를 내보아요.(II)	신체검사
7월 1주 ~ 8월 2주 더워요	만져 보아요. 눈으로 보아요/들어 보아요. 더워요.(느껴 보아요 I) 물놀이는 재미있어요.(I) 물놀이는 재미있어요.(II) 혼자할 수 있어요.(배변훈련 II)	물놀이
8월 3주 ~ 9월 2주 자동차놀이	자동차 놀이를 해요.(I) 여러 가지 탈것이 있어요.(I) 자동차 놀이를 해요.(II) 여러 가지 탈것이 있어요.(II)	
9월 3주 ~ 10월 2주 나	내 이름을 말해 보아요.(I) 내 얼굴을 살펴보아요. 내 이름을 말해 보아요.(II) 내 몸을 움직여 보아요.	신체검사
10월 3주 ~ 10월 5주 엄마 · 아빠	엄마 · 아빠 사랑해요. 엄마 · 아빠 흉내를 내요.(I) 엄마 · 아빠 흉내를 내요.(II)	부모 워크숍
11월 1주 ~ 11월 4주 친구	우리 반 친구예요.(I) 친구와 함께 해봐요.(I) 우리 반 친구예요.(II) 친구와 함께 해봐요.(II)	
12월 1주 ~ 1월 2주 추워요	추워요.(I) 산타 할아버지가 오신대요. 추워요.(II) 냄새를 맡아 보아요/맛을 보아요. 눈이 왔어요. 느껴 보아요.(느껴 보아요 II)	신체검사 크리스마스 행사 부모 면담
1월 3주 ~ 2월 4주 이만큼 자랐어요	혼자 할 수 있어요.(I) 형님 반이 되었어요.(I) 혼자 할 수 있어요.(II) 형님 반이 되었어요.(II) 나는 자랐어요.(I) 나는 자랐어요.(II)	부모 오리엔테이션

1세 월간보육계획안(예시)

소주제 : 동 물　　　　　　　　　　　　　실시 기간 : 6월 1주 ~ 6월 4주

다루어질 내용 : 동물의 소리와 생김새에 관심을 갖고 탐색해 본다.

소주제		6/1주 동물과 친해져요 I	6/2주 동물과 친해져요 II	6/3주 동물 흉내를 내보아요 I	6/4주 동물 흉내를 내보아요 II
등원 및 맞이하기		동물 퍼펫으로 인사하기		친구와 반갑게 인사하기	
실내자유놀이	언어 영역	동물 퍼펫놀이 그림책 보고 동물이름 말하기	동물 그림 지시하는 곳 찾아가기 (식당, 화장실)	동물 모빌 보면서 이야기하기 동물 소리 듣고 따라 하기 동물 까꿍놀이	동물 막대인형으로 말하기 '좋아요, 싫어요' 라고 표현해 보기 전화로 이야기하기
	창의 영역	밀가루 반죽에 동물 모양 찍기 마라카스 흔들기	동물 모양 종 이에 긁적이기 프리모 동물 농장 꾸미기	돼지코 만들기 「작은 동물원」 들 으며 동물 흉내 내기 동물 모형옷 입고 춤추기	동물 인형 유모차 에 태워 주기 동물 모자 쓰고 흉내내기 신문지 마음대로 찢기
	탐색 영역	어항 보기 동물 인형 찾아 보기 동물 모양 촉감 발판	1조각 동물 퍼 즐 맞추기 동물과 비슷한 촉감 느끼기	동물꼬리 만져 보기 동물 촉감 카펫 느끼기	동물 까꿍 퍼즐 뽕뽕이 탐색하기 (뽕뽕이 속 놀잇감 찾기)
	신체 영역	젖소타기 동물 먹이 주기 (모형동물)	「아기 코끼리 걸음마」들으며 움직이기 말타기 엉금엉금 기기	오리처럼 앉아서 걸어 보기 경사 스펀지 블록 오르 내리기	동물 신발 신고 걸어 보기 바퀴 달린 동물 끌 고 다니기 블록 넘어 뛰기
실외자유놀이		토끼 먹이 주기　깡충깡충 뛰기　동물 인형 목욕시키기 금붕어 먹이 주기　모래에 그림 그리기　동물 스펀지 물짜기			
점심 및 낮잠		숟가락, 포크 사용하여 음식 먹기　자신의 베게, 이불 찾아 누워 보기 백조의 호수 중 「정경」			
기본생활습관		바르게 앉아서 먹기　놀잇감 던지지 않기 벗은 양말 자기장에 넣기　동물 괴롭히지 않기			

※ 출처 : 「삼성어린이집 영아보육프로그램 1세」, 삼성복지재단, 2003년, 다음세대.

2세 연간보육계획안(예시)

월 / 주제	소 주 제	행사
3월 1주 ~ 3월 4주 어린이집 적응하기 I	어린이집에 왔어요. 엄마와 헤어질 수 있어요. 내 물건을 찾을 수 있어요. 어린이집에는 재미있는 곳이 많아요. 놀잇감이 재미있어요.	부모 개별 면담
4월 1주 ~ 4월 4주 나	내 몸을 살펴보아요. 느껴 보아요. 내 몸을 움직여 보아요. 내가 좋아하는 물건이 있어요.	건강검진
5월 1주 ~ 5월 5주 가족	엄마 · 아빠가 좋아요. 엄마 · 아빠를 흉내내요.(II) 엄마 · 아빠를 흉내내요.(I) 할아버지 · 할머니가 계세요.	어린이날 행사
6월 1주 ~ 7월 1주 동물	여러 가지 동물이 있어요. 엄마동물 · 아기동물이 있어요. 동물처럼 소리를 내 보아요. 동물처럼 움직여 보아요. 동물을 사랑해요.	부모 간담회
7월 2주 ~ 8월 4주 더워요	더워요. 물놀이가 재미있어요.(I) 씻기놀이를 해요. 물놀이가 재미있어요.(II) 여름 벌레는 무엇이 있을까? 여행 가는 놀이를 해요.(I) 여행 가는 놀이를 해요.(II)	
8월 5주 ~ 9월 4주 탈것	자동차 놀이를 해요.(I) 여러 가지 탈것 놀이를 해요.(I) 자동차 놀이를 해요.(II) 여러 가지 탈것 놀이를 해요.(II)	가을 소풍
10월 1주 ~ 10월 5주 음식	즐거운 추석이에요. 내가 좋아하는 음식이 있어요. 여러 가지 과일과 열매가 있어요.(I) 여러 가지 과일과 열매가 있어요.(II) 골고루 먹어요.	가족 잔치
11월 1주 ~ 11월 4주 친구	내 친구가 좋아요. 친구와 함께 해 봐요. 친구와 나는 다른 점이 있어요. 친구와 사이좋게 지내요.	
12월 1주 ~ 12월 4주 추워요	옷차림이 달라요. 산타 할아버지가 오신대요. 추워요. 추울 때 하는 놀이가 있어요.	산타 행사
1월 1주 ~ 1월 5주 우리 동네	새해가 되었어요. 우리를 도와 주는 사람이 있어요. 흉내내기는 재미있어요. 우리 동네에는 무엇이 있을까? 병원에 가보았어요.	신체검사 부모 면담
2월 1주 ~ 2월 4주 형 · 언니가 되어요	많이 자랐어요. 도와줄 수 있어요. 혼자서도 잘해요. 형 · 언니반이 되었어요.	신입 및 재원아 부모 O/T

※ 출처 : 「삼성어린이집 영아보육프로그램 2세」, 삼성복지재단, 2003년, 다음세대.

2세 주간보육계획안(예시)

소주제 : 물놀이가 재미있어요Ⅱ　　　　　실시 기간 : 8월 2주
다루어질 내용 : 실내・외에서 할 수 있는 다양한 물놀이를 경험해 본다.

소주제		월	화	수	목	금	토
등원 및 맞이하기		감기로 인해 불편한 곳이 있는지 살피기					
실내자유놀이	그리기・만들기영역	페트병 분수 꾸미기 물고기 모빌 만들기					
	소꿉 영역	주스가게 놀이					
	책보기 영역	손가락 그림자놀이 그림책「야, 웅덩이다」,「재미있게 놀아요」					
	탐색・조작 영역	면도크림으로 촉감 느끼기 요술병					
	쌓기・대근육 음률영역	마주 앉아 공굴리기 동작활동「통통통」					
전이활동		낮은 평균대 걸어 보기 노래「고기잡이」					
실외자유놀이		젖은 모래・마른 모래　물레방아 물놀이　페트병 분수놀이 풀 안에서 비닐 그림책 보기　바닷속 터널 통과하기					
점심 및 낮잠		물 컵 두 손으로 잡고 먹기　조용히 누워 자장가 듣기					
기본생활습관		양치할 때 구석구석 닦기					

※ 출처 :「삼성어린이집 영아보육프로그램 3세」, 삼성복지재단, 2003년, 다음세대.

3세 연간보육계획안(예시)

월 / 주제	소 주 제	행사 및 현장학습
3월 1주 ~ 4월 2주 어린이집 생활	나는 ○○반이에요. 나도 할 수 있어요. 어린이집은 재미있어요.(I · II) 약속을 지켜 안전하게 놀아요.(I · II)	신입원아 OT 신입 · 재원 분반활동 자체 소방훈련
4월 3주 ~ 4월 4주 봄	꽃들이 아름다워요. 봄에 볼 수 있어요.	꽃길 산책 봄소풍 119초청 소방훈련 건강검진
5월 1주 ~ 6월 1주 나 · 가족 · 친구	어린이날 나는 가족을 사랑해요. 내가 좋아하는 것이 있어요. 친구가 좋아하는 것을 (I · II · III) 알아보아요.	어린이날 행사 가족축제 자체 소방훈련
6월 2주 ~ 6월 4주 동물 I	내가 좋아하는 동물이 있어요. 움직임과 소리가 달라요.(I · II)	공원산책 동물농장견학 게잡이 · 다슬기 줍기 자체 소방훈련 엄마와 함께 놀이해요 (어머니 참여 수업)
7월 1주 ~ 7월 4주 건강한 생활	즐겁게 혼자 해요.(I · II) 우리가 먹는 음식이에요.(I · II)	인형극 관람 수족관 견학 자체 소방훈련
8월 1주 ~ 8월 4주 여름	물놀이(I · II · III · IV)	물놀이 자체 소방훈련
8월 5주 ~ 9월 3주 동물 II	동물을 사랑해요. 동물원에는 여러 동물이 있어요. 사는 곳이 달라요.(I · II)	동물원 견학 자체 소방훈련
9월 4주 ~ 10월 4주 우리동네	추석이에요. 가게놀이, 미장원놀이를 해요. 고마운 분들이 있어요. 병원놀이를 해요. 어린이집 동네를 돌아보아요.	민속놀이 또는 운동회 어린이집 동네 돌아보기 안과, 치과검진(병원방문) 자체 소방훈련
11월 1주 ~ 11월 2주 가을	산과 들이 변했어요. 과일과 채소들이 많아요.	가을동산 돌아보기 (산 오르기) 고구마 캐기(밤줍기) 자체 소방훈련
11월 3주 ~ 12월 2주 탈것	여러 가지 탈것이 있어요.(I · II · III) 탈것의 모양을 알아보아요. 지켜야 할 약속이 있어요.	세차장 견학 횡단보도 건너 보기 아빠와 함께 놀이해요 (아빠 참여수업) 소방관 초청 소방훈련
12월 3주 ~ 1월 4주 겨울	추워요. 겨울철 놀이를 즐겨요.(I · II · III · IV) 크리스마스	크리스마스 행사 자체 소방훈련

월 / 주제	소 주 제	행사 및 현장학습
1월 5주 ~ 2월 2주 우리나라	우리나라 음식과 옷이 있어요. 전통놀이는 재미있어요. 설날이에요.	자체 소방훈련
2월 3주 ~ 2월 4주 형 · 언니가 되어요	형, 언니가 되어요.(I · II)	형, 언니반 견학

※ 출처 :「삼성어린이집 유아보육프로그램 3세」, 삼성복지재단, 2003년, 다음세대.

3세 주간보육계획안 (예시)

주제 : 내가 좋아하는 것이 있어요 실시 기간 : 5월 4주

		월	화	수	목	금	토
등원 및 맞이하기		내가 좋아하는 것 가져와서 이야기하기					
실내자유놀이	쌓기놀이영역	놀이동산 만들어 놀기 공룡레고 사람을 만들어 보세요.					
	역할놀이영역	음식점 놀이 생일 잔치 놀이 내가 가져온 물건으로 놀이하기					
	미술영역	조각 코팅지에 내가 좋아하는 것 그리기(유성매직, 네임펜, 수성펜 첨가) 지점토에 손바닥 · 발바닥 찍어 말리기 휴지죽으로 만들기					
	언어영역	그림책 :「사랑에 빠진 개구리」,「빨간 풍선」,「나는야 멋쟁이」 내가 좋아하는 것 이야기해 보기(가져온 물건)					
	탐색 · 조작 영역	촉감 도미노 인체퍼즐 맞추며 몸 관찰하기 얼굴 만들기					
	음률영역	노래「내 손으로 척척」 신체표현 : 움직이는 장난감 리본 춤추기					
대 · 소집단활동		새 노래 :「내 손으로 척척」 동시 :「내가 좋아하는 것」					
실외자유선택활동		발목 잡고 걷기 신체표현 : 선 따라 걷기(지그재그 걷기)					
점심 및 낮잠		윗니, 아랫니 바르게 닦기					
기본생활습관		친구 놀이를 방해하지 않기					
교육활동 참 고		1) 촉감 도미노 : 동그라미 부분에 벨벳천, 거울, 사포, 골판지, 장판조각, 스펀지 등을 한 카드에 다른 재질을 붙여 같은 촉감으로 연결해 가며 길게 또는 네모 모양 등으로 구성해 본다. 2) 내가 좋아하는 것 : 유아가 좋아하는 것들에 대해 이야기 나누고 동시를 만들어 본다.					

※ 출처 :「삼성어린이집 유아보육프로그램 3세」, 삼성복지재단, 2003년, 다음세대.

4세 연간보육계획안(예시)

월 / 주제	소 주 제	행사 및 현장학습
3월 1주 ~ 3월 4주 어린이집과 친구	나는 ○○반이에요. 우리반 친구들은 서로 도와요. 어린이집의 하루는 즐거워요. 약속을 지켜 안전하게 놀아요.	신체검사 소방훈련
4월 1주 ~ 4월 4주 봄	봄의 날씨는 자주 변해요. 싹이 났어요. 꽃이 피었어요. 벌레들이 나와요.	봄동산 나들이 꽃시장 견학 야산·들 견학 봄소풍
5월 1주 ~ 5월 5주 나와 가족	나는 특별해요. 내 몸을 살펴보아요. 나와 가족이 좋아하는 것이 있어요. 우리 가족은 소중해요.(I · II)	어린이날 행사 가족축제 학부모 면담 어린이 과학관 견학 어린이 박물관 견학
6월 1주 ~ 6월 4주 우리 이웃	어린이집 동네와 우리 동네를 알아보아요.(I · II) 우리를 도와 주시는 분들이 있어요. 우리 이웃에는 여러 기관이 있어요.	어린이집 동네 돌아보기 노인회관 방문 병원, 우체국, 은행 등 견학 도서관, 동사무소 등 견학 학부모 개별 면담
7월 1주 ~ 7월 4주 건강한 생활	깨끗하고 건강하게 생활해요. 운동을 하면 건강해져요. 운동 경기는 즐거워요. 골고루 먹어요.	건강검진 농수산물 시장 견학 체육공원(센터) 견학
7월 5주 ~ 8월 4주 여름	여름은 더워요. 물놀이는 즐거워요.(I · II) 건강한 여름을 보내요. 여름 여행을 다녀 왔어요.	수영장 물놀이 수족관 견학 갯벌탐사 생일 축하
8월 5주 ~ 9월 2주 교통기관	자전거 타기는 즐거워요. 여러 가지 탈것이 있어요. 교통안전을 지켜요.	자전거 공원놀이 교통박물관, 철도박물관 견학 교통공원 견학
9월 3주 ~ 10월 1주 동물	내가 좋아하며 사랑하는 동물이 있어요. 동물원에는 여러 동물들이 있어요. 지금 살지 않는 동물이 있어요.	동물병원/애견센터 견학 동물원 견학
10월 2주 ~ 10월 4주 가을	가을의 변화를 느껴 보아요. 추석이에요. 곡식과 열매들이 많아요.	가을 동산 나들이
11월 1주 ~ 11월 4주 우리나라	우리나라를 나타내는 것들이 있어요.(I · II) 우리나라 음식이 있어요. 전통놀이를 즐겨 보아요.	전통놀이 한마당 남산 한옥마을 견학 김치박물관 견학
12월 1주 ~ 12월 2주 세계 여러 나라	세계 여러 나라에 대하여 알아보아요.(I · II)	외국 문화관 견학 세계민속박물관 견학
12월 3주 ~ 1월 1주 겨울	겨울이 왔어요. 불조심해요. 따뜻한 사랑을 주고받아요.	소방서 견학/안전교육
1월 2주 ~ 2월 1주 기계와 정보통신	우리는 여러 기계들을 이용해요. 우리에게 편리함을 주는 기계가 있어요.	가전제품 가게 견학 기계공장 견학

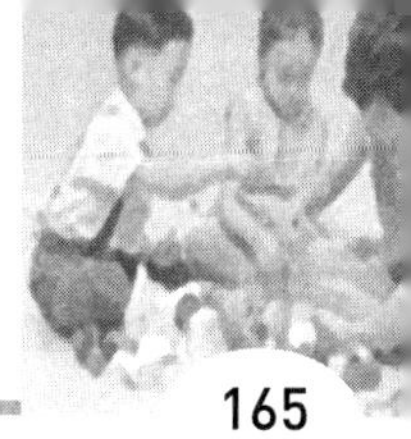

월 / 주제	소 주 제	행사 및 현장학습
	우리에게 즐거움을 주는 기계가 있어요. 컴퓨터에 대해 알아보아요. 전화에 대해 알아보아요.	학부모 집단면담 전화국 견학
2월 2주 ~ 2월 4주 ○○반이 되어요	어린이집 생활이 즐거웠어요. ○○반이 되어요.	형님반 참관

※ 출처 :「삼성어린이집 유아보육프로그램 4세」, 삼성복지재단, 2003년, 다음세대.

4세 주간보육계획안 (예시)

주제 : 여름은 더워요　　　　　　　　　　　실시 기간 : 7월 5주

		월 · 화 · 수 · 목 · 금 · 토
등원 및 맞이하기		입고 온 여름옷에 대해 이야기 나누기
실내자유놀이	쌓기놀이영역	렉스 블록으로 만들기
	역할놀이영역	인형옷 갈아 입히기 동극 :「빗속에서 생긴일」
	미술영역	해님 얼굴 꾸미기　햇빛가리개 만들기　비밀그림(크레파스 양초 물감) 비오는 날 그리기　선공 판화 찍기 비옷 만들기
	언어영역	동시 :「여름 낮」　동극 :「검둥이 삼보」 반대말 카드놀이　연상놀이
	수 · 과학 영역	여름 날씨 달력, 그늘과 양지 온도 재기　더운물 찬물 비교해 보기 요리 : 여름 과일 화채 만들기　숫자바퀴 맞추기
	조작영역	카드 뒤집기 : 여름　나뭇잎 짝짓기　수박 열렸네
	음률영역	음악감상 : 쇼팽의 빗방울 전주곡　비발디 사계 중「여름」 신체표현 : 빗방울의 여행
대 · 소집단활동		이야기 나누기 : 여름이 되었어요　여름비가 왔어요 동극 : 빗물 웅덩이 체표현 : 비오는 날(스카프)　동화 :「빗물 웅덩이」
실외자유선택활동		해님 얼굴로 꾸미기　그림자 잡기놀이　양산 쓰고 산책하기 분수놀이　비오는 날 우산 쓰고 빗소리 들어 보기
점심 및 낮잠		동화 :「개구쟁이 여름님」,「요술쟁이 구름」 그림책 :「비는 왜 내릴까요」
기본생활습관		여름철에 적절한 옷차림하기

※ 출처 :「삼성어린이집 유아보육프로그램 4세」, 삼성복지재단, 2003년, 다음세대.

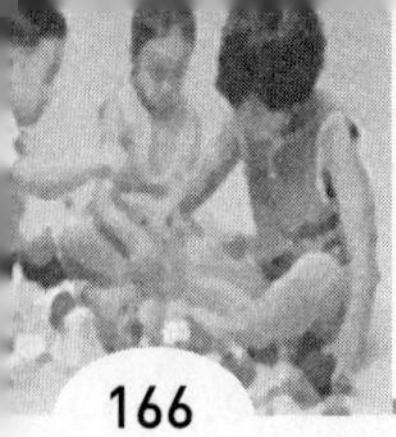

5세 연간보육계획안(예시)

월 / 주제	소 주 제	행사 및 현장학습
3월 1주 ~ 3월 2주 새로운 반과 친구	새로운 교실을 돌아보아요. 새로운 친구를 도와주어요.	입소 진급 축하식 신입원아 OT
3월 3주 ~ 4월 1주 나	나는 자라요. 다르지만 같아요.(I · II)	키, 몸무게 측정 생일축하 소방훈련 부모면담
4월 2주 ~ 4월 4주 봄	봄의 변화를 느껴요. 싹이 나고 꽃이 피어요. 벌레들이 나와요.	꽃시장 견학 봄소풍 어린이집 마당 가꾸기 주변공원, 야산들판 산책
5월 1주 ~ 5월 3주 가족	우리가족을 소개해요. 소중한 사람들에게 감사해요. 내가 살고 있는 집에 대해 알아보아요.	어린이날 행사 가족축제 어린이박물관 견학 어버이날 선물 만들기 노인회관 방문
5월 4주 ~ 6월 2주 이웃	어린이집 동네를 돌아보아요. 소식을 전해요. 어린이집 동네를 꾸며 보아요. 여러 기관과 일하는 사람들이 있어요.	어린이집 주변 돌아보기 키, 몸무게 측정 도서관, 동사무소, 시장, 은행 우체국, 경찰서, 신문사, 방송국 견학
6월 3주 ~ 7월 1주 동물	동물들의 생김새와 생활이 달라요.(I · II) 이런 동물도 있어요.	어머니참여수업 동물원 견학 물놀이(실내수영장 견학)
7월 2주 ~ 7월 5주 건강한 생활	몸과 주변을 깨끗이 해요. 운동을 해요. 골고루 먹으면 건강해져요.(I · II)	어린이집 내에서 물놀이하기 체육관(센터), 체육공원 견학
8월 1주 ~ 8월 4주 여름	여름의 변화를 알아보아요. 물에 관해 알아보아요. 물에서 놀아요. 물은 소중해요.	수족관 견학 갯벌탐사 정수장, 하수처리장 견학
9월 1주 ~ 9월 4주 교통기관	교통기관의 특징과 이용을 알아보아요.(I · II) 교통안전을 지켜요. 미래의 교통기관을 만들어요.	키, 몸무게 측정 교통박물관, 철도박물관 견학 교통공원 견학 교통놀이
10월 1주 ~ 10월 4주 우리나라와 세계	우리나라는 고유한 놀이와 문호가 있어요. 우리나라의 옛날과 지금의 생활을 비교해 보아요. 다양한 나라와 다양한 사람들이 있어요. 함께 사는 세계는 좋아요.	한옥마을, 민속촌 견학 김치박물관, 외국문화원, 미술관 견학, 전통놀이 한마당
10월 5주 ~ 11월 3주 가을	가을의 변화를 알아보아요. 가을에는 곡식과 열매를 거두어요. 가을과 관련하여 알아보아요. 겨울을 준비해요.	농업박물관 견학, 고구마 캐기 가을들판, 가을동산 나들이
11월 4주 ~ 12월 2주 지구와 환경	지구는 소중해요. 자연을 사랑해요. 재활용은 중요해요.	소방관 초청 대피훈련하기 아빠참여수업 오염된 곳 둘러보기(하천)
12월 3주 ~12월 5주	겨울의 변화를 알아요. 따뜻한 마음을 전해요.	키, 몸무게 측정, 소방서 견학

월 / 주제	소 주 제	행사 및 현장학습
겨울	눈과 얼음에 대하요 알아보아요.	눈썰매장 가기 작은 음악회
1월 1주 ~1월 4주 도구와 기계	우리주변에는 여러 가지 도구와 기계가 있어요.(I · II) 도구와 기계를 움직이는 힘은 달라요. 정보를 나눌 수 있어요.	실내 놀이동산 견학 과자공장 견학 전자랜드, 통신박물관 견학
2월 1주 ~ 2월 3주 초등학교에 가요	초등학교에 가요. 졸업을 해요. 즐거웠던 어린이집을 생각해요.	초등학교 견학 부모교육 졸업식

※ 출처 :「삼성어린이집 유아보육프로그램 5세」, 삼성복지재단, 2003년, 다음세대.

5세 주간보육계획안 (예시)

주제 : 가을의 변화를 알아봐요　　　　실시 기간 : 10월 5주

		월	화	수	목	금	토
실내자유놀이	쌓기놀이영역	놀이동산 꾸미기 입체 교차로 꾸미기					
	역할놀이영역	가을 동산 나들이 가을 열매 장신구 가게놀이					
	미 술 영 역	색종이 접기 : 잠자리 가을 열매 장신구 만들기 자연물 콜라주 코스코스 관찰하고 그림 그리기 한지 물들이기					
	언 어 영 역	가을의 소리 표현해 보기 가을에 관한 동시짓기					
	수 · 조작영역	가을 풍경 퍼즐 도토리 옮기기 도토리 감추기 게임					
	과 학 영 역	솔방울 · 도토리 관찰 고구마 관찰 : 삶아보기					
	음 률 영 역	곡식 마라카스 연주하기 비발디의 사계 중「가을」					
	컴퓨터 영역	나의 수첩 만들기(어린이 훈민정음)					
대 · 소집단활동		· 가을이 온 것을 어떻게 알 수 있나요? · 동화 :「꿀을 뒤집어 쓴 토끼」	· 가을의 옷차림 · 훌라후프 건너뛰기	· 가을에 피는 꽃 · 손유희 : 손뼉나라 · 쌀강정 만들기	· 새노래 :「가을길」 · 공동작업 : 가을 풍경 꾸미기	· 가을에 들을 수 있는 소리 · 감상 : 비발디 사계 중「가을」 · 팥주머니 던지기	
실외자유선택활동		어린이집의 가을 나무 관찰하고 그리기 낙엽 모으기					
낮잠 및 휴식		엘가의 첼로 연주곡 :「사랑의 인사」					
오 후 활 동		'가을에 볼 수 있는 것' 책 만들기					
기본생활습관		계절에 맞는 옷차림을 해요.					

※ 출처 :「삼성어린이집 유아보육프로그램 5세」, 삼성복지재단, 2003년, 다음세대.

보육과정 운영 평가

반 명		평가자명	
평 가 일 시	년 월 일		

평 가 항 목	예	아니오
1. 연간, 월간 또는 주간보육계획안이 계절, 영유아의 연령, 흥미를 고려하여 구체적이고 연계성 있게 수립되어 있는가?		
2. 대집단활동과 소집단 · 개별활동, 정적활동과 동적활동이 균형 있게 계획되어 있는가?		
3. 자유선택활동이 오전과 오후에 모두 이루어지며 총 2시간 30분 이상 이루어지게 계획되어 있는가?		
4. 일과를 체육시간, 미술시간 등으로 구분하지 않으며 통합적으로 운영하고 있는가?		
5. 일상생활 관련 활동(예 : 산책하기, 가게 가기 등)이 월 2회 이상 이루어지는가?		
6. 실외활동이 매일 1시간 이상이고, 날씨가 좋지 않을 경우 대체할 수 있는 활동이 있는가?		
7. 정기적으로 보육과정 평가가 이루어지고, 평가 결과가 운영에 반영되는가?		
8. 실외나 실내공간에서 대 · 소근육 활동을 매일 하는가?		
9. 듣기, 말하기의 기회가 다양하게 제공되고, 읽기, 쓰기(영아의 경우, 긁적거리기)에 관심을 갖도록 하는 활동을 자주 하는가?		
10. 나누기, 협동하기 등 친사회적 활동 기회를 제공하며, 일상적 상황을 자연스럽게 활용하는가? (예 : 놀잇감 나누기 / 공동작업, 게임에서 협동하기 등)		
11. 예절과 질서 등의 기본생활습관에 관련된 활동을 자연스럽게 보육과정에서 경험되도록 하는가?		
12. 다양한 실물 자료나 자연을 이용한 수 · 과학 활동을 자주 하는가? (예 : 모양, 색, 일대일 대응, 수세기/ 동 · 식물 관찰, 실험 등)		
13. 다양한 동작 및 음악 자료를 활용하여 창의적인 표현활동을 자주 하는가?		
14. 여러 자료를 활용하여 창의적인 미술활동을 자주 하는가?		
15. 다양한 종류의 역할 및 쌓기놀이가 충분히 이루어지는가?		

보 육 일 지

담임	시설장

구 분	200 년 월 일 요일 날씨		
생활주제			
목 표			
	계 획	활 동 내 용	평 가
시 간			
안전사고 및 특이사항		내일수업 준비사항	
투 약 아 동 명		결석원아 및 결석사유	

○ ○ 어 린 이 집

교직원의 조직과 관리

Chapter 06

이 장에서는 보육종사자들의 자질 및 역할을 알아보고, 효율적인 보육시설을 위한 의사소통 방법 및 리더십에 대한 사항을 살펴본다. 그리고 교직원의 임용과 인사관리, 교원 양성제도 및 정책에 관련한 부분을 다루게 될 것이다.

I. 교직원의 자질과 역할

1. 보육교사의 자질
2. 보육교사의 역할
3. 보육교사의 양성 및 보수교육
4. 효율적 인력 경영

II. 교직원의 인사관리

1. 교직원의 인사관리
2. 교직원의 자격과 임용
3. 교직원의 역할
4. 보육시설 종사자 관련 제도 및 정책

I. 교직원의 자질과 역할

1. 보육교사의 자질

보육시설의 질을 좌우하는 핵심적인 요인인 종사자들의 역할과 자세에 관하여 살펴보고자 한다. 이를 위해 먼저 힐데브란트(Hildebrand, 1993)가 제시하고 있는 보육시설 종사자들의 일반적인 자질에 관하여 살펴본 후, 여러 종사자들 중 특히 역할을 수행하는 시설장과 보육교사의 역할과 자세에 관하여 중점적으로 살펴보기로 한다.

1) 보육교사의 일반적인 자질

(1) 헌신적인(dedication) 자세

가정에서 부모가 자녀에게 제공할 보호와 교육을 대신 제공해야 하는 보육시설 종사자들을 부모가 자녀를 사랑하듯이, 영유아들을 자기 자녀처럼 사랑하고 보호해야만 한다. 개별 영유아의 성장과 발달을 돕고, 부모역할 수행을 대신함으로써 가정복지 증진에 기여하기 위한 보호와 교육적 서비스를 통해 가능한 한 최상의 보육서비스를 제공하기 위해서 보육시설 종사자들은 자신의 일에 헌신하는 자세가 필요하다. 자신의 일에 헌신하기 위해서는 영유아를 사랑하고, 영유아의 보호와 교육에 필요한 전문적인 지식과 기술을 갖추어야만 한다. 항상 헌신하는 자세로 임할 때 보육시설 종사자들은 영유아들과 그들의 부모들로부터 사랑과 신뢰와 존경을 받을 수 있을 것이다.

(2) 겸허한(humility) 자세

인간과 관련된 문제에 대해서는 자기 나름대로의 절대적인 확신을 가지고 함부로 단언할 경우 객관성이 결여된 판단이나 결정을 내리는 오류를 범하기 쉬운 만큼 함부로 단언하는 자세는 지양되어야 한다. 보육시설 종사자들 역시 영유아의 성장과 행동에 관하여 자신이 알고 있는 것이 전부인 것처럼 절대적 확신을 갖기보다는 항상 겸허한 자세로 영유아의 행동에 대한 이해와 해결책을 찾고, 영유아와 그들의 부모들에게 보다 나은 환경을 제공하기 위한 방안 모색에 적극 노력해야만 한다.

(3) 인내하는(patience) 자세

인간을 대상으로 하는 일에 종사하는 모든 사람들에게 공통적으로 필요한 자질 중의 하나가 바로 인내심이다. 보육시설 종사자들 역시 기존의 것을 있는 그대로 제공하기보다는 스스로 탐구하여 학습하도록 영유아들을 격려하고 부모님들과 협조하여 영유아의 발달과 학습을 돕기 위해서는 부단한 인내심이 필요하다. 인내심을 지닌 종사자들은 즉각적인 결과를 기대하기보다는 영유아들의 개인차를 고려하면서 현실성 있는 일정표와 교육계획을 수립하고, 적용하며, 일정표나 교육계획이 비현실적이고, 적용상 무리가 있을 때는 다시 조정한다. 즉, 한번 계획한 일정표나 교육계획을 모든 대상과 상황에 성급하고 무리하게 적용하여 불필요한 스트레스를 유발하지 않는다.

(4) 봉사하는(service orientation) 자세

보육시설은 보육서비스를 필요로 하는 영유아와 그들의 가족들을 도와서 가족의 기능을 보완하고 강화시키는 데 궁극적인 목적을 둔다. 그러므로 보육시설 종사자들은 보육서비스를 필요로 하는 부모와 그들의 자녀간의 유대와 애착형성을 돕는 지지적 역할을 수행해야만 한다. 그리하여 가정 복지 증진을 위해 봉사하는 데 최선의 노력을 기울여야만 한다.

(5) 생각하는(thoughtfulness) 자세

'아는 것이 힘이다.' 라는 말처럼 지식과 정보의 가치는 매우 귀중한 것이다. 생각하는 것은 인간만이 지닌 귀중한 능력이다. 보육시설 중 종사자들은 아동발달, 가족관계, 교육학, 심리학, 사회학, 직업세계, 문학, 음악, 미술, 법률, 정치, 경제 등 다방면에 관련된 지식과 정보를 습득하기 위하여 노력하여야만 한다. 21세기를 살아갈 영유아들이 미래사회에의 적응을 위한 준비를 하면서 자기 주도적인 교육을 해나가도록 돕기 위해서는 보육시설 종사자들이 먼저 다방면에 관한 지식과 정보를 갖추고 있어야만 하는 것이다. 오늘날의 민주사회는 영유아들을 보호 · 교육하는 보다 나은 방법을 찾아내기 위해 부단히 노력하며 생각하는 자세를 지닌 사람을 필요로 하고 있다. 현재 우리가 알고 있는 영유아의 성장, 발달, 보호 및 교육에 관한 지식과 정보들을 끊임없이 변화하기 때문에 항상 새로운 것을 배우고 찾아내기 위하여 생각하지 않으면 안 되는 것이다.

(6) 전체를 보는 안목(global view)

오늘날 세계는 점점 넓어지고 있으며, 창의적으로 생각하는 능력을 지니고 자기 생활에서 행복을 느끼면서 살아가는 아이들을 키워 내는 것이 중요하다는 것을 인식하고 있다. 이를 위해서 영유아들은 다른 사람을 신뢰하고 세계 모든 사람들과 우호적으로 상호작용하는 능력을 발달시킬 필요가 있다. 영유아를 보호하고 교육하는 보육시설 종사자들이 이해와 사랑, 친절함으로 영유아를 대할 때 영유아들이 건강한 태도를 발달시킨다는 것은 의심의 여지가 없는 것이다. 영유아들은 자기 확신과 자존감 및 새로운 문제를 창의적으로 해결하는 능력을 발달시킬 필요가 있다. 신뢰감과 자기 확신은 보육시설 종사자들이 모든 영유아들에게 중점을 두고 심어 주어야만 하는 가치 있는 덕목인 것이다. 시야를 넓게 가지고 환경 문제, 인구 문제, 정치적인 반목, 핵무기 문제 등에 관심을 가지고 보다 나은 인류의 미래를 위해 합리적인 해결책을 모색할 수 있는 영유아들을 길러 내기 위해서는 무엇보다도 보육시설 종사자들이 세계평화와 안전, 세계인의 행복한 생활 영위에 관심을 가지는 거시적 시각이 필요한 것이다.

2) 시설장의 역할 및 자질

시설장은 어린이집을 대표하며, 종사자들을 통솔하고, 어린이집의 제반 업무를 총괄하는 총책임자다. 어린이집의 효율적인 운영을 위해서는 다른 무엇보다도 종사자들 간의 팀워크가 중요하며, 팀워크가 어린이집의 효율적인 운영을 위한 긍정적인 방향으로 작용할 수 있도록 이끌어 가는데 있어서 핵심적인 역할을 하는 사람이 바로 시설장이다. 즉, 시설장의 인간관, 보육철학, 영유아 발달에 관한 지식, 시설 관리 능력 등이 종사자들 간의 팀워크 유지와 어린이집 운영 방향에 지대한 영향을 미쳐 어린이집 운영의 성패를 좌우하게 된다. 이와 같이 어린이집에게 중요한 비중을 차지하고 있는데(서영숙 · 김경혜, 1996; 이성진 외, 1990; 임재택, 1996), 이를 종합하여 살펴보면 다음과 같다.

(1) 보육철학 정립

시설장은 어린이집의 보육목적과 전반적인 운영계획 수립에 토대가 되는 자신의 보육철학을 정립해야만 한다.

(2) 보육프로그램의 구성과 운영 관리

시설장은 영유아들이 제반 영역에서의 발달을 도모할 수 있도록 자신의 보육철학을 바탕으로 연간보육 프로그램을 교사들과 협의하여 구성하고 운영하여야 한다. 아울러 월간, 주간, 일일계획안을 검토하고, 견학이나 각종 행사 계획도 수립해야 한다.

(3) 원아모집 및 관리

시설장은 인가 정원 내에서 원아를 모집하기 위한 계획을 수립하고, 원아 모집을 하여 학급편성을 하여야 한다. 뿐만 아니라, 영유아의 영양 및 안전 관리에도 신경을 써야 한다.

(4) 종사자 관리

종사자의 채용, 업무 분장, 교사의 보육 활동에 대한 장학, 근무 평정도 시설장의 역할 중의 하나다. 특히 종사자 채용 시 시설장은 자신의 역할을 효율적으로 수행할 수 있는 능력과 자질이 있는지를 면밀히 파악하고, 복지부 지침에서 정하고 있는 자격기준을 면밀히 검토하여 적합한 사람을 채용해야만 한다. 특히 보육교사를 채용할 때는 영유아의 요구를 민감하게 파악하여 충족시켜 주고, 인내심을 가지고 보호하고 교육을 하며, 다른 종사자들과도 화목하게 지낼 수 있는 인성과 능력을 갖추었는지를 우선적으로 고려하는 것이 중요하다고 하겠다.

(5) 시설 · 설비의 관리

시설장은 어린이집의 모든 시설과 설비의 안전성, 활용 및 위생 상태를 항상 점검해야만 한다. 즉, 평소에 어린이집의 모든 시설을 점검하고, 특히 우천시나 폭설시에 어린이집에 이상이 없는지를 철저하게 점검해야만 한다. 아울러 보육실, 사무실, 주방, 화장실, 등의 위생 상태와 실외놀이터 놀이기구의 안전성과 어린이집 입구와 주변에 위험한 것은 없는지 또 청결한지도 살펴보아야 한다.

(6) 교재 · 교구 구입 및 관리

교재 · 교구 구입시 시설장은 교사들과 협의하여 각 연령에 적합하고, 안전하며, 견고한 것과 보육목적과 활동목적에 적합한 것을 구입하여야 한다. 또 교재 · 교구가 적절하게 배치되어 있는지, 파손되어 수리나 교체가 필요한 것은 없는지를 수시로 점검해 보아야만 한다.

(7) 재정관리 및 행정업무 처리

시설장은 연간 예산을 편성하고, 연말에 결산을 하며, 예산이 적절하고 효율적으로 집행되고 있는지를 수시로 점검해야 한다. 또 각종 행정업무 처리와 원아 관련 서류, 교직원 관련 서류 및 기타 운영 전반에 관련된 서류를 관리하는 역할을 수행해야만 한다.

(8) 부모교육 및 상담

어린이집을 대표하는 시설장은 학기 초에 부모교육 시간을 통하여 어린이집의 보육목적과 내용, 방법 및 운영 방침 등에 관하여 부모들에게 안내하고 이해시키고 협조를 구하며, 부모의 참여 의욕을 고취시켜야 한다. 아울러 원아의 발달 상태와 문제 등에 관하여 부모와 수시로 상담하며, 부모들이 부담 없이 편안하게 어린이집에 오갈 수 있도록 편안한 분위기를 조성해야만 한다.

(9) 행정 당국 및 지역사회와의 관계 유지

시설장은 행정기관과 긴밀한 업무 협조를 하고, 지역사회에 보육프로그램을 소개하고, 필요한 경우 지역사회의 협조를 받을 수 있도록 지속적인 교류를 촉진할 필요가 있다.

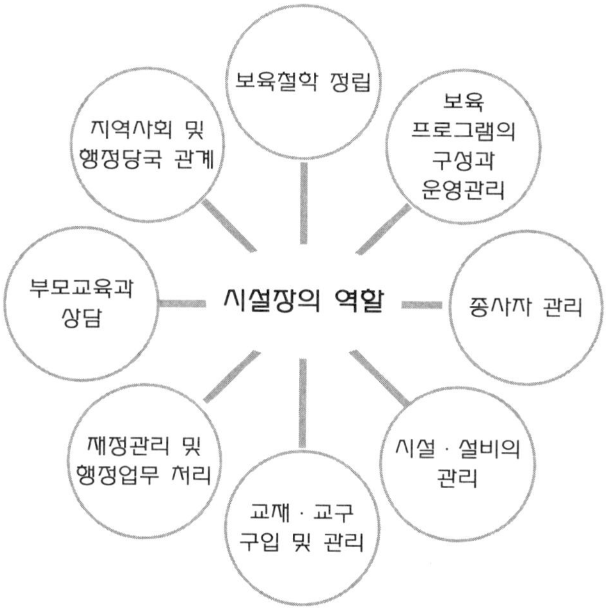

〈그림 6-1〉 **시설장의 역할**

이상에서 살펴본 역할을 원만하게 수용하기 위해서 시설장은 우선 자기 자신의 인격적으로 통합하는 능력을 개발해야만 한다. 또 부드럽고 따뜻한 인간미를 바탕으로 원아와 부모를 대해야 한다. 아울러 교사나 다른 종사자들에게 모범을 보이고, 종사자들의 마음을 움직여서 각자 맡은 바 업무를 즐거운 마음으로 수행할 수 있도록 배려해야 한다.

2. 보육교사의 역할

단순히 부모를 대신하여 영유아를 보호한다는 개념으로 인식되던 종래의 탁아에서 보호와 교육기능을 동시에 수행하는 보육으로 관점이 바뀜에 따라서 보육을 담당하는 보육교사의 역할과 이에 요구되는 자질도 변화하게 되었다. 즉, 영유아의 신체적 욕구를 만족시켜 주고, 밥을 먹여 주는 것이 주된 역할이라고 생각하던 탁아는 전문성을 갖추지 않은 사람도 할 수 있는 일이라고 생각하였다. 그러나 보호와 교육기능을 동시에 수행하고 특히 영유아의 연령이 높아질수록 교육에 보다 많은 비중을 두게 되는 보육에서는 보육교사의 역할에 대한 관점도 바뀌어 보호와 양육과 같은 어머니의 역할만을 대행하는 것이 아니라 영유아의 발달을 촉진하고, 미래사회에 적응하도록 준비시킬 수 있는 역할도 매우 중요하게 대두되었다. 이와 같이 영유아의 발달을 촉진시키고 미래사회에의 적응을 준비시키는 역할은 아무나 할 수 있는 것이 아니고, 전문적인 지식과 기술, 적합한 인성과 자질을 지닌 전문가만이 수행할 수 있는 것이다. 그러므로 보육교사들은 자신이 단순한 기능인이 아니라 한 분야의 전문가라는 확고한 인식을 가지고 자신의 역할을 수행하고, 이에 적합한 자질을 갖추도록 노력해야만 하는 것이다.

1) 보육교사의 역할

보육교사의 전문적인 역할이란 "교육현장에서 일어나는 모든 일에 대해 전문적으로 판단하고 결정을 내리는 의사결정자"(배소연, 1996)로 정의 내릴 수 있으며, 그 역할은 크게 보호자로서의 역할로 구분할 수 있다. 보육교사의 역할은 다음 〈그림 6-2〉와 같다.

(1) 보호자로서의 역할

보육교사는 유아들을 보호하고 양육하는 보호자로서의 역할이 가장 핵심적이다.

① 유아에게 신뢰감 주기

종일제 보육프로그램에 다니는 맞벌이 부부 가정의 자녀들은 하루에서 8~10시간을

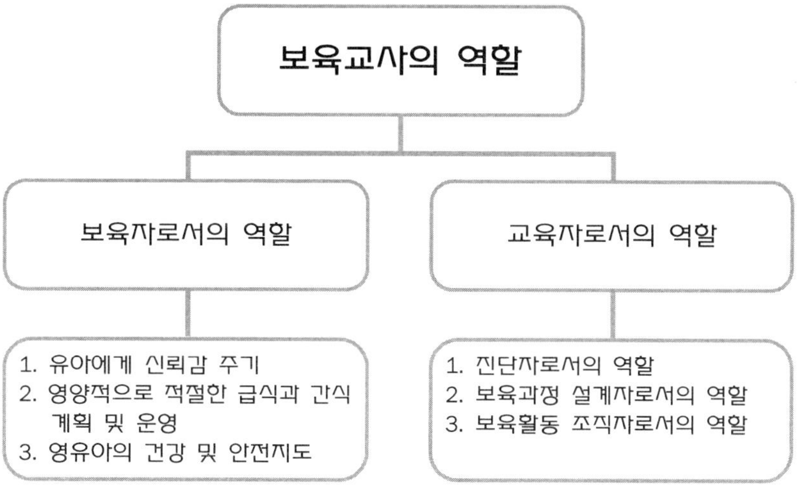

〈그림 6-2〉 **보육교사의 역할**

어린이집에서 생활하게 된다. 가정에서는 잠자는 시간을 제외하면 이들이 어린이집에서 지내는 시간은 가정에서 지내는 시간보다 실질적으로는 더 많다고 할 수 있다. 이와 같이 하루 중 긴 시간을 부모와 떨어져서 생활하는 영유아들에게는 부모를 대신하여 자신을 사랑해 주고, 욕구를 충족시켜 주면서 신뢰감을 주고, 인정을 통하여 긍정적인 자아개념을 형성하도록 도와줄 수 있는 사람이 필요하며, 바로 이 역할을 효율적으로 수행하기 위해서는 모든 것을 무조건적으로 수용하고, 허용하는 대다수의 부모들과는 달리 전문적인 보육교사라면 영유아의 바람직한 행동발달을 도울 수 있는 적절한 수용과 통제에 관한 현명한 판단력을 길러야만 할 것이다.

② 영양적으로 적절한 급식과 간식 계획 및 운영

어린이집에서는 보통 점심과 오전, 오후 두 차례의 간식을 제공하게 된다. 신체발달이 왕성한 영유아들이 왕성한 영유아기에는 충분한 영양공급이 매우 중요하며, 단체급식을 하는 어린이집에서는 점심과 간식을 전담하는 영양사가 있는 것이 바람직하다. 그러나 원아수 100명 미만인 어린이집에서는 영양사를 채용하지 않고 있기 때문에 보육교사가 이 역할을 수행하고 있는 실정이다. 따라서 보육교사는 영양에 대하여 올바르게 이해하고, 점심과 간식을 작성하여 영양 결핍으로 성장이 지체되는 일이 없도록 각별히 신경 써야만 한다. 또 영유아들에게 나타날 수 있는 각종 식품 알레르기에 대해서도 고려하고 편식습관 교정, 음식 남기지 않기 등과 같이 식사 시에 올바른 습관을 형성시키고, 준비자에 대해 감사하는 마음갖기, 음식 소중히 하기 등도 세심하게 지도해야만 한다.

③ 영유아의 건강 및 안전지도

보육교사는 영유아들이 걸리기 쉬운 전염성 질환의 원인과 예방 대책 등에 관하여 올바르게 이해하고 있어야 한다. 전염성 질환에 감염된 영유아를 조기에 발견하고, 완치될 때까지 다른 영유아들과 격리될 수 있도록 부모를 이해시키며, 일상생활에서 전염성 질환을 예방할 수 있는 위생적인 환경을 조성하고, 위생적인 생활습관을 형성시켜 전염성 질환을 관리할 수 있어야 한다.

한편, 보육교사는 어린이집 내부와 실외놀이터 및 견학 시에 발생할 수 있는 각종 안전사고에 대한 올바른 이해와 예방할 수 있는 환경 조성 및 안전 사고 시 정확하게 응급처치를 해 주고, 침착하게 병원으로 후송할 수 있는 능력을 길러야 한다. 특히 견학이나 소풍, 차량 지도 시에는 안전사고에 대하여 각별히 긴장하고 유의해야 한다. 아울러 아픈 영유아를 간호하고, 상비약을 관리하여 적절하게 사용할 수 있어야 한다.

(2) 교육자로서의 역할

① 진단자로서의 역할

효과적인 보육프로그램을 계획하고 실행하기 위해서 보육교사는 먼저 자신이 맡은 영유아들의 성숙 수준, 발달 정도 및 학습준비도를 파악하는 진단자로서의 역할을 수행해야만 한다. 이를 위해 교사는 학기 초에 각 영유아에 관한 정보를 부모나 지난해 담당교사로부터 수집하고, 자유놀이와 수업 시간에 영유아의 행동을 관찰하고, 작품 분석을 통해 전보를 수집할 필요가 있다. 필요한 경우 학습준비도 검사와 같은 표준화된 검사를 사용할 수도 있다. 단, 표준화된 검사 사용시에는 정확한 방법을 숙지하고 사용할 필요가 있으며, 검사 결과의 해석에도 신중을 기해야 한다.

② 보육과정 설계자로서의 역할

보육교사는 자신의 보육철학, 영유아의 발달 수준과 교육에 대한 요구, 교육과정 설계에 관련된 지식, 자신이 근무하는 어린이집의 보육목적과 방법들을 토대로 교육과정을 설계해야 한다.

③ 보육활동 조직자로서의 역할

보육활동 조직자로서 보육교사는 보육목적을 달성할 수 있는 연간, 월간, 주간 보육계획을 수립하고, 보육활동 수행에 필요한 환경을 구성하고 자료를 준비하며, 효율적인 보육활동 전략을 수립해야 한다.

2) 개인적인 자질

보육교사에게 요구되는 자질은 크게 개인적인 자질과 전문적인 자질로 구분할 수 있다.

(1) 건 강

하루 종일 영유아들과 함께 생활하는 일은 상당한 신체적 노동을 수반하게 된다. 그러므로 보육교사들은 다른 무엇보다도 신체적으로 건강해야만 한다. 건강하지 못한 교사는 안정되어 있지 못하여 보육활동을 즐겁게 수행하지 못하고 작은 일에도 인내심을 가지지 못하여 영유아들에게 짜증을 내기 쉽다. 신체적으로 건강해야만 정서적으로도 안정되어 있을 수 있으며 정신적으로도 건강할 수 있는 것이다. 신체적 건강과 더불어 보육교사는 정신적으로도 건강해야만 한다. 즉, 긍정적인 인간관과 건전한 인생관을 가지고 있으며, 투철한 책임의식과 사명감이 있어야 한다.

(2) 인 성

보육교사가 갖추어야 할 인성적인 특성은 여러 가지가 있을 수 있으나 영유아를 존중하고 사랑하는 마음, 인내심, 사려성, 포용력, 명랑함, 유머 감각, 탐구심, 타인을 배려하는 마음 등이 필수적인 특성이라고 하겠다.

한편 동양의 고전인 예기(禮記)에서는 보육모의 조건으로 관유(寬裕), 자혜(慈惠), 온량(溫良), 공경(恭敬), 신(愼) 및 과언(寡言)을 들고 있는데(서영숙 · 김혜경, 1996), 참고로 이를 소개하면 다음과 같다.

첫째, 관유는 너그럽다는 뜻으로 남의 잘못을 너그럽게 용서하는 마음을 말한다.

둘째, 자혜는 사랑하는 마음으로 사랑은 헌신적이고 자신보다 상대를 더 아끼며, 귀하게 생각하는 마음이다.

셋째, 온량은 부드럽고 착한 것을 의미하는 것으로 따뜻하고 선량한 성품을 가리킨다. 보육모의 마음은 옳고 바른 마음에 앞서 따뜻한 마음이 있어야 함을 강조하는 것이다. 남을 따뜻하게 여기는 마음이 먼저 있고 그 뒤에 정의나 진리의 판별이 있어야 함을 의미한다.

넷째, 공경은 공손히 남을 받드는 것을 의미한다. 남을 받드는 사람은 우선 자신을 낮추어 겸손해야 한다.

다섯째, 신, 및 과언은 모든 일을 삼가는 마음, 조심스런 마음, 그리고 말이 많지 않은 것을 지칭한다. 특히 말이 많음을 경계한 것은 우리의 생활에서 말이 많아 생기는 갈등과 분쟁이 많기 때문이다. 말을 삼가는 사람은 신중하고 조심스러운 사람이며, 남을 생각하고 아끼는 사람으로 여기기 때문이다.

3) 전문적인 자질

(1) 보육철학

전문적인 보육교사는 보육에 대한 자기 나름대로의 뚜렷한 소신과 철학이 있어야만 한다. 확고한 보육철학이 있을 때 자신의 보육활동 수행에 일관성 있는 방향성을 부여할 수 있기 때문이다. 교사가 뚜렷한 보육철학을 지닐 때 자신의 일에 대한 소명감과 책임의식이 높고, 건강한 직업윤리를 가질 수 있다.

(2) 보육지식

보육교사는 영유아를 보육하는 것이 주된 역할인 만큼 영유아의 발달에 관한 지식과 교육학 및 보육과정과 보육활동 계획 및 방법에 관한 지식, 영유아의 건강, 영양, 안전 등에 관한 지식을 갖추고 있어야 한다. 아울러 영유아의 전인적인 발달을 돕기 위해서 다방면에 걸치니 풍부한 교양지식을 습득하기 위해 부단히 노력해야만 한다.

(3) 보육기술

보육현장에서 영유아들과 효율적인 상호작용을 하기 위해서 보육교사는 다양한 교수

기술과 영유아들과의 상호작용에 필요한 언어적, 비언어적, 의사소통을 기술과 활동 연결기술, 약속과 규칙 만드는 기술, 훈육 기술 등을 개발할 필요가 있다. 이러한 교수기술들은 현장에서의 경험을 통하여 보다 효과적으로 체득할 수 있으며, 전문적인 교사라면 자기만의 보육기술 개발을 위해 부단히 노력하는 자세를 갖추어야 할 것이다.

4) 보육현장에서의 남자 교사

우리나라에서는 유아교육이나 보육 분야에 남성보다 여성이 훨씬 많이 종사하고 있다. 이것은 전통적으로 아동을 보육하는 일은 여성의 전유물이었기 때문이다. 이러한 경향은 선진국에서도 마찬가지 현상이다.

그러나 최근에는 유아교육계에도 남성의 비율이 증가하고 있다. 그 원인으로는 ① 성공적으로 유아와 일하는 데 필요한 충분한 자질을 남성들도 가지고 있다는 것을 이해하게 된 점과 ② 우리 사회에서 남성과 여성의 성역할 구분이 약화되었다는 점 등을 들 수 있다. 세퍼트(Seifert)는 유아교육 분야의 남자 교사들의 행동을 관찰하여 다음과 같은 결과를 보고하고 있다.

① 남성은 유아와 일하는 다른 여성교사와 마찬가지로 유아를 좋아한다.
② 남성은 다른 직업에 끌리지 않을 정도로 유아를 좋아한다.
③ 남성은 가끔 남성에 대한 차별을 경험하기도 하지만 반드시 그런 것은 아니다.
④ 남성은 자신의 교수(teaching)와 다른 관련 직업 사이의 관계를 이해하고 있다.
⑤ 남성은 결국 이러한 상황에서 일하기를 기대하고, 가능한 한 교실 밖에서도 그렇게 하기를 좋아한다.

보육시설의 질을 좌우하는 요인으로는 보육시설의 시설, 설비, 보육프로그램, 영양, 건강, 안전 및 종사자의 질 등을 들 수 있으나 다른 무엇보다도 중요한 것은 보육시설 종사자 요인이라고 할 수 있다. 즉, 영유아를 보호 · 교육하면서 가장 직접적이고 즉각적인 영향을 미치는 종사자들이 올바른 자세와 태도로 적절한 역할을 수행하는 것이 보육시설의 질적 향상을 좌우하는 관건인 것이다. 특히 보육현장에 절대적으로 부족한 남자 보육교사 및 보육종사자들을 확대하기 위해 시설 종사자들의 역할과 자질을 재인식하고, 보육은 여성만의 전유물이라는 고정관념에서 벗어나 남자 교사들을 육성할 수 있는 다각적인 방안을 모색해야 한다.

3. 보육교사 양성 및 보수교육

1) 보육교사 양성

(1) 보육교사 훈련원

보육교사를 양성하는 기관은 다양하다. 우선 3급 보육교사 자격을 받을 수 있는 보육교사 훈련원의 교육대상 및 교육기간을 살펴보면 다음과 같다.

표 6-1 보육교사 훈련원

과 정 명	교 육 대 상	교육훈련 기간	자 격
보육교사 양성교육과정	교육생으로 등록한 자 (고졸 이상 학력자)	945시간 이상 (실습 160시간 별도)	보육교사 3급

(2) 보육관련 학과

전문대학 또는 이와 동등 이상의 학교에서 유아교육, 아동학 및 보육과 등에서 보육관련 교과목 및 학점을 이수하고 보육시설에서 실습을 마치고 졸업한 경우 보육교사 2급 자격을 받을 수 있다. 2급의 자격을 가진 후 3년의 교사 경력을 가지고 소정의 보수교육을 받으면 1급 보육교사 자격을 획득할 수 있다.

2005년 영유아보육법의 개정 이후 보육교사의 자격을 3등급으로 세분화하고 이전에 비해 보육교사 양성교육에 대한 관심이 높아졌다. 보육교사 자격을 획득할 수 있는 범위가 폭넓고 다양하여 긍정적인 부분도 있으나 다른 한편으로, 이는 보육에 대한 전문성이 우려되므로 자격의 범위를 더욱 엄격하게 할 필요가 있다.

2) 보수교육

보수교육이란, 보육종사자의 자질 향상을 위해 실시하는 교육으로써, 보육에 필요한 지식과 능력을 유지 · 개발하기 위하여 보육시설 종사자가 정기적으로 받는 직무교육과 보육교사가 상위 등급의 자격(3급→2급, 2급→1급)을 취득하기 위해 받아야 하는 승급교육을 말한다.

(1) 보수교육의 종류

보수교육은 아래 〈표 6-2〉와 같이 직무교육과 자격 승급을 위한 승급교육으로 구분된다.

직무교육은 일반직무교육과, 영아 및 장애아 등을 위한 특별직무교육으로 나누어지며, 승급교육은 교사의 해당 승급에 따라 1급과 2급 승급교육으로 구분된다. 보수교육의 종류에 따라 보수교육의 내용도 달라진다.

표 6-2 직무교육과 승급교육

직무교육					승급교육	
일반직무교육		특별직무교육			2급	1급
보육교사 직무교육	보육시설장 직무교육	영아보육 직무교육	장애아보육 직무교육	방과후보육 직무교육	보육교사 승급교육	보육교사 승급교육

보수교육은 현직 보육종사자를 대상으로 실시하므로 보육시설장, 보육교사 등의 자격을 소지한 자라도 교육 개시 당시 보육시설에 근무하지 않는 자는 보수교육을 받을 수 없으며, 보수교육의 대상은 현직자에 한한다.

보수교육 대상자 선정 기준으로 '보육업무 경력'은 보육시설 및 보육정보센터에 근무한 경력과 유아교육법에 의한 종일제 유치원에서 원장, 원감, 교사로 근무한 경력을 의미한다.

보육교사 및 시설장은 현직 업무를 시작한지 만 2년이 되거나 직무교육을 이수한

지 만 2년이 경과한 해에 받게 된다. 특별직무교육을 받은 경우 직무교육을 받은 것으로 인정된다.

보수교육의 대상과 교육시간을 정리하면 아래 〈표 6-3〉과 같다.

표 6-3 직무교육과 승급교육

<table>
<tr><th colspan="3">교육구분</th><th>교 육 대 상</th><th>교육시간</th><th>비 고</th></tr>
<tr><td rowspan="5">직무교육</td><td rowspan="2">일반직무교육</td><td>보육교사</td><td>현직에 종사하고 있는 보육교사로서 보육업무 경력이 만 2년을 경과한 자와 보육교사 직무교육(승급교육 포함)을 받은 해부터 만 2년이 경과한 자</td><td>40시간</td><td>매 3년마다</td></tr>
<tr><td>시설장</td><td>현직에 종사하고 있는 시설장으로서 보육시설의 장의 직무를 담당하는 첫 해에 해당하는 자와 보육시설의 장 직무교육을 받은 해부터 만 2년을 경과한 자</td><td>40시간</td><td>시설장 첫해
및
매 3년마다</td></tr>
<tr><td rowspan="3">특별직무교육</td><td>영아보육</td><td>영아보육을 담당하고 있는 일반직무교육 대상자와 영아보육을 담당하고자 하는 보육교사 및 보육시설의 장</td><td>40시간</td><td>이수하고자 하는 자</td></tr>
<tr><td>장애아보육</td><td>장애아보육을 담당하고 있는 일반직무교육 대상자와 장애아보육을 담당하고자 하는 보육교사 및 보육시설의 장</td><td>40시간</td><td>이수하고자 하는 자</td></tr>
<tr><td>방과후보육</td><td>방과후 보육을 담당하고 있는 일반직무교육 대상자와 방과후 보육을 담당하고자 하는 보육교사 및 보육시설의 장</td><td>40시간</td><td>이수하고자 하는 자</td></tr>
<tr><td rowspan="2">승급교육</td><td colspan="2">2급 승급교육</td><td>보육교사 3급의 자격을 취득한 후 보육경력이 만 6개월이 경과한 자</td><td>80시간</td><td>이수하고자 하는 자</td></tr>
<tr><td colspan="2">1급 승급교육</td><td>보육교사 2급의 자격을 취득한 후 보육경력이 만 2년이 경과한 자 및 석사학위소지자로서 보육교사 2급의 자격을 취득한 경우 보육경력이 만 6개월이 경과한 자</td><td>80시간</td><td>이수하고자 하는 자</td></tr>
</table>

4. 효율적 인력 경영

보육시설의 효율성을 위해서는 보육교사 및 종사자들의 역할과 자질도 중요하지만 특히 조직간 효율적인 의사소통이 필수적이다. 보육시설의 리더인 원장과 교사의 지도력, 조직체 구성원들 간의 원활한 의사소통은 기관을 원활하고 효율적으로 운영하는데 매우 중요한 역할을 한다. 원활한 의사소통과 이에 따른 합리적인 의사결정은 경영의 효과를 극대화시켜 업무 효과를 증대시킬 수 있기 때문이다. 조직체 구성원들 간의 협조적이고 온화한 분위기를 조성하는 일은 경영에 있어서 매우 중요 요소가 된다.

1) 지도자

훌륭한 지도자(leader)가 있는 조직체는 구성원의 사기가 높고 일체감을 가지며 협동적 조력이 가능하지만, 그렇지 못하면 불안과 대립, 갈등이 커서 조직의 비능률을 초래한다. 보육시설의 장은 지도자로서의 요건과 자질을 갖추어 긍정적인 조직 문화 형성에 힘써야 한다.

(1) 보육 전문가로서의 지도자

유아교육 전문가의 지도자는 다음과 같은 리더십이 필요하다.

① 비전을 제시하고 전달할 수 있어야 한다.
② 바람직한 조직 문화를 만들어 이를 발전시킨다. 이는 업무의 효율성을 극대화시킨다.
③ 목적과 목표를 설정하고 이를 성취하도록 이끌어 나간다.
④ 거시적 안목을 가지고 미시적 사항들을 동시에 고려할 수 있는 능력이 요구된다.
⑤ 본인 뿐 아니라 조직 개개인의 발전을 조장하고 격려한다.
⑥ 정책, 문화적 · 사회적 동향의 변화, 지역사회의 특성을 파악하고 꾸준히 발전 전략을 수립한다.

(2) 지도자의 특성

보육에 있어서 효율적인 지도자들은 자신들의 지도적 역할이 현재에 초점을 두는 일상적인 관리보다는 다가올 미래의 향방을 예측하고 미래지향적이고도 안정적인 안목을 가진다. 효율적인 관리자들은 행정을 하기 위해 다음과 같은 미래지향적인 측면을 고려한다.

① 목표를 설정할 때보다 많은 교직원들의 참여를 유도한다. 목표설정에 교직원들이 참여하게 되면 구성원들은 보다 책임감을 느끼게 된다.

② 교직원들과 함께 중요한 결정을 내리고 그에 대한 책임감을 가질 수 있는 생산적인 작업 공간을 마련한다. 의사결정에 교직원들이 참여하게 되면 주인의식을 느끼게 되고 자발적인 업무수행을 하게 되며 일의 성과에 대해 보람을 느끼게 된다.

③ 교직원과 부모들이 개별적인 성장을 할 수 있도록 한다. 교직원들을 위한 연수, 학부모를 위한 다양한 부모참여 프로그램을 실시하여, 개개인의 성장을 도모하고, 시설장 역시 자가 연수를 비롯한 여러 형태의 연수를 받음으로써 정체되지 않고 항상 발전해 가는 것이 중요하다.

④ 지속적으로 프로그램을 만들고, 검토하고, 평가하고 수정해야 한다. 프로그램의 목표 설정부터, 평가에 이르는 과정은 지속적으로 관리되어야 하고 평가 결과는 다음 목표 설정에 적절히 반영되어야 한다.

효율적인 지도자가 되기 위해서는 효과적인 관리자가 될 필요도 있다. 관리 기술과 지도 기술은 같지 않지만 고도의 관리 기술을 가진 사람은 중요한 프로그램 관리를 통해 지도성 연마에 필요한 많은 시간을 할애한 셈이다. 관리 기술은 필수적이지만 효율적인 지도성이라는 측면에서 보았을 때는 충분하지 않다.

(3) 보육현장에서의 리더십

리더십(leadership)에 대한 개념은 접근 방법에 따라 매우 다양하고 복잡하게 정의되어 질 수 있다. 그러나 일반적으로, 조직의 목표를 달성하기 위하여 집단이 노력하도록 집단이 그 구성원에게 영향을 주는 행위로 볼 수 있다. 즉, 지도력을 "사람들에게 미치는 영향"으로 본다면, 원장의 지도력 여하에 따라 교육의 성공여부가 결정될 수 있으므로 리더십은 매우 중요한 요소다(김주건, 1998).

리더십을 분류하는 방법은 다양하다. 리더십의 유형은 지도자가 조직의 목표를 효율적으로 달성하기 위해 구성원을 지도하는 형태에 관한 것으로, 지도자의 성격, 역할기능, 조직원들과의 관계, 조직의 특성, 지도 방법, 집단 상황 등에 따라 분류될 수 있다. Halpin(1967)은 과업중심형 리더십과 인화중심형 리더십으로 분류하였다. 과업중심 형이란, 조직원 각자의 직무 경향, 의사소통 방법 및 절차, 업무의 계획수립과 평가 등 관리자의 과업수행 행동을 중요시하는 것이며, 인화중심형이란, 조직원들과의 관계에서 우호적인 상호신뢰 존중을 바탕으로 집단 유지를 하는 개인의 인성면을 강조하는 유형을 말한다.

한편, 유아교육 현장에서 당면하는 리더십을 미국 유아교육협의회(NAEYC, 1997)에서는 다음 5가지 측면에서 다루고 있다.

① 교육적 리더십

유아교육에 있어서 교육적 리더십이란, 배우는 것이 가치 있는 일이며, 어떻게 하면 가장 잘 배울 수 있는가에 관한 이론과 실제에 대한 식견을 말한다. 따라서 유아교육의 리더는 교육에 관한 이론과 실제에 충분한 지식과 경험이 있어야 한다.

② 행정적 리더십

원장은 효율적인 조직의 개발과 유지, 프로그램의 철학과 목적, 목표를 효율적으로 수행하는 행정 체계의 계획과 수행, 교직원 인사 관리와 교직원 개발 프로그램의 효율적 관리, 지역사회 인사와의 좋은 관계 조성 및 프로그램이 영향을 미치는 행정기관에 영향을 미치기, 시설의 유지 및 개발, 효율적 관리를 위해 필요한 관계 법령이나 규정에 대한 충분한 지식, 재정 관리 기술 연마 등에 충분한 능력을 발휘해야 한다(Culkin, 1997).

③ 대변적 리더십 – 가족, 유아 교사의 미래 향상

공식적이거나 사적인 요소로서 나타난 강력한 의미의 리더십은 가족과 유아들의 미래를 향상시키는 데 기여한다. 이것이 대변적 리더십(advocacy leadership)이라고 말할 수 있으며, 유아교육에 꼭 필요한 요소인 교직원 훈련, 인준, 자격 기준, 적정한 임금, 서비스 자원, 적절한 보호를 위해 중요한 요소다.

④ 지역사회 리더십

오늘날 보육시설은 지역사회의 센터로서 역할을 하며, 유아교육 지도자는 지역사회 봉사자로서의 역할을 수행하여야 한다.

⑤ 개념적 리더십

개념적 리더십의 개념은 대개 새로운 아이디어의 창조를 의미한다. 유아교육 분야에서 개념적 리더십은 개별 프로그램을 창안하는데 그치지 않고, 유아교육을 전체의 한 분야라는 의미를 가지게 된다.

김주건(1998)은 유아교육기관장의 리더십으로서, 다음과 같은 리더십을 제시하고 있다.

① 수업전문가로서의 역할
② 자율적 결정자로서의 역할
③ 화합을 지향하는 갈등 조정자로서의 역할
④ 변화 촉진자로서의 역할

보육현장에서 리더가 되기 위해서는 다음과 같은 태도로 임해야 할 것이다.

- 타인들의 행동에 영향을 미쳐라. 특히 교직원과 부모들이 상호 협조적인 유아교육 프로그램을 만드는 데 기여하도록 하라. 독단적인 결정을 피하고 다양한 의견을 경청하여 민주적인 의사결정에 이르도록 해야 한다.
- 보육프로그램 및 업무를 효율적으로 관리하라. 시간 관리, 개개인의 적성에 맞는 업무분담, 능률적인 인간 관리를 함으로써 효율적인 경영을 꾀한다.
- 개인의 성장, 직업적인 발전과 진보를 가능하게 하는 방향으로 교직원들을 감독하고 부모들을 끌어 들이라. 교직원 연수, 부모참여 프로그램 및 부모교육, 자가 연수 등을 통해 끊임없는 자기 발전을 추구해야 한다.
- 조직적이고 전문적인 효율성을 증대하기 위하여 변화에 대비해 계획하고 변화에 대응할 수 있는 능력 신장을 강화한다.

2) 의사소통과 의사결정

(1) 의사소통의 중요성과 개념

다른 사람들과의 관계를 긍정적인 태도로 발전시키는 것은 비단 보육시설에서 뿐 아니라 모든 사람들이 사회생활을 하는데 필수적인 요소다. 의사소통이란, 하나의 정보원으로부터 수신자에게로 정보 또는 메시지가 전달되어 양자간에 공동 소유가 형성되는 것이다. 원활한 의사소통을 위해서는 송신자, 수신자, 매체, 말, 동작, 기호, 상징 등의 요소가 필요한데, 각 과정에서 오해나 왜곡을 유발할 수 있는 요인들이 있다.

오늘날은 특히 커뮤니케이션이 한 개인이나 조직의 성공여부를 결정하는 중요한 열쇠로 간주하고 매우 중요시하고 있다.

유아의 발달과 학습이 인간 상호간의 관계의 질에 영향을 받기 때문에 유아교육 지도자들에게 의사소통 능력은 매우 중요하다. 유아와의 교수-학습 과정 역시 의사소통의 한 과정이며, 유아들의 발달에 적절한 방법으로 의사소통을 하는 것은 학습과 발달에 매우 중요하다. 또한 교직원들 간의 원활한 커뮤니케이션은 조직의 효율성을 더해 주며, 갈등이나 오해의 요인을 줄여줌으로써 건전한 조직풍토를 형성한다.

우월감이나 열등감, 두려움과 불안, 엄격한 사회적 조직, 선입관, 압력이나 통제하려는 시도, 달성해야 한다, 생산해야 한다, 일치시켜야 한다는 압력 등이 있으면 커뮤니케이션이 약화된다.

(2) 효율적 기관 경영을 위한 의사소통

현장에서의 지도자의 책임을 분석한 결과, 개인 수준에서 생존을 위한 조화와 지도자의 책임은 크게 두 가지로 요약될 수 있다(Rodd, 1994).

첫째, 유아교육 전문가로서, 다른 사람의 요구를 충족하는 것이 중요하다. 이러한 책임을 충족시키는 데 도움이 되는 구체적 의사소통 기술이 있다.

둘째, 업무 상황에서 자신의 요구를 충족시키는 기술의 개발은 기본 요소다.

이런 두 가지 종류의 기술들 간에 중복되는 부분도 있지만 기본적으로 다음과 같이 나눠질 수 있다(Rodd, 1994).

표 6-4 의사소통 기술

타인의 요구 충족 기술	자신의 요구 충족 기술
	적절한 자기주장
정확하고 분명한 메시지 보내기	I-message 보내기
대화의 장벽 극복	갈등 관리
이해를 위한 경청	위임
감정 관리	시간 관리
	스트레스 관리

보육현장에서는 유아를 대상으로 교수–학습을 하는 과정이나 부모와의 상담, 교직원 간의 갈등관리 등 유아교육 현장에서 많은 부분이 의사소통의 과정이 필요하므로, 지도자뿐 아니라 교사들도 의사소통의 기술을 끊임없이 개선하고 향상시킬 필요가 있다. 특히, 보육시설의 시설장의 기본 책임은 유아, 부모, 그리고 교직원과 같은 타인의 요구를 충족하는 것이기 때문에, 타인의 요구 충족 기술에 대해 먼저 논의해 보기로 한다.

(3) 타인의 요구 충족 기술

타인의 요구를 충족시키기 위해서는 다음 네 가지 기술을 가지고 있어야 한다.

① 정확하고 분명한 메시지 보내기

본인이 전달하고자 하는 메시지를 돌려서 전달하는 것보다는 정확하고 분명하게 전달하는 것이 좋다. 메시지를 우회적으로 전달하는 것은 메시지를 왜곡할 가능성이 많다.

② 대화의 장벽 극복하기

의사소통을 할 때, 물리적인 장벽과 심리적인 장벽은 화자와 청자간의 원활한 대화를 방해하는 요소가 된다. 물리적인 방벽으로는, 소음이 심하거나 화자와 청자 간의 거리가 너무 멀 경우를 들 수 있고, 심리적 장벽은 화자와 청자 간의 세대 차이, 문화적 배경의 차이, 성격의 차이, 열등감 등이 해당한다. 선입관을 없애고 조용하고 차분한 장소에서 대화를 하는 것이 원활한 대화를 할 수 있는 조건이 된다.

③ 이해를 위한 경청

대화는 일방적인 과정이 아니라 말하는 사람과 듣는 사람간의 연속적이고 순환적인 과정이다. 말하는 사람은 상대방의 메시지를 보낼 때 경청함으로써 상대방의 메시지를 명확하게 이해할 준비가 되어 있어야 한다. 또한, 상대방이 말할 때, 말을 끊거나 다른 일을 하는 것은 상대방으로 하여금 대화의 의지를 상실하게 만드는 요인이 된다. 상대방의 이야기에 동의하든 동의하지 않던, 경청하는 태도는 대화의 기본적 예절이다.

④ 감정 관리

화가 나거나 관심이 생기지 않아도 본인의 감정을 잘 관리하는 것은 갈등 관리와 원활한 대화를 위해 꼭 필요하다. 기질적으로 쉽게 화를 내거나 지루해하는 사람들인 경우도 꾸준한 연습을 통해 본인의 화를 다스릴 수 있는 기술을 습득할 수 있다. 자칫 언성이 높아지거나 고함을 지르는 등, 본인의 감정을 제대로 관리하지 못하면 성공적인 대화의 결과를 기대할 수 없을 것이다.

(4) 자신의 요구를 만족시키는 의사소통 기술

의사소통은 상호적인 과정이므로 상대방의 요구뿐 아니라 본인이 전달하고자 하는 메시지도 성공적으로 전달할 수 있어야 한다.

① 적절한 자기주장

어떤 맥락에서 어떤 방법으로 자기주장을 할 것인가를 잘 생각해야 한다. 상대방의 메시지에 따라 본인이 전달하고자 하는 메시지를 정확하게 전달해야 한다.

화자와 청자가 같은 공간에서 얼굴을 맞대고 대화할 수도 있지만, 오늘날 다양한 매체가 발달하여, 전화, 문자메시지, 이메일, 채팅 등 여러 가지 경로를 통해 대화가 가능하다. 메시지의 성격에 따라 효과적인 채널을 채택하는 것도 성공적인 대화를 할 수 있는 요건이 된다.

② 'I' 메시지 보내기

'당신'이라는 단어로 말을 시작하면 상대방을 방어적으로 만들고 공격을 시킨다. '당신', '그들', '부모들', 대신 '나' 라는 단어를 사용하여 문장을 시작하는 것이 중요하다. 우리

언어의 경우, "내 생각에는……"으로 대화를 하는 것이 좋을 것이다.

③ 갈등 관리

갈등은 어떤 조직체나 존재하는 인간의 개인적인 생존과 직업 만족에 대한 관심의 일부분임을 인식할 필요가 있다. 그러나 갈등은 대화나 협상을 결렬시키게 만드는 결정적인 요소다.

④ 위임

유아교육 전문가들에게 가장 큰 문제점 중의 하나는 역할과 책임 수행에 부여되는 일의 양이 많고 일의 종류가 너무 다양하다는 점이다. 때로는 그 역할을 잘 수행할 수 있는 사람에게 대화를 위임하는 것도 의사소통에 도움이 된다. 효율적인 업무 수행 측면에서 고려할 때, 보육시설의 목적 달성을 위해 언제, 어떻게 다른 사람에게 일을 위임할 것인가의 문제가 있다. 여기에는 수행되어질 업무의 성격과 구성원들의 능력, 관심, 특성 등을 고려해야 한다.

⑤ 시간 관리

오늘날 자본주의 사회에서는 시간이 곧 돈이다. 효율적이고 경제적인 의사소통을 위해서는 철저하게 시간 계획을 하는 것이 필요하다. 따라서 대화에 있어서 불필요한 시간 낭비를 줄일 필요가 있다. 그러나, 상대방과의 충분한 Rapport형성을 할 시간은 충분히 계획되어야 할 것이다.

업무량이 많은 교사나 원장의 경우, 효율적인 시간 관리를 위해 매일, 매주, 그리고 월별, 연간 시간 스케줄을 작성하고 가장 중요한 일과 가장 빨리 해야 할 일들을 정리해 두는 습관이 필요하다. 효과적으로 시간을 관리하는 것은 스트레스를 줄일 수 있고 업무 효율성을 높이는 지름길이다.

⑥ 스트레스 관리

스트레스는 만병의 원인인 동시에, 효율적인 업무수행을 위해서는 반드시 다스려져야 할 요소다. 적당한 긴장과 스트레스는 필요할 수도 있지만, 지나친 스트레스는 대화의 질을 떨어뜨리거나 협상에 실패하는 큰 요소가 된다. 나아가서는 각종 신경성 질환에

시달리거나 무기력감, 우울감, 긴장감 등 많은 부정적 영향을 낳게 된다.

특히 유아교사들이나 기관장들은 유아들을 대하는 직업이므로 정신위생이 매우 중요하다. 적당한 휴식, 명상, 그리고 각자에게 적절한 방법으로 스트레스를 줄일 수 있는 방법을 강구하여 건강한 정신건강을 유지하고 나아가서는 삶의 질을 향상시키는 것이 필요하다.

3) 의사결정

우리는 일상생활에서 끊임없이 선택의 문제에 부딪힌다. 보육시설에서는 기관을 운영하기 위한 적절한 방침을 세우기 위해 원장은 물론 교사들도 문제해결을 위하여 의사결정을 하게 된다. 의사결정은 유아교육기관의 경영 관리 활동의 중요한 원동력으로서의 기능을 발휘하게 된다.

교사가 의사결정에 참여했을 때의 효과

① 방침을 수립하는 데 기회를 나누어 가지는 일은 교사의 사기와 학교 조직에 대한 열의를 가지는 데 중요한 요소가 된다.

② 의사결정에 참여하는 일은 교사가 교직에 스스로 만족감을 가지는 데 긍정적으로 관련된다. 특히 의사결정에 참여한 교사들은 결정된 사항에 대해 책임감을 느낄 것이며, 결정된 사항을 실천하며 보람도 느낄 것이다.

③ 교사는 자신들을 의사결정에 참여시키는 원장을 좋아한다. 의사결정에 참여함으로써 기관에 대한 주인의식도 느낄 수 있으며, 원장들과의 의사소통 기회도 향상된다.

④ 교사는 모든 의사결정에 참여하는 것을 원치 않는다. 사실상 지나치게 많이 참여하게 되면 부정적인 결과를 가져올 수도 있다.

⑤ 의사결정에 있어 교사와 관리직의 역할과 기능은 문제의 성격에 따라 달라질 필요가 있다.

⑥ 내부적 요인과 외부적 요인이 교사가 어느 정도 의사결정에 참여할 것인지에 영향을 미친다.

⑦ 의사결정 참여의 긍정적인 효과를 최대화하고, 부정적인 결과를 최소화해야 한다.

바람직한 의사결정을 위해, 기관장들은 다음 네 가지를 반문할 필요가 있다.

첫째, 어떤 조건하에서 의사결정에 교사들이 참여해야 하는가?

둘째, 교사들이 어느 정도, 그리고 어떻게 참여해야 하는가?

셋째, 의사결정 집단을 어떻게 구성해야 하는가?

넷째, 원장으로서 어떤 역할이 가장 효과적인가?

여기서 주목할 것은 교사들이 의사결정에 참여함으로써 긍정적인 효과를 주지만, 너무 지나치게 참여하게 되면 부정적인 결과를 가져온다는 점이다.

4) 갈등 관리

갈등이란 한 조직체 내의 의견 불일치, 논쟁, 싸움 그리고 분쟁 등의 빈도와 정도로 특정지을 수 있는 심리적 분위기를 말한다. 이러한 갈등이 가져다 주는 의미는 집단 내 의사소통과 상호 인간관계의 단절이다.

유아교육 전문가들은 긍정적인 방법으로 갈등에 접근하고, 집단 내 인간관계를 강화하는 방법으로 갈등을 다루는 법을 배워야 한다.

(1) 보육시설의 갈등 발생 원인

보육시설에서 흔히 겪게 되는 여러 가지 갈등들을 이해하고 갈등 해소의 방법을 찾는 것은 긍정적인 교직풍토를 위해 매우 중요하다. 빈번하게 발생하는 갈등의 원인들을 간략히 기술하면 다음과 같다.

① 집단의 구조

보육시설은 다른 기관에 비해 업무 환경 자체가 갈등 유발을 쉽게 할 수 있는 구조적 조건을 내포하고 있다. 전체 교직원이 함께하는 시간이 적고, 소집단 구성원끼리만 의사소통이 쉽게 이루어질 수 있는 환경이다.

또한, 교사는 휴식 시간에도 유아에 대한 최소한의 보호 · 감독을 필요로 하고 심지어는 점심시간조차도 다같이 모여 전체 집단으로서 의사소통할 기회가 없기 때문에 교직원들 간 효율적 의사소통이 어렵고, 의사소통의 단절과 유발을 증가시킨다.

② 보육시설의 목표와 정책

보육시설들은 목표 설정과 정책 및 업무 개발에 참여할 기회를 갖지 못한다. 이러한 전문성에 대한 불공정한 개념 정립으로 인해 대부분의 보육시설의 운영자들이 기관의 운영 방침을 결정하는 데 교사를 참여시키지 않는다. 따라서 대부분의 교사들은 교육의 목표나 과정에 대해 책임감을 느끼지 못하게 된다. 의사결정 과정에 교사들이 참여한 경우에는 그 결정사항에 대해 책임을 느끼고 적극적 자세로 교육에 임하게 되지만, 그렇지 않은 경우에는 결정된 사항에 대해 일방적인 지시나 강압으로 인식하고 거부감을 갖게 된다.

따라서 지도자는 문제에 대한 자신의 관심을 명백히 밝히고 문제해결에 도움이 되도록 개방적으로 문제해결을 할 수 있도록 격려해야 한다.

③ 가치관

가치관은 세상을 가늠하게 하는 저울과 같다. 운영자의 교육철학이나 신념이 교사들의 철학이나 신념과 불일치하면, 근원적인 갈등이 생기게 되며, 이는 교육 방법이나 아동을 다루는 기술에 이르기까지 다양한 문제들이 연관적으로 발생하게 되며, 쉽게 해소되지 않는다. 교육에 대한 신념이나 철학은 방법적인 문제들을 결정하는 요소이기 때문이다. 따라서 이러한 근원적인 원인에 의한 갈등은 지속적으로 문제가 야기되므로 운영자는 교사를 임용할 때 교사의 교육관이나 아동관을 고려해야 할 것이다.

또한, 운영자는 유아와 가족을 위한 의사결정을 실행에 옮길 때 가치, 신념을 명확히 하고, 개인 가치의 중요성 뿐만 아니라 전문적 가치와의 관련성을 인정해야 할 것이다.

④ 리더십의 유형

앞서 언급한대로 보육시설의 기관장은 교육적 지도성, 행정적 지도성, 대변적 지도성, 지역사회 지도성, 개념적 지도성 등 여러 유형의 리더십이 필요하다. 가령, 원장은 인화중심형인데, 교사들은 업무효율적인 원장을 원한다면, 상호간 불만족이 생긴다. 이처럼, 원장의 지도성 유형이 교직원들과 상반될 때 갈등이 빚어질 수 있다.

⑤ 직업에 대한 기대와 요구

유아교육을 전공하고 유아교사가 되거나 보육시설을 운영하는 사람들은 각기 "보육" 또는 "보육교사"에 대한 기대를 가지고 있다. 그러나 생각하지 못한 잡무들과 육체노동, 그리고 노동과 노력에 비해 낮은 봉급 수준과 사회적 지위에 당면하면, 실망하게 된다.

기관장이 원하는 "보육교사"에 대한 기대에 교사의 역량이 미치지 못할 때, 기관장과 교사들 간에 갈등이 생기기 마련이다. 부모들이 기대하는 교사로서의 역할을 교사가 다하지 못한다고 느낄 때 부모들은 교사에 대한 불신을 가지기 마련이다. 다른 한편으로, 교사들은 유아를 교육하는 것 이외에 행정적 업무 및 수많은 역할을 한꺼번에 해야 하는 데 비해 실제 수령하는 급여의 수준이 지나치게 낮다고 생각될 때 교사로서의 자부심마저 잃을 수 있다.

⑥ 교직원들의 권위에 대한 불신

조직의 장은 조직 내에서 권위가 있어야 한다. 권위는 본인 스스로가 내세우는 것이 아니라, 남들로부터 부여받는 것이다. 원장은 전문적 지식과 올바른 품성과 태도를 가져야 할 것이다. 원장이 어떤 일에 동기가 부족하고 불확실할 경우, 그리고 일관성이 없는 경우에는 교직원은 원장에게 부정적 태도를 갖게 되고 그 결과 교직원들의 협동력이 약해진다.

⑦ 수행한 일에 대한 피드백과 비판을 제대로 못할 때

교사가 수행한 일에 대해, 칭찬이나 비판을 전혀 하지 않는 경우, 무관심하다고 느낄 것이다. 또한, 칭찬을 해 주어야 할 사항에 대해 비판을 하거나 비판받아야 할 부분에 대한 지적이나 피드백을 전혀 받지 않을 경우, 교사들은 원장이 업무나 유아교육에 대해 잘 알지 못한다고 느끼게 된다. 피드백을 받지 못하거나 잘못된 피드백을 받으면 불신과 갈등이 생기게 된다.

⑧ 정보와 오보

부적절한 정보 관리에 대한 갈등은 지도자와 교사, 부모들 간 기본적 신뢰감을 파괴하고 프로그램의 질을 저하시킨다. 아동 개인의 정보들은 철저하게 비밀을 유지해야 하며, 개인 정보들을 누설함으로써 문제가 생기지 않도록 해야 한다. 특히, 원활한 의사소통이 이루어지지 않는 기관의 경우 무성한 소문과 유언비어가 생기고 이러한 오보들은 각 조직원들을 오해와 불신으로 교직원들 간, 상급자와 하급자 간, 부모와 교사 간의 갈등을 조장하게 된다.

⑨ 인성적 알력

개인들 간에 계속되는 갈등은 유아와 부모들의 신뢰를 매우 심각하게 파괴시킨다. 사람들마다 타고난 기질이 다르며 각기 다른 환경에서 성장하였으므로 사람을 대하는 방식이나 경험이 다르기 마련이다. 성격이 급하고 직선적인 사람들은 내성적이고 자기표현을 잘 하지 못하는 사람들에게 상처를 줄 수 있다. 또한 내성적이고 수줍어하는 사람들을 교사로서 부적절하다고 느끼는 사람도 있을 것이다. 인성이란 쉽게 바뀌는 것이 아니므로 인성적으로 갈등이 생기는 경우에는 타인을 이해와 수용하는 태도를 가져야 하며, 그래도 알력이 지속적으로 생긴다면, 가급적이면 서로 물리적 거리를 띄우는 것이 좋다.

상대방의 인성을 바꾸겠다고 생각하는 경우도 있는데 이는 매우 위험한 발상이다. 한 사람의 인성을 바꾸는 일은 우주를 바꾸는 것만큼 어려운 일이며, 그러한 발상 자체가 갈등을 일으키는 가장 큰 요인이기 때문이다.

⑩ 경직된 편견과 고정 관념

우리는 스스로 인식하든 아니든 많은 편견 속에서 살고 있다. 남자 유아교사를 마치 동성연애자 취급을 하는 경우는 없었는가? 유아교사는 어리고, 예쁘고, 소녀 같아야 적합하다고 생각하지는 않는가? 때로는 유아교사가 유아들처럼 유치한 언동을 하기를 바라기도 한다.

그러나 보육교사는 누구보다도 성숙한 인격의 소유자이어야 한다. 학력에 따른 편견,

인종에 대한 편견, 직업에 대한 편견 등이 갈등을 유발할 수 있다. 특히 남자 보육교사에 대한 편견은 직업적으로 남성들이 보육관련 직종을 회피하게 만드는 큰 요인으로 작용한다.

⑪ 변화에 대한 저항

사람들은 변화하는 것을 두려워하고 저항감을 느끼게 된다. 오늘날, 사회구조의 변화, 전자매체의 발달이 급속하게 이루어지고 있고, 특히 세대간의 격차도 더욱 심각한 수준으로 벌어지고 있는 실정이다. 이러한 변화의 속도는 더욱 가속화될 전망이다.

기관장의 세대와 교사의 세대, 그리고 유아들의 세대는 큰 격차를 보이고, 기존 세대들은 변화된 조건에 대해 거부감과 저항감을 느끼게 되며 다른 한편으로는 새로운 변화에 대해 적응할 수 없을지도 모른다는 불안감을 느끼게 된다. 따라서 기관에서 업무처리 방식이나 절차 등 사소한 일처리에서 새로운 풍속이나 현상에 대해 세대간의 커다란 시각차를 보이게 된다. 이는 곧 커뮤니케이션의 단절을 낳게 되고 갈등의 요소가 된다.

(2) 갈등 관리의 건설적인 접근 방법

갈등이 생겼을 때 건설적으로 대처하는 방법은 다음과 같이 크게 세 가지로 접근해 볼 수 있다.

① 확신(assertion)

한 사건이 갈등으로 번질 잠재력을 가진 것으로 지각될 때, 첫 번째 중요한 단계는 (반응해야 할 요구가 무엇인지) 문제를 인식하는 것이다.

② 협상

확신이 갈등 해결에 만족스런 성취를 가져오지 못하면 협상 단계로 넘어가는 것이 유용하다. 이 단계에서 상황의 불만족스런 성질은 문제에 대한 상호 수용적 해결을 성취하려는 동기와 더불어 강조된다.

이것은 협상 목적이 조직체의 목표를 달성하고 조화로운 인간관계를 유지하는 상황에서 중요하다.

③ 문제해결

한쪽이 협상을 거절하거나 협상된 동의가 역할을 못하거나 깨졌을 경우, 빨리 문제해결 전략으로 이동하는 것이 중요하다.

II. 교직원의 인사관리

1. 교직원의 인사관리

보육시설은 일반 회사나 기업체와 달리 그 규모가 크지 않으나 보육시설 역시 조직체로서 그것을 경영관리하기 위한 4대 요인으로 불리우고 있는 인력(manpower), 재정(money), 물자(material), 관리기법(management)이 갖추어져 있어야 한다.

그 중에서도 인적 요소는 그 조직체의 목적 달성에 가장 관건적인 위치에 있기 때문에 보육시설 운영관리에서는 인사관리를 매우 중요시한다. 왜냐하면 보육시설은 시설이 작고 교직원의 수가 적어 한 사람이 여러 가지 업무를 겸하게 되므로 인사관리를 합리적이고 신축성 있게 하지 않으면 교육의 성과를 기대하기 어렵기 때문이다. 또한 보육시설의 시설과 설비 등의 물적 환경이 잘 갖추어져 있고, 보육시설의 물리적 환경이 훌륭하게 되었다 하더라도 모두가 사람에 의해서 운영되는 것이므로 결국은 사람을 잘 선발 · 임용하지 못하고 적재적소에 배치하지 못한다면 아무 소용이 없게 되기 때문이다.

1) 보육시설 인사관리의 고려사항

보육시설과 같은 보육시설의 인사관리에서의 기본방향으로 모트와 크로스(Paul R. Mort & Donald H. Cross)는 다음과 같이 유의해야 할 점들을 지적하고 있다.

① 관리의 대상이 인격을 가진 사람이라는 점을 고려해야 한다. 즉, 한 사람 한 사람의 개인적 위신(individual dignity)을 인정하고 존중해야 한다.

② 상급학교의 인사관리 기술을 직수입해서 적용하지 말고 유치원, 특히 자기 보육시설의 실정(지역사회, 직원구성, 규모, 시설, 전통 등)을 충분히 분석하고 이에 부합되는 인사관리체제를 구축해야 한다.

③ 보육시설의 인사관리는 합리성과 더불어 유연성(flexibility)이 있어야 한다.

2) 보육시설 교직원의 선발

교원선발 계획의 기본 목적은 ① 여러 유자격 후보자 중에서 최적임자를 선정하는 것과 ② 모든 지원자들과 그들의 철저한 전문적인 방법으로 평가하는 것이다.

자격 있는 우수한 교원을 선발하여 적소에 임명하는 일은 교원 인사행정에서 가장 중요한 일이다. 유아교육기관에는 그에 해당하는 직위로 원장, 원감, 교사 등이 있다.

(1) 교직원의 임용

임용은 특정한 직위에 임명하는 것을 말한다. 교직원의 임용에 관해서는 「교육공무원법」에 명기되어 있는데, 임용은 신규임용, 승진, 승급임용과 강임, 전직과 전보, 휴직과 복직, 직위해제, 면직과 파면 등을 포함한다.

이러한 임용에서 가장 핵심적인 문제는 선발과 임명이다. 선발이란 자격을 갖춘 후보자 중에서 최적임자를 선정하는 것을 말하며, 임명이란 선발된 후보자에게 직위를 보하는 것을 말한다.

교직원의 임용은 현행 제도상에서는 자격, 재교육 성적, 근무성적, 기타 능력 등에 근거하여 자격임용주의와 성적주의 및 전형주의를 따른다. 이러한 임용원칙에 관련된 몇 가지 사항을 살펴보면 다음과 같다.

① 신규임용에 있어서 국 · 공립 교원양성기관 졸업자에 대한 우선채용과 공개경쟁시험을 통한 임용후보자 선발

② 승진임용에 있어서는 연수 및 근무성적의 평정을 토대로 하는 승진후보자 명부순위의 준수

③ 원호대상자의 우선임용

④ 신규임용에 있어서 신체검사의 실시

⑤ 1년 이내의 조건부 임용이나 임시교사의 임용에 있어서 신분보장의 제한

⑥ 법적 결격사유에 해당된 자에 대한 임용의 금지(국가공무원법 제33조)

· 금치산자 혹은 한정치산자

· 파산자로서 복권되지 아니한 자

· 금고 이상의 형을 받고 그 집행이 종료되거나 집행을 받지 아니하기로 확정된 후 3년을 경과하지 아니한 자

· 금고 이상의 형을 받고 그 집행의 유예기간이 완료된 날로부터 1년이 경과하지 아니한 자

· 금고 이상의 형의 선교유예를 받고 그 선고유예 기간 중에 있는 자

· 법원의 판결에 의하여 자격이 상실 또는 정지된 자

· 징계에 의하여 파면의 처분을 받고 2년을 경과하지 아니한 자

⑦ 1년 이내의 전보제한

⑧ 인사기록의 작성과 보관

⑨ 시험 또는 임용에 관한 방해 행위의 금지

⑩ 시험, 승진, 인사기록 등에 관한 부정행위의 금지

공무원의 임용에 관한 이러한 원칙이나 준수사항은 각급 학교는 물론 보육시설의

교직원 임용에도 거의 그대로 적용된다고 할 수 있다.

2. 교직원의 자격과 임용

보육시설에 종사하는 교사 및 시설종사자는 보건복지부에서 제시하는 일정한 자격을 갖추어야 임용될 수 있다.

보육시설의 교직원은 시설장, 보육교사 등 영유아들을 직접 보호하고 교육하는 교원과 의사(또는 촉탁의사), 간호사, 영양사, 조리사(또는 취사부), 사무원, 관리인, 운전기사 및 행정업무를 담당하는 행정직원을 말한다.

그 외에, 치과의사, 심리학자, 특수교사, 사회사업가, 자원봉사자 등 외부 지원인사들도 참여하는데, 외부 지원인사들은 보육시설의 필요에 따라 비정기적으로 요청되거나 상호협의에 의해 정기적으로 유아교육활동을 지원해 주는 사람들이다.

보육기관의 경우, 2005년 개정된 「영유아보육법」에 따라, 종래의 보육교사 자격에 비해 보육교사 1급, 보육교사 2급 및 3급으로 나누고 자격기준도 강화하였다. 우선, 보육시설 종사자 채용의 기준을 자격별로 살펴보면 다음과 같다.

1) 시설장의 자격기준

(1) 시설장 일반기준

① 보육교사 1급 자격을 취득한 후 2년 이상의 보육 등 아동복지업무 경력이 있는 자
② 「유아교육법」에 의한 유치원 정교사 2급 자격을 취득한 후 5년 이상의 보육 등 아동복지업무 경력이 있는 자
③ 유치원 원장의 자격을 가진 자
④ 「초 · 중등교육법」에 의한 초등학교 정교사 자격을 취득한 후 5년 이상의 보육 등 아동복지업무 경력이 있는 자
⑤ 「사회복지사업법」에 의한 사회복지사 1급 자격을 취득한 후 5년 이상의 보육 등

아동복지업무 경력이 있는 자

⑥ 「의료법」에 의한 간호사 자격을 취득한 후 7년 이상의 보육 등 아동복지업무 경력이 있는 자

⑦ 국가 또는 지방자치단체에서 7급 이상의 공무원으로 보육 등 아동복지업무에 5년 이상 근무한 경력이 있는 자

(2) 가정보육시설의 시설장

가정보육시설의 시설장은 다음의 기준을 갖추어야 한다.

① 일반기준에서 정한 자격을 갖춘 자

② 보육교사 2급 이상의 자격을 취득한 후 2년 이상의 보육업무 경력이 있는 자

(3) 영아전담 보육시설

만 3세 미만의 영아만을 20인 이상 보육하는 영아전담 보육시설의 시설장은 다음의 자격을 갖추어야 한다.

① 일반기준에서 정한 자격을 갖춘 자

② 간호사 자격증을 취득한 후 5년 이상의 아동간호업무 경력이 있는 자

(4) 장애아전담 보육시설

「장애인복지법」 제29조의 규정에 의하여 장애인으로 등록된 영유아만을 20인 이상 보육하는 시설의 시설장은 다음의 기준을 갖추어야 한다.

① 일반기준에서 정한 자격을 갖춘 자로서 다음 각호의 어느 하나에 해당하는 자

② 대학(전문대학을 포함한다)에서 장애인복지 및 재활관련학과를 전공한 자

③ 장애아 보육시설에서 2년 이상의 보육업무 경력이 있는 자

④ 여성가족부령이 정하는 장애아보육 직무교육을 받은 자

⑤ 「고등교육법」에 의한 대학(전문대학을 포함한다) 또는 법 제21조 제2항 제2호의 규정에 보육시설을 운영하는 대학의 전임강사 또는 교육훈련시설의 전임교수 이상으로서 보육관련 교과목에 대하여 3년 이상의 교육경력이 있는 자이어야 한다.

2) 보육시설 종사자의 종별 자격기준

보육교사의 자격등급은 종래의 2등급에서 3등급으로 변경하고 승급을 할 때 경력요건을 강화하였다. 종래의 보육교사 및 시설장 자격기준에 비해 질적 향상을 꾀하였다. 2005년 개정된 「영유아보육법」에 의한 시설장 및 보육교사의 종별 자격기준은 다음 〈표 6-5〉와 같다.

표 6-5 보육교사의 종별 자격기준

등 급	자 격 기 준
시설장	① 보육교사 1급 자격을 취득한 후 2년 이상의 보육 등 아동복지업무 경력이 있는 자 ② 「유아교육법」에 의한 유치원 정교사 2급 자격을 취득한 후 5년 이상의 보육 등 아동복지업무 경력이 있는 자 ③ 유치원 원장의 자격을 가진 자 ④ 「초·중등교육법」에 의한 초등학교 정교사 자격을 취득한 후 5년 이상의 보육 등 아동복지업무 경력이 있는 자 ⑤ 「사회복지사업법」에 의한 사회복지사 1급 자격을 취득한 후 5년 이상의 보육 등 아동복지업무 경력이 있는 자 ⑥ 「의료법」에 의한 간호사 자격을 취득한 후 7년 이상의 보육 등 아동복지업무 경력이 있는 자 ⑦ 국가 또는 지방자치단체에서 7급 이상의 공무원으로 보육 등 아동복지업무에 5년 이상 근무한 경력이 있는 자
보육교사 1급	① 보육교사 2급 자격을 취득한 이후 3년 이상의 보육업무 경력과 여성가족부장관이 정하는 승급교육을 받은 자 ② 보육교사 2급 자격과 보육관련 대학원에서 석사학위를 취득한 자로서 1년 이상 보육업무 경력과 보건복지부장관이 정하는 승급교육을 받은 자
보육교사 2급	① 전문대학 또는 이와 동등 이상의 학교에서 여성가족부령이 정하는 보육관련 교과목 및 학점을 이수하고 졸업한 자 ② 보육교사 3급 자격을 취득한 이후 1년 이상의 보육업무 경력과 보건복지부장관이 정하는 승급교육을 받은 자
보육교사 3급	고등학교 또는 이와 동등 이상의 학교를 졸업한 자로서 여성가족부령이 정하는 교육훈련시설에서 소정의 교육과정을 수료한 자

〈표 6-5〉에서 "보육 등 아동복지업무 경력"이라 함은 다음의 어느 하나에 해당하는 경력을 말한다.

① 「영유아보육법」에 의한 보육시설 또는 보육정보센터에 근무한 경력
② 「유아교육법」에 의한 유치원에서 근무한 경력
③ 「아동복지법」에 의한 아동복지시설에서 근무한 경력
④ 「장애인복지법」의 규정에 의한 장애 영유아 생활시설에서 장애아동과 관련된 업무에 종사한 경력
⑤ 「유아교육법」 및 「초 · 중등교육법」에 의한 특수학교(유치원 및 초등학교 과정)에서 특수학교 교원으로 근무한 경력
⑥ 법률 제7120호 유아교육법으로 폐지되기 전 「유아교육진흥법」에 의한 새마을유아원에 근무한 경력
⑦ 위의 ① ~ ⑥ 항의 아동복지업무를 수행하는 시설 등에서 간호사로 근무한 경력
⑧ 국가 또는 지방자치단체에서 7급 이상의 공무원으로 보육 등 아동복지에 관한 행정업무에 근무한 경력

(1) 시설장의 자격기준별 구비서류

시설장 자격을 부여받기 위해서는 다음 〈표 6-6〉의 기준에 따라 서류를 구비하여 제출하여야 한다.

표 6-6 시설장 자격취득을 위한 구비서류

종류	자격기준	구비(제출)서류
일반 시설장	보육교사 1급 자격을 취득한 후 2년 이상의 보육 등 아동복지업무에 경력이 있는 자	① 보육교사 1급 자격증 사본 ② 경력증명서(보육교사 1급 자격을 취득한 후 2년 이상 보육 등 아동복지업무에 종사한 경력)
	「유아교육법」에 의한 유치원 정교사 2급 자격을 취득한 후 5년 이상의 보육 등 아동복지업무 경력이 있는 자	① 유치원 2급 정교사 자격증 사본 ② 경력증명서(유치원 정교사 자격증을 취득한 후 5년 이상 보육 등 아동복지업무에 종사한 경력)
	유치원 원장의 자격을 가진 자	유치원 원장 자격증 사본

<table>
<tr><th>종류</th><th>자격기준</th><th>구비(제출)서류</th></tr>
<tr><td rowspan="4">일반 시설장</td><td>「초 · 중등교육법」에 의한 초등학교 정교사 자격을 취득한 후 5년 이상의 보육 등 아동복지업무 경력이 있는 자</td><td>① 초등학교 2급 정교사 자격증 사본
② 경력증명서(초등학교 정교사 자격증을 취득한 후 5년 이상 보육 등 아동복지업무에 종사한 경력)</td></tr>
<tr><td>「사회복지사업법」에 의한 사회복지사 1급 자격을 취득한 후 5년 이상의 보육 등 아동복지업무 경력이 있는 자</td><td>① 사회복지사 1급 자격증 사본
② 경력증명서(사회복지사 1급 자격증을 취득한 후 5년 이상 보육 등 아동복지업무에 종사한 경력)</td></tr>
<tr><td>「의료법」에 의한 간호사 자격을 취득한 후 7년 이상의 보육 등 아동복지업무 경력이 있는 자</td><td>① 간호사 자격증 사본
② 경력증명서(간호사 자격증 취득한 후 7년 이상 보육 등 아동복지업무에 종사한 경력–상세기술 요함)</td></tr>
<tr><td>국가 또는 지방자치단체에서 7급 이상의 공무원으로 보육 등 아동복지업무에 5년 이상 근무한 경력이 있는 자</td><td>① 경력증명서(보육 등 아동복지 행정업무에 5년 이상 근무한 경력–상세기술 요함)</td></tr>
<tr><td rowspan="3">가정 보육 시설</td><td colspan="2">개인이 가정 또는 그에 준하는 곳에 설치 · 운영하는 시설로 상시 5인 이상 20인 이하를 보육하는 시설</td></tr>
<tr><td>일반기준에서 정한 자격을 갖춘 자</td><td>상기 일반기준에 의함</td></tr>
<tr><td>보육교사 2급 이상의 자격을 취득한 후 2년 이상의 보육업무 경력이 있는 자</td><td>① 보육교사 자격증 사본(1, 2급)
② 경력증명서(자격을 취득 한 후 2년 이상 보육업무에 종사한 경력)</td></tr>
<tr><td rowspan="3">영아전담 보육시설</td><td colspan="2">만 3세 미만의 영아만을 20인 이상 보육하는 시설</td></tr>
<tr><td>일반기준에서 정한 자격을 갖춘 자</td><td>상기 일반기준에 의함</td></tr>
<tr><td>간호사 자격증을 취득한 후 5년 이상의 아동간호업무 경력이 있는 자</td><td>① 간호사 자격증 사본
② 경력증명서(5년 이상 아동간호 업무에 종사한 경력–상세기술 요함)</td></tr>
<tr><td rowspan="4">장애아 전담 보육시설</td><td colspan="2">「장애인복지법」 제29조의 규정에 의하여 장애인으로 등록된 영유아만을 20인 이상 보육하는 시설
일반기준에서 정한 자격을 갖춘 자로서 다음 각 호의 어느 하나에 해당하는 자</td></tr>
<tr><td>대학(전문대학을 포함한다)에서 장애인복지 및 재활관련학과를 전공한 자</td><td>① 상기 일반기준에 의한 필요 서류
② 졸업증명서</td></tr>
<tr><td>장애아 보육시설에서 2년 이상의 보육업무 경력이 있는 자</td><td>① 상기 일반기준에 의한 필요 서류
② 경력증명서(장애아전담 보육시설에서 2년 이상 종사한 경력)
③ 시설 인가증 사본</td></tr>
<tr><td>보건복지부령이 정하는 장애아보육 직무교육을 받은 자</td><td>① 상기 일반기준에 의한 필요 서류
② 장애아 보육 직무교육 수료증 사본</td></tr>
</table>

(2) 보육교사의 자격기준별 구비서류

보육교사는 1, 2, 3급으로 구분된다. 승급이 될 경우에는 승급교육을 이수받은 증명서 및 경력증명서를 제출하여야 한다. 보육교사의 자격기준별 구비서류는 다음 〈표 6-7〉과 같다.

표 6-7 보육교사 자격기준별 구비서류

종류	자 격 기 준	구 비(제출)서 류
보육교사 1급	1. 보육교사 2급 자격을 취득한 후 3년 이상의 보육업무 경력과 보건복지부장관이 정하는 승급교육을 받은 자	① 보육교사 2급 자격증 사본 ② 보육업무 3년 이상 경력증명서 ③ 승급교육 이수증명서
	2. 보육교사 2급 자격과 보육관련 대학원에서 석사학위를 취득한 자로서 1년 이상 보육업무 경력과 보건복지부장관이 정하는 승급교육을 받은 자	① 보육교사 2급 자격증 사본 ② 석사학위증명서 ③ 보육업무 1년 이상 경력증명서 ④ 승급교육 이수증명서
보육교사 2급	1. 전문대학 또는 동등 이상의 학교에서 보건복지부령이 정하는 보육관련 교과목 및 학점을 이수하고 졸업한 자	① 최종학교 졸업증명서 ② 최종학교 성적증명서 ③ 보육실습확인서
	2. 보육교사 3급 자격을 취득한 이후 1년 이상의 보육업무 경력과 보건복지부장관이 정하는 승급교육을 받은 자	① 보육교사 3급 자격증 사본 ② 보육업무 1년 이상 경력증명서 ③ 승급교육 이수증명서
보육교사 3급	고등학교 또는 이와 동등 이상의 학교를 졸업한 자로서 여성가족부령이 정하는 교육훈련시설에서 소정의 교육과정을 수료한 자	① 최종학교 졸업증명서 ② 교육훈련시설 수료증

위 표에서, "보육업무 경력"이라 함은 다음의 어느 하나에 해당하는 경력을 말한다.

① 「영유아보육법」에 의한 보육시설 및 보육정보센터에서 근무한 경력

② 「유아교육법」에 의한 종일제 유치원에서 원장, 원감, 교사로 근무한 경력

③ "아동간호업무 경력"이라 함은 병원 소아과나 신생아실, 보건소 모자보건센터, 초등학교 보건실 등에서 근무한 경력을 말한다.

(3) 보육교사 경력의 인정 범위

유치원의 교사와 보육시설에서 근무하는 보육교사간의 경력은 「영유아보육법」에 의거, 다음과 같이 인정한다. 보육교사 경력의 인정 범위는 다음과 같다.

① 보육시설에 근무하는 자 중 「유아교육법」에 의한 유치원 교원의 자격을 가진 자에 대하여는 동 시설에서의 근무경력을 「유아교육법」에 의한 교육경력으로 인정한다.

② 유치원(유아교육법 제2조 제6호의 규정에 의한 종일제 수업과정을 운영하고 있는 유치원에 한한다)에 근무하는 자 중 이 법에 의한 보육교사의 자격을 가진 자에 대하여는 동 시설에서의 근무경력을 이 법에 의한 보육경력으로 인정한다.

유치원에서도 마찬가지로 유치원 교원의 자격을 가진 자로서 보육시설에서 교사로 일했던 경력을 인정한다.

3) 특수교사 및 치료사 자격기준

보육시설에서 장애아를 보육할 경우 장애아 9인당 1인의 특수교사를 배치하여야 하고 추가로 치료사를 배치할 수 있도록 되어 있다.

특수교사 또는 치료사를 채용하는 경우에는 자격기준을 갖춘 자를 채용하여야 하고, 종사자 임면보고를 받은 시 · 군 · 구청장은 자격의 적격성 여부를 확인한다.

특수교사 및 치료사의 자격은 시설장 또는 보육교사 자격과 달리 보건복지부장관이 국가자격증을 발급하지 않으므로, 보육시설 및 시 · 군 · 구청에서 자격의 적격성 여부를 확인하여 무자격자가 채용되는 사례가 없도록 해야 할 것이다. 특수교사의 자격기준은 다음과 같다.

특수교사 자격의 인정 범위

① 「초 · 중등교육법」 제21조 제2항에 의한 교사자격기준 중 특수학교 정교사 1급 및 2급, 준교사 자격증을 취득한 자

② 「초 · 중등교육법」 제21조 제2항에 의한 교사자격기준 중 치료교육 과목의 특수학교 실기교사 자격증을 취득한 자

③ 대학(전문대학 및 대학원을 포함한다)에서 특수교육 또는 재활관련학과를 전공하고 졸업한 자

4) 보육교사의 채용

보육시설의 종사자는 법인이나 단체의 대표자 또는 시설 설치자가 임면한다. 다만, 국·공립보육시설을 위탁 운영하는 경우에는 국·공립보육시설 설치자는 종사자 임면권을 위탁 운영자에게 위임할 수 있다.

(1) 보육교사는 유아교육 또는 아동복지에 관련된 학과의 전공자 등 보육교사 1급을 우선적으로 채용하여야 한다.

(2) 유아교육 및 아동복지에 관련된 학과의 학생 및 유아 경험이 있는 여성들을 자원봉사자로 적극 활용하되, 시설의 사정에 따라 수당을 지급할 수 있다.

(3) 종사자의 채용 및 임용에 따른 구비서류는 다음과 같다.

① 인사기록카드 1통

② 경력증명서(경력자에 한한다) 1통

③ 자격을 증명하는 서류

④ 채용신체검사서 1통

⑤ 기타 임용에 필요한 서류

(4) 전염성질환 및 인격 결함 등 신체적·정신적으로 영유아 보육에 지장이 있는 자는 종사자로 채용할 수 없다.

보육시설의 경우, 그 동안 보육교사 및 종사자에 대한 경력증명 발급을 시설의 장이 담당하고 있었으나, 2005년 7월 31일 이후 시·군·구에서 관리하게 되었다. 그리고 보육교사의 자격증 역시 국가 자격증 제도를 도입하여 국가에서 자격을 검증 후 자격증을 발급하도록 법이 개정되었다(2005년 4월 이후).

따라서 보육시설장이나 보육교사의 자격을 획득하기 위해서는 구비서류를 작성하여 보육자격검정위원회의 심사를 받아야 한다(보육자격검정위원회 : www.ctcm.or.kr).

종사자 임면보고를 받은 시·군·구청장은 보육시설에 채용된 자가 제20조에 의한 보육시설에 종사할 수 없는 결격사유에 해당하는지 여부를 신원조회를 통하여 확인하게 된다. 신원확인 절차는 〈그림 6-3〉과 같다.

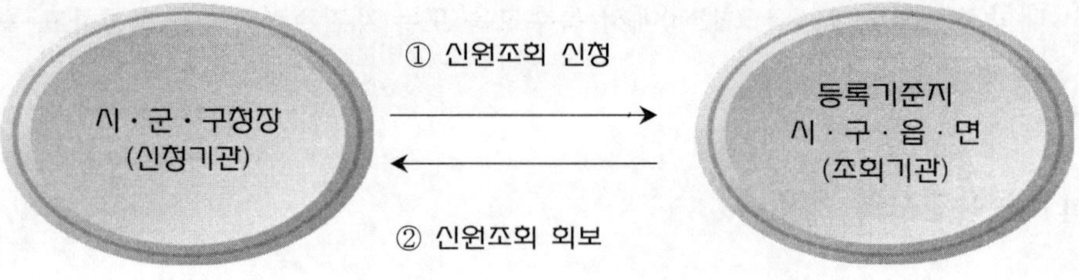

〈그림 6-3〉 신원조회 절차

3. 교직원의 역할

보육시설에서 실무를 담당하는 교직원은 원장(시설장), 원감(주임교사), 교사, 보조교사 등이다. 이들은 각각의 맡은 지위에 따라 다른 역할과 능력을 요구받으며, 직종에 따라 기대되는 자격기준도 다르다.

1) 시설장의 역할

시설장은 보육시설에서 하루 종일 일어나는 일에 대해 궁극적인 책임을 진다. 즉, 보육시설 전체를 조직하고 관리하고 감독하는 책임을 맡고 있다.

교육법 제75조 3항에 "원장은 원무를 통괄하고 소속직원을 감독하며 원아를 보육한다."라고 되어 있다. 따라서 원장은 보육시설을 효과적으로 운영하기 위해서 전문적인 지식과 기술이 요구된다. 즉, 예산과정, 인가규정, 수입과 지출에 대한 지식, 고용, 세무, 해고과정 등의 전문지식과 아울러 건강과 안전, 소방규정, 유아의 영양, 유아와 직원의 평가방법 등을 이해하고 있어야 한다.

시설의 운영을 책임지고 있는 시설장의 직무는 다음 〈표 6-8〉에 제시된 바와 같이, 기관의 모든 운영을 통괄하고 있다.

표 6-8

시설장의 직무

영역	직무의 종류
전체적인 기획	직원회의(정기 · 임시)의 기획 교육지표, 원 운영방침의 기획 교육계획, 행사예정 등의 기획 교직원의 원무분담, 학급배당의 기획 교직원의 원무분담, 학급배당 등에 관한 개인면접 원사 증 · 개축 등의 특수사정에 의한 직무
인사관리	교직원의 이동 교직원의 이동, 임면에 관한 개인면접 교사의 복무에 관한 전반적인 감독(근무 상황) 교사 이외의 직원관리
교사 · 사무관리	유아의 입원, 출결석 등의 관리 유아의 진학에 관한 관리 보건 · 위생에 관한 관리 급식에 관한 관리 교무 · 사무에 관한 서류의 관리(재적부, 일지 등) 교재채택에 관한 관리 원의 홍보에 관한 관리(유치원 일람표, 가정 연락부 등을 포함) 기타 교무 · 사무의 관리(사고의 처리 등)
서무 · 회계 사무관리	문서관계 사무의 관리(문서의 접발, 재조사, 보고 등) 원 재정에 관한 관리 교직원 봉급에 관한 관리 교직원의 복지, 후생에 관한 관리 기부금, 징수금에 관한 관리 시설 · 비품에 관한 관리(소모품, 수리 등을 포함) 서무 · 회계에 관한 제장부의 관리

2) 원 감

보육시설의 경우, 법적으로 원감의 직위는 존재하지 않는다. 그러나 대부분 일선 현장에서 원감의 직무를 대리하는 교사들이 있는 것이 현실이다. 일반적으로 일급 보육교사 자격을 가진 경력이 많은 주임교사가 시설장의 부재 시에 원감의 역할을 하고 있다.

3) 보육교사의 직무

교사는 보육과 교육을 모두 제공하기 때문에 유아와 그 가족에게 책임을 느끼게 된다. 교사가 필수적으로 갖추어야 할 조건은 부모에 대한 신뢰, 교수(teaching) 내용과 인간발달에 대한 이해, 그리고 사회현상에 대한 올바른 인식 등이다. 더욱이 유아에 대한 사랑과 인내심, 친절함, 따뜻함, 개방성, 안전의 중요성에 대한 이해 등을 가져야 한다.

카츠(Katz)는 유치원 교사의 역할 모형을 모친모형(maternal model), 치료모형(therapeutic model), 교수모형(instructional model) 등을 들고 있다.

다음은 교사에게 주어진 과업들이다.

① 학급경영 학습 환경의 구성
② 교육목표의 선택과 개발
③ 교실관리
④ 보육시설과 부모의 중재자 역할
⑤ 적절한 교육내용의 선정
⑥ 유아의 발달평가
⑦ 적절한 책임자에게 유아의 특별한 요구를 보고하는 일
(예 : 유아의 장기 결석, 유아학대, 아동유기 등)
⑧ 직원 및 지도팀의 일원으로서의 업무수행

4) 보조교사

보조교사는 보육교사가 하는 일 가운데 어떤 일이라도 할 수는 있지만, 보통 이들에게

는 활동계획과 평가에 대한 책임이 없다. 즉, 보조교사는 교사로부터 지시를 받고 자신의 능력껏 그 지시를 수행한다. 또한 보조교사는 대집단, 소집단, 개별 유아 지도를 담당하나, 정규교사의 지시에 따라야 한다. 시간제 고용이거나, 정규교사가 되기 위해 학교를 다니는 동안 보조교사로 일하는 경우가 많다.

유아와 관련된 직업은 〈표 6-9〉와 같이 다섯 가지 유형으로 나누어질 수 있다.

표 6-9 아동과 관련된 직업

유 형	직업의 예
① 직접적으로 유아에게 봉사	· 교사, 탁아모, 양호교사, 신체치료사, 병원의 놀이 보조원
② 직접적으로 가족에게 봉사	· 사회사업가, 가족치료사, 부모교육가, 간호원
③ 유아와 가족을 위해 서비스를 조직	· 학교행정관이나 감독관, 대학교수, 오락지도원
④ 유아 및 가족과 함께 일하는 전문가에게 정보를 제공	· 조사원, 평가전문가, 사서, 작가, 편집인
⑤ 유아와 가족에게 영향을 미치는 상품과 서비스 제공	· 백화점 상인, 신문기자, 장난감 디자이너, 아동문학가, 건축가, 법률보조원

* J. W. Seaver et al., Careers with Young Children. Washington D.C. : NAEYC. 1979.

5) 영양사 및 취사원

(1) 영양사

영양사는 식단 작성, 재료 구입, 취사부 조리활동 지도, 조리과정과 각종 식기류와 집기류 위생관리 감독, 영양교육과 식습관 지도가 주업무가 된다.

(2) 취사원(조리사)

취사원 식단에 따른 식사 및 간식 요리 및 위생 상태 유지, 조리법 연구 · 개발 등이 주업무다. 그 외 보육인력으로 간호사가 있고, 기타 인력으로 사무원과 관리원을 고려할 수 있다.

4. 보육시설 종사자 관련 제도 및 정책

1) 근로기준법

근로기준법과 남녀고용평등법에서 규정한 바에 의하여 5인 미만 사업장과 5인 이상 사업장에 적용되는 법적 조항이 차이가 있다.

모든 사업장 근로자에 적용되는 사항은 최저임금, 휴게시간, 4대 보험, 근로계약, 임산부 보호, 육아휴직, 근로 행정지도다.

상시 근로자 5인 이상 시설에만 적용되는 법적 조항은 근무시간, 연 야간 휴일근무 및 수당, 연월차 휴가 및 생리휴가, 퇴직금, 육아시간 보장이다.

퇴직금제도는 2008~2010년 기간 중에 5인 미만 사업장에도 적용될 예정이다. 해고 제한은 5인 미만 사업장에는 부분 적용된다. 어린이집은 5인 미만 사업장으로 분류되는 비율이 매우 높다. 그러나 영유아보육법 시행규칙이나 보육사업안내에서는 근로 관련 조항의 준수를 권고하고 있다.

2) 보육시설 종사자 관련 제도 및 정책

영유아보육법 제17조 및 시행규칙으로 종사자 배치기준, 제18조에는 보육시설 종사자 직무에 관하여 규정하고 있다.

보육시설 종사자의 인건비 지급 기준은 보육사업안내에서 다음과 같이 정하고 있다.

국고보조 시설(정부지원시설)은 「2006년도 보육시설 종사자 인건비 지급기준」에 따라 인건비를 정하여야 한다. 시설의 재정 형편에 따라 설치자와 협의하여 보수를 상향 지급할 수 있으나, 총 잉여금의 50%를 초과할 수 없다고 정하고 있다.

인건비 미지원 시설은 「2006년도 보육시설 종사자 인건비 지급기준」을 참고하여 자율적으로 정할 수 있다. 다만, 종사자의 보수를 심히 불리하게 책정해서는 아니 된다고 정하였다.

영유아보육법 제정 이후 종사자 경력인정은 동일직종, 동일시설, 계속근무의 3가지 관점에서 허용 범위가 확대되어 왔다.

보육시설 종사자 및 보육시설 거주자는 연 1회 이상 건강진단을 실시하여야 한다.

3) 보육시설 종사자의 급여

시 · 군 · 구청장은 보육종사자의 호봉을 확정한 경우 경력관리시스템에 호봉을 입력 · 관리하게 되며, 2005년 7월 31일 이후부터 시 · 군 · 구청장은 보육시설의 장으로부터 관련서류를 이관('05. 7. 31부터)받아 보육시설종사자 관리대장에 등재한 후 관리하고 있다. 이때, 국고 보조시설이 아닌 경우에는 호봉책정에 의거하지 않고 급여를 지불할 수 있다.

보육교사의 급여

보육교사는 초임일 경우 1호봉으로 책정된다. "호봉"이란 근무경력의 기간에 따라 1년을 단위로 인건비 책정을 달리하는 기준을 의미하며, "호봉승급"이란 일정한 재직기간의 경과에 의하여 현재의 호봉보다 높은 호봉을 부여하는 것을 말한다.

호봉획정 및 호봉승급은 당해 보육시설을 설치 · 운영하는 자가 호봉인정 기준에 따라 시행하고 관련 서류를 첨부하여 관할 시장 · 군수 · 구청장에게 보고하여야 하며, 시장 · 군수 · 구청장은 호봉획정 및 호봉승급의 내용을 확인하고 그에 따라 보육종사자의 호봉을 확정하게 된다.

호봉 획정 시 인정되는 경력의 인정 범위는 다음과 같다.

- 영유아보육법 제정 전 새마을유아원, 탁아시설에 근무한 경력
- 보육시설 종사자로 근무한 경력
- 보육정보센터에 근무한 경력
- 2005년 1월 30일 이후 보육교사 자격을 가지고 종일제 유치원에 근무한 경력
- 병역법에 의한 군의무 복무기간

초임 호봉의 획정에 반영되지 않은 1년 미만의 잔여기간이 있을 때는 다음 호봉 승급기간에 산입하여 호봉을 산정할 수 있다. 또한 재직 중 승급을 했을 경우 등 호봉 재획정의 사유가 발생하면 새로운 경력에 따라 합산하여 재획정하게 된다.

2006년 여성부보고서 조사에서 나타난 보육교사의 월 평균 총 수령액은 106만원 정도로 산출되었다. 보육교사의 급수별로 차이를 보인다. 1급 교사가 평균 118만원 수준이고 2급 교사는 92만원 수준이다.

보육교사와 유치원교사, 그리고 특수교사의 월 수령액을 비교한 결과는 〈표 6-10〉과 같다.

표 6-10 보육교사 자격별 월 총 수령액

(단위 : 천원, 명)

구분	평균	표준편차	최소	최대	(수)	F
전체(조정치)	(1,061.1)	315.0	400	2,000	(284)	
1급 보육교사	1,182.2	312.0	500	2,000	(264)	
2급 보육교사	918.7	200.3	650	1,286	(17)	4.57**
유치원교사	1,119.3	417.7	400	1,600	(6)	
특수교사	1,600.0	-	1,600	1,600	(1)	

주 : **는 통계적 유의도 P<.01을 의미함.

자료 : 2006년 여성부보고서 : 「보육교사 직무 및 근로환경 조사」 자료임.

〈표 6-10〉은 보육시설의 제 특성별 급여의 차이를 나타낸다. 시설유형, 시설규모,

교사 수 및 시설장 겸직여부별로 유의한 차이가 있음을 나타낸다.

교사의 봉급수준은 과거에 비하여 점차 개선되고 있는 것으로 볼 수 있다. 2002년도 전국보육실태조사에서 보육교사의 전체 월평균 급여는 768,000원으로 조사되었다. 물가 상승률 연 5%를 감안하더라도 교사 급여수준은 향상되었다고 하겠다.

그러나 보육교사의 급여는 유치원교사의 급여수준과 비교하여 매우 낮은 수준에 있다.

표 6-11 시설유형별 보육교사 월 총 수령액

(단위 : 천원, 명)

구분	평균	표준편차	최소	최대	(수)	F
전체(조정치)	(1,061.1)	315.0	400	2,000	(284)	
유형						
국·공립	1,417.4	250.6	900	2,000	(75)	
법인	1,308.9	217.4	684	1,800	(40)	46.21**
법인 외	1,207.5	273.9	500	1,800	(29)	
민간	965.2	227.6	500	1,684	(102)	
직장	1,471.1	293.9	1015	2,000	(12)	
가정	825.6	194.3	400	1,500	(26)	
규모						
21인 이하	916.6	249.1	400	1,500	(40)	
21~39인	965.8	321.9	500	2,000	(56)	28.21**
40~79인	1,271.5	293.0	750	2,000	(74)	
80인 이상	1,281.7	243.9	684	1,873	(118)	
교사수						
4인 이하	973.5	304.7	400	2,000	(106)	74.92**
5인 이상	1,276.5	261.4	684	2,000	(182)	
시설장겸직여부						
전임	1,191.9	310.9	400	2,000	(254)	13.23**
겸직	971.8	279.5	500	1,949	(49)	

주 : **는 통계적 유의도 P<.01을 의미함.

자료 : 2006년 여성부보고서 : 「보육교사 직무 및 근로환경 조사」 자료임.

그런데 본 조사에 응한 응답자의 다수가 1급 보육교사이므로 현재 1급과 2급 보육교사의 비율이 1급 교사의 비율이 54.0%이므로 이 비율을 적용하여 조정하면 106만원이 된다(표 6-10 참조).

〈표 6-12〉는 국 · 공립 보육교사와 유치원교사의 초봉을 비교한 결과이다.

표 6-12 국 · 공립 유치원교사와 보육교사의 초봉 비교(2005)

구분	보육교사 (1호봉)	유치원		
		2년제(6호봉)	4년제(비사범; 8호봉)	4년제(9호봉)
총액(원)	14,412,000	22,750,000	23,698,000	24,180,000
월액(원)	1,201,000	1,895,833	1,974,833	2,015,000

* 자료 : 박기백 외, 『표준보육 · 교육단가 및 적정부담수준에 관한 연구』, 여성부, 2005.

〈표 6-12〉는 국 · 공립보육시설과 국 · 공립유치원 교사의 초봉을 비교한 것이다. 유치원 초봉의 호봉기준이 최소 6호봉으로 높게 책정되어 있고, 전문제와 4년제 대학 졸업자의 학력에 따른 호봉 차이를 두고 있다. 가령, 2년제 유아교육과를 졸업하면 6호봉, 3년제는 7호봉 그리고 4년제는 8호봉이고 사범대학의 경우는 초임이 9호봉으로 책정된다.

반면에 보육시설에서는 보육교사의 급수나 학력에 관계없이 1호봉을 적용하고 있다. 따라서 기본급여 기준의 차이와 호봉적용 방식의 차이로 인하여 4년제 대학을 나온 보육교사와 유치원교사의 연봉은 거의 1,000만원 차이가 나게 된다.

보고서에 의하면, 사립유치원의 경우도 경력 평균은 6년인데 연봉은 평균은 1,387만원으로 나타났다.

표 6-13 유치원교사 급여(연봉) 평균액(2004)

구분	경력			연봉		
	사례수	평균(년)	표준편차(년)	사례수	평균(만원)	표준편차(만원)
전체	766	11.0	6.34	755	2,482	1,092
공립	446	14.5	5.74	438	3,274	678
사립	320	6.1	3.00	317	1,387	376
t	24.04**			159.8**		

주 : **는 통계적 유의도 P〈.01을 의미함.
자료 : 나정 외, 『2004년 전국 유치원 실태조사 보고』, 여성부, 2005.

이원화되어 있는 유아교육기관의 문제는 제도적인 문제로 인하여 보육교사와 유치원 교사의 봉급수준이 달라지는 결과를 초래한다. 급여의 차이는 보육교사의 질을 좌우하게 하는 계기가 되므로 행정적으로 이러한 문제를 해소할 수 있는 방안이 적극적으로 모색되어야 할 것이다.

또 다른 문제는, 교사의 근무시간이나 여건에 비해 급여수준이 매우 열악하다는 현실이다. 앞서 살펴본 바와 같이 보육교사의 이직률이 높은 것도 근무시간에 비해 열악한 근무환경과 급여수준이기 때문이다.

보다 질 높은 보육교사를 양성하기 위해서는 근무시간에 준하는 현실성 있는 급여가 지급되어야 할 것이다.

학 급 경 영

Chapter 07

본 장에서는 합리적인 학급경영을 하기 위한 요건들을 살펴볼 것이다. 원아모집과정과 법적 요건에 맞는 합리적인 학급편성 방법을 설명한다. 그리고 원아들의 연령에 적합한 학급의 환경과 영역의 구성에 대하여 알아보고 학급의 교재와 교구를 합리적으로 관리하는 방법을 제시할 것이다.

1. 원아모집
2. 학급편성
3. 학급 환경관리

1. 원아모집

대부분의 민간사립 유아교육기관들은 재정의 대부분을 원아들의 보육료에 의존해 왔다. 유아교육법이 제정되고 영유아보육법이 개정되면서 사립기관에도 일부 보조금이 지급되게 되었지만, 여전히 원아의 보육비가 운영비의 큰 부분을 차지하고 있는 실정이다. 원아모집이 제대로 이루어지지 않으면 원활한 교육활동이 어려운 실정이다. 원아모집을 위해서는 기관의 교육목적과 교육활동 전반에 대한 홍보가 필요할 것이다.

1) 원아모집을 위한 홍보

보육시설의 홍보 방법은 새로 신설한 보육시설과 설립한지 3년 이상 지난 곳의 홍보 방법은 달라야 한다. 3년 이상이 지난 유치원이나 어린이집은 교육목적이나 교육기관의 이미지가 지역사회나 학부모들에게 어느 정도 알려지게 되므로 이 시기는 보육시설 발전의 결정적인 시기라고 할 수 있다.

보육시설에서 할 수 있는 홍보 방법은 신문, 지역 정보지, 텔레비전이나 라디오 등 매체를 통한 방법과 현수막, 안내책자나 홍보 전단지에 이르기까지 다양한 방법을 활용할 수 있다. 보육시설의 재롱잔치나 작품전시회 등도 많은 홍보효과를 거둘 수 있는 것으로 알려져 있다. 홍보 방법은 각 교육기관의 여건이나 지역의 특성을 고려하여 효과적인 방법을 선택하는 것이 좋다. 그러나 무엇보다도 내실 있는 교육활동을 통해 학부모들이나 지역사회에서 신뢰를 얻는 것이 가장 좋은 방법일 것이다.

2) 원아모집

보육시설도 초 · 중등학교와 마찬가지로 3월에 학기가 시작되고 이듬해 2월에 학년을 마친다. 따라서 원아모집은 12월에서 2월 사이에 하게 되는데 유치원의 경우, 지역의 시 · 도교육청의 결정에 따라 실시해야 한다.

일부 잘 운영되는 유아교육기관은 선착순이나 추첨을 통해 원아모집을 하지만 원아모집에 어려움을 겪고 있는 기관의 경우 모집 시기 외에도 학기 중에도 수시로 원아를 모집하고 있는 실정이다. 원아모집의 우선순위는 기관마다 독자적으로 정하고 있다.

어린이집을 비롯한 보육시설의 경우, 입소대상은 0~6세 미만의 취학전 아동과 12세까지의 방과 후 보육대상 아동이다. 보육시설의 입소대상 순위는 시설의 유형이나 지역에 따라 다소 차이가 있지만 영유아보육법 26조에서는 〈국가 또는 지방자치단체와 사회복지법인 그 밖의 비영리법인이 설치한 보육시설과 대통령령이 정하는 보육시설의 장은 영아 · 장애아 등에 대한 보육(이하 "취약보육"이라 한다)을 우선적으로 실시하여야 한다〉고 명시하고 있다.

원아모집의 절차는 다음과 같다.

원아모집 공고

⇓

입학원서 교부

⇓

입학원서 접수

⇓

입학대상자 선발 및 통고

⇓

입학금(납입금) 납부

⇓

입학대상자 확정

원아모집의 시기는 보육시설의 프로그램이 3월에 시작하여 다음해 2월에 마무리되므로 주로 1월과 2월에 원아모집을 하고 있다. 그러나 아동의 사정이나 시설의 보육능력에 따라 연간 수시로 모집하는 실정이다.

3) 입소 순위 및 입학자 선발

모집 공고 후, 입학자를 선발할 때, 시설의 장은 영유아보육법의 시행규칙에서 제시하고 있는 입소 우선순위를 확인하여 다음 대상 아동을 우선적으로 입학할 유아들을 미리 확인하여야 한다.

(1) 입소 순위

다음에 제시된 입소 순위는 순위에 따라 선입소시켜야 한다. 즉, 국민기초생활보장법에 따른 수급자는 모 · 부자복지법 제5조의 규정에 의한 보호대상자의 자녀보다 우선적으로 입소할 수 있다. 만일, 동일 순위에서 경합자가 있는 경우에는 추첨 등에 의해 합리적으로 입소자를 결정해야 한다.

법정 입소 순위는 다음과 같다.

① 국민기초생활보장법에 따른 수급자(법정)
② 모 · 부자복지법 제5조의 규정에 의한 보호대상자의 자녀
③ 국민기초생활보장법 제24조의 규정에 의한 차상위 계층의 자녀
④ 장애인복지법 제2조의 규정에 의한 장애인 중 여성가족부령이 정하는 장애등급 이상에 해당하는 자의 자녀(장애 부모)
⑤ 아동복지시설에서 생활 중인 유아
⑥ 맞벌이, 한부 및 모 · 조부모 가정
⑦ 저소득층 보육료 지원 대상 영유아 중 기타 저소득층(3층, 4층)의 영유아(기타 저소득)
⑧ 입양된 영유아
⑨ 세 자녀 이상 가정의 영유아
⑩ 결혼 이민자의 자녀
⑪ 일반 아동

보육시설의 장은 입소신청자에게 우선입소대상 순위, 저소득층보육료지원제도, 만 5세아 보육료 지원제도, 두 자녀 보육료 지원제도 등을 적극 홍보하여 지원 혜택을 받을 수 있도록 하여야 한다.

(2) 입소자 결정

보육시설의 장은 신청순위에 따라 보육시설 이용신청자명부를 작성 · 비치하여 이를 열람할 수 있도록 하여야 한다.

이용신청자명부의 〈대상별〉란에는 입소우선순위(법정, 모 · 부자 등)를 정확히 기재하여 관리하고, 입소한 경우에는 입소일자를 기재하여야 한다.

시 · 군 · 구청장은 관할 구역 내 저소득층 보육대상 아동 현황을 파악하여 관리하고, 저소득층 아동과 보육시설과의 연계를 강화하여 저소득층 보육대상 아동이 우선적으로 보육시설을 이용할 수 있도록 적극 유도하여야 한다.

국 · 공립보육시설 및 비영리법인이 설치한 보육시설 등 정부지원시설은 반드시 저소득층 아동을 우선적으로 보육하도록 해야 하며 이를 위반하면 과태료가 부과된다. 국 · 공립 보육시설 및 비영리법인 시설이 없는 지역의 민간 및 가정보육시설에 대하여도 저소득층 아동을 보육하고 권장하도록 명시하고 있다.

사회(가정)아동과, 읍 · 면 · 동(면)사무소의 사회복지 전문요원 및 사회담당 공무원 등 사회복지 관련부서와 긴밀히 협조하여 저소득층 아동의 보육비용 지원, 보육시설 입소 절차 등 정부의 보육사업 정책에 대하여 적극 홍보토록 하여 저소득층의 보육시설 이용을 유도하여야 한다.

4) 입학금 납부

입소대상자가 결정되면 입학금 납부통지서를 발급한다. 보육료의 수납은 입소 아동의 정부지원금을 확인한 후 결정된다.

이때, 정부지원시설을 이용하는 영유아의 보육료는 시설유형에 관계없이 정부지원시설 보육료 지원 단가 범위 내에서 수납하며 정부 미지원시설을 이용하는 법정저소득층아동의 보육료는 정부 지원 단가 범위 내에서 수납하게 된다.

보육료를 제외한 여타 잡부금품 수납은 원칙적으로 금지되어 있지만 입학금, 현장학습비 등 수납이 불가피한 필요 경비는 당해 시 · 도지사가 정한 수납액의 범위 내에서 수납할 수 있다.

입학금의 내역 상해보험료, 체육복, 가방, 수첩, 명찰구입비 등이 포함된다.

보육료의 내역은 교사 등 종사자인건비, 교재 · 교구비, 급식비 1회, 간식비 2회, 관리운영비(난방비, 공공요금 및 제세공과금, 사무용품비 등)가 포함된 금액이다.

(1) 보육료 지원

정부에서 보육료를 지원받는 아동은 부모의 소득에 따라 지원을 받게 되고, 그 차액을 수납하면 된다.

그 외, 만 5세아 무상보육료 지원아동(도시근로가구 월 평균소득 100% 수준 이하)은 정부 미지원 시설 이용 아동의 경우 정부 지원 단가(172천원) 100%를 지원받고 차액 수납하면 된다.

장애아 가운데 무상보육료 지원 대상의 아동은 보육료를 수납하지 않아도 된다. 기타 일반 아동들은 시 · 도지사가 정한 보육료 수납한도액 범위 내에서 시설별로 결정된 보육료를 수납하게 된다.

(2) 학부모 오리엔테이션

원아모집 및 입소자가 결정되면 학부모를 대상으로 보육시설의 운영과 관련한 전체적인 안내와 보육과정 등에 대한 오리엔테이션이 필요하다.

또한 보모 면담을 통하여 시설의 운영과 보육서비스에 대한 계획을 소개하고 학부모의 기대와 요구를 파악하여야 한다. 면담은 개별 면담, 또는 소집단 면담의 형식으로 이루어진다.

부모 면담의 내용은 부모와 교사 모두에게 도움이 될 수 있도록 구성되어야 한다.

교사가 부모에게 얻는 정보

1. 아동의 가정환경
2. 부모의 보육에 대한 이해정도
3. 시설에 대한 기대와 요구
4. 입학에 필요한 각종 서류
5. 아동의 개별적 요구와 특성

부모가 교사에게 얻는 정보

1. 교사 및 종사자에 대한 정보
2. 시설의 보육환경
3. 보육프로그램의 철학과 특성
4. 보육프로그램의 내용
5. 입학 전후 학부모의 역할

부모 오리엔테이션 안내문(예시)

본 어린이집에서는 가정과 어린이집에서 일관성 있는 보육이 이루어지게 하기 위하여 신입 원아 부모님을 대상으로 부모 오리엔테이션을 아래와 같이 계획하였습니다. 꼭 참석하시어 자녀들의 어린이집 생활을 이해하는데 도움이 되시기 바랍니다.

일 시	년 월 일 (요일) 오후 1시 30분 오후 3시 30분 ※ 가능한 시간에 1회 참석하시면 됩니다.
장 소	보육실
내 용	* 본 어린이집의 전반적인 운영방침 안내 * 종사자 소개 * 시설 및 학급 안내 * 신입원아의 초기적응 과정 안내

※ 부모님만 참석해 주시기 바랍니다.

○○어린이집 시설장

* 오리엔테이션 참석이 가능하신 시간에 ∨ 표하여 어린이집으로
월 일 (요일)까지 제출하여 주시기 바랍니다.

························ 절 취 선 ························

__________반 영유아명 ______________

부모 오리엔테이션 참석 가능 시간 오후 1시 30분 ( )
오후 3시 30분 ( )

2. 학급편성

학급편성은 기관의 운영철학에 따라 동질집단 또는 이질집단으로 편성할 수 있다.

동질집단 편성은 유아의 연령, 성별, 발달수준별, 지역별, 계층별로 동질집단으로 학급을 편성하는 것을 말한다. 동질집단 편성은 유아의 능력, 경험 및 발달 수준이 비슷하여 학습활동을 계획하는 데 용이하다. 따라서 경험이 적은 교사들이 지도하기 쉬운 장점이 있다.

이질집단 편성은 유아의 연령 및 능력, 지역과 계층 등을 적절히 혼합하여 학급을 편성하는 것이다. 이러한 집단은 나이 어린 유아들은 나이가 든 유아들에게 배우고, 나이 든 유아들은 나이 어린 유아들을 도우는 행동을 발달시켜 가족과 같은 분위기를 만든다. 또한 발달이 느린 유아들은 보다 나이가 어린 유아들과 어울림으로서 좌절감을 줄일 수 있다. 그러나 발달수준이나 능력의 차이로 인해 학습활동을 계획하는데 어려움이 따른다. 그리고 경험 있는 유능한 교사가 아니거나 학습 자료가 다양하지 않으면 교육의 효과를 얻기 어려운 점이 단점이다.

학급당 인원수는 연령이 낮거나 발달이 느린 아동일수록 교사–아동의 비율이 낮아져야 한다. 유치원의 경우, 교육법 시행령 제182조에 따라 학급당 원아의 수를 40명 이하로 제한하고 있다. 현실적으로 3세 아동의 경우 20명 이하, 4~5세 아동의 경우 30명 이하로 학급을 편성하는 추세다.

어린이집의 경우 영유아보육법에 따라 유아–교사의 비율이 〈표 7-1〉과 같이 연령별로 정해져 있다.

표 7-1 유아 : 교사 비율

연령	비율	비고
만 1세 미만	3 : 1	장애유아의 경우 연령에 관계없이 3 : 1
만 1세 이상 ~ 만 2세 미만	5 : 1	
만 2세 이상 ~ 만 3세 미만	7 : 1	

연령	비율	비고
만 3세 이상 ~ 만 4세 미만	15 : 1	
만 4세 이상 ~ 취학전 유아	20 : 1	취학연령의 경우에도 동일한 비율 적용

영유아의 전출입 등 유동인원수가 많은 경우에 한하여 총 정원의 범위 내에서 초과보육이 가능하다. 이때, 초과보육을 운영하는 시설은 교사 1인당 보육인원의 증가에 따라 발생하는 수입금을 보육교사 인건비 추가지급과 처우개선 급여 등에 우선 사용하여야 한다.

초과보육 인원 : 1~2세반은 반당 2인, 3세 이상 학급은 학급당 3인(단, 0세반은 제외)

1) 학급편성 기준

영유아교육법의 보육사업 일반 원칙에 의하면, 다음과 같이 보육대상과 학급편성 기준이 제시되어 있다. 보육사업 일반 원칙에는 보육시설의 시설장이 조직, 인사, 급여, 회계, 물품 및 기타 시설의 운영관리에 관하여 필요한 규정을 제정하고 시행하도록 되어 있다. 보육사업 일반 원칙에 의한 보육대상 및 학급편성 기준은 다음과 같다.

(1) 보육대상

보육시설에 입학할 수 있는 대상 아동은 만 0세~만 5세의 취학전 아동을 원칙으로 한다. 필요한 경우 만 12세까지 연장하여 보육할 수 있도록 되어 있어서, 초등학생들의 방과 후 보육이 보육시설에서 이루어질 수 있다.

(2) 보육시설의 학급편성 기준

연령별 학급편성은 동년도 출생아(동년도 1. 1~동년도 12. 31 출생아)를 함께 학급편성하는 것을 원칙으로 한다. 다음 〈표 7-2〉에는 반 출생일에 의거한 학급편성 기준을 제시한 것이다.

표 7-2 학급편성 기준(2009년 기준)

반 편 성	출생일 기준
만 0세반	'09. 1. 1일 이후 출생
만 1세반	'08. 1. 1~'08. 12. 31
만 2세반	'07. 1. 1~'07. 12. 31
만 3세반	'06. 1. 1~'06. 12. 31
만 4세반	'05. 1. 1~'05. 12. 31
만 5세반	'04. 1. 1~'04. 12. 31

그러나 1, 2월생 영유아에 한하여 보호자의 신청이 있을 경우 상위연령반에 편성이 가능하다.

상위연령반이란, 전년도 1월 1일~ 전년도 12월 31일 출생 아동이 속해 있는 학급을 의미하며, 상위연령의 학급에 편성되고 싶은 보호자는 다음 서식의 반편성 신청서를 제출하여야 한다.

2) 학급편성 기준의 예외 적용

연령별 학급편성의 기준을 적용하지 않는 경우도 있다. 이는 3월을 기준으로 보육프로그램이 시작되므로 1월과 2월생의 영유아인 경우에는 예외적으로 적용이 될 수 있도록 한 것이다.

(1) 1, 2월생에 대한 2009년도 반편성 원칙

○ 원칙 : 1, 2월생은 [동년도 1. 1~동년도 12. 31] 출생아와 함께 학급편성한다. 그러나 1, 2월생은 보호자 선택에 따라 [전년도 1. 1~전년도 12. 31] 출생아반에 학급편성을 허용한다.

예시 2007년 2월 1일생은 [2007. 1. 1~2007. 12. 31] 출생아반에 편성

예시 2007년 2월 1일생은 [2007. 1. 1~2007. 12.3 1] 출생아와 함께 학급편성이 원칙이나 보호자 신청이 있을 경우 [2006. 1. 1~2006. 12. 31] 출생아와 함께 학급편성이 가능하다.

<table>
<tr><th colspan="6">반편성 신청서</th></tr>
<tr><td>아 동
성 명</td><td colspan="2"></td><td>아동 생년월일</td><td colspan="2">년 월 일</td></tr>
<tr><td>보호자
성 명
(관계)</td><td>( )</td><td>주소</td><td></td><td>전화번호
(휴대전화)</td><td>-
( )</td></tr>
<tr><td>학급편성 신청내용</td><td colspan="5">전년도 1. 1 ~ 전년도 12. 31 사이 출생자와 함께 학급편성 희망
(이후 학급편성 변경 불가)</td></tr>
<tr><td>보육시설명</td><td colspan="2"></td><td>시설주소</td><td colspan="2"></td></tr>
<tr><td>시설장 성명</td><td colspan="2"></td><td>시설전화</td><td colspan="2"></td></tr>
<tr><td colspan="6">상기와 같이 신청하며 신청사항에 대하여 책임을 지겠습니다.

201 년 월 일

신청인(보호자) 성명 (서명 또는 인)
확인자(시설장) 성명 (서명 또는 인)

(시장 · 군수 · 구청장) 귀하</td></tr>
</table>

(2) 기타 예외 적용

영유아의 발달차 등 부득이한 경우 부모의 신청에 의해서만 예외적으로 인정한다. 이러한 예외 규정은 학급편성 등 기존 원칙과 원칙에 따라 입학하는 다른 영유아의 권리 등을 침해하지 않는 범위 내에서만 적용이 가능하다.

그리고 예외규정은 최초 학급구성(3월 1일) 및 보육시설 신규 입학 시에 한해 허용된다.

(3) 보호자의 신청서 제출 의무

예외 적용을 원하는 경우, 보호자가 신청서를 작성하여 해당 시설장에게 제출해야 한다. 시설장은 보호자의 신청서를 관할 시 · 군 · 구청 담당부서에 즉시 제출하게 되며 시 · 군 · 구청 담당 공무원은 아동이 예외대상자인지 확인하여 시스템상 학급을 조정한다.

※ 관할 시 · 군 · 구청에서는 제출받은 신청서를 취합하여 2년간 보관

예외대상자가 보육시설을 옮길 경우에는 원칙에 따라 학급편성을 해야 하며 계속해서 상위연령반 편성을 원하는 경우, 보호자는 신청서를 제출해야 한다.

(4) 예외 규정 적용 아동보육료 지원

만 5세 아동에 대한 보육료의 지원은 편성된 반 기준으로 적용된다.

다만, 2005년 1. 1~2. 28일생 아동이 상위연령반(2004. 1. 1~12. 31)으로 편성되더라도 만 5세 아동 무상보육료 지원 대상으로 인정하지 않으며 차등보육료 지원 대상으로 본다.

※ '10년도 만 5세 아동 무상보육료 대상 : 2004. 1. 1~12. 31일 출생 아동

※ '09년에 만 5세 아동 무상보육료를 지원받은 '04. 1. 1~2. 28일 출생 아동이 만 5세반에 재편성되더라도 만 5세 아동 무상보육료 지원대상이 아닌 차등보육료 지원 대상으로 인정한다.

3. 학급 환경관리

학급에는 교구 및 비품이 필요하다. 교구는 교육 목표를 달성하기 위하여 교수-학습

활동에서 활용되는 기구를 의미하며, 비품이란 교수-학습에 쓰이는 설비 및 갖추어 두어야 할 물품을 의미한다.

1) 학급의 교구와 교재

교구는 교육목표를 달성하기 위하여 교수-학습 활동에서 활용되는 기구를 의미하며, 비품이란 교수-학습에 쓰이는 설비 및 갖추어 두어야 할 물품을 의미한다.

비품 및 교재와 교구의 구입 및 활용만큼 중요한 요소는 그것들을 보다 효율적으로 관리하는 일이다. 보육시설에는 해마다 수많은 교재와 교구를 사용하고, 폐기하고 또 구입한다. 보육시설의 교재와 교구는 그 특성상 크기도 다양하고 아주 작은 교구들도 많다. 이처럼 많은 교재와 교구들을 체계적으로 잘 정리하여 보관하지 않으면, 적절히 찾아서 활용하기가 쉽지 않다.

보육시설에서 일반적으로 사용되는 비품, 교재, 교구를 간략히 살펴보면 다음 〈그림 7-1〉과 같다.

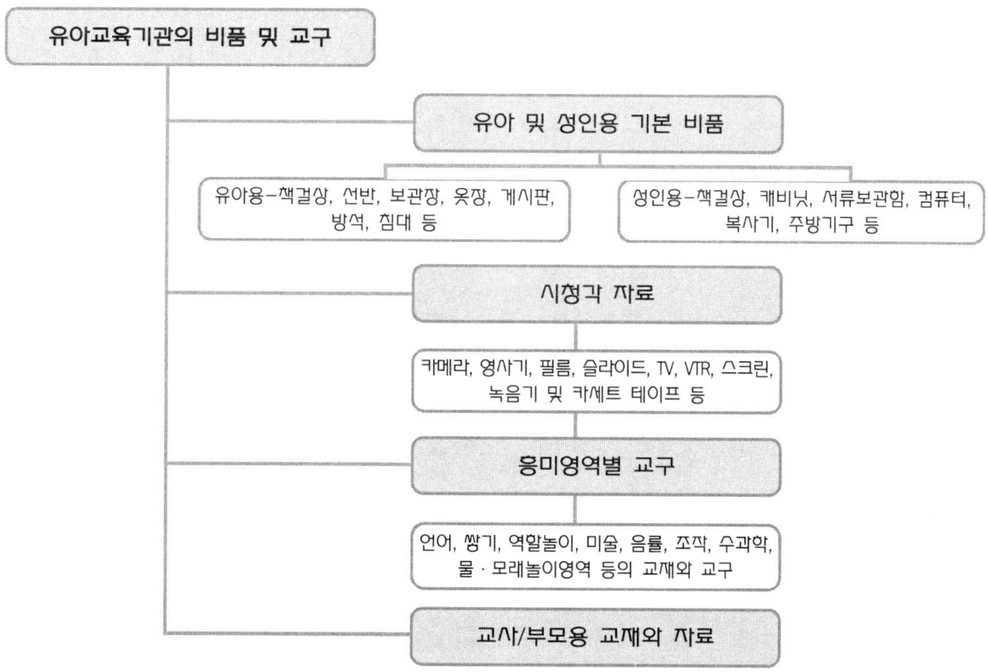

〈그림 7-1〉 보육시설의 비품 및 교구

2) 비품 및 교구의 선정 기준

교재나 교구는 교사가 직접 제작해서 사용할 경우도 있지만, 내구성 등의 문제로 현장에서는 상품화된 것을 구입하여 사용하는 경우가 많다. 교재와 교구는 유아 발달과 교육에 필수적인 것이므로 교육목표 달성의 성패를 가름할 수 있는 중요한 요소다. Decker와 Decker(재인용, 임재택, 1997), Dorsey와 Sciarra(2002) 등 몇몇 학자들의 의견을 종합해 보면, 유아교육기관의 비품 및 교구를 구입할 때는 다음과 같은 사항을 고려해야 한다.

① 기관의 교육목표 및 프로그램 형태에 적합한 비품과 교구를 구입해야 한다. 기관의 특성과 교육목표 및 프로그램의 형태에 따라 교재와 교구는 달라질 수 있다.
② 교재 · 교구 구입에 소요할 수 있는 경비와 구입 절차를 점검해야 한다.
③ 필요한 교재와 교구의 목록을 작성하고 우선순위를 정한 후 구입한다.
④ 경제성과 안전성을 고려한다.
⑤ 구입할 교구나 교재를 사전에 비교, 점검해 보고 믿을 만한 제품을 구입한다.
⑥ 견고하고 여러 가지 용도로 융통성 있게 활용될 수 있는 것을 구입한다.
⑦ 소비자 지침서에 따라 안전하고 정확한 방법으로 작동하고, 이상유무를 미리 확인한다.
⑧ 소모품들은 한꺼번에 너무 많이 구입하지 않는다.
⑨ 구입할 교구 및 비품을 활용하고 보관할 공간을 미리 고려하여 적합한 크기를 구입한다.
⑩ 사후 보장(A/S)이 되는지 여부를 미리 확인한 후 구입한다.
⑪ 심미적이고 유아들이 좋아하는 색깔과 형태를 선택한다.

이상과 같이, 기능적 요구와 교육적 요구, 그리고 경제성과 효율성, 안전성과 내구성 등을 모두 고려하여 구입하면 보다 적절한 교구와 교재, 그리고 비품을 구입할 수 있을 것이다.

3) 학급비품 및 교재 · 교구의 관리

비품 및 교재와 교구의 구입 및 활용만큼 중요한 요소는 그것들을 보다 효율적으로 관리하는 일이다. 유아교육기관에는 해마다 수많은 교재와 교구를 사용하고, 폐기하고 또 구입한다. 유아교육기관의 교재와 교구는 그 특성상 크기도 다양하고 아주 작은 교구들도 많다. 이처럼 많은 교재와 교구들을 체계적으로 잘 정리하여 보관하지 않으면, 적절히 찾아서 활용하기가 쉽지 않다.

비품목록이나 교재, 교구 목록의 작성은 필수적이지만 이것을 어떤 형태로 작성하느냐에 따라 활용도가 차이가 날 수 있다. 가령, 품목이나 가격, 재원의 특성별로 목록을 작성해 두면, 교육과정에 필요할 때 적절히 보관하고 찾는데 어려움이 생길 수 있다. 따라서 각 영역별 교구 및 교재를 월별로 작성해 두면 프로그램에 따라 활용하는데 편리할 것이다.

가령, 3월에 사용할 교구 및 교재를 언어영역, 수영역, 과학영역, 미술영역 등으로 주별, 일별로 다시 분류해 두면 활용하고 정리하는데 편리하다.

학급의 자료나 도서 등을 아동에게 대출해 주었을 경우 잊지 않고 관리하기 위해서는 자료대출대장이 필수적이다.

표 7-3

예시) 교재 · 교구 목록표

월	교구명	교구형태	배치영역	구입처	가 격
3	강아지 똥	인형극	언어영역	***사	
3	봄에 피는 꽃	도서	언어영역	**출판사	
5	세모나라	퍼즐	조작영역	**** 사	

표 7-4

예시) 자료대출대장

대출 월일		성 명	소 속	자료 번호	자 료 명	반환일	날 인	비 고

표 7-5 예시) 도서대장

연 령	대여일	성 명	반 명	교재 · 교구명	번 호	반환일	날 인	비 고

Decker와 Decker(1979), Dorsey와 Sciarra(2002) 등 여러 학자들이 제시하고 있는 비품 및 교재, 교구 관리방법을 살펴보면 다음과 같다.

① 비품과 교구를 배치할 때는 사고율을 최소화하고 효율성을 극대화할 수 있도록 배열해야 한다. 파손되기 쉬운 것들은 가급적 유아의 손이 닿지 않는 곳이나 교사가 따로 보관하는 것이 좋으며, 유아들의 왕래가 빈번한 통로 근처를 피하는 것이 좋다. 그리고 무겁고 크기가 큰 교구나 자료들은 선반 아래쪽에 배치해 두고, 일반적으로 유아들이 자주 사용하는 교구들은 유아들이 사용하기 쉬운 작업공간에 배치한다. 영역별로 자료와 교구들을 연관성 있게 배열해 두고, 연관성 있는 교구들은 인접하게 배치해 둔다(예를 들면, 블록놀이영역과 인접한 곳에 역할놀이영역을 마련하고 영역 구분을 위한 교구장에 자료들을 배열해 두면, 융통성 있게 활용할 수 있다).

② 유아들에게 비품이나 교재, 교구를 안전하게 사용하는 방법을 지도해야 하며, 사용 후 정리 정돈하는 방법도 미리 지도하면, 파손 등을 피할 수 있다. 이는 교구 정리 및 관리에 대한 교사의 잡무를 훨씬 더 줄여줄 수 있다. 그러나 교사는 일상적으로 항상 교재, 교구의 상태를 점검해야 한다.

③ 깨어지기 쉬운 자료나 유아가 다루기 어려운 교구들은 교사가 따로 보관하고 필요할 때마다 꺼내어 주고 유아들이 사용할 때 교사의 지도가 필요하다. 가령, 과학자료들이나 악기류 등은 항시 유의해야 하며, 필요에 따라 사용 후 세척해 주어야 한다.

④ 훼손되거나 파손된 것은 가능한 한 빨리 수리하여야 하고, 나사, 모서리, 접합부분 등 정기적으로 점검해야 한다.

⑤ 열, 빛, 습도 등에 따라 각 교구나 교재, 비품의 특성에 따라 적절하게 보관하여야 한다. 특히 도서류는 직사광선을 피하고 습기에도 약하므로 항상 관리를 해야 한

다. 플라스틱 제품들은 열이나 빛에 약하므로, 형태가 휘거나 색이 변형되지 않도록 유의해야 한다.

⑥ 교구와 교재, 그리고 비품은 유아들의 수에 알맞게 준비하여, 교구 부족으로 인한 갈등과 싸움을 줄여야 한다.

교구와 교재의 목록은 컴퓨터의 데이터베이스에 다른 문서들과 함께 목록화해 두면 편리하게 정리할 수 있고 필요에 따라 언제든지 쉽게 찾아볼 수 있으므로 편리하다.

4) 영역 배치 및 환경구성

(1) 흥미영역의 구성

흥미영역의 구성과 배열은 교육목표, 보육프로그램의 운영형태 및 방법, 유아의 발달 수준과 흥미에 따라 다르게 구성되어진다. 또한, 계절이나 교사의 능력에 따라 변화되고 수정될 수 있으므로 반드시 정해진 규정은 없다. 그러나 일반적으로 보육시설에서 배치하고 있는 흥미영역은 만 3세 이상일 경우 5~8개 가량의 흥미영역을 구성하고 있다.

흥미영역의 구성은 연령이 낮을수록 그 수를 줄이는 것이 좋다. 지나치게 많은 흥미영역의 구성은 집중력을 흩어지게 할 수 있으며 공간 활용도가 낮아지기 때문이다. 따라서 만 3세 미만의 유아들의 경우는 5개 이하의 흥미영역을 구성하는 것이 바람직하다.

보육실의 면적이 넓지 않을 경우, 흥미영역 가운데 기능이 유사한 영역들은 한데 묶어서 운영하는 것이 좋다. 가령, 수학영역과 과학영역, 그리고 조작영역과 수학영역은 교구 및 교재가 유사하므로 묶어서 구성할 수 있으며, 소음이 많지 않은 문학영역과 쉬는 영역을 함께 배치해도 무방하다.

음률영역은 소리 통제가 어려운 보육실에서 일상적으로 배치하기 어려울 수 있다. 따라서 악기 종류는 단원에 따라 한시적으로 배치하여 운영하거나 소음 통제가 이루어질 수 있는 별도의 방에서 활동할 수 있도록 하는 것이 바람직하다.

물을 많이 사용하는 미술영역이나 과학영역은 급수전이 가까운 곳에 배치하는 것이 좋으며 바닥은 쉽게 닦을 수 있는 재질(모노륨이나 장판)로 되어 있어야 한다.

블록영역(쌓기놀이영역)은 소음이 많이 발생하므로 바닥에 카펫을 깔아서 소음을 통제할 수 있도록 하고, 역할놀이영역과 인접해서 배치하면 인형이나 각종 소품들을 함께 사용할 수 있어서 편리하다.

영역의 배치는 소음의 정도에 따라 조용한 영역과 소음이 많은 영역으로 나누고, 가급적으로 소음이나 활동성의 여부에 따라 각 영역이 방해받지 않도록 배치해야 한다.

컴퓨터영역은 시끄러운 영역과 조용한 영역의 중간에 배치하면 좋다. 유아들이 컴퓨터에 지나치게 몰입하지 않도록 시간제한을 주는 것이 바람직하며, 학습에 유익한 양질의 프로그램들을 제공해 주고 두세 명씩 짝을 지어서 활용하게 하면 긍정적인 효과를 얻을 수 있다.

일반적인 흥미영역의 종류를 소개하면 다음과 같다.

▶ 흥미영역의 종류

① 역할놀이영역(소꿉놀이영역)
② 쌓기영역(적목놀이영역)
③ 미술, 조형활동영역
④ 언어영역(문학영역)
⑤ 물놀이(모래놀이)영역
⑥ 수, 조작영역
⑦ 음률활동영역
⑧ 과학(탐색)활동영역
⑨ 목공(작업)활동영역
⑩ 컴퓨터영역
⑪ 조용히 쉴 수 있는 영역

〈사진〉 **문학영역**

(2) 흥미영역별 교구 및 교재

각 흥미영역에는 다음과 같은 기본적인 교구와 같다. 흥미영역의 교구들은 유아들의 연령에 따라 그 수와 종류가 달라질 수 있다. 연령이 낮은 유아들인 경우 지나치게 많은 장난감이나 교구를 제시하는 것은 바람직하지 못하다.

흥미영역의 수는 보육과정이나 계절, 유아들의 관심도에 따라 그 수를 증감할 수 있는데 각 시설의 환경이나 사정에 따라 적절히 관리되고 운영되어질 수 있다.

표 7-6 흥미영역별 교구 및 교재

흥미영역	교구 및 교재	비고
언어영역	· 말하기, 읽기, 듣기 쓰기와 관련한 교구 및 자료, 낱말카드, 동화책 · 탁자, 의자, 책상, 쿠션, 도서진열대 · 카세트, 녹음기	· 밝고 조용한 영역에 설치
쌓기놀이영역	· 유니트블록, 할로블록, 종이블록, 분홍탑 등 각종 블록 · 분홍탑, 경사로, 동물과 사람모형, 교통표지판 등 부수자료	· 소음을 통제할 수 있는 바닥재(부분 카펫)
역할놀이영역	· 의자, 탁자, 거울 등 기본 비품 · 소꿉놀이 소품, 인형놀이 소품 · 병원놀이, 가게놀이에 필요한 소품 및 실물, 모자, 신발 등 각종 의상	· 쌓기놀이와 인접하여 설치하는 것이 좋다.
조작영역	· 작은 적목, 각종 퍼즐, 실꿰기, 수 개념발달을 위한 세트, 각종 도형, 끈매기, 끼우기 바둑돌, 패튼 자료 등 · 각종 측정도구(자, 저울, 콤파스)	· 조작영역은 수 · 과학 교구를 함께 비치 (또는 분리 비치) 해서 운영하기도 한다.
미술영역	· 크레파스, 물감, 붓, 사인펜 등 쓰기도구, 도화지, 시험지 등 각종 질감이 다른 다양한 평면자료, 게시판, 이젤, 전시도구 · 작업복, 앞치마, 스폰지 · 색종이, 풀, 가위, 본드 등 미술작업에 필요한 자료	· 물을 사용하기 쉬운 곳에 영역 설치 · 책상 및 바닥은 쉽게 닦을 수 있는 바닥재 · 작업영역과 함께 운영하기도 한다.
물 · 모래놀이영역	· 물놀이(모래놀이) 도구세트, 인형 모형, 수조, 비커, 각종 플라스틱 물통, 분무기, 채, 여과기, 물감, 앞치마 등	· 물 · 모래놀이는 인접 설치

흥미영역	교구 및 교재	비고
음률영역	· 리듬악기 세트(드럼, 장구, 탬버린, 마라카스, 트라이앵글 등) · 건반악기, 실로폰, 피리 등	· 조용한 영역과는 멀리 배치. · 한시적으로 설치 · 운영할 수 있다.

〈표 7-6〉에 제시되지 않은 영역 가운데, 수 · 과학영역을 분리해서 배치하거나 관찰영역, 컴퓨터영역 등을 설치 · 운영할 수 있다.

위에서 제시한 영역별 자료들은 기본적으로 갖추어야 할 비품과 자료이며 기관의 특성 및 대상 아동에 따라 적합한 교재 · 교구 및 비품들이 필요할 것이다. 가령, 영아들을 위한 비품 및 시설과 설비는 3~5세 유아들의 것과 차이가 난다.

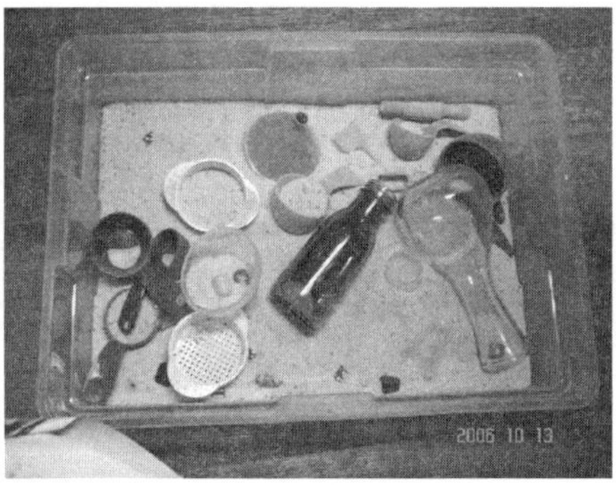

〈사진〉 실내 모래놀이영역의 도구

〈사진〉 블록놀이영역

〈사진〉 역할놀이영역의 구성

3~5세 유아들을 위한 연령별 교재 및 교구는 다음 〈표 7-7〉과 같다.

표 7-7

연령별 교재 및 교구

영역 \ 연령		3세	4세	5세
대근육 활동영역		· 낮은 오르기 기구, 미끄럼틀, 흔들 보트, 밀고 당기는 놀이기구, 평균대, 터널, 팥주머니 던지기, 그네 등		
언어영역	듣기	· 녹음기와 녹음테이프(동화, 각종 소리), 이어폰, 책, 전화기, 전축과 음반		
	말하기	· 융판과 융판자료(동물, 사람, 탈것들, 집, 나무 등), 자석판과 자석자료, 인형류 (손가락인형, 손인형, 테이블인형, 막대인형), 아크릴판 이야기 꾸미기 자료, 그림보고 상상해서 이야기 꾸미기 자료, 수수께끼 카드와 상자, 말하기 게임카드, 사진 및 그림 자료		
			· 깡통 자석놀이	· 녹음할 수 있는 자료 (녹음기, 빈 테이프, 마이크)
	읽기	· 책(동화책, 큰 동화책, 민속 이야기, 그림 백과사전 등), 글자와 그림 맞추기, 이야기 꾸미기(이야기 꾸미기 자료), 컴퓨터 상자와 글자 카드, 만세 게임, 글자카드, 수수께끼 그림카드, 동시 차트, 유아가 만든 책		
		· 같은 모양 짝짓기, 모양 변별 카드		· 첫 글자 카드 게임, 깡통을 이용한 단어놀이, 성씨 분류판과 이름카드
	쓰기	· 필기도구 : 색연필, 크레파스, 매직펜, 수성펜, 분필 · 종이류 : 다양한 크기와 다양한 색깔의 모양 종이 (자동차, 꽃, 동그라미 등) · 쓰기판 : 화이트보드(90×60cm), 개인용 칠판(60×40cm), 자석판 · 글자카드 : 부직포 글자, 순서대로 쓰기 카드, 모래 종이 글자카드, 장판 글자카드, 자석 글자카드 · 기타 : 색모래, 색톱밥, 풀, 지우개, 스탬프 고무 글자와 스템프		
				· 연필
수학영역	분류	· 다양한 크기와 모양의 단추, 다양한 모양의 도형들, 구멍 뚫린 구슬과 끈, 분류통, 플라스틱 패턴블록, 촉감 도미노, 모양 분류 카드, 돌, 다양한 종류의 병뚜껑, 구슬, 조개껍데기		
	서열화	· 크기가 다른 상자, 겹 끼우기 상자, 겹 끼우기 고리, 수막대(퀴제네어 막대), 크기가 다른 단추, 넓이나 크기가 다른 리본, 병과 병뚜껑(큰 것, 작은 것, 중간 것), 나사와 나사 구멍(큰 것, 작은 것, 중간 것) 등		
		· 길이가 다른 막대 1~3개	· 길이가 다른 막대 1~5개	· 길이가 다른 막대 1~10개
		· 높이가 다른 원기둥 1~3개	· 높이가 다른 원기둥 1~5개	· 높이가 다른 원기둥 1~10개

<table>
<tr><th colspan="2">연령 / 영역</th><th>3세</th><th>4세</th><th>5세</th></tr>
<tr><td rowspan="3">수학영역</td><td></td><td>· 이중 서열 자료 :
옷과 옷걸이 1~3</td><td>· 이중 서열 자료 :
옷과 옷걸이 1~5
벌과 벌집 1~5</td><td>· 이중 서열 자료 :
옷과 옷걸이 1~10
벌과 벌집 1~10</td></tr>
<tr><td rowspan="2">수의 이해</td><td colspan="3">나무목판과 나무못, 유니픽스, 세울 수 있는 막대(1~10), 숫자 그림 퍼즐, 숫자 도장, 숫자 도미노 카드, 숫자와 막대, 빨래집게와 숫자카드, 숫자와 숫자 일치시키기 카드 세트, 가위바위보 게임, 숫자와 단추, 숫자카드, 숫자놀이책(1~5, 1~10), 숫자 퍼즐, 셀 수 있는 물체, 숫자 세기와 숫자 인식과 관련된 게임</td></tr>
<tr><td></td><td>· 윷놀이 1~5
· 꽃과 화병 1~5
· 주사위를 이용한 보드게임</td><td>· 윷놀이 1~10
· 꽃과 화병 1~10
· 주사위를 이용한 보드게임
· 숫자카드 게임</td></tr>
<tr><td rowspan="6">수·과학영역</td><td rowspan="2">공간 관계</td><td colspan="3">· 도형 퍼즐, 융판과 도형, 색 입방체와 블록과 패턴카드, 나무못판과 고무밴드</td></tr>
<tr><td></td><td></td><td>· 네모 모양 있니?
카드 게임</td></tr>
<tr><td rowspan="2">시간 관계 및 측정 하기</td><td colspan="3">· 시계, 모래시계, 달력, 자, 줄자, 체중계, 우유통, 계량컵과 계량스푼 등</td></tr>
<tr><td></td><td></td><td>· 온도계, 센티미터 큐브,
· 평형 저울, 막대, 줄, 클립,
면적 게임, 평형저울</td></tr>
<tr><td rowspan="2">일반적 도구</td><td colspan="3">· 거울(손거울, 대소 거울), 프리즘, 전지, 확대기, 돋보기, 청진기, 녹음기, 못, 자석 : 막대자석 (U형 자석, 고리 자석, 원반 자석), 핀</td></tr>
<tr><td></td><td>· 스포이드</td><td>· 스포이드</td></tr>
<tr><td rowspan="7">과학영역</td><td rowspan="2">측정 도구</td><td colspan="3">· 시계, 자(막대기, 줄자), 노끈, 리본끈, 조리용 시계, 모래시계, 측정용 컵과 스푼(비커), 키 재기용 기구, 측정 단위가 될 수 있는 선이 똑바른 나무막대나 카드보드</td></tr>
<tr><td></td><td></td><td>온도계(실내외용), 저울</td></tr>
<tr><td rowspan="2">동물</td><td colspan="3">· 오리, 올챙이, 금붕어, 토끼, 기네피그, 흰 쥐, 다람쥐, 잉꼬, 병아리, 거북이, 열대어, 칠면조, 동물에 관한 책, 사육에 필요한 물품들, 테라리엄, 송사리, 미꾸라지, 올챙이알, 동물 먹이, 다람쥐(어린이집 주변에 숲이 울창한 경우), 동물사육장, 먹이통</td></tr>
<tr><td></td><td></td><td>기록 용지</td></tr>
<tr><td rowspan="2">곤충</td><td colspan="3">· 곤충 표본, 곤충에 관한 책, 달팽이, 배추벌레, 여치, 메뚜기, 무당벌레, 개미, 풍뎅이, 사마귀, 방아깨비, 나비, 지렁이, 곤충 먹이, 곤충채집망, 개미집(아크릴 이용)</td></tr>
<tr><td></td><td></td><td>기록 용지</td></tr>
<tr><td>식물</td><td colspan="3">· 관엽 식품들(아이비, 샐러리 등), 식물에 관한 책, 씨앗류(채송화, 코스모스, 민들레, 해바라기, 나팔꽃, 분꽃, 강낭콩, 맨드라미, 조롱박), 1년초 식물(금잔화, 매리 골드, 페츄니아, 펜지, 데이지), 구근 식물(고구마, 감자, 홍당무, 무, 양파), 곡식류(밀, 보리, 쌀, 벼, 옥수수, 조, 팥), 민들레 등의 풀꽃, 구입 품목의 씨앗류와 동일, 우유통 화분으로</td></tr>
</table>

영역		3세	4세	5세
과학영역		이용, 열매(밤, 대추), 나뭇가지(솔방울, 밤껍질, 도토리), 씨앗을 담을 수 있는 상자, 꽃잎들, 낙엽(은행잎, 단풍잎, 우박나무잎 등)		
과학영역	일반적 물체	· 종이, 색연필, 쿠킹호일, 고무밴드, 로프, 클립, 분필, 신문지, 물감, 다양한 플라스틱 용기, 셀로판테이프, 식용색소, 소리내는 물체들, 기름종이, 다양한 종류의 천(목면, 나일론, 모직), 모델 동물, 빨대, 비닐봉투, 종이봉투, 종이컵, 스티로폼 접시, 비밀상자, 비밀주머니, 촉감상자, 후각상자, 눈가리개, 비닐상자		
과학영역	기계류	· 시계(괘종시계, 탁상시계), 라디오, 텔레비전, 부속품, 열쇠와 자물쇠, 다양한 바퀴(망가진 장난감, 자동차에서 나온 바퀴류), 다양한 기어(gear)		
과학영역	무생물	· 바위, 조개껍데기, 돌멩이		
과학영역	요리용 도구	· 모래시계, 도마, 계량스푼과 계량컵, 주걱, 뒤집개, 쟁반 등의 그릇류, 플라스틱 칼, 요리순서표		
조작영역		· 그림 맞추기(조각 수 5~15 조각 정도), 손잡이 그림 맞추기, 코코블록, 와플블록, 브리스틀블록, 꽃블록, 듀플로(대형 레고블록), 핑거토이, 페그보드와 나무못, 큰 구슬과 끈 소품(사람, 인형류, 자동차류)	· 꽃블록, 코코블록, 와플블록, 브리스틀블록, 띠블록, 레고블록, 렉스블록, 브리오멧, 빨래집게 구성, 그림 맞추기(조각 수 8~24 조각), 작은 구슬과 끈, 일상생활 훈련들(끈 끼우기, 단추 끼우기, 지퍼 올리기), 바늘, 바느질용 종이, 실, 헝겊, 소품(동물류, 자동차류, 자동찻길－하드보드지로 제작)	· 그림 맞추기(조각 수 15~30조각), 브리오멧, 레고블록, 빨래집게 구성, 띠블록, 일상생활 훈련들(끈 끼우기, 단추 끼우기, 지퍼 올리기), 바늘, 바느질용 종이실, 헝겊, 소품(동물류, 자동차류, 자동찻길 하드보드지로 제작), 꽃블록
미술영역	그리기 자료	· 색연필, 사인펜, 유성 매직, 붓(15호, 18호, 20호), 분필 종류		
미술영역	그리기 자료	· 크레파스(6~7색깔)	· 크레파스(7색깔 이상), 4B 연필	· 크레파스 (7색깔 이상), 물감 · 4B 연필, 파스텔
미술영역	종이류	· 도화지(16절, 8절), 색도화지(16절, 8절), 색종이, 셀로판지, 모양(원, 삼각형, 동물모양) 도화지, 벽지, 모조지, 포장지, 골판지, 신문지, 잡지, 헌 카탈로그		
미술영역	붙이는 자료	· 풀, 셀로판테이프, 종이테이프		
미술영역	수집 품목	· 상자류 (크고 작은 상자, 우유팩, 두루마리 휴지 속심, 테이프 속심, 종이컵, 라면 그릇, 필름통, 요구르트통, 요플레통), 자연물(솔방울, 도토리, 돌멩이, 낙엽), 기타(천 가죽, 가죽 조각, 리본, 나무젓가락, 칫솔, 가는 철망, 스크린, 벽지 조각, 스티로폼, 리본		

영역 \ 연령		3세	4세	5세
	반죽 놀이 자료	· 밀가루 반죽, 모양 틀, 밀대, 플라스틱 칼, 비닐 덮개		
				· 찰흙 반죽
	이젤 페인팅 자료	· 이젤판, 2절 크기 시험지물감 또는 포스터 컬러(빨강, 노랑, 파랑)	· 물감 또는 포스터 컬러 (빨강, 노랑, 파랑, 검정, 밤색 등)	· 물감 또는 포스터 컬러 (빨강, 노랑, 파랑, 검정, 밤색 등)
역할놀이	가정 놀이	· 부엌 가구(영아의 크기에 맞는 식탁과 의자, 싱크대, 스토브, 냉장고, 찬장, 부엌 도구와 접시들), 옷 종류(모자, 코트, 드레스, 양복, 치마, 스카프 등과 같은 남자와 여자 옷), 음식모형(플라스틱이나 종이로 만든 과일과 채소, 밀가루 반죽으로 만든 음식들), 기타(구두, 손거울, 전신거울 (45×100㎝), 인형, 옷장, 빗자루, 먼지떨이, 빈 콘플레이크 상자, 인형 가구(높은 의자, 침대)	· 부엌 가구(싱크대, 스토브, 냉장고), 여러 가지 모형들(테이블과 의자, 선반, 테이블보 또는 테이블 매트, 여러 종류의 그릇류, 팬, 숟가락, 젓가락, 여러 종류의 접시들, 요리 도구, 밀가루 점토 용기, 우유병), 옷 종류(인형 옷, 설인용 모자, 장갑, 재킷, 넥타이, 스카프, 다양한 유형의 옷들), 신발류(다양한 종류의 성인용 구두), 장식류(모조 보석류, 목걸이, 가방), 기타(과일과 채소 모형 플라스틱 또는 종이로 된 것, 유아용 요리책, 종이봉투나 쇼핑백, 먼지떨이, 쓰레받기, 빗자루, 빈 통, 인형과 동물들, 옷장, 인형침대, 화병꽃)	
	병원 놀이	· 간호사와 의사가 사용하는 모자, 장갑, 가운, 마스크, 의사 가방, 인형 등	· 옷 종류(의사 및 간호사 가운, 환자 가운, 간호사 모자 유아 제작, 스커트 또는 블라우스), 병원놀이 도구(청진기, 체온계, 주사 바늘이 없는 주사기, 붕대, 핀셋, 설압자, 약솜), 기타(인형과 인형 옷, 신체 부위가 찍혀진 X레이 필름, 전화, 연필, 병원 진료증 팻말, 의사 약속 장부, 바늘을 돌릴 수 있는 시계 모델, 시력 차트 그림, 인간의 신체 부위를 나타내는 포스터	
	식료품 가게 놀이		· 여러 가지 모형들(과일, 생선, 옷, 채소), 기타(선반, 하드보드지로 만든 상품들, 식품이나 가정용품을 위한 다양한 크기의 빈 상자, 종이놀이 돈, 금전등록기 놀이용 또는 실제의 것으로 낡은 것, 숫자 스탬프와 스탬프 물감판 식료품 가격 표시, 식품 판매 포스터, 여러 크기의 갈색 종이 봉투, 식품 판매 신문 광고, 열었음 또는 금일 휴업 팻말, 광고를 적을 종이와 매직팬, 식품을 재는 저울, 자석판과 특별 세일용 팻말을 만들 때 사용할 글자	

영역 \ 연령		3세	4세	5세
	미장원 이용원 놀이		· 작동되지 않는 드라이기, 작동되지 않는 면도기, 빗 종류, 거울, 가운(손님용, 이용사용), 가발, 머리 마는 도구	

흥미영역은 유아의 연령이 낮을 경우에는 3~5개가 적당하며 7개가 넘지 않는 것이 바람직하다. 영역별 교구를 지나치게 많이 배치하는 것보다 교육과정에 맞게 주기적으로 교구를 교체해 주어야 유아들의 흥미와 관심을 높일 수 있다.

(3) 영아를 위한 학급환경

0~3세 영아를 위해 달리 기저귀 갈이대 등 영아들을 보육하기 위한 기본적인 비품과 시설들이 따로 필요하다.

다음 〈표 7-8〉은 영아를 위한 학급환경 및 영역배치에 대한 고려할 점을 정리한 것이다.

표 7-8 영아를 위한 학급환경

- 개인적 일과관리영역(개인사물함, 개인 전시 공간, 대 · 소근육활동, 언어와 추론활동, 창작적 활동, 사회성 발달 기회 등 제공)
- 활동영역 구분 시 기어다니는 통로 고려, 낮은 선반이나 가림대, 물을 요하는 영역 고려, 넓은 공간, 낮잠 자는 영역은 활동영역과 멀리 배치, 보육실내에 화장실 배치
- 수 · 이유기(1~14개월 정도) : 감각영역, 대근육활동영역, 휴식영역, 기저귀갈이영역, 수유영역, 거울영역, 낮잠영역 등 배치, 안정감을 줄 수 있도록 가족사진 부착
- 걸음마기(15~23개월 정도) : 조작 가능한 놀잇감 및 대근육활동 선호
  따라서 대근육 활동을 위한 충분한 공간과 청결한 환경유지가 중요. 감각영역, 조작영역, 언어영역, 미술영역, 음률영역, 대근육활동영역, 낮잠영역, 기저귀갈이영역 등 배치
- 자립기 (24~35개월 정도) : 지적 호기심 왕성, 탐색, 창의적 활동 중요, 조작영역, 탐구영역, 언어영역, 미술영역, 음률영역, 역할영역, 대근육활동영역, 낮잠영역 등 배치

활성화되지 않는 영역은 원인을 체크하고 영역의 배열을 재구성하거나 다른 영역과 병합 운영할 필요가 있다.

〈사진〉 언어영역(3~5세용)

〈사진〉 휴식공간을 겸한 언어영역

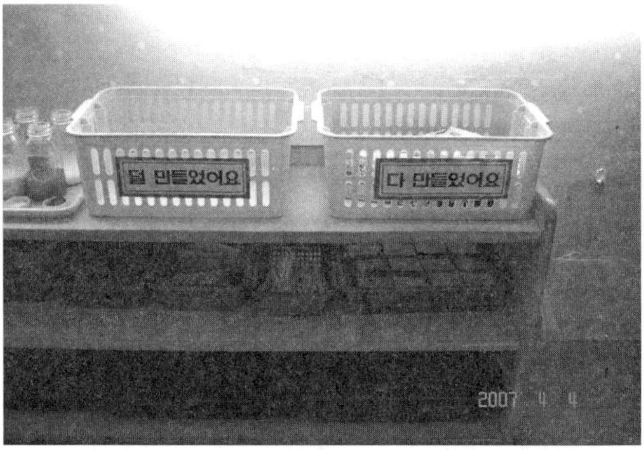

〈사진〉 조작영역 및 미술영역

5) 학급환경의 점검과 관리

교사는 계절에 따라, 학습 주제에 따라 학급의 환경을 정비하고 항시적으로 관리해야 한다. 각 영역의 교구 및 자료의 부족한 점은 없는지, 유아들이 활동하는데 불편한 점은 없는지, 게시물이 유아의 눈높이에 맞게 게시되어 있는지 등을 매일 점검하고, 인기가 없는 영역이 있는 경우에는 영역의 자료와 배치를 다시 검토해 보아야 한다.

학급환경을 점검하기 위한 목록을 예시하면, 다음 〈표 7-9〉와 같다.

표 7-9

학급환경 점검표

학급환경 점검 내용	예	아니오	비 고
1. 보육실에 자연 채광이 충분하고, 조명시설이 적절하며 제대로 작동되는가?			
2. 환경구성은 주제에 맞게 구성되었나?			
3. 보육실 내의 게시물은 유아의 눈높이에 맞게 전시되었는가?			
4. 각 영역의 교재·교구는 스스로 정리할 수 있도록 되어 있는가?			
5. 교실 환경은 따뜻하고 안정된 느낌을 주는가?			
6. 교실의 벽면과 공간을 잘 활용하였는가?			
7. 아동의 개별성이 존중되는가? (예 : 개인사물함이 있고 휴식영역이 있다)			
8. 교사서류 및 자료는 잘 정돈되어 있는가?			
9. 다양한 활동 경험을 할 수 있도록 흥미영역이 효율적으로 배치되어 있는가?			
10. 유아들이 각 영역의 자료를 자율적으로 사용할 수 있는가?			
11. 언어활동 자료가 듣기, 말하기, 읽기, 쓰기의 네 영역별로 다양하게 마련되어 있는가? (예 : 카세트테이프 / 손인형, 막대동화 / 종이, 굵은 연필, 색연필 / 다양한 크기와 종류의 그림책, 헝겊책 등)			
12. 언어활동 자료가 영유아의 수에 따라 충분히 있는가?			
13. 수활동을 위한 자료가 다양하게 마련되어 있는가? (예 : 커다란 단추, 병뚜껑, 다양한 수 게임 자료, 주사위와 판 등)			
14. 과학활동을 위한 자료가 다양하게 마련되어 있는가? (예 : 자석, 돋보기, 돌, 나무껍질, 조개껍질, 살아있는 곤충, 키울 수 있는 동식물 등)			
15. 미술활동을 위한 자료가 다양하게 마련되어 있는가? (예 : 크레파스, 색연필, 풀, 수수깡, 빨대, 색실, 가위, 폐품류, 점토 등)			
16. 음악과 동작활동을 위한 자료가 다양하게 마련되어 있는가? (예 : 리듬막대, 탬버린, 실로폰, 음악테이프, 카세트 플레이어, 그림악보, 색보자기, 리본테이프 등)			
17. 음악과 동작활동을 위한 자료가 충분히 있는가?			
18. 극놀이를 위한 자료가 다양하게 마련되어 있는가? (예 : 이야기의 전개에 필요한 다양한 소품들, 옷, 모자, 배경그림 등)			
19. 역할놀이를 위한 놀잇감이 다양하게 마련되어 있는가? (예 : 다양한 복장의 옷, 다양한 구두와 신발류 및 장신구, 가방류, 모자류, 음식모형, 그릇류, 인형류 등)			
20. 쌓기놀이를 위한 놀잇감이 다양하게 마련되어 있는가? (예 : 종이블록, 유니트블록, 속 빈 블록, 우레탄블록, 작은 자동차나 표지판, 동물모형 등)			
21. 학급 내에 놀이를 하고 싶지 않은 영유아가 혼자 쉴 수 있는 공간이 있는가?			

원 아 관 리

Chapter 08

보육시설의 가장 핵심적인 역할은 부모를 대신하여 영유아들을 안전하게 보호하고 양육하는 일이다. 본 장에서는 성장과 발달이 급격히 이루어지는 영유아기에 균형 있는 식사를 제공하는 방법을 설명하고 이와 관련한 법적 요건들을 제시한다.

보육시설은 어린 유아들을 집단으로 수용하는 시설이므로 영유아기에 발생하기 쉬운 전염병 등에 대한 대처방법과 환아 관리를 위한 요령을 알아야 한다. 원아들을 건강하고 안전하게 보육할 수 있는 보육시설의 환경을 법적 요건들과 함께 제시하고 설명할 것이다.

1. 영유아의 영양과 건강
2. 영유아의 건강관리
3. 보육시설의 안전교육

1. 영유아의 영양 및 건강

1) 영아의 영양과 건강

영아기는 일생 중 신체발달이 가장 급격하게 이루어지는 시기인 만큼 적절하고 충분한 영양공급이 영아기 발달에 지대한 영향을 미친다. 영아들은 소화기의 구조나 기능이 충분히 발달되지 못한 만큼 소화흡수가 잘 되는 식품을 선택해야 하며, 자기 스스로 식품을 선택할 수 없는 영아에게 양적 · 질적으로 양호한 영양공급을 위해서는 보육시설 종사자들이 영양지식을 갖추어야 한다.

(1) 수 유

보육시설에서 우유를 먹일 때는 우유의 위생적 관리와 각 영아의 욕구 충족에 세심하게 주의를 기울여야 한다. 사전에 부모와 상의하여 평소의 우유섭취량과 시간을 알아두고, 보육시설에서의 관찰을 통하여 각 영아에게 적절한 영양계획을 세우는 것이 바람직하다. 수유시간은 영아의 생리적 욕구에 따라 영아가 원할 때 먹이는 개별적인 수유시간표에 따르도록 한다. 일반적으로 4시간 간격이 적당하나 융통성 있게 적용해야 하며, 우유를 먹은지 30분이 지나지 않았는데도 우유를 먹고 싶어할 때는 찻숟가락으로 보리차를 떠먹이도록 한다. 극소수이기는 하지만 우유에 대한 알레르기가 있는 경우도 있기 때문에 미리 부모에게 이러한 경우에 해당하는 영아가 없는지를 파악하여 부모와 상의하여 두유로 대치하는 등 방안을 모색할 필요가 있다.

1 수유 준비물

① 각 영아의 이름이 적힌 우유병 3~4개(개인별로 필요에 따라 다양한 크기로 준비하는 것이 편리함)
② 분유 재는 숟가락
③ 병 닦는 솔
④ 계량컵

⑤ 우유 타는 데 사용하는 긴 숟가락
⑥ 소독기
⑦ 주전자
⑧ 보온병
⑨ 우유통

2 우유 타는 방법

① 손을 씻는다.
② 주전자에 물을 끓여 식힌다(10분 이상 끓여서 38~50℃로 식힌다).
③ 소독한 우유병에 먹일 양 절반의 물을 붓는다.
④ 분유를 계량숟가락으로 퍼서 칼등으로 깎아 낸다. 정확한 수를 세어 넣는다.
⑤ 소독한 우유병 뚜껑을 닫고 흔든다. 뚜껑을 열고 끓여서 식힌 물을 나머지 필요한 만큼 붓는다.
⑥ 소독한 젖꼭지를 끼운다. 팔목 안쪽에 우유 몇 방울을 흔들어 떨어뜨리면서 우유의 온도와 나오는 속도를 확인한다. 우유는 뜨겁지 않아야 하며, 우유방울 줄기가 빠르게 나와야 한다.

우유를 먹일 때는 수유자가 먼저 손을 깨끗이 씻고, 우유의 온도와 젖병의 젖꼭지 구멍이 적당한가를 확인해 보도록 한다. 이 때 수유자와 따뜻하고 친밀한 신체적 접촉을 즐길 수 있도록 배려하는 것이 중요하다. 영아는 질식할 염려가 있는 만큼 우유병을 주고 혼자 내버려 두는 일은 절대 삼간다. 6개월 정도 되면 안고 앉아서 우유병을 자기가 잡고 먹도록 해도 좋다.

먼저 영아를 수유자의 팔과 무릎으로 안정시켜 안은 후 영아의 입술에 가볍게 젖꼭지를 접촉시켜서 빨기를 재촉한다. 젖꼭지에 유즙이 충분하도록 젖병을 잘 기울여 잡아 주어야 하며, 우유병을 잘못 잡으면 우유와 함께 공기가 들어가 가스가 차서 불편해 한다. 1회 먹이는 우유의 양은 영아의 월령에 따라 다르며, 수유시간은 약 15분이 적당하다. 수유 후에는 영아를 안고 트림을 시켜 주는데 트림시키는 방법은 다음과 같다.

3 수유하기

① 아기를 곧추 안고 등을 가볍게 쓸어 준다.
② 아기를 수유자 무릎에 바로 앉히고 등을 가볍게 쓸어 준다.
③ 아기를 무릎에 엎드리게 하고 등을 쓸어 준다.

우유가 오래 되면 우유병에 짙은 때가 끼게 되어 닦기도 어렵고 병균이 증식하기 때문에 먹다 남긴 우유는 즉시 버려야 한다. 그릇 세척제를 사용하여 젖꼭지를 병솔과 수세미로 말끔히 씻고, 비눗기가 없어질 때까지 맑은 물로 잘 헹구어 낸다. 젖꼭지는 1분간 끓인 후 소독된 집게로 꺼낸다. 젖꼭지에 손이 닿지 않도록 주의해서 젖병을 끼운 후 뚜껑을 덮어 보관한다.

(2) 이유식

이유란 영아가 우유를 먹다가 곡류나 채소, 과일 등의 고형음식으로 점차 바뀌 가는 것을 뜻한다. 영아는 성장해 가면서 활동이 왕성해지기 때문에 칼로리와 여러 영양소의 필요량이 증가하여 우유 이외에 여러 식품에 대한 생리적 · 심리적 욕구가 생기게 되므로 일정 시기가 되면 이유를 시작해야 한다. 적절한 시기에 올바른 방법으로 이유를 시행하는 것은 영아가 젖을 떼는 데 도움을 주며, 건강한 영양상태를 유지하고, 편식하지 않는 식생활과 원만한 성격형성을 위해서도 필요하다.

① 이유 시기의 결정

① 체중이 7kg에 도달해 있어야 한다.
② 생후 4~6개월이 되어야 한다.
③ 출생시 체중의 2배가 되어야 한다.

이유 시기는 영아의 체중과 건강상태를 고려하여 4~5 개월경부터 이유를 시작하는 것이 일반적이다. 4개월 이전에는 소화능력이 부족하여 고형식을 주면 소화불량에 걸리기 때문에 이유를 피하는 것이 좋다. 영아에 따라 개인차가 크기 때문에 이유 시기를 결정할 때는 다음과 같은 점을 고려하여 이유 시기를 정하고 계획적으로 이유를 실시한다.

2 이유식 준비물

영아에게 고형음식을 먹이기 시작하면서부터 식사 때 여러 종류의 기구가 필요하게 된다. 이유식을 시작한 후 영아가 혼자 먹게 되면 주위가 항상 지저분해진다. 옷을 더럽히지 않도록 수건이나 비닐 턱받이를 해 주고, 닦기 쉬운 탁자를 사용하거나 식탁용 깔개를 깔아 주는 것이 좋다. 무릎에 앉혀 먹이기도 하나 혼자 먹기 시작하면 탁자 달린 의자가 필요하게 된다. 영아용 의자는 낮은 것을 사용할 수도 있고, 받침대에 맞춰 높은 의자를 사용할 수도 있다. 컵과 접시는 깨지지 않고 사용하기 쉬운 것을 쓰고, 숟가락과 포크는 아기가 다루기 알맞은 크기의 것을 준다.

3 이유식의 종류

이유식을 준비할 때는 영아들이 즐겨 먹을 수 있으면서 신체발달에 필요한 영양소가 적정량 포함된 식품을 선택해야 한다. 식품을 조리할 때는 영아의 소화 능력에 알맞고, 간편한 조리방법을 이용하도록 하여 소화 장애를 일으키지 않도록 배려해야 한다.

섬유질이 많은 야채(우엉, 연근, 고사리, 파, 죽순, 부추 등), 낙지 및 오징어 등의 생선, 조개류, 자극성이 강한 향신료(고추, 생강, 겨자, 마늘 등), 조청, 초콜릿, 각종 차 등은 이유식으로 부적합하다.

(3) 영아의 식습관 지도

6~7 개월된 영아들은 음식을 손에 쥐고 먹을 수 있을 뿐만 아니라 자기 스스로 먹으려는 의욕을 가지고 있다. 영아는 음식물을 가지고 주무르면서 만족감을 얻으려고 하기도 한다. 그러므로 이 때는 손에 들고 먹을 수 있는 빵조각, 토스트, 부드러운 비스킷 등을 주도록 한다. 그러나 누워 있는 영아는 작은 음식 덩어리에도 질식할 수 있기 때문에 이러한 음식물은 앉아 있을 때만 주도록 한다. 6개월경에는 빨대가 달린 컵에다 우유를 따라서 조금씩 마시도록 연습시키는 것이 좋다. 처음에는 컵에 주수를 조금 따라 주고 마실 때 교사가 도와 주어야 하지만, 영아가 원하면 교사의 손이나 컵을 잡도록 허용한다. 이러한 과정을 통하여 영아는 혼자 일을 수행할 수 있고, 독립성을 발달시킬 수 있게 된다.

영아들이 이유식을 거부할 때가 종종 있는데 이 때는 억지로 먹이려 하지 말고, 그 원인을 파악하여 원인을 제거하도록 한다. 먼저 영아가 먹는 시간과 노는 시간의 구별을 확실하게 하도록 인식시키고, 식탁 앞에서 어느 정도 시간이 지났는데도 먹는 것을 계속 거부하면 음식을 치워 버린다. 조리방법이나 음식의 종류가 싫어서 거부할 수도 있기 때문에 같은 음식이라도 다양한 조리방법을 이용해 보도록 한다. 또 편식을 하지 않도록 여러 종류의 음식을 먹는 습관을 길러 줄 필요가 있다.

돌이 지나면서부터는 식사시간에 올바른 식습관을 형성시키는 데 힘써야 한다. 식습관 지도를 할 때는 각 영아의 신체기능이나 이해력 수준을 고려하여 흥미 있는 방법으로 반복하여 끈기 있게 지도해야 한다. 이 시기는 부모와 가족의 영향이 지대한 시기인 만큼 미리 영아의 가정에서의 식사상황과 가정환경에 관한 정보를 파악한 후에 대상의 실태에 맞는 지도계획을 세우는 것이 중요하다. 별로 심각하지도 않은데 주위에서 지나치게 걱정하면 오히려 영아가 부담만 느끼게 되어 문제가 악화될 수 있으므로 음식은 가능한 한 먹음직스럽게 내놓고 영아가 먹지 않으면 강요하지 말고 그냥 치운다. 과자, 케이크, 사탕과 같은 단 음식은 식욕을 떨어뜨릴 수 있으므로 식사 후에만 주도록 한다.

2) 유아의 식습관 지도

유아들의 영양관리 및 식습관 지도는 성장과 발달에 필수적인 부분이다. 바람직한 식습관 지도는 충분한 영양 섭취뿐 아니라 비만이나 편식으로 인한 영양결핍을 막을 수 있다.

유아기는 영아기에 비해 신체발달의 속도는 느려지나, 활동량이 증가하고 두뇌발달이 완성되고 사회 · 인지능력이 발달하는 시기로 특징지어질 수 있다. 이처럼 신체적 성장뿐만 아니라 정신적 발달도 왕성한 시기에 하루 8~10시간 이상을 보육시설에서 생활하는 유아들에게 충분한 열량과 함께 칼슘, 단백질, 무기질 등 성장에 필요한 영양소가 균형 있게 함유된 점심과 간식을 제공하는 것은 매우 중요하다. 특히, 적절한 식사와 간식의 제공이 유아의 개념과 감각 및 언어발달을 촉진시키는 반면, 유아기의 부적절한 영양공급은 비만과 고혈압이나 당뇨 같은 질병뿐 아니라 정서적 · 사회적인 문제를 유발하고 학업수행도 저해한다는 연구 결과도 보고되고 있는 만큼, 보육시설 종사자들은 유아기의 영양관리의 중요성에 관하여 올바르게 인지하고 있어야만 한다.

보육시설에서 생활하는 유아들에게 제공되는 급식은 영양뿐 아니라 위생에도 각별한 주의가 요구된다. 따라서 영양사는 영양과 건강을 고려한 균형잡힌 식단을 제공하고, 급식과 간식은 위생적인 환경에서 조리하여 제공되어야 한다.

3) 급식관리

영유아보육법(제33조, 시행규칙 제34조)에는 보육시설 유아들에 대한 영양 및 급식에 대한 규정을 다음과 같이 명시하고 있다.

- ○ 보육시설의 장은 영유아에게 균형 있고 위생적이며 안전한 급식을 하여야 한다.
- ○ 급식은 정상적인 발달에 필요한 영양을 섭취할 수 있도록 영양사가 작성한 식단에 의하여 공급하되, 영유아 100인 미만을 보육하는 시설의 경우에는 인근 보육정보센터, 보건소 등의 영양사 지도를 받아 식단을 작성하여야 한다.

※ 시간 연장형 보육시설은 저녁식단 및 저녁간식 메뉴도 작성해야 한다.

- ○ 영유아 100인 이상을 보육하는 시설은 영양사 1인을 두어야 하며 영양사는 영유아의 건강 · 영양 및 위생을 고려하여 보육시설의 급 · 간식을 관리하여야 한다.[*](전담 원칙)

> ※ 5개 이내 보육시설이 공동으로 영양사를 둘 수 있으나, 이 경우 영양사는 5개 시설 중 어느 한 시설에 반드시 배치되어야 하며, 5개 시설을 1인이 담당함으로 인해 영유아에 대한 영양관리가 소홀히 되지 않도록 담당시설에 대한 정기적인 순회지도 등 체계적인 관리계획을 세워 실행하여야 한다.

- ○ 급식은 보육시설에서 직접 조리하여 공급하는 것을 원칙으로 하지만, 시설 내에서

---

[*] 영양사의 직무(식품위생법시행규칙 제44조)

1. 식단작성, 검식 및 배식관리 2. 구매식품의 검수 및 관리 3. 급식시설의 위생적 관리
4. 집단급식소의 운영일지 작성 5. 종업원에 대한 영양지도 및 위생교육

조리가 불가능할 경우 그 사유와 대안을 마련하여 시 · 군 · 구청장의 승인을 얻어야 한다.

※ '05. 1. 30일 이전 설치된 보육시설의 경우 2010. 1. 29일까지 시행규칙 [별표 1]에 의한 설치기준 중 「3. 보육시설의 구조 및 설비기준」을 갖추어야 함

○ 식품위생법에 따라 상시 1회 50인 이상에게 식사를 제공하는 보육시설의 경우 시 · 군 · 구청 위생관련 부서에 집단급식소로 신고 · 운영하고 조리사를 배치하여야 한다.

○ 모든 보육시설은 영유아의 건강 · 안전 및 소비자의 알권리 확보를 위해 축산물(쇠고기, 돼지고기, 닭고기)을 식재료로 사용하는 경우 식단표에 원산지를 기재하여 공개하여야 한다(농산물품질관리법 제15조의 2).

○ 기타 특별한 음식을 필요로 하는 1세 미만의 영아에게는 그 부모나 보호자의 의사를 반영하여 음식을 제공한다.

2. 영유아의 건강관리

1) 유아의 건강관리

보육시설에서는 유아들의 건강관리를 위하여 정기적으로 건강검진을 하도록 법적으로 명시해 두고 있으며, 교사 및 시설장 등 보육시설에서 종사하는 모든 구성원들은 유아들에게 영향을 미칠 수 있으므로 정기건강검진의 대상자가 된다.

보육시설의 유아들의 건강을 관리하기 위하여 영유아보육법에서는 다음과 같이 건강검진 및 각종 검사 항목을 명시하고 있다.

(1) 영유아 건강검진

영유아들의 건강검진은 매년 1회 이상 실시하여야 한다.

① 방과 후 보육대상 아동은 건강검진을 제외한다(학교보건법 제7조 제1항 규정에 의거 매년 신체검사 실시).

② 보호자가 별도 건강검진을 실시한 경우에는 검사결과 통보서로 갈음할 수 있다.
③ 건강검진에 소요되는 비용은 보호자 부담을 원칙으로 한다.
④ 정기검진 시 누락 신규입소 아동의 경우에는 추가로 검진을 실시하도록 하고 검사결과 통보서를 비치한다.

(2) 검진기관

① 인근 보건소, 건강관리협회, 대한가족보건복지협회 및 영유아의 검진에 필요한 의료진 및 시설을 갖춘 의료기관 등을 지정하여 검진하여야 한다.
② 전염성 질환으로 밝혀지거나 의심되는 영유아는 시설로부터 격리 치료토록 조치해야 한다.

(3) 검사항목

신체계측, 시력검사, 청력검사, 구강검사 등 영유아의 발달단계에 따라 필요한 항목을 검사하여야 한다.

(4) 건강검진 결과에 대한 조치

① 치료를 요하는 영유아에 대하여 보호자와 협의하여 필요한 조치를 하여야 한다.
② 전염성 질환에 감염된 것으로 밝혀지거나 의심되는 영유아는 보육시설로부터 격리시켜야 한다.

(5) 건강검진 기록과 관리

① 사전건강기록

유아가 보육시설에 입소하기 전에 부모와의 상담을 통하여 유아의 과거 병력에 대한 파악, 예방접종 여부, 페니실린 부작용 등의 특이체질, 특별한 음식에 대한 이상반응, 전염성 질병 유무 여부 등을 파악해야만 한다.

② 일일 건강검진

교사는 매일 아침 유아가 등원하는 대로 건강상태를 점검해야 한다. 즉, 유아의 표정, 외모, 병색, 청결상태, 복장, 자세 등을 살피면서 이상 유무를 파악한다. 경험이 쌓이면 상식과 주의 깊은 관찰만으로도 유아의 상태 짐작이 가능하다. 유아들은 오랜 시간 어린이집에 있기 때문에 교사는 유아의 건강상의 사소한 변화라도 민감하게 파악하여 부모에게 알려 주어야 한다.

③ 정기 건강검진

유아를 보다 건강하게 보호하고 교육하기 위해서 보육시설에서는 정기적으로 유아의 건강상태를 검진하고 기록할 필요가 있다. 이를 위해 시설장은 주변의 보건소나 부모들과 협의하여 선택한 의료기관에 의뢰하여 유아의 건강진단을 한 후, 부모에게 알려 주고 필요한 경우에는 부모와 교사가 서로 협조하여 해결방안을 모색하도록 한다.

④ 예방접종

유아기에는 모체에게서 받는 선천면역이 완전히 소실되기 때문에 전염병에 걸리기 쉽고 감기, 기관지염, 폐렴, 설사병 등을 비롯하여 여러 가지 만성질환에 걸리는 일도 적지 않다. 이러한 병에 걸리면 유아는 성장을 저해받고, 특히 하루 종일 집단생활을 하는 유아반에서는 전체 유아의 건강에도 해를 끼친다. 그러므로 교사들은 유아기에 발병하기 쉬운 전염성 질환에 대해 숙지하고 있으면서 발병을 즉시 파악하여 적절한 대처를 하여 다른 유아에게 전염되는 것을 방지하여야 한다. 또한, 유아기에 필요한 예방접종의 시기와 종류 등에 관한 가정통신문을 보내 모든 유아에게 적시에 예방접종이 실시되도록 하고 반드시 실시 여부를 확인해야 한다.

다음 〈표 8-1〉에는 연령별/시기별 영유아들의 건강검진 내용을 정리한 것이다.

표 8-1 연령별 영유아들의 건강검진 내용

내용 연령	입학 시 점검	정기 신체검사	일일 점검	건강증진 방법
0세	• 영유아의 건강진단 내용과 입소 전 건강상태(특이체질,	• 출생 6개월 → 주 1 회 • 7개월 이후 →	• 수유 및 안색, 체온, 대소변의 횟수 및 색, 잠자	• 영아체조 • 일광욕 • 질병에 걸린 영아의

연령＼내용	입학 시 점검	정기 신체검사	일일 점검	건강증진 방법
	병력, 면역 및 예방 접종) 등을 기록한 건강기록부 보관	월 1 회	는 시간	출・결석에 관한 규정 및 주의사항 전달
1세	▪ 영유아의 건강진단 내용과 입소 전 건강상태 등을 기록한 건강기록부 보관 ▪ 이유식 시작 시기 및 진행 정도 파악 ▪ 예방접종 상태 파악	▪ 12개월 이후 → 월 1 회	▪ 수유 및 안색, 체온, 대소변의 횟수 및 색, 잠자는 시간 ▪ 식사 후 양치	▪ 영아체조 ▪ 일광욕 ▪ 질병에 걸린 영아의 출・결석에 관한 규정 및 주의사항 전달
2세	▪ 영유아의 건강진단 내용과 입소 전 건강상태 등을 기록한 건강기록부 보관	▪ 24개월 이후 → 매 3개월에 1회	▪ 영유아의 안색, 발열 여부, 몸의 불편함에 대해 매일 점검 ▪ 음식물에 적응하기 ▪ 식사 후 양치	▪ 바깥놀이 ▪ 질병에 걸린 영아의 출・결석에 관한 규정 및 주의사항 전달
3세 이상	▪ 입소 전의 몸무게와 키, 특별한 음식물에 대한 이상 반응 등을 기록	▪ 36개월 이후 → 매 6개월에 1회 ▪ 건강진단 체력검사 및 구강검사를 정기적으로 실시	▪ 등원 시 건강상태 파악 ▪ 하원 시 건강상태 파악 ▪ 식사 후 양치	▪ 바깥놀이 ▪ 질병에 걸린 영아의 출・결석에 관한 규정 및 주의사항 전달

(6) 영유아 건강지도

건강은 청결하고 위생적인 생활환경, 규칙적인 생활습관과 밀접한 관계가 있다. 건강한 생활은 생활 속에서 체득하는 습관이 더 중요하므로 학습활동 안에서의 반복지도와 교사 스스로 청결함과 올바른 생활습관 등의 모델이 되어 주어야 한다. 이를 위해 교사가 다룰 수 있는 지도내용은 다음과 같다.

① 손씻기

손씻기는 건강 및 질병발생과 밀접한 관련이 있기 때문에 교사와 유아 모두 자주 손을 씻는 것이 건강의 기초가 된다. 따라서 학기 초에 손씻기의 중요성, 올바르게 손씻는 방법, 손씻는 시기 등에 관하여 지도한 후 지속적으로 반복시킨다.

② 이닦기

충치는 다른 질병에 비해 가볍게 취급되는 경향이 있으나 유아의 건강에 있어서 가장 자주 문제를 일으키는 것으로, 선천적인 원인보다는 유아 자신의 생활습관이 보다 결정적인 원인이므로 교사는 충치예방을 비롯한 유아의 치아건강을 위한 지도를 해야 한다.

③ 휴식과 낮잠

유아기에는 전체적인 운동량이 증가하기 때문에 피로가 누적되기 쉬울 뿐만 아니라 다양한 공간, 또래집단의 관계에서 질병감염이 빈번해 질 수 있는 시기이므로 일과에 충분한 휴식과 수면시간이 반영되어야 한다. 그러나 낮잠 지도시 획일적으로 지도하기보다는 각 유아의 습관을 파악하여 개별적으로 지도하는 자세가 필요하다.

2) 위생관리

보육시설 종사자들은 유아의 건강을 유지시키고 질병을 예방해 주며, 아픈 유아에게 적절한 조치를 취해야 한다. 이를 위해서는 평소에 시설과 유아 개인용품을 위생적으로 관리하고, 쾌적한 실내 환경 유지에 힘쓰고, 질병예방을 위한 건강검진과 예방접종 및 평상시에 유아의 건강상태에 대한 주의 깊은 관찰이 필요하다.

(1) 위생적인 시설관리

보육시설의 시설과 설비 및 교재 · 교구는 항상 청결해야 하며, 이를 위해 매일의 청소와 주기적인 대청소가 필요하다.

① 건물과 하수구에 대한 방역소독을 규칙적으로 실시한다.
② 화장실 변기를 매일 소독한다.
③ 실내 · 외의 모든 쓰레기통은 매일 비우고 소독한다.
④ 마루와 카펫은 하루에 적어도 1회 이상 청소한다.
⑤ 활동실의 카펫은 연 2회 세탁한다.
⑥ 선반, 문손잡이, 의자, 탁자, 수도꼭지, 복도 등은 매일 한 번씩 소독한다.
⑦ 침구와 매트는 사용 후 바꿀 수 있는 커버가 있어야 한다.
⑧ 걸레는 사용 즉시 빨고 매일 삶는다.

(2) 영유아 및 종사자 위생관리

보육시설의 종사자는 영유아의 위생에 영향을 미치는 다음 사항들에 대해 수시로 점검해야 한다.

- 영유아의 감기, 독감, 홍역 등 유행성 질환 감염 여부
- 영유아의 피부, 머리, 손 · 발톱, 치아상태
- 종사자의 의복 청결상태 및 피부상처 여부 등 업무 전후 위생상태
- 보육실, 교재 · 교구실, 조리실, 놀이터 등 보육시설 청소상태
- 침구 및 기저귀 등의 위생상태
- 욕실, 화장실, 세면도구 등의 청결 및 위생상태

또한 보육시설에서는 영유아와 종사자의 건강 · 위생관리를 위하여 실내 공기의 질을 쾌적하게 유지 · 관리해야 할 의무가 있다.

(3) 음용수 관리

마시는 물의 경우 위생관리가 필수적이다. 질병과 전염병을 예방하기 위해서 다음과

같이 보육시설의 음용수에 관련한 사항을 명시하고 있다.

① 상수도, 간이상수도를 사용하는 경우에는 물을 끓여서 사용해야 한다.

② 정수 장치를 사용하는 경우에는 정기적인 필터 교환 등으로 수질 관리를 해야 한다.

③ 지하수를 사용할 경우에는 「먹는 물관리법」이 정하는 바에 따라 수질검사를 실시하고 수질검사 성적서를 비치해야 한다.

(4) 동물관리

유아들의 탐구생활을 위해서는 교실이나 실외놀이터에 사육장을 비치하는 경우가 많다. 그러나 위생적인 문제와 관련하여 보육시설에는 원칙적으로 동물(애완동물, 곤충 등)을 두지 못하도록 하고 있다.

사육장이 있거나 애완동물이 있는 경우에는 동물들에 의해 인플루엔자나 기타 전염병 등을 일으킬 수 있으므로 위생관리를 특히 철저히 하여야 한다.

동물을 사육할 경우에는 사전에 부모에게 고지하여야 하며, 영유아의 알레르기, 질병, 상해 등을 방지하기 위해 정기적으로 수의사를 통해 면역조치 등을 받아야 한다.

3) 예방접종과 환아관리

전염병은 청결한 생활습관을 통하여 예방할 수 있으나 보육시설에서 전염병 발생의 주된 원인은 손을 자주 씻지 않는 데 있다. 병의 발생과정을 보면 증상은 나타나지 않으나 전염이 되는 잠복기간이 있은 후 불편함, 두통, 열, 불안 등의 증상이 나타난다. 따라서 교사는 영아가 약간의 불편함을 호소하는 것에도 각별한 관심을 기울여야만 한다.

영유아기에는 필수적으로 다음과 같은 예방접종이 이루어져야 하며, 전염성이 있는 질병에 감염되었을 경우, 일정 기간 동안 격리하여 전염병이 확산되지 않도록 조치해야 할 것이다.

(1) 예방 접종

영유아기에 필요한 예방접종과 접종 시기를 간략히 소개하면 다음과 같다.

① 뇌염

모기에 의해 매개되는 바이러스성 질환으로 전체 또는 부분적으로 뇌에 염증을 일으키는 질환이다. 특히, 우리나라에서 문제가 되고 있는 것은 동남아지역에서 8～9월에 유행하는 일본 B형 뇌염으로, 이는 4～5세에서 최고 치사율을 보이므로 주위환경을 청결히 하여 모기의 발생을 최대한 줄이고, 예방접종을 통하여 발병률을 저하시켜야 한다.

② D.P.T.

디프테리아, 백일해, 파상풍을 한 가지 주사로 면역을 형성하게 하는 것이다. 디프테리아는 목, 코, 피부를 침범하는 전염성 질환으로 사망률이 10%이며, 이를 막는 유일한 방법은 예방접종이다. D.P.T.는 1, 2, 3차로 나누어 접종해야 하는데 제1차 접종 후 12～16개월 후인 4～5세경에 제2차 접종을 실시한다.

③ 백일해

백일해균에 의한 감염으로 사망률이 높은 질병이다. 첫 예방접종 후에 39.5도 이상의 열이 나거나 경련을 일으키거나, 심한 졸음에 시달리면 두 번째 접종은 중지해야 하므로 이러한 증상에 대해 사전에 확인하도록 각 가정에 알려 준다.

④ 파상풍

근육의 격렬한 경련이 그 증상으로, 사망률이 40%에 이르는 극히 위험한 질병이나 예방접종으로 예방할 수 있으므로 건강할 때 미리 접종해야 한다.

⑤ 폴리오

폴리오(척수성 소아마비)는 전염성 질병으로 폴리오에 유효한 항생물질은 없으며, 예방접종만이 믿을 만하다. 경구 폴리오백신은 면역의 지속성이 길어서 기본접종을 받으면 추가접종이 필요 없고, 효력도 우수하다. 정기접종은 4세 이전에 2회 실시하는데 지역 내 일제접종에 의한 조기완료가 바람직하다.

⑥ 인플루엔자

인플루엔자의 예방접종은 3세 이상의 유아에게 필요한 것으로 인플루엔자의 유행이

집단생활을 하는 유아를 중심으로 발생하는 일이 많으므로 보육시설에서 매년 11월 중순경 집단접종을 실시할 수도 있다.

최근 전 세계적으로 유행하고 있는 신종플루의 경우, 영유아들은 우선적 예방접종 대상자이며 의심환자가 발생했을 경우 확진이 이루어질 때까지 확산되지 않도록 일정 기간동안 격리 조치가 필요하다.

신종플루에 감염되었을 경우, 격리 조치하고 타미플루 등 치료약을 투여하고 완치 판정이 날 때까지 격리가 필요하다. 일반적인 감기와 마찬가지로 신종플루도 손발을 깨끗하게 닦는 것으로 예방될 수 있다.

(2) 교사가 알아야 할 전염병

집단생활이 이루어지는 보육시설에서는 전염병은 매우 급속하게 확산될 수 있다. 교사들은 유아기에 빈번하게 발생되는 전염병의 증상 및 대책을 숙지하여 증상에 따른 적절한 대처를 하여 전염병의 확산을 막아야 할 것이다.

① 수두

표 8-2 수두의 증상 및 대처법

구분	내용
증 상	무력증, 열, 두통, 오한이 나며, 얼굴과 가슴 등에 빨간 점이 생기고, 이 점이 투명한 물집으로 되었다가 터지며, 갈색 딱지가 앉는다.
잠복기간	14～17개월
전염기간	발진이 나타나기 24시간 전부터 발진 후 6일째까지의 기간에 전염력이 가장 크며, 딱지가 떨어질 때까지는 전염될 수 있다. 딱지의 수분도 전염될 수 있다.
감염경로	수두에 걸린 다른 아동이나 공기 중의 물방울, 환자의 분비물이 묻은 물질로부터 감염된다.
대 책	감염된 아동의 입이나 목으로부터의 분비물, 오염된 의류의 직접 접촉으로 전염되므로 모든 딱지가 떨어질 때까지 격리시켜 가정에서 치료받도록 해야 한다.

② 풍진(3일 홍역)

표 8-3 풍진의 증상 및 대처법

구분	내용
증 상	무력증, 열, 두통, 오한이 나며, 얼굴과 가슴 등에 빨간 점이 무력증, 열, 구토, 두통, 콧물, 얼굴과 목 위의 선홍색 점 등
잠복기간	14～21일
전염기간	증상이 나타나기 전부터 증상이 나타난 후 5일
감염경로	직접적인 접촉이나 기침, 콧물, 배설물과의 접촉으로 감염된다.
대 책	가장 좋은 대책은 예방접종이고, 감염된 영아는 집단으로부터 격리하여 전염되는 것을 막아야 한다.

③ 홍역

표 8-4 홍역의 증상 및 대처법

구분	내용
증 상	열, 콧물, 마른기침, 눈은 충혈되고 시리며, 온몸에 발진
잠복기간	8～13일
전염기간	증상이 나타난 후부터 발진이 나타나고 4～5일까지
감염경로	감염된 영아와의 접촉, 기침, 콧물, 감염된 물건과의 접촉으로 감염된다.
대 책	예방접종이 가장 필수적이며, 감염된 영아는 발진이 나타나고, 5일간은 집단으로부터 격리되어 있어야 한다.

④ 간염(A형)

표 8-5 A형 간염의 증상 및 대처

구분	내용
증 상	식욕부진, 두통, 열, 눈과 피부에 나타나는 황달, 관절통
잠복기간	10～15일
전염기간	증상이 나타나기 며칠 전부터 황달 증세가 나타난 후 수일 동안으로 7일을 넘지 않는다.
감염경로	사람으로부터 감염되거나 침, 피, 감염된 음식, 우유 또는 물을 접촉하여 감염된다.
대 책	개인의 위생이 매우 중요하며, 배설물은 적절하게 버려야 하고, 감염된 영아나 성인은 집단에서 격리 수용하고 수혈을 하지 않아야 한다.

⑤ 뇌막염

표 8-6 뇌막염의 증상 및 대처

증 상	갑작스러운 고열, 심한 두통, 구토, 경직된 목, 불안, 전신에 보라색 반점, 의식의 혼동
잠복기간	약 16~18일
전염기간	증상이 나타나기 2일 전부터 붓기 시작한 후 9일까지
감염경로	감염된 사람과의 접촉이나 오염된 물건과의 접촉으로 감염
대 책	모든 증상이 사라질 때까지 집단으로부터 격리시켜야 한다.

⑥ 성홍열

표 8-7 성홍열의 증상 및 대처

증 상	열, 무력감, 두통, 복통, 발진, 구토
잠복기간	1~5일
전염기간	치료만 되면 24시간 내에 전염성은 사라진다.
감염경로	감염된 사람과의 직접적인 접촉으로 감염된다.
대 책	감염된 사람은 처치가 시작된 뒤 24시간 동안 격리

⑦ 결핵

표 8-8 결핵의 증상 및 대처

증 상	피로감, 식욕상실로 인한 체중감소, 미열, 마른기침
잠복기간	4~6주
전염기간	감염되어 있는 동안 계속
감염경로	공기를 통해 전염된다.
대 책	활동성 결핵 유무를 파악하기 위해 피부검사와 방사선 검사를 실시하여 예방한다. 위생관리와 적절한 영양공급을 한다.

⑧ 유행성 감기

표 8-9 유행성 감기의 증상 및 대처

증 상	두통, 오한, 열, 토하기, 기침
잠복기간	1~3일
전염기간	증상이 나타나기 1일 전부터 증상이 나타나고 5일 후까지
감염경로	감염된 영아나 사람 또는 감염된 물건과의 접촉으로 감염
대 책	감염된 영아를 집단으로부터 격리시키고, 예방접종으로 감염을 막을 수 있다.

⑨ 농가진

표 8-10 농가진의 증상 및 대처

증 상	수포가 생기고 고름이 나기도 하며, 수포가 오그라들어 부스럼 딱지로 변한다.
잠복기간	2~5일이지만 더 길어질 수도 있다.
전염기간	물집이 생길 때부터 이것이 모두 나올 때까지다.
대 책	항생제로 치료가 되고, 영아는 부스럼 딱지가 모두 없어질 때까지 격리되어야 한다.

⑩ 결막염

표 8-11 결막염의 증상 및 대처

증 상	눈의 흰자위가 불그스름하며, 찐득찐득한 눈곱이 흘러나와 부스럼 딱지를 형성한다.
잠복기간	1~3일
전염기간	며칠~3주까지로 전염될 가능성이 매우 많다.
감염경로	감염된 눈으로부터 나온 분비물과의 직접적인 접촉 또는 눈곱으로부터 감염된 물건과의 접촉으로 전염된다.
대 책	모든 증상이 사라질 때까지 가정에서 치료받도록 한다.

4) 환아관리

영아들은 배가 아프다거나 머리가 아프다는 것을 동작으로 표현하기는 하지만 언어발달이 미숙하여 아픈 것을 정확하게 말로 표현하지 못한다. 그러므로 교사는 영아의 일상적인 습관이나 감정변화 등을 잘 파악하고 있어야만 영아가 아플 때 평소와 다른 점을 발견할 수 있다. 다음과 같은 특징을 보이면, 영아의 건강상태를 의심해 볼 필요가 있다.

(1) 질병의 증상

① 지나치게 마르거나 뚱뚱하다.
② 평상시와 달리 무관심하고 나른하고 무력하다.
③ 칭얼거리거나 운다.
④ 근육조절이 미숙하다.
⑤ 피로한 기색을 보인다.
⑥ 몸과 옷이 깨끗하지 않다.
⑦ 눈에서 눈물이 나고 눈곱이 끼어 있거나 충혈되어 있다.
⑧ 눈이 사시가 된다.
⑨ 귀에 통증이 있거나 귀에서 고름이 나온다.
⑩ 잘 듣지 못한다.
⑪ 쉰 목소리를 낸다.
⑫ 자주 목이 아프거나 감기에 걸린다.
⑬ 코피가 나고 계속해서 콧물이 난다.
⑭ 이가 아프거나 충치 또는 입이 아프다.
⑮ 방금 운동을 한 것도 아닌데 열이 나고 푸석푸석한 얼굴이다.
⑯ 창백하거나 몸이 차다.
⑰ 지나치게 많은 땀을 흘린다.
⑱ 메스꺼워 한다(먹은 것을 토하려 한다).
⑲ 경련(몸이 뻣뻣해지고 비틀림)을 일으킨다.
⑳ 불안해 한다.

㉑ 계속 눈을 비빈다.
㉒ 평상시와 달리 말을 못한다.
㉓ 화장실에 지나치게 자주 간다.
㉔ 소근육이나 대근육의 협응이 잘 안 된다.
㉕ 부정적인 태도를 보이며, 다른 사람과 잘 어울리지 못한다.
㉖ 잠을 잘 자지 못한다.
㉗ 음식을 잘 먹지 못한다.
㉘ 신체적인 움직임이 비교적 적다.

영유아보육법에는 "영유아에게 질병 · 사고 또는 재해 등으로 인하여 위급상태가 발생한 경우 즉시 응급의료기관에 이송하여야 한다"고 명시하고 있다. 각 보육시설에서는 아동이 접근할 수 없는 안전한 장소에 응급조치를 위한 비상약품 및 간이 의료기구 등을 비치하여야 한다. 한두 번 사용하면서 아이에게 잘 듣는 약품을 알게 되는 가정과 달리 보육시설에서는 여러 유아들에게 일어날 수 있는 다양한 증상과 사고에 대비하여 구급약상자를 마련해 두는 것이 편리하다. 구급약상자는 의료용으로만 사용하도록 용도를 정해 놓은 기구와 소모품, 상처나 피부질환에 사용되는 약용제 및 먹이는 내복약으로 구성한다.

(2) 교사가 주의 깊게 관찰해야 하는 증상들

교사는 평소에 유아들의 신체 상태를 주의 깊게 관찰하는 습관을 몸에 익혀 변화를 감지해 냄으로써 증세가 심해지거나 급격한 증세의 변화가 나타나는 것을 미리 방지해야 한다. 갑작스러운 증상이 일어날 때 당황하지 말고 침착하게 대응하고, 이미 알고 있는 증상이라도 지속되면 부모에게 전달하여 가정에서도 유심히 살펴보게 한다. 특이한 증상이 나타나거나 교사가 감당하기 어려운 증상이 보이면 적절하고 신속한 조치를 취하여 유아의 상태가 더 악화되지 않도록 해야 한다.

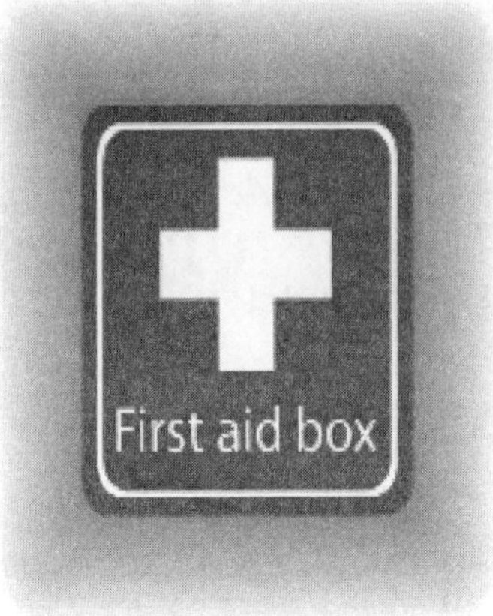

보육시설에서는 응급상황에 대비하여 부모에게 응급처치 동의서를 사전에 받아두어야 한다.

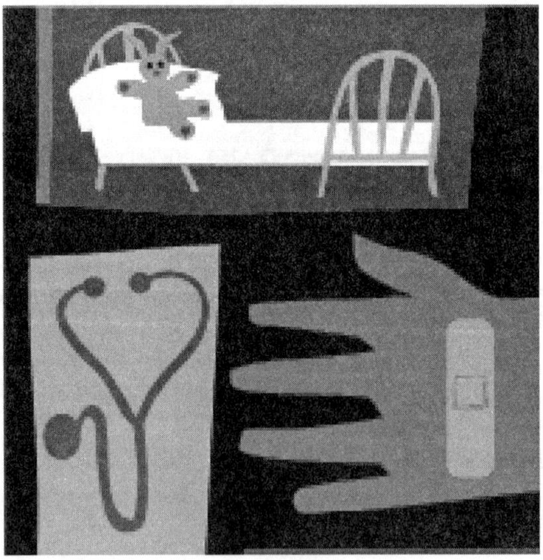

응 급 처 치 동 의 서

반이름		생년월일	
성 별	남　　여	성　　명	

어린이집에서 다음의 절차에 따라 응급처치를 하는 경우, 그 권한을 귀 어린이집에 위임할 것을 동의합니다.

20　.　.

부 모 :　○　○　○ (서명 또는 인)

〈응급처치 절차〉

1. 사고 발생시 가장 먼저 부모님께 연락합니다.

(시간/기간)　　　　(전화번호)

어머니와는 ________ 동안에 ________________ 로 연락됩니다.

________ 동안에 ________________ 로 연락됩니다.

아버지와는 ________ 동안에 ________________ 로 연락됩니다.

________ 동안에 ________________ 로 연락됩니다.

2. 부모님과 신속하게 연락되지 않을 경우, 부모님이 정해 주신 다음의 연락처로 연락드립니다.

(이름)　　　　(전화번호)

①__________ 는 ________________ 로 연락할 수 있습니다.

아동과의 관계

②__________ 는 ________________ 로 연락할 수 있습니다.

아동과의 관계

3. 필요한 경우 119 구조대에 연락할 것이며 학교에서 지정하는 의료기관이나, 부모님이 정하신 ____________의료기관으로 응급 수송할 것입니다.

4. 의료기관 수송 후에는 다음의 의료보험 관련 정보를 주어 신속하게 치료받을 수 있도록 합니다.

의료보험 종류 ______________

번호 ______________

기관 ______________

3. 보육시설의 안전교육

유아 안전교육의 궁극적인 목적은 유아 스스로가 자신의 건강과 안전을 보호할 수 있는 능력과 기술을 갖도록 하는 데 있다. 안전교육의 주요 내용은 실내외 안전, 놀이기구 사용법, 교통안전, 소방교육, 견학 시 안전교육, 유괴사고 방지 등이 포함된다.

1) 대상별 안전교육

(1) 영유아에 대한 안전교육

표 8-12 안전교육 기준(아동복지법 제9조 제3항 및 동법시행령 제4조 제1항)

구분	교통안전교육	약물오남용교육	재난대비교육	성폭력 예방교육	실종 · 유괴의 예방방지교육
실시 주기 (총시간)	2개월 1회 이상 (연간 12시간 이상)	3개월 1회 이상 (연간 10시간 이상)	6개월 1회 이상 (연간 6시간 이상)	6개월 1회 이상 (연간 6시간 이상)	3개월 1회 이상 (연간 10시간 이상)
교육 내용	1. 올바른 교통안전 지식 2. 교통관련법규 준수 정신 3. 안전장구 착용의 생활화 4. 기타 교통안전 관련 내용	1. 약물의 종류 · 중독성 및 오 · 남용의 폐해 2. 법적 처벌기준 3. 기타 약물 오 · 남용 예방을 위하여 필요한 내용	1. 화재 · 붕괴 · 폭발 · 화생방사고 등 각종 재난 예방 및 안전관리 요령 2. 위험물 취급요령 3. 재난시 안전행동 및 대피요령	1. 아동 및 청소년 성범죄 발생 현황 2. 성폭력 예방지침 3. 성폭력 예방실습 4. 성폭력 범죄 발생 시 대처방법 5. 법적 처벌 및 취업 제한규정 6. 성폭력 범죄의 신고 요령 및 절차	1. 아동 실종 발생 현황 2. 장소 · 상황별 실종 · 유괴 예방 지침 3. 유괴 · 유인 시 대처 방법 4. 유괴 · 유인 목격 시 신고요령 및 절차
교육 방법	1. 전문가(또는 담당자) 강의 2. 시청각 교육 3. 실습교육 또는 현장학습 4. 수업(프로그램) 내용에 반영 5. 일상생활을 통한 반복 지도	1. 전문가(또는 담당자) 강의 2. 시청각 교육 3. 현장방문 · 학습	1. 전문가(또는 담당자) 강의 2. 시청각 또는 실습 교육 3. 사고사례 분석	1. 전문가(또는 담당자) 강의 2. 시청각 교육 3. 사고사례 분석	1. 전문가 또는 담당자 강의 2. 장소 · 상황별 역할극 실시 3. 시청각 교육 4. 실종사례 분석

(2) 종사자에 대한 안전교육

교사는 안전교육지침 등을 숙지하여야 하며, 시 · 도 및 시 · 군 · 구 등에서 안전관련 교육을 시행할 때 적극 참여해야 하고 화재 등 긴급사태에 대비한 계획수립 및 정기적인 점검 · 훈련을 실시하여야 한다.

(3) 부모에 대한 안전교육

보육시설의 장은 영유아의 건강 · 위생과 관련된 내용을 포함하여 부모와 충분히 협의 · 고지해야 하며, 안전교육 등에 부모가 참여할 수 있도록 해야 한다.

2) 교통안전교육

어린이집에서의 교통안전교육은 가능한 한 실제경험을 통하여 하는 것이 바람직하다.

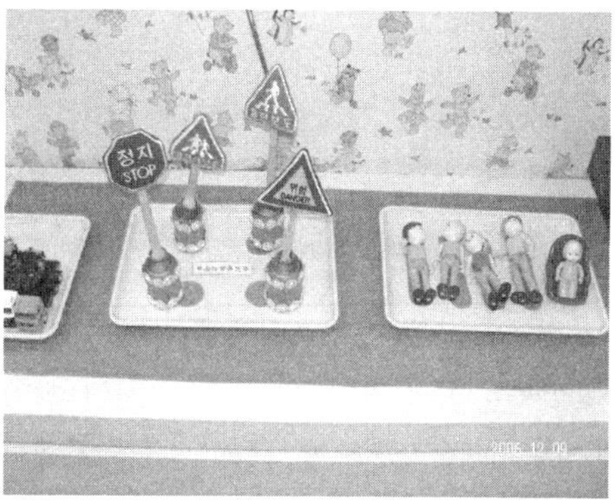

〈사진〉 **교통안전교육 교구 1**

〈사진〉 **교통안전교육 교구 2**

(1) 견학 시 안전교육

어린이집에서의 견학은 지역사회의 기관이나 시설, 공원 등을 걸어서 가는 것으로 계획하는 것이 바람직하다. 견학에 대한 안전교칙을 주의 깊게 계획하고 교사는 사전답사를 통하여 장애물과 소요시간 등을 점검해 보아야 한다.

(2) 차량안전 관리(차량을 운행하는 경우)

보육시설에서는 차량을 통해 등 하원을 하는 경우가 많다. 차량운행은 의무사항이 아니며, 차량을 운행하고자 할 경우에는 도로교통법에서 규정하고 있는 어린이 통학버스 신고요건을 구비하여 관할 경찰서장에게 신고하고 신고필증을 교부받아야 한다.

① 운전기사는 채용 시 건강진단서를 제출한다.
② 차량 내부에 안전수칙을 부착하고, 차량용 소화기 및 구급상자를 비치해야 하며, 차량안전 점검표에 의한 안전점검을 실시한다.
③ 차량운행 시 보육교사 등 보육시설 종사자가 동승해야 하며, 36개월 미만 영아는 보호자가 동반하거나 보호 장구를 착용하는 것을 원칙으로 한다.
④ 교사와 영유아는 차량운행 시작 전 안전벨트를 착용한다.
⑤ 운전자는 영유아가 어린이 통학버스를 타고 내리는 때에 영유아가 좌석에 앉은 것과 보도 또는 길가장자리 구역 등 자동차로부터 안전한 장소에 도착한 것을 확인한 후에 어린이 통학버스를 출발시켜야 한다.
⑥ 운전자는 음주, 휴대폰 또는 이어폰 사용 등 운전판단 능력에 영향을 미치는 행위를 해서는 안 된다.
⑦ 귀가 차량 운행 시 영유아를 안전하게 보호자에게 인도해야 한다.

3) 소방교육

어린이집에서는 화재사고 예방을 위한 시설(소화기, 비상구, 화재경보기 등)을 설치하고 정기적으로 점검하며, 화재 시 대피방법을 도표화하여 각 출구마다 게시한다. 아울러 대피훈련을 정기적으로 실시하여 유아가 대피방법을 기억하도록 하는 것이 좋으며, 가끔은 사전 예고 없이 실시한다.

영유아 스스로가 자신의 안전을 보호할 수 있는 능력과 기술을 가지도록 교육해야 한다. 보육시설에서는 소방계획을 작성하고 매월 소방(비상대피) 훈련을 실시하고, 그 결과를 매년 1회 보고해야 한다.

〈사진〉 **소방교육 교구**

4) 유괴사고 방지

유아가 일단 어린이집에 오면 집에 갈 때까지는 어린이집에서 모든 책임을 져야 한다. 교사는 데리러 온 사람을 잘 확인하고 인계하여 유아가 언제 누구와 귀가하였는지를 확실하게 알고 있어야 한다. 데리러 오는 사람이 변경되었을 때는 사전에 데리러 가는 사람의 성별, 연령, 유아와의 관계 등을 알리도록 입학 시 부모교육 시간에 알려 준다.

5) 아동학대 신고의무

영유아보육법에서 명시하고 있는 아동학대의 유형은 다음과 같다.

(1) 신체학대

① 보호자를 포함한 성인이 아동에게 우발적 사고가 아닌 상황에서 의도적으로 신체손상을 입히거나 또는 신체손상을 입도록 한 모든 행위
② 물건을 사용하여 때리거나 던지는 행위, 떠밀고 움켜잡는 행위, 발로 차거나 물어뜯고 주먹으로 치는 행위, 칼 등의 흉기로 위협을 하거나 저해하는 행위, 12개월 이하의 영아에게 가해진 체벌 등

(2) 정서학대

① 보호자나 양육자가 아동에게 행하는 언어적 모욕, 정서적 위협, 감금이나 억제, 기타 가학적인 행위
② 아동의 인격이나 감정 · 기분을 심하게 무시하거나 모욕하는 행위, 좁은 공간에 장시간 혼자 가두어 놓는 행위, 원망적 · 거부적 · 적대적 또는 경멸적인 언어폭력 등

(3) 성 학대

① 성인이 자신의 성적 충족을 목적으로 미성숙한 아동과 함께 하는 모든 성적 행위
② 성적 유희, 성기 및 자위행위 장면의 노출, 포르노비디오를 아동에게 보여 주는 행위, 성기삽입, 성적 접촉, 강간 등과 같은 접촉행위, 아동매춘이나 매매 등의 행위

(4) 방 임

① 보호자가 아동에게 고의적, 반복적으로 아동양육 및 보호를 소홀히 함으로써 아동의 정상적인 발달을 저해할 수 있는 모든 행위
② 기본적인 의식주를 제공하지 않거나 불결한 환경 및 위험한 상태에 아동을 방치하는 물리적 방임, 아동을 학교에 보내지 않거나 아동의 교육적 욕구를 소홀히 하는 교육적 방임, 아동에게 필요한 의료적 처치 및 예방접종 등을 실시하지 않는 의료적 방임 등

(5) 유 기

아동 유기란, 성인의 보호·감독을 받아야 하는 아동을 버리는 행위를 의미한다.

아동학대 피해아동을 발견할 경우 전국의 아동보호전문기관(아동학대예방센터)으로 신고해야 한다. 아동학대로 신고될 경우 아동보호전문기관의 개입절차는 아래와 같이 이루어지게 된다.

신고 및 아동보호전문기관(아동학대예방센터)의 개입절차

신 고	⇨	아동학대예방센터(사례접수)	⇨
현장조사 및 사정	⇨	아동학대 여부판정	⇨
개입계획 수립	⇨	사례개입(상담, 치료 등)	⇨
종 결	⇨	사후관리	

〈그림 8-1〉 **아동학대 처리절차**

아동복지법 제26조 시행규칙 제10조 규정에 따라, 보육시설 종사자들은 직무상 아동학대를 알게 된 경우, 반드시 신고를 해야 할 의무가 있다. 또한, 보육시설의 종사자는 보호하는 사람이 범죄의 피해자인 사실을 안 때에는 즉시 수사기관에 신고하여야 한다.

6) 사고처리 대책

① 사고발생시 응급처치 및 책임에 관한 부모동의서를 받아 신속하게 응급사태를 해결하고, 책임한계를 명확히 할 수 있도록 한다.

② 사고시 부모와 연락할 수 있는 비상연락망과 병원 전화번호를 정리해 둔다. 사고발생 후 비상연락망을 통해 부모가 사고내용을 어린이집에 도착하기 전에 미리 전달받을 수 있도록 한다.

③ 어린이집에서 발생한 안전사고의 원만한 처리를 위해 상해보험에 가입한다. 각 보험회사에 운영하는 유아교육기관 종합보험 상품을 잘 살펴보고, 적합한 상품을 선택하여 가입하도록 한다.

안전관리의 궁극적인 목적은 유아들 스스로가 건강과 안전을 보호할 수 있도록 그 능력과 기술을 습득하는 데 있다. 따라서 교사는 여러 가지 안전지도 내용을 교육프로그램에 반영하고, 유아들에게 효과적인 방법, 즉 동화 듣기, 현장견학, 실습과 역할놀이 등의 방법을 통하여 유아들이 스스로 안전한 생활을 할 수 있도록 해야 한다.

또한, 유아교육기관에도 계절적 요인과 유아들의 발달 특성, 그리고 지역사회에 산재해 있는 위험요소들을 파악하고 근원적인 위험요소를 없애야 할 것이다.

표 8-13 영유아 사고보고서

기 관 명			전화번호		
기관 주소					
상해아동명		성별	남 여	생년월일	년 월 일
사고일자	년 월 일			사고시간	am/pm
목격자명		부모에게 연락한 사항			
연락시간	am/pm	119신고 여부		□안함 □신고함 (am/pm)	
사고발생 장소	□ 수송 중 □ 견학 중 □ 실외놀이장 □ 실내놀이실 □ 화장실 □ 복도 □ 주방 □ 대근육활동실 □ 교사실 □ 식당 □ 계단 □기타 ( )				
사고당시 활동내용	□ 목욕 및 배변시간 □ 교실활동 □ 계단 오르내리기 □ 실내자유놀이 □ 점심/간식시간 □ 실외자유놀이 □ 계획된 실외놀이 □ 놀이시설 설비 □ 물놀이 □ 기타 ( )				
상해를 입은 시설 설비	□ 오르기시설 □ 평균대 □ 크롤(기어나가는 시설) □ 장애설비 □ 담/문 □ 실외 고정물 □ 회전대 □ 놀이집 □ 시소 □ 미끄럼틀 □ 그네 □ 바퀴달린 탈것 □바퀴달린 장난감 □ 잘 모르겠음 □기타 ( )				
상해의 유형	□ 화상 □ 쇼크/질식 □ 추락/강타 □ 물체에 끼임 □ 찢어짐 □ 뼈가 부러지거나 탈구 □ 압박, 눌림 □ 베임 □ 찰과상(벗겨짐) □ 삠 □ 중독 □ 호흡곤란 □ 기타 ( )				
상해를 입은 다른 아동이 있는가 ?				□ 예 □ 아니오	
사고원인	□ 바닥으로 떨어짐 : 떨어진 높이 약____m 바닥의 형태 : □ 뛰거나 발을 헛디뎌 넘어짐 □ 다른 유아에게 물림 □ 다른 유아에게 맞거나 밀림 □ 바퀴달린 탈것				

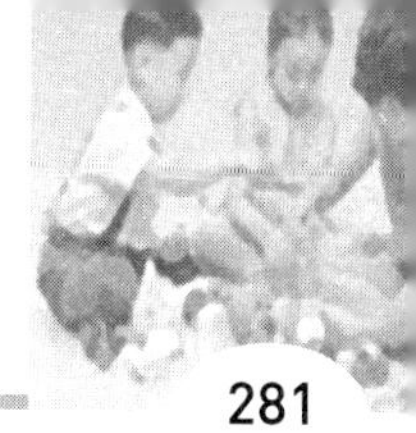

	(인라인 스케이트 등) □ 물체에 의해 다침 □ 음식물에 의한 질식 □ 곤충에 물리거나 쏘임 □ 동물에게 물림 □ 열, 추위에 노출 □ 기타 ( )		
다친 부위 (좌우 표시)	□ 머리 □ 눈(L, R) □ 귀(L, R) □ 코 □ 입 □ 목 □ 가슴 □ 등 □ 엉덩이(L, R) □ 생식기 □ 팔(L, R) □ 손(L, R) □ 다리(L, R) □ 발(L, R)		
보육기관에서 행해진 응급처치 (상술 예: 압박붕대, 세척, 붕대, 위로 등)			
응급처치자		의료기관 진료여부	□ 안함 □ 함
의료기관 진료를 한 경우	□ 외래 진료를 받음(예 : 질료실, 응급실) □ 입원 (밤새 혹은 시간)		
아동의 보호(치료)를 위한 추후 계획			
재발방지에 필요한 교정활동			
직원 서명	(인) 날짜 : . . am/pm		
부모 서명	(인) 날짜 : . . am/pm		

보육시설의 사무관리

Chapter 09

본 장에서는 보육시설의 사무를 문서관리와 재정과 회계의 관리로 나누어 설명한다.

문서관리에서는 보육시설에 비치되어야 하는 문서들을 중심으로 공문서의 작성방법과 처리방법을 설명하고 보육시설에서 많이 활용하는 문서의 서식을 첨부하였다. 그리고 재정과 회계관리에서는 예산편성의 원리를 중심으로 보육시설의 재정과 회계를 관리하는 방법을 실제 사례와 함께 설명하였다.

I. 보육시설의 문서관리

1. 보육시설의 문서
2. 문서의 종류 및 내용
3. 문서처리
4. 사무관리

II. 보육시설의 재정과 회계

1. 재정관리
2. 보육시설의 예산편성
3. 예산편성과 회계의 실제

I. 보육시설의 문서관리

1. 보육시설의 문서

보육시설의 문서관리는 일반적으로 유아교육 활동의 수행과정에서 수반되는 제반 기록과 장부의 작성 및 보관, 공문서와 제 보고의 처리 등의 문서관리를 집행하고 처리하는 업무를 의미한다.

문서의 관리는 교육적 업무와 일반적 사무활동으로 나누어 볼 수 있다. 유아들에 관한 교육적 업무기록이란 생활기록부, 유아의 신체발달 상황과 건강상태 파악을 위한 신체검사표, 유아의 행동관찰기록부, 교육일지, 교육계획안(연간 교육계획, 일일 교육계획), 출석부 등의 기록과 정리 · 보관을 의미한다. 일반적 사무활동이란 각종 행사계획, 비품 및 소모품대장, 교직원 인사서류, 각종 회계 관계 장부 등의 기록과 보관을 의미한다.

보육시설에서의 문서관리는 영유아들의 보호 및 교육과 관련한 업무와 제반 문서의 수신 및 발송업무로 나누어 볼 수 있다. 이러한 문서관리는 대규모의 보육시설에서는 사무직원이 담당하고 있지만, 3학급 내외의 규모인 경우, 대부분 교사들이 사무업무를 분담해서 담당하는 경우가 대부분이다.

1) 업무의 분담

시설장은 시설의 업무를 집행하는 책임자로서 원활한 사무처리가 이루어질 수 있도록 업무분담의 조직을 체계화하여야 한다.

보육시설의 업무분담은 일반적으로 학년 초에 결정되며 교직원의 능력, 희망, 고유업무 등을 고려하여 공평하게 주어져야 한다. 이러한 업무분담은 일반적으로 결정 · 지시하는 것보다 조직구성원인 교직원들 간의 협동적인 분위기를 조성하여 교사들의 자발적인 참여의식과 합의에 의해 결정하는 것이 바람직하다.

표 9-1 보육시설 업무분담

구 분	업 무 분 담
원 장	(1) 지시 (2) 지도 (3) 결재
원 감 (주임교사)	(1) 원장 유고시 그 관리사무를 대행 (2) 직원의 분담사무 전반에 관한 지도 · 감독 (3) 시설 · 설비 점검 (4) 시설 · 설비, 도서 등의 보관목록 작성 (5) 공문서 발송 (6) 교육법규의 정리 · 보관 (7) 보육시설 일지 기입 (8) 방문자 접대 (9) 회계사무처리 (10) 기타
교 사	1. 유아관리 사무 (1) 출석부 기입 (2) 입 · 퇴원절차 (3) 학급관리 및 청소 (4) 연락망 작성 (5) 가정조사표 (6) 사고처리 · 보고 (7) 졸업증서 대장의 기입, 중요 문서작성 2. 지도사무 (1) 교육과정 편성, 프로그램 작성 (2) 학급경영계획, 평가 기입 (3) 가정연락, 방문 (4) 행사계획 실시 (5) 보건, 안전관리 (6) 기타 작품게시, 사육재배계획, 관리기록, 사진 3. 분담사무 (1) 서무관계, 회의록, 우편물, 공문서 접수 · 발송, 각종 증명서 발행 (2) 경리관계, 수업료 기타 비용징수 (3) 관재 · 시청각교재 대장, 소모품관리, 시설 · 설비관리 (4) 보건관계, 보건문서접수, 보고, 통계기록, 청소계획, 화장실 관리 (5) 섭외업무 (6) 연수관계

초임교사의 경우에는 경리, 회계업무나 중요한 공문서를 다루기에는 경험이 부족하기 마련이므로 경력 있는 교사나 원장이 직접 관리하는 것이 바람직하다. 매년 업무분담이 달라지거나 교사의 이동이 있을 때는 후임자에게 문서관련 업무의 인수인계를 철저히 하여야 한다.

표 9-2

업무분담표(예시)

구 분	담 당	업 무 내 용	청소구역
고유 업무	시설장	- 원의 전반적인 교육 및 운영계획 - 업무분담, 감독, 근무평정 등 업무관리 - 시설설비 및 재정관리 - 행정당국 및 단체와의 관계유지 - 견학 및 행사계획 - 운영 및 교육 정보 수집 - 일지 취합 검사	- 전체 청소 구역 관리
	교 사	- 보육활동 진행 및 준비 - 보육일지 작성 - 각 보육실의 환경 구성 및 청결관리 - 영유아에 대한 관찰일지 및 보고서 작성 - 학부모 상담 - 영유아 건강 및 안전관리 - 영유아 영양 및 급식관리	- 담당 교실 관리
업무 분담	교사 000	- 영아반의 전반적인 교육내용 관리 - 연간교육계획안, 주간교육계획안, 일일교육계획안 작성 - 원아관리 및 관찰지도 - 소모성 교재 점검 및 신청 - 시청각 기자재관리(OHP, 빔프로젝터, 비디오 카메라 등) - 안전관리 (소화기 점검), 비상 대피 훈련 담당	- 현관 청소
	교사 000	- 입학상담 및 자원봉사자 담당 - 식단표작성 및 주문 담당 - 게시판(주간교육계획안, 주간식단표, 월행사) 담당 및 관리 - 위생 소독 - 화분 관리	- 계단 청소 - 외부 청소
	교사 000	- 유아반의 전반적인 교육내용 관리 - 연간교육계획안, 주간교육계획안, 일일교육계획안 작성 - 원아관리 및 관찰지도 - 교재 · 교구 정리 및 관리 - 행사일지 작성 - 비디오 및 테이프 정리 담당	- 화장실 청소 - 화장실 수건 관리
	교사 000	- 사무실 도서 정리 및 관리 - 종이, 시트지, 코팅지, 복사지(복사기) 등 지류 정리 및 관리 - 업무일지 작성 - 약품장 관리 및 약품사용 대장 담당 - 생일잔치 계획 및 준비	- 바깥 놀이터 청소

2. 문서의 종류 및 내용

보육시설에서 일반적으로 갖추어야 할 문서들을 분야별로 정리해 보면 다음과 같다.

표 9-3 보육시설 비치용 대장, 문서, 기록철

분 야	대장 · 문서기록
법령, 공문서	· 보육시설 관계법령집 · 영달문서 · 공고문서
원칙	· 보육시설 내부 규정철
교육활동계획	· 보육계획철 (연간, 주간, 일일교육계획 및 실행결과 기록)
	· 행사계획철 (소풍, 운동회, 아버지 참여일, 어머니 참여일, 할아버지 · 할머니 날, 현장견학 등의 계획 및 실행결과 기록
지도기록	· 가정연락부 · 증명서교부대장 · 졸업증서대장
원아출석	· 출석부 · 출석상황 일람철 · 장기결석자 조사철
직원명부	· 직원명부 · 직원 이력서철 · 학급담임 일람표 · 증명서 교부대장
	· 직원조직 일람철 · 임용철 · 구직원 이력서철 · 인사 관계철
보육시설 일지	· 보육시설 일지 · 학급일지 · 직원회의록
	· 보육시설 참관자 명부 · 보육시설 자원봉사자 명부
조사통계	· 교육 통계철 · 출석 통계철 · 표준화 검사철 · 보육시설 연혁사(사진, 도면 포함)
경영관리	· 사무분담 기록부, 시설 · 설비 점검부, 관련단체 연락부
	· 문서발송철 · 문서접수철 · 전화 팩스 송 · 수신대장
	· 우편료 사용부 · 연수 참가 · 원장회의 기록부
	· 장학지도 기록부
경리	· 재산대장 · 예산서철 · 결산서철 · 경리부 · 영수증철
	· 물품구입대장 · 계약서철 · 비품대장 · 소모품대장
	· 교재 · 교구 목록철 · 물품인수부 · 봉급대장
부모회	· 회의록철 · 규약철 · 사무처리부 · 간부일람표 · 경리부

표 9-4 보육시설에 비치해야 할 문서

(1) 시설의 연혁에 관한 기록부
(2) 재산목록과 그 소유를 증명하는 서류, 임차인 경우에는 임대차계약서
(3) 시설 운영일지
(4) 시설의 장 및 직원의 인사기록카드(이력서 및 사진을 포함한다)
(5) 예산서 및 결산서
(6) 총계정원장 및 수입 · 지출보조부
(7) 금전 및 물품출납부와 그 증빙서류
(8) 보고서철 및 관계행정기관과의 문서철
(9) 소속법인의 정관 및 관계서류
(10) 입소신청자 명부 및 입소 아동연명부
(11) 생활기록부 · 영유아 보육일지 및 건강진단 카드
(12) 직원의 인사 · 복무 및 시설운영에 관한 규정 등
(13) 기타 보육시설 운영에 필요한 서류

각 공문서와 장부들은 법에 명시한 기간 동안 보관하고 관리해야 하며, 경우에 따라서는 영구 보존되어야 하는 문서들도 있다.

공문서 이외의 각종 기록물들과 문서들도 보존기간을 달리하여 체계적으로 보존해야 하며 근자에는 전산화하여 기록물을 보존하는 경우가 많다.

3. 문서처리

1) 문서처리의 절차

문서를 처리하는 과정은 다음 네 단계로 나누어서 설명할 수 있다.

① 발생 단계 : 영수증이나 청구서를 받거나 서류를 접수함으로써 작업이 생기는 단계
② 정리 단계 : 사무의 내용에 따라 다르지만 사무작업 원인의 성격에 따라 기입, 조사, 분류, 계산, 연구, 확인 등을 하는 단계
③ 결정 단계 : 승인이나 결재를 맡거나 회람을 돌리는 단계
④ 실시 단계 : 발신하거나, 보관하거나, 돈을 지출하거나, 주문하거나, 회신하거나

기타 필요한 구체적인 조치를 취하는 단계

2) 문서작성의 원칙

문서의 용지는 도면, 통계표, 증명류, 기타 특별한 형식의 문서를 제외하고는 가로 210mm, 세로 297mm 크기(A4)의 종이를 세워서 쓰는 것을 원칙으로 한다.

(1) 문서의 용어

① 문서는 한글로 띄어서 쓰되 표준말을 사용한다.
② 문서에 사용하는 숫자는 아라비아 숫자를 사용한다.
③ 문서에 쓰는 일시는 숫자로 표시하며 연 · 월 · 일의 글자는 생략하고, 온점(.)을 사용하여 연 · 월 · 일을 표시한다.
④ 문서에 쓰는 시간은 24시간제에 의하며, 시 · 분의 문자는 생략하고, 쌍점(:)을 찍어서 시 · 분을 구분한다.

(2) 글의 색채

도표를 제외한 문서에 기입하는 문자의 색채는 푸른색, 또는 검은색으로 한다. 다만, 수정 또는 주의환기 등 특별한 표시가 필요할 때에는 붉은색을 사용할 수 있다.

(3) 문서 수정

문서의 일부를 삭제하거나 수정할 때에는 삭제자 또는 수정자가 삭제 · 수정한 곳에 날인한다. 단, 중요한 삭제 또는 수정에는 그 삭제 · 수정한 곳의 난 밖에 가제(加除)한 자수를 표시하고 날인한다.

(4) 문서의 면 표시

① 문서가 두 장 이상으로 이루어진 때에는 문서의 하부 중앙에 전면 수와 그 면의 일련번호를 기입한다.

② 첨부서류에는 면의 표시를 따로 하며, 전면에는 생략할 수 있다.

(5) 문서의 구성

① 일반문서 중 발신문서는 아래와 같이 두문, 본문, 결문으로 구성한다.

표 9-5 문서의 구성

구 성	내 용
두문	발신기관명, 분류기호, 문서번호, 시행 연 · 월 · 일과 수신기관
본문	제목 및 내용과 첨부
결문	발신자명 및 수신처

② 끝 표시와 첨부의 표시는 본문이 끝나면 한 자 띄우고 "끝" 자를 쓰며, 본문에 밝힐 필요가 있는 문건이 첨부될 때에는 첨부의 표시를 한 다음 "끝"자를 쓴다.
③ 관인 · 날인은 임용장, 상장 및 각종 증명서류에 속하는 문서와 원외로 발신하는 문서에는 관인을 찍으며 동일기관 내에 각 보조기관 상호간에 수발되는 문서는 서면으로 한다.

관인은 한 변의 길이가 2.1㎝의 정사각형으로 하며 인명은 한글 전서체로 하며 가로로 새긴다. 관인을 찍을 때에는 문서를 발신, 교부 또는 인증하는 자의 성명 끝자가 가운데 오도록 찍는다.

④ 문서는 용지의 위로부터 3㎝, 왼쪽으로부터 2㎝, 오른쪽 그리고 아래로부터 1.5㎝의 여백을 둔다.

표 9-6 공문서 양식(예시)

시 · 도 명칭

수신자 여성가족부장관
(경유)
제 목 보육교사 자격취소 사유(자격증을 대여한 경우) 보고

1. 관련문서 :

2. 위 문서와 관련 우리 시 · 도 관내 ○○시 · 군 · 구 지역에서 보육교사가 타인에게 자신의 자격증을 대여하여 영유아보육법 제48조 제4항 규정에 의한 보육교사 자격취소 사유가 발생하여 아래와 같이 보고합니다.

- 아 래 -

가. 자격 대여자

대여자 성명	주민번호	연락처	주소	자격구분	대여기간	임면 보고일	해임 보고일

나. 자격을 대여받은 보육시설

대여받은 자 (보육시설)	시설종류	연락처	소재지	시설장 이름	비고

※ 자격증을 대여하여 다른 사람이 근무하도록 한 경우에는 실제 근무한 자의 인적사항 추가

붙임 1. 대여자의 보육교사 자격증 사본 1부
2. 보육시설종사자 임면사항 보고 공문 사본 및 인가증 사본 각 1부
3. 종사자 관리대장 사본 1부
4. 자격을 대여한 자 및 대여받은 자의 확인서 사본 각 1부
5. 사실여부 확인 조사서 1부. 끝.

3) 문서의 접수 및 발송

문서의 접수 및 발송은 업무 담당자에 의해서 착오 없이 이루어져야 하며 접수대장과 발송대장에 문서의 접수 현황 및 발송현황을 누가 기록해야 한다.

(1) 문서 접수

접수된 문서는 원감, 원장에게 제출하고 원장은 문서의 처리방안과 기한을 표시하여 담당교사에게 돌린다. 담당교사는 필요한 경우에는 전 직원에게 회람하도록 하고 잊어서는 안 될 사항은 게시한다. 직원회 때 구두로 전할 수도 있다.

① 문서는 문서에 관한 사무를 분장하는 과에서 접수한다.
② 문서과 이외의 과 또는 담당원이 전신이나 전화를 받아서 작성한 문서는 지체 없이 문서과에 인계하여 이를 접수하게 한다.
③ 접수된 문서는 문서 처리인을 찍어 처리한다.
④ 결재권자로부터 문서의 처리 지시를 받은 자는 지시내용에 따라 기일 내에 문서를 처리한다.

(2) 기안 및 시행

① 기안은 서식에 의한 기안용지를 사용한다.
② 문서의 시행은 총리령으로 정한 것을 제외하고는 전신 · 전신 타자 또는 전화로 한다.
③ 정기보고 또는 1회 보고로써 제출하는 계산서, 통계표, 도표 등의 보고문서는 시행령을 생략하고, 보고서의 여백에 발신명의 난을 설정하여 관인을 날인 시행할 수 있다.
④ 경미한 사항의 허가, 인가, 증명서 교부, 기타 관례적인 사무에 관한 문서는 따로 기안하는 것을 생략하고 그 내용을 관계 장부에 기입하여 처리할 수 있다.

(3) 결 재

① 기안한 문서는 결재권자의 결재를 받아야 한다.

② 결재권자는 두 장 이상으로 이루어지는 다음에 해당한 문서를 결재할 때에는 결재인으로 간인한다(간인이란, 문서의 연결되는 부분에 도장을 찍는 것을 말한다).
- 전후 관계를 명백히 할 필요가 있는 문서
- 사실 또는 법률관계의 증명에 관계되는 문서
- 허가, 인가, 등록 기타의 민원사항에 관계되는 문서

③ 전 항의 문서를 시행할 때에는 그 시행문에 시행명의 자의 관인으로 날인한다.

④ 기관의 장은 사무내용에 따라 그의 소속직원으로 하여금 위임 전결하게 할 수 있다. 다만, 행정권한의 위임 및 위탁에 관한 규정에 의하여 권한의 위임 또는 위탁을 받은 사항을 그 소속직원에게 위임 전결하게 할 때에는 미리 위임 또는 위탁한 기관장의 승인을 받는다.

⑤ 결재권자가 출장, 휴가, 기타 사유로 상당한 기간 부재 중일 때에는 그 직무를 대행하는 자가 대결할 수 있으며, 내용이 중요한 문서는 결재권자의 후결을 받는다.

⑥ 긴급한 문서이나 결재권자의 사정에 의하여 결재를 받을 수 없을 때에는 그 직무를 대행할 수 있는 자의 대결로써 우선 시행하고 결재권자의 후결을 받는다. 다만, 개인 또는 단체의 권리나 의무에 관계되는 문서는 예외로 한다.

4) 문서의 발송

(1) 문서 발송

공문서가 접수 처리되면 보관과 보존을 해야 한다. 보관은 문서의 처리 완결 후부터 보존되기 전까지의 관리를 말하고, 보존이란 보관이 끝난 문서를 소정의 보존기관에 따라 관리하는 것을 말한다. 공문서의 보존기간은 별도로 구분되어 있다.

① 문서과에서 문서를 우편 또는 인편에 의하여 발송할 때에는 문서의 첫면 하단에 발송인을 찍어 발송한다.

② 문서과에는 접수대장과 발송대장을 비치하고 이에 의하여 문서의 접수 상황과

발송상황을 기록 · 정리한다.

③ 전신에 의하여 수발되는 문서를 기록하기 위하여 따로 송신부와 수신부를 준비한다.

④ 접수대장, 발송대장, 문서대장, 및 송신부와 수신부의 서식은 총리령으로 정한 것을 사용한다.

⑤ 기관 상호간 또는 보조기간 상호간에는 사무 수행상 필요할 때에는 문서 열람을 하게 한다.

(2) 문서의 성립 및 효력 발생

문서는 결재가 있음으로써 성립되며, 문서는 상대방에게 도달함으로써 효력을 발생한다. 공문서의 경우에는 그 공고가 있은 후 5일이 경과한 날로부터 효력을 발생한다.

(3) 문서 작성 및 관리의 합리화

사무관리의 합리화는 최소의 시간과 노력 및 비용으로 사무를 정확하고 빠르고 편리하게 처리하고 활용할 수 있도록 하는 것을 의미한다.

사무의 효율성을 증대시키기 위한 보육시설 사무의 합리화를 위하여 고려할 점은 사무 처리의 조직을 정립하고 사무를 표준화(standardization), 능률화(efficiency)하는 것이다.

요즘은 대부분의 학교 및 대규모 기관이나 시설에서는 컴퓨터 통신망을 통해 전자결재를 시행하고 있다. 기안용지 및 각종 서식도 간소화되어 있고, 이용자가 편리하게 사용할 수 있도록 서식이 마련되어 있다.

문서관리가 전산화되어 있고 정보 및 행정관리가 전산화되어 있으면 합리적인 사무관리와 운영관리를 할 수 있다. 보육정보센터 · 유아교육센터에서는 유아교육 관련 프로그램과 정보 그리고 기관에서 필요로 하는 각종 문서의 양식들을 제공하고 있다.

II. 보육시설의 재정과 회계

1. 재정관리

보육시설을 운영하기 위해서는 그 운영을 위한 재정확보가 필수적이다. 국·공립기관의 경우 교원 인건비 및 운영비가 지방 교육비의 특별회계 예산에서 지원되므로 재정확보의 어려움은 없으나 사립기관의 경우 국가의 재정 지원이 미미하므로 원아들의 교육비(보육비)에 기초하여 운영되어진다. 재정확보 및 적절한 관리는 보육시설의 운영에 가장 핵심이 되는 부분이다.

1) 재정관리의 의의

유아교육기관 재정은 학교재정의 기초단위로서 보육시설의 교육목적과 목표를 달성하기 위해 재정을 확보하여 재화를 조달하고 지출하고 관리·운용하는 것이라 할 수 있다.

유아교육기관의 재정은 다음과 같은 성격을 띠고 있다.

① 교육비의 확보 및 지출이라는 공경제의 성격을 띠며, 수입, 보관, 지출은 합법적 절차로 운영되어야 한다.

② 인적·물적 제 조건을 정비 확립하는데 필요한 경비를 조달하고 운영하여 교육목표를 달성할 수 있도록 지원하는 수단적인 성격을 띠고 있다.

③ 유아교육비에 대한 산출 효과는 장기적이다. 유아기에 투입되는 장기적이고 계속적인 교육비의 효과는 장래에 더 큰 생산에 기여할 수 있는 인력을 개발한다.

2) 재정의 운영원리

보육시설의 질적 수준이 충분한 재정의 확보에 의해 전적으로 결정되는 것은 아니지만

시설장이나 교사의 의도와 교육계획이 아무리 좋다고 하더라고 그것을 뒷받침해 줄 수 있는 재정이 확보되어 있지 않으면 그 실효를 거두기가 어렵다.

(1) 건전 재정

교육 재정정책의 설정은 국민경제의 안전과 발전의 범주 내에서 이루어져야 한다. 그러므로 단위 유치원의 예산운영에 있어서도 부득이한 경우 외에는 지방채나 차입금 등을 재원으로 해서는 안 되며 부채를 지는 일이 없도록 해야 한다.

(2) 엄정 경리

회계법규는 다른 어느 분야보다도 상세하여 현실적으로 재량을 허용하지 않고 있으며 경리 실무자의 공정 엄밀한 운영과 성실한 관리가 요구된다.

(3) 경제주의

교육활동에 있어서도 최소의 경비로 최대의 효과를 올려야 하는 경제주의적 원리는 지켜져야 한다. 절약과 경제윤리는 교육재정에서도 지켜져야 하되 일반기업의 이윤추구 위주의 생산과는 근본적으로 다르다는 점을 충분히 고려하여야 한다.

(4) 재정운영의 공개

모든 재정상황은 분명함과 아울러 회계관리는 공개하는 것이 좋다. 시설장이나 서무담당자가 재정을 자기 것인 양 혼동하여 사적으로 지출한다면 교직원으로부터 비난을 받게 될 것이며, 보육시설의 부실운영의 원인이 될 것이다.

보육시설의 경우도 예산을 시설직원에게 공개하고, 학부모 및 기금출연자 및 관련단체에 공개하여 공공기관으로서의 투명성을 확립해야 한다.

☞ 일반적인 우리나라의 회계연도는 1월 1일에 시작하여 12월 21일에 종료하도록 되어 있다. 그러나 보육시설을 포함한 교육기관 회계연도의 기간은 3월 1일에 시작하여 다음 해 2월 말일에 종료한다. 어린이집 등 보육시설의 경우, 정부 회계연도에 준하여 1월 1일 시작하여 12월 31일에 종료된다.

2. 보육시설의 예산편성

1) 예산편성의 일반지침

① 세입 · 세출 예산은 건전하고 균형을 유지하도록 편성한다.
② 예산은 감독청이 시달한 예산편성지침에 의하여 편성하여 회계연도 개시 15일 전에 감독청에 제출하여야 한다.
③ 예산 성립 후 예산의 과부족이 있어 추가 또는 시정할 필요가 있을 때에는 추가시정 예산을 편성하고, 예산 성립 후 7일 이내 감독청에 제출하여야 한다.
④ 한 회계연도의 모든 경비는 당해연도의 세입에서 지급할 수 있도록 편성한다.

2) 예산편성의 절차

예산편성의 절차를 간략히 소개하면 다음과 같다.

① 원감 중심으로 학급 담당교사를 그리고 사무직원(경리담당자)이 각자의 입장에서 그 학년도에 예상되는 교수-학습 활동계획과 경영관리계획을 먼저 세운다.
② 이렇게 조사한 자료를 근거로 원감과 사무직원이 제1차 지출안을 작성한다.
③ 원감과 사무직원은 수입이 될 재원을 조사한다(정부 보조비, 예상 교육비, 기부금 등).
④ 시설장과 원감 그리고 사무직원은 수입과 지출의 두 안을 더욱 자세히 검토하고, 제1차 예산원안을 작성한다.
⑤ 교직원회의를 열고 제1차 예산원안을 검토한다(대부분 지출이 초과됨).
⑥ 교직원회의를 통해 우선적인 항목을 정하고, 제2차 예산원안을 검토한다. 이때, 총예산액의 10%를 예비비 명목으로 책정해 두어야 한다.
⑦ 실효성 없는 기금 등을 제외시키고 예산을 재평가한다.
⑧ 시설장의 결재 하에 최종 예산안을 결정한다.

3) 보육시설의 수입과 지출

보육시설의 예산편성은 수입과 지출에 의거한다. 우선, 수입을 살펴보면 다음과 같다.

(1) 수 입

① 정부지원금

정부지원금은 법정 저소득층 아동의 보육비용 전액과 도시 근로자 가구당 월평균 소득의 50% 수준 이하 가정 아동의 보육비용 40%, 그리고 시설유형별 기준에 의한 보육교사 법정 소요정원의 50% 수준 및 원장 인건비와 종사자 수당 등이 정부지원금으로 충당된다.

향후 만 5세 아동들에 대한 무상보육이 될 수 있도록 추진 중이다.

ⓐ 보육료의 지원 : 2009년 개정된 보육법에 의해 정부의 아동지원금은 다음 〈표 9-7〉과 같이 지원된다.

표 9-7 아동지원금

연령	정부지원시설	미지원시설
만 0세	383,000원	733,000원
만 1세	337,000원	506,000원
만 2세	278,000원	390,000원
만 3세	191,000원	191,000원
만 4세	172,000원	172,000원

장애아를 보육하는 시설의 경우, 시설 유형에 상관없이 정부 지원이 이루어지도록 개정되었으며, 평가인증을 받은 시설의 경우 취사부에 대한 보조금도 신설되었다. 보육료의 지원 절차는 다음 〈그림 9-1〉과 같다.

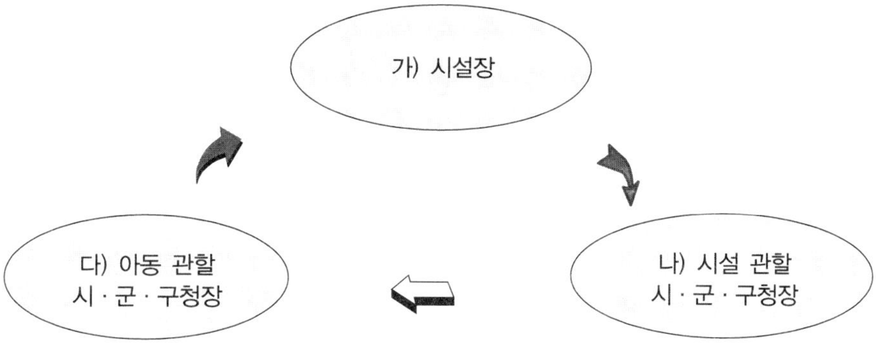

〈그림 9-1〉 **보육료 지원 절차**

ⓑ 인건비의 지원 : 21인 이상의 시설인 경우, 원장 인건비의 80%가 지원된다. 정원 20인 이하 시설, 정원 21인 이상 시설 중 현원 20인 이하인 시설은 지원 대상에서 제외된다.

2009년에 신규 설치된 정원 21인 이상 국 · 공립시설은 2009년에 한하여 현원 20인 이하여도 예산사정 등에 따라 지자체에서 판단하여 지원 가능하다.

방과후 보육교사나 장애아 보육교사에 대한 지원도 신설되었다. 방과후 보육교사는 방과후 또는 장애아보육 보수교육과정(40시간 이상)을 이수하여야 하며 보수교육과정을 이수한 교사에 한하여 지원된다.

② 보육료 및 기타 수입금

앞서 간략히 설명한 대로, 유아들의 표준단가에 의한 보육료는 수입의 중요한 부분이다. 그 외, 법인이나 단체가 보육시설을 위탁 운영하는 경우 법인 전입금과 시설운영으로 발생하는 사업수입금, 그리고 지역사회의 후원금이나 기부금 등이 수입원이 된다.

(2) 지 출

보육시설의 지출은 시설 종사자의 인건비, 시설운영비, 간식비 및 식비, 교재 · 교구비, 기타 경비 등으로 이루어진다. 효율적인 재정관리는 수입과 지출을 견주어 합리적으로 분배하는 것이다.

특히 정부보조금의 지출에 대해서는 철저하게 재무회계의 규칙이 적용되므로 엄밀하고 투명한 재정회계가 이루어져야 한다.

3. 예산편성과 회계의 실제

1) 보육시설의 예산

예산은 기준에 따라 일반회계와 특별회계로 구분하는데, 보육시설에서는 구체적인 구별이 없고 대부분 일반회계에 따라 구분된다. 일반회계는 시설의 건전운영을 목적으로 유아 및 직원의 복지증진을 위해 운영되는 회계라고 할 수 있다. 따라서 회계방법도 보육시설에서는 수지만을 나타내는 단식부기를 사용하고 있다. 그러나 사회복지 법인은 공업성과 관리에 역점을 두고 있으므로 수지와 경영성적이 가능하도록 회계방법도 복식부기를 사용하고 있다.

특별회계는 일반회계보다 세출에 있어서 이월의 폭이 크고, 항목간의 전용에 있어서도 재량의 폭이 크며, 재원조달에 있어서도 개별보상원리가 적용되므로 보육시설 신축비 보조금 등 기능보강 사업비는 특별회계를 한다.

예산은 성립 시기에 따라 ① 본예산, ② 수정예산, ③ 추가경정예산 ④ 준예산으로 구분된다.

(1) 본예산

법인의 대표이사는 법인회계에 속하는 예산을 편성하여 매 회계연도 개시 30일 전까지 이사회의 의결을 거쳐 확정하고 지체 없이 시설회계에 관계되는 예산 내역을 당해 시설의 장에게 통지해야 한다. 통지를 받은 시설의 장은 시설회계의 예산을 편성하여 매 회계연도 개시 20일 전까지 이를 당해 법인 대표이사에게 제출하고 대표이사는 회계연도 10일 전까지 이사회의 의결을 거쳐 예산을 확정한다.[1)]

(2) 수정예산

보육시설의 예산은 표준보육단가를 적용해야 하는데, 이사회에 제출한 다음 연도의

1) 재무회계규칙 제10조.

예산은 인건비와 보육료 인상 등을 감안할 때 많은 변수가 생긴다. 따라서 이미 시설에서 작성되어 법인 이사회에 제출된 예산에 대한 수정이 필요하다.

(3) 추가경정예산

시설의 예산이 성립되고 회계연도가 시작된 후에 새로이 발생하는 사유로 인해 이미 성립된 예산을 변경할 필요가 있을 때 추가로 예산을 편성하여 제출하는 것을 추가경정예산이라고 한다.[2]

2) 예산의 집행(세출)

재정관리를 합리적으로 하기 위해서는 세입과 세출을 균형 있게 집행해야 할 것이다. 보육시설의 주요 세입과 세출의 내용은 다음 〈그림 9-2〉와 같다.

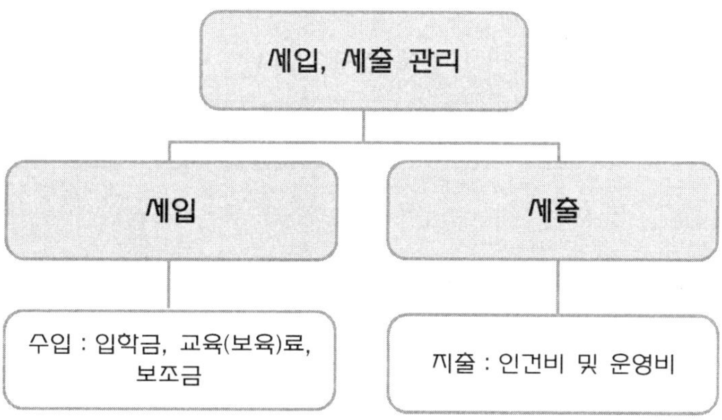

〈그림 9-2〉 **보육시설의 세입 · 세출**

(1) 세입관리

보육시설의 주요 수입은 입학금과 교육(보육료), 그리고 각종 국가 보조금 등이다. 입학금 및 교육(보육)비는 보호자에게 서면으로 통지하여 금융기관을 통해 수납 · 계리하도록 되어 있다. 입학금은 입학 시에 전액 징수하고 교육(보육)비는 분기별로 징수한다.

---

2) 사회복지법인 재무회계규칙 제13조.

이러한 수입금은 수입결의서로 결재한 후 원장과 세입대장(세입부), 교육비 수납부에 기입한다. 수입결의서의 양식 및 연간 세입 예산서의 예시는 다음 제시된 바와 같다.

수 입 결 의 서

<table>
<tr><td>증빙서 번호</td><td colspan="2" rowspan="2">연도 수입
아래와 같이 수입함</td><td>담 당</td><td>시설장</td></tr>
<tr><td></td><td></td><td></td></tr>
<tr><td>관</td><td></td><td>발 의</td><td>. . .</td><td>인</td></tr>
<tr><td>항</td><td></td><td>현금출납부등기</td><td>. . .</td><td>인</td></tr>
<tr><td>목</td><td></td><td>총계정원장등기</td><td>. . .</td><td>인</td></tr>
<tr><td colspan="5">금 원정
(원)</td></tr>
<tr><td colspan="5">적 요</td></tr>
<tr><td>비 고</td><td colspan="4"></td></tr>
</table>

표 9-8

연간 세입예산서 (예시)

(단위 천원)

예산과목			예 산 액	전년도 예산액	증감	산 출 내 역
관	항	목				
합 계(1+2+3+4+5+6)			352,724	332,917	19,807	
01 입소자 부담금 수입	소계 1)		158,023	148,435	9,588	
	11 입소 비용 수입	111 보육료	147,391	138,276	9,115	일반: 2세 미만 214,000원*10명*12월=25,680,000 2세 176,000원*13명*12월=27,456,000 3세 이상 122,000원*53명*12월=77,592,000 경감: 3세 이상 72,000원*2명*12월=1,728,000 5세아 무상교육:32,000원*4명*12월=1,536,000 **계: 133,992,000*1.1=147,391,200**
		112 입소료	1,040	980	60	입소료: 45,000원*21명= 945,000 **계: 945,000*1.1=1,039,500**
		113 현장관찰비	8,800	8,500	300	현장관찰비 : 100,000원*80명=8,000,000 **계: 8,000,000*1.1=8,800,000**
		114 상해보험료	792	679	113	상해보험료:8,000원*90명= 720,000 **계: 720,000*1.1=792,000**
02 과년도 수 입	소계 2)		0	0	0	
	21 과년도 수 입	211 과년도수입	0	0	0	
03 보조금 수입	소계 3)		191,499	173,317	18,182	
	31 보조금 수입	311 시설별 지 원	118,873	140,697	12,739	급여 시설장(7, 8호봉)-1명 1,557,300원*6월*90%=8,409,420*1.05 =8,829,891 1,593,400원*6월*90%=8,604,360*1.05 =9,034,578 교사(7, 8호봉)-1명 1,375,350원*6월*90%=7,426,890*1.05 =7,798,235 1,400,690원*6월*90%=7,563,726*1.05 =7,941,912 (4, 5호봉)-1명 1,196,470원*6월*45%=3,230,469*1.05 =3,391,992 1,233,130원*6월*45%=3,329,451*1.05 =3,495,923 (3, 4호봉)-2명 1,160,150원*6월*90%*2명 =12,529,620*1.0 5=13,156,101 1,196,470원*6월*90%*2명 =12,921,876*1.05 =13,567,970 (3호봉)-1명 1,160,150원*12월*90% =12,529,620*1.05 =13,156,101

예산과목			예 산 액	전년도 예산액	증감	산 출 내 역
관	항	목				
03 보조금 수입	31 보조금 수입	311 시설별 지 원				(2, 3호봉)-1명 1,125,660원*6월*90%=6,078,564*1.05 =6,382,492 1,160,150원*6월*90%=6,264,810*1.05 =6,578,051 (2, 3호봉)-1명 1,125,660원*6월*45%=3,039,282*1.05 =3,191,246 1,160,150원*6월*45%=3,132,405*1.05 =3,289,025 (2호봉)-1명 1,125,660*12월*90%=12,157,128*1.05 =12,764,984 (1, 2호봉)-1명 1,094,500*6월*45%=2,955,150*1.05 =3,102,908 1,125,660*6월*45%=3,039,282*1.05 =3,191,246 **계: 118,872,655**
			12,600			수당) 처우개선비 : 시설장 150,000원*12월=1,800,000 교사 100,000원*12월*9명=10,800,000 **계: 12,600,000원**
			21,963			건강보험 : 131,473,655원*1.97%=2,590,031 국민연금 : 131,473,655원*4.5%=5,916,314 퇴직적립금: 131,473,655원/12=10,956,138 고용/산재 : 111,809,186원*0.0045=503,141 **계: 19,965,624원*1.1=21,962,864**
		312 아동별 지 원	29,290	24,516	4,774	면제아동: 2세 176,000원*1명*12월=2,112,000 3세 이상 125,000원*1명*12월=1,500,000 경감아동: 3세 이상 50,000원*2명*12월=1,200,000 5세아 무상교육 90,000원*4명*12월=4,320,000 장애아 무상교육 243,000원*6명*12월=17,496,000 **계: 26,628,000원*1.1=29,290,800**
		313 기 능 보 강	0	0	0	
		314 급식비 지 원	2,970	2,700	270	교사중식비 :25,000원*9명*12월=2,700,000 **계: 2,700,000원*1.1=2,970,000**
		315 기 타 지 원	5,803	5,404	399	비상근교사 : 16,000원*251일=4,016,000 장애아 교재·교구비 : 21,000원*5명*12월=1,260,000 **계: 5,276,000원*1.1=5,803,600**
04 전입금	**소계 4)**		0	0	0	
	41 전입금	411 다른 회계로부터 의 전입금	0	0	0	

예산과목			예 산 액	전년도 예산액	증감	산 출 내 역
관	항	목				
05 이월금	소계 5)		2,302	10,285	△7,983	
	51 이월금	511 전년도 이월금	2,302	10,285	△7,983	전년도 이월금 2,302,955 계: 2,302,955
		512 이 월 사업비	0	0	0	
06 잡수입	소계 6)		900	880	20	
	61 잡수입	611 기타예금 이자수입	20	80	△60	운영통장 예금이자 20,000 계: 20,000
		612 기 타 잡수입	880	800	80	실습비: 40,000원*20명=800,000 계: 800,000*1.1=880,000

(2) 세출관리

① 인건비

호봉에 의거하여 교직원의 봉급지급표를 작성하고 지출결의서를 갖추어 시설장의 결재를 받는다(세출부 및 원장에 기입). 봉급 지급에 따른 소득세는 소득액 징수표 양식에 기재하여 은행에 납부하고 의료보험 및 연금의 경우 해당 관리공단의 납부청구서를 받아 지불한다.

② 운영비

교재 · 교구 및 각종 물품을 구입할 경우, 필요한 물품에 대한 매입품의 요구서를 제출한다. 두 업체 이상의 견적서를 받아 첨부한 후 결재를 받고 구입절차를 밟는다(영수증은 증빙 대지에 붙이고 지출결의서와 함께 보관).

시설의 수리와 관련된 지출도 이와 같은 방법으로 지출하며 일상용품의 경우이거나 소액 지출일 경우에는 이러한 절차 없이 결재 후 직접 구입할 수 있다.

지 출 결 의 서

<table>
<tr><td>증빙서 번호</td><td colspan="2" rowspan="2">연도 지출
아래와 같이 지출함</td><td>담 당</td><td colspan="2">시설장</td></tr>
<tr><td></td><td></td><td colspan="2"></td></tr>
<tr><td>관</td><td></td><td>발 의</td><td>. . .</td><td>인</td></tr>
<tr><td>항</td><td></td><td>계 약</td><td>. . .</td><td>인</td></tr>
<tr><td rowspan="2">목</td><td></td><td>검 수</td><td>. . .</td><td>인</td></tr>
<tr><td></td><td>현금출납부등기</td><td>. . .</td><td>인</td></tr>
<tr><td colspan="5">금 원정
(원)</td></tr>
<tr><td>적 요</td><td colspan="4"></td></tr>
<tr><td>채 주</td><td colspan="2">위 금액을 청구함
200 . . .
(인)</td><td colspan="2">위 금액을 영수함
200 . . .
(인)</td></tr>
<tr><td>비 고</td><td colspan="4"></td></tr>
</table>

O O 어린이집

표 9-9

예시 : 연간 세출예산서

(단위 천원)

예산과목 관	예산과목 항	예산과목 목	예 산 액	전년도 예산액	증 감	산 출 내 역
합계(1+2+3+4)			354,431	344.663	9,768	
01 사무비	소계 1)		280,978	270,083	10,895	
	11 인건비	111 급 여	178,787	166,067		급여 : 166,187,259 시설장(7, 8호봉)-1명 1,557,300원*6개월=9,343,800*1.05=9,810,990 1,593,400원*6개월=9,560,400*1.05=10,038,420 교사(7, 8호봉)-1명 1,375,350원*6개월=8,252,100*1.05=8,664,705 1,400,690원*6개월=8,404,140*1.05=8,824,347 (4, 5호봉)-1명 1,196,470원*6개월=7,178,820*1.05=7,537,761 1,233,130원*6개월=7,398,780*1.05=7,768,719 (3, 4호봉)-2명 1,160,150원*6개월*2명=13,921,800*1.05=14,617,890 1,196,470원*6개월*2명=14,357,640*1.05=15,075,522 (3호봉)-1명 1,160,150원*12개월=13,921,800*1.05=14,617,890 (2, 3호봉)-2명 1,125,660원*6개월*2명=13,507,920*1.05=14,183,316 1,160,150원*6개월*2명=13,921,800*1.05=14,617,890 (2호봉)-1명 1,125,660원*12개월=13,507,920*1.05=14,183,316 (1, 2호봉)-1명 1,094,500원*6개월=6,567,000*1.05=6,895,350 1,125,660원*6개월=6,753,960*1.05=7,091,658 취사부(3,4호봉)-1명 962,980원*6개월=5,777,880*1.05=6,066,774 982,970원*6개월=5,897,820*1.05=6,192,711 수당 : 12,600,000원 처우개선비 : 시설장150,000원*12월=1,800,000 교사100,000원*12월*9명=10,800,000 **계: 178,787,259원**
		112 일용잡급	12,997	14,844	△1,847	비상근교사 16,000원*251일=4,016,000 취사보조 450,000원*12월=5,400,000 환경보조 200,000원*12월=2,400,000 **계: 11,816,000원*1.1=12,997,600**
		113 제수당	5,616	4,980	636	직무수당 150,000원*12월*2명=3,600,000 초과근무수당 6,000원*251일=1,506,000 **계: 5,106,000원*1.1=5,616,600**
		113 건강보험료	3,874	2,950	924	건강보험 178,787,259원*1.97%=3,522,109 **계: 3,522,109원*1.1=3,874,320**
		114 국민연금 등 사회보험 부 담 금	9,627	9,700	△73	국민연금 178,787,259원*4.5%=8,045,427 고용.산재 157,137,849원*0.0045=707,120 **계: 8,752,547원*1.1=9,627,802**
		115 퇴직금 및 적립금	16,388	16,200	188	퇴직적립금 178,787,259원/12=14,898,938 **계: 14,898,938원*1.1=16,388,832**
		116 기 타 후생경비	3,872	3,500	372	효도휴가비 100,000원*11명*2월=2,200,000 직원회식비 10,000원*11명*12월=1,320,000 **계: 3,520,000원*1.1=3,872,000**

예산과목 관	예산과목 항	예산과목 목	예 산 액	전년도 예산액	증감	산 출 내 역
	12 업무추진비	121 기 관 운영비	3,300	2,700	600	시설장운영비 250,000원*12월=3,000,000 계: 3,000,000원*1.1=3,300,000
		122 직 책 보조비	0	0	0	
		123 회의비	330	200	130	운영위원회 회의비 300,000원 계: 300,000원*1.1=330,000
	13 운영비	131 수용비 및 수수료	13,197	13,119	78	사무용품비 200,000원*12월=2,400,000 복사기유지비 80,000원*12월=960,000 비데렌탈비 23,000원*12월=276,000 정수기관리비 15,300원12월=183,600 쓰레기봉투 35,400원*12월=424,800 세콤 129,800원*12월=1,557,600 방제대금 100,000원*12월=1,200,000 소모품비 250,000원*12월=3,000,000 기자재 수리비 50,000원 * 12월= 600,000 월간유아 8,000원*12월=96,000 운영보고서 800,000 홈페이지 관리비 500,000 계: 11,998,000원*1.1=13,197,800
		132 공공요금	10,445	14,143	△3,698	전기요금 550,000원*12월=6,600,000 전화요금 90,000원*12월1,080,000 상하수도요금 200,000원*6=1,200,000 우편료 5,000원*12월=60,000 전기안전점검비 50,000원*2회=100,000 신문 12,000원*12월=144,000 케이블요금 9,350원*12월=112,200 정화조청소비 200,000 계: 9,496,200원*1.1=10,445,820
		133 제 세 공과금	3,405	3,200	205	안심보험료 198,000원*12월=2,376,000 상해보험료 8,000원*90명= 720,000 계: 3,096,000원*1.1=3,405,600
		134 연료비	8,580	6,600	1980	도시가스요금 650,000원*12월=7,800,000 계: 7,800,000원*1.1=8,580,000
		135 교 재 교구비	10,560	11,880	△1,320	교재·교구구입비 800,000원*12월=9,600,000 계: 9,600,000원*1.1=10,560,000
02 재산 조성비	소계 2)		7,700	8,155	△455	
	21 시설비	211 시설비	0	0	0	
		212 자산 취득비	5,500	6,255	△755	식기살균기 2,500,000 프린터 500,000원*2대=1,000,000 공기살균기 500,000*3=1,500,000 계: 5,000,000*1.1=5,500,000
		213 시설장비 유지비	2,200	1,900	300	계: 2,000,000원*1.1=2,200,000

예산과목 관	예산과목 항	예산과목 목	예 산 액	전년도 예산액	증감	산 출 내 역
03 사업비	소계 3)		64,338	65,614	△1,276	
	31 (사업) 운영비	311 주·부식비	24,279	25,214	△925	아동: 835원*92명*302일=23,199,640 교사: 10,000원*9명*12월=1,080,000 **계: 24,279,640원**
		312 간식비	26,903	27,200	△297	아동: 910원*92명*302일=25,283,440 교사: 15,000원*9명*12월=1,620,000 **계: 26,903,440원**
		313 행사비 · · ·	13,156	13,200	△44	졸업식비 250,000 교사교육비 2,000,000 여성연합후원회비 10,000원*12월=120,000 구로구보육시설연합회비 40,000원*12월=480,000 구로구 연합회시설장연수비 100,000*12월=1,200,000 현장학습비 2,000,000 어린이날행사비 300,000 직원연수비 200,000원*11명=2,200,000 생일잔치 5,000원*99명=450,000 프로젝트전시회비 300,000 산타잔치 400,000 시장잔치 400,000 특기활동발표회비 300,000 추석행사비 200,000 부모참여수업비 300,000 설날행사비 200,000 여비교통비 30,000원*12월=360,000 부모교육 강사료 50,000원*10월=500,000 **계: 11,960,000*1.1=13,156,000원**
04 예비비	소계 4)		1,415	811	604	
	41 예비비	411 예비비	1,415	811	604	

(3) 표준 보육비의 책정

원아들의 적절한 교육비를 책정하는 일은 총예산을 결정하는 것과 밀접히 관련이 된다.

대부분의 사립유치원들의 운영은 원아들의 교육비에 크게 의존하므로 적정한 교육비 산출은 재정운영에 매우 중요한 요소다.

표준보육비에 포함될 비용은, 시설비, 인건비, 운영비다. 시설비는 기관설립 초기에는 많이 필요하지만, 3년 이상 된 기관에서는 대부분의 시설이 완비되어 있으므로 크게 많은 비용이 들지 않는다.

인건비는 교직원들의 봉급과 수당이 포함되는데, 총예산에서 가장 많은 금액의 지출이 필요한 부분이다. 인건비를 줄이기 위한 시도들은 자칫 교육의 질을 떨어뜨릴 위험이 있으므로 신중하게 고려해야 한다.

운영비는 기관을 운영하는데 필요한 경비로서, 교육활동에 필요한 교육활동 경비(교재,

교구비, 시설 설비 유지비 등)와 공동운영경비가 이에 포함된다. 공동운영경비란, 공공요금(수도비, 전기세, 가스요금 등) 및 유류비, 행사비용 등을 말한다.

기관을 운영하는데 필요한 인건비와 운영비를 원아수로 나누면, 연간 원아의 교육비가 산출된다. 이를 12(월)로 나누면, 월 교육비를 산출할 수 있다.

- 연간 총 (운영비+인건비) ÷ 원아 수 = 연간교육비
- 연간교육비 ÷ 12(월) = 월 교육비
- 연간교육비 ÷ 4(분기)= 분기별 교육비

김익균 등(2004)은 표준 보육단가에 대한 두 가지 문제를 지적하고 있다. 첫째는, 표준보육단가가 실제 보육비용을 반영하는 것이 아니고, 둘째는 부모에게 부담이 크다는 점이다. 표준보육단가는 보건복지부에서 일정한 기준에 의해 추정한 금액이기 때문에 실제 보육활동에 들어가는 비용과 차이가 있을 수밖에 없다. 또한, 보육시설을 이용하는 보호자의 측면에서 볼 때는 경우에 따라 많은 부담이 될 수 있다고 지적한다.

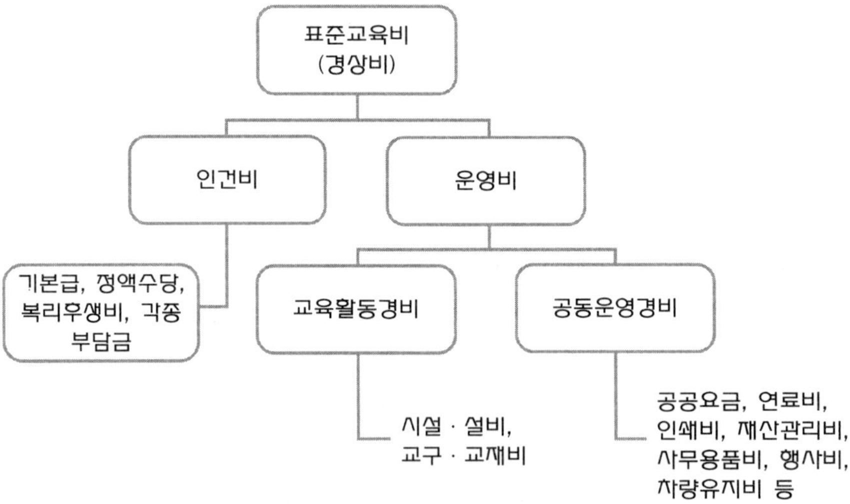

〈그림 9-3〉 **표준교육비의 구성**

보육시설의 재정관리 절차 및 원리는 유치원의 경우와 거의 비슷하다. 그러나 보육시

설의 보육료는 편성기준 단가를 적용하여 산출한 표준보육단가에 의해 규정되어진다. 시설장은 표준단가의 범위 내에서 보호자와 협의하여 자율적으로 보육료를 결정할 수 있으며 표준보육단가를 초과하여 수납하고자 할 때는 관할 시 · 군 · 구청장의 승인을 얻어 150/100까지 수납이 가능하다.

D. J. Sciarra와 A. Dorsey(2003)는 보육시설의 재정의 범주를 분석한 결과, 기관마다 특성이 다르지만, 비용의 범주를 다음 6가지로 나누어 일반적으로 기관을 처음 운영하는 사람들에게 지침이 될 수 있도록 다음과 같이 제시하고 있다.

표 9-10 운영비의 영역별 비율

인건비	설비 · 시설비	비품비	소모품비	식비	잡비	계
70%	10%	5%	3%	3%	9%	100%

이러한 비용에 대한 대략적 비율은 기관운영자의 철학이나 운영방식마다 차이가 날 수 있으며, 운영자는 기관의 상황에 알맞은 재정정책을 세워 합리적인 운영을 해야 할 것이다.

보육시설의 평가관리

Chapter 10

본 장에서는 영유아들의 평가 방법에 대한 이론적 고찰과 함께 보육시설에서의 실제적 평가 방법을 기술하고, 평가의 기록 방법과 활용법을 영역별로 제시하였다.

또한, 보육시설 평가인증제에 대비하여 평가인증 방법과 절차, 그리고 평가인증에 필요한 점검 목록을 상세히 설명한다.

1. 평가의 필요성과 특성
2. 평가의 목적과 유형
3. 평가 방법
4. 평가결과의 기록과 활용
5. 보육시설의 평가인증

1. 평가의 필요성과 특성

평가는 종종 우수한 것과 그렇지 못한 것을 구분하는 잣대로 사용되어 왔으므로 사람들에게 부정적인 인상을 주고, 평가를 받는 것을 거북하게 생각한다. 평가는 우수한 것과 열등한 것을 분류하는 역할보다는 새로운 계획을 수립할 때 목표성취를 위해 보다 개선된 방향으로 나아가게 하는 지침이 될 수 있으므로 발전을 위해 매우 중요하다.

개정된 영유아보육법 제30조에 보육시설 평가인증에 대해 규정하고 있다. 이는 보육시설의 질적 향상에 많은 영향을 미칠 것으로 보인다. 보육시설 평가와 관련한 내용은 다음과 같다.

① 보건복지부장관은 보육서비스의 질적 수준 향상을 위하여 보육시설에 대한 평가인증을 실시할 수 있다.

② 보건복지부장관은 제1항의 규정에 의한 보육시설 평가인증에 관한 업무를 공공 또는 민간기관 · 단체 등에 위탁하여 실시할 수 있다.

③ 보육시설 평가인증의 실시 등에 관하여 필요한 사항은 보건복지부령으로 정한다.

④ 보건복지부장관은 제1항의 규정에 의한 평가인증을 받고자 하는 보육시설 설치 · 운영자에게 보건복지부령이 정하는 바에 따라 평가인증에 필요한 비용을 납부하게 할 수 있다.

⑤ 보건복지부장관은 제1항의 규정에 의한 평가인증의 결과에 따라 보육사업 실시에 필요한 지원을 할 수 있다.

1) 평가의 필요성

평가는 교육의 내실을 기하고 교육의 질을 향상시키기 위해 필요한 증거를 수집하고, 처리하는 과정이다. 평가는 교육을 받는 대상에게 적합한 교육을 하기 위해 그 대상이 갖고 있는 여러 가지 조건들을 알아야 할 필요가 있으며, 교육을 한 후 계획했던 목적을 어느 정도 성취했는지를 알아보고, 그 결과에 대한 자료를 얻어 더 나은 교육활동이 전개될 수 있도록 한다. 또한, 유아의 부모에게 유아의 성장과 발달상태를 보고하고,

유아에 대한 지도를 돕기 위해 평가가 필요하다.

2) 유아 평가의 특성

(1) 평가는 지속적 과정

평가는 어느 한 경험의 끝을 평가하는 데 그치는 것이 아니라, 학습이 연속적으로 이루어지는 과정으로 보아야 한다. 즉, 평가는 학습이 연속적으로 이루어지고 있는 어느 한 시점에 대한 기술이라고 보아야 한다.

(2) 평가는 포괄적 과정

평가는 다양한 정보, 자원, 개인의 다양한 측면과 맥락을 활용하여야 한다. 다양한 영역의 학습과 발달환경을 고려해야 한다.

(3) 평가는 통합적 과정

평가는 교수과정으로의 통합이다. 평가결과가 교수와 직접 연결되는 방법으로 두 가지가 있다.

첫째, 평가가 유아의 필요에 맞도록 교육과정을 수행하기 위해 도구로 사용될 수 있다.

둘째, 전체 교육과정의 효율성을 측정하기 위한 도구로 사용될 수 있다.

2. 평가의 목적과 유형

1) 유아 평가의 목적

유아교육기관에서 평가의 목적은 교육의 효과를 과학적으로 측정하고, 그 결과를 해석 처리함으로써 교육경영상의 귀중한 자료를 얻는 데 의의가 있다고 할 수 있다.

유아교육평가는 유아의 발달 상태나 학습의 진전을 측정하고 단순히 진단하고 자료를 얻는 데서 그치는 것이 아니라, 얻은 자료의 분석이 유아교육에 도움이 되는 방향으로 재투입되는 과정까지를 포함한다.

(1) 유아를 위한 목적

① 유아의 현재 발달상태를 이해하고 적합한 학급배치, 즉 정치(定置)하기 위해 평가를 한다. 도움이 필요한 유아나 영재아를 선별하여 적절한 교육적 배려를 위해 평가를 실시한다.
② 유아에게 적합한 학습목표를 제공하기 위해 평가를 한다.
③ 유아의 흥미와 발달단계를 이해하여 학습의 동기유발 수준을 높이기 위해 평가를 한다.
④ 시간이 경과함에 따라 유아에게 일어난 변화와 진보의 정도 및 영역을 알아보기 위해 평가를 한다.

(2) 교사를 위한 목적

① 학급 전체의 현재 상태를 이해하기 위해 평가를 한다.
② 교육과정을 계획하고 의사결정에 필요한 정보를 얻기 위해 한다.
③ 교육과정과 교수방법의 효율성을 결정하고 측정하기 위해 평가를 한다.
④ 프로그램의 수정, 교수방법의 결정, 학습 성취전략을 수정하도록 송환효과(feedback)를 획득하기 위해 평가를 한다.
⑤ 행정적인 결정이나 부모와의 면담을 위해 평가를 한다.

(3) 부모를 위한 목적

① 자녀의 발전과 성취의 정도에 대한 정보를 얻기 위해 평가를 한다.
② 자녀의 학습목적을 지원하는데 부모가 참여하기 위해 평가를 한다.
③ 가정에서 자녀의 능력에 맞는 지도를 실시하기 위해 평가를 한다.

2) 평가의 유형

평가의 유형은 그 목적과 실시하는 시기에 따라 진단평가(diagnostic evaluation), 형성평가(formative evaluation), 총괄평가(summative evaluation)로 나눌 수 있다.

(1) 진단평가

진단평가는 다음 두 가지의 목적을 가진다.

① 학습활동의 예진적 활동

모든 학습활동은 유아들이 현재 가지고 있는 능력수준과 지식 그리고 기술의 정도를 출발점으로 하여 시작되어야 그 효과를 거둘 수 있을 것이다.

② 학습장애의 진단

진단평가의 다른 하나의 형태인 학습장애의 진단은 학습활동과는 직접적인 관련성이 없으면서도 활동을 실패하도록 만드는 원인들을 밝히는 데 그 목적을 두고 있다.

(2) 형성평가

형성평가는 학습활동이 진행되고 있는 도중에 유아들에게 송환효과(feedback)를 주고, 교육과정이나 학습활동의 내용 및 방법을 수정하고 개선하여 학습증진의 극대화를 이루기 위해 실시하는 평가다. 형성평가는 다음과 같은 기능을 갖고 있다.

① 학습 진행 속도의 조절

② 학습에 대한 보상 및 강화체제의 역할

③ 학습지도 방법의 개선

(3) 총괄평가

총괄평가는 일정 기간의 학습이 종결되었을 때 그 동안의 학습 성과를 총괄적으로 사정(査定)하여 학습활동의 효율성에 대한 판단을 내리는 데 목적이 있다.

평가를 할 때 측정기준이 무엇이냐에 따라 상대평가(norm-referenced evaluation)와 절대평가(criterion-referenced evaluation)로 나눌 수 있다.

① 상대평가

상대평가는 유아의 대표적 집단과 비교하여 유아의 성취를 비교하는 데 관심을 가질 때 사용한다.

② 절대평가

절대평가는 유아가 교수-학습의 목표를 어느 정도 달성했는지에 관심을 가질 때 사용한다. 절대평가와 상대평가는 실제 적용시에 있어서 상호 배타적이 아니라 상호 보완적인 역할을 한다.

평가가 전통적으로 지적 성취에 영향을 미칠 수 있는 교육환경, 교수자료, 교수방법을 중요시하여 왔으나, 최근에는 유아의 태도, 흥미, 행동, 적응성 등 정의적 특성과 행동발달의 측면까지도 포함하는 전인적인 차원으로 영역이 확대되어 가고 있다.

③ 동일 개인 내에서의 평가

상대평가나 절대평가와는 달리 유아 각자의 능력이나 개성을 발견하기 위해 실시하는 것으로 유아 각자의 능력을 동일 개인 내에서 서로 비교하여 우수한 능력과 부족한 능력을 발견한다. 예를 들면, 유아의 3월에 실시한 평가와 9월에 실시한 평가의 점수를 비교하여 얼마나 발달했는지 평가하는 것을 들 수 있다.

3. 평가 방법

1) 유아에 대한 평가

(1) 관찰법

관찰은 유아를 연구하는 방법 중 역사적으로 가장 오래된 것이며, 유아 행동연구의 기본적이고 필수적인 방법이 되고 있다. 관찰에는 관찰하는 현장에서 유아들과 함께 활동에 참여하면서 하는 참여관찰과, 관찰자가 유아들의 활동에 전혀 참여하지 않고 관찰만 하는 비참여관찰이 있다.

관찰법에는 일화기록법, 시간표집법, 사건표집법 등이 있는데 유아를 관찰하는 데 반드시 한 가지 방법만이 있다거나 관찰을 언제, 어떻게 해야 한다는 규칙이 있는 것이 아니므로 교사 각자에게 적합한 시간이나 방법을 고안해 내는 것이 필요하다.

관찰의 내용은 일정한 형식에 따라 일관성 있게 기록되어야 한다. 관찰한 내용을 기록할 때 기본적으로 관찰자의 이름, 관찰대상의 이름, 성별 및 연령, 관찰일시, 그리고 관찰 장면 등의 사항을 기록해야 한다. 실제 관찰된 사실과 관찰자의 해석을 분명히 구분하는 일이 필수적이다. 관찰시 유의 사항은 다음과 같다.

관찰시 유의 사항

① 유아 개개인의 독특함과 창의적인 활동에 각별한 관심을 기울이도록 한다.
② 유아의 실수나 과오를 찾으려고 하기보다는 유아의 건설적이고 발전된 행동을 발견하도록 한다.
③ 비슷한 행동표현이 다른 유아에게도 나타날 것이라는 추측을 하지 않도록 한다.
④ 유아에 대한 교사 자신의 느낌이나 편견이 없도록 유의한다.
⑤ 후광효과(halo effect)에 민감해야 한다. 즉, 유아를 평가할 때 유아 주변의 요소가 평가에 작용하는 영향이 있는지 살펴보고 이를 배제함으로써 후광효과에 의해 잘못 판단할 여지를 미리 방지해야 한다.
⑥ 행동의 특별한 측면을 평가하기 위해서는 특별한 관찰지침을 개발하여 사용한다.
⑦ 실제로 일어난 상황을 교사의 편견 없이 기록하여야 한다.
⑧ 여러 가지 다른 학습유형에서 증거를 확보할 수 있도록 한다.

① 일화기록법

일화기록법은 유아의 생활 중에 일어나는 특수한 사건이나 행동을 사실적으로 서술한 것으로 특정한 시간이나 사건에 제한을 받음이 없이 적용될 수 있는 관찰법의 한 형태다. 일화기록 및 관찰기록을 하기 위한 관찰지의 예를 들면 아래와 같다.

표 10-1 일화기록지(예시)

영유아관찰기록지(예시)			
영유아명		생년월일	
관찰일시	. . . (오전/오후)	관찰장소	
관찰장면		건강상태	양호 · 기타( )
기록) 해석)			

② 시간표집법

시간표집법(time sampling)은 관찰자가 관찰하려고 하는 특정행동을 정해진 시간 동안 일정한 간격으로 여러 회에 걸쳐 관찰하고 기록하는 방법이다.

예를 들어, 학급에 공격적인 행동을 하는 유아가 있어 다른 유아를 괴롭힐 때, 그 유아에 대한 적절한 지도를 하기 위해 교사는 유아가 공격적 행동을 정해진 시간 동안 몇 번이나 했는지 조사하여 계획을 세워 지도할 수 있다. 이 관찰법은 특히 문제행동을 보이는 유아를 평가하는 데 적합하다.

③ 사건표집법

사건표집법(event sampling)은 하나의 특정한 행동이나 사건이 발생할 때만 관찰하는 방법으로, 측정단위가 시간 간격이 아니라 관찰하고자 하는 행동이 된다. 이 방법은 특정한 행동의 출현빈도를 알기 위한 목적보다도 그 행동이 어떻게 발생해서 어떻게 진행되는지를 기술하고 이해하려고 할 때 더욱 효과적이다. 교사가 유아의 공격적 행동이 몇 번 일어났는가에 관심이 있기보다는 그 유아가 어떤 상황에 처해 있을 때 더 공격적인 행동을 하는가에 관심을 가질 때 사건표집법을 이용한 평가를 한다.

시간표집법과 사건표집법을 비교하면 다음 〈표 10-2〉와 같다.

표 10-2 시간표집법과 사건표집법의 비교

비교의 측면	시간표집법	사건표집법
측정의 단위	시간 단위	특수한 사건 및 행동
연구의 관심	행동 · 사건의 존재 유무	행동 · 사건의 특성
정보의 종류	행동의 빈도나 지속시간	행동의 순서 및 전후관계
기록방식	세기표 또는 체크	세기표 또는 체크와 서술

(2) 평정법

평정법(rating scale)은 유아에게 개인적으로 나타난다고 믿는 행동이나 특성의 정도를 기록하는 데 사용된다.

평정척도의 장점은 소요시간에 비해 많은 것을 평가할 수 있으며, 관찰하면서 바로 기록해야 하는 부담이 없으며, 행동의 질까지 평가할 수 있다는 점이다. 단점으로는 정확하고 객관적인 항목의 개발이 어려우며 개인의 편견이 개입할 여지가 많고, 각 행동에 대한 상황설명 없이 행동의 수준만을 기록하게 되어 행동의 원인 등에 대한 고려가 없다는 점이다.

(3) 체크리스트

체크리스트(checklist)는 특정한 대상이나 조건 또는 사건이 존재하는지, 혹은 어떤 행동이 일어나는지의 여부를 기록하는 방법이다. 체크리스트는 대단히 많이 일어나는 행동을 관찰할 때 사용하는 것이 좋다. 체크리스트를 활용하는 목적은 유아의 현재 상태를 평가하고자 하는 것이며, 시간에 따른 발달의 변화를 알고자 할 때도 사용된다.

(4) 유아의 작품 수집 분석

유아의 표현활동 결과로 나타난 그림, 제작물, 유아의 말이나 동시 등을 받아 적은 것이나 유아가 쓴 자료, 기록사진자료, 언어표현을 녹음한 자료 등은 유아의 행동특성과 발달 상태를 자연스럽게 알려 주는 평가 자료가 된다.

유아의 작품은 일부러 평가에 대한 계획을 세우지 않아도 쉽게 수집할 수 있는 좋은 점이 있다.

(5) 일 지

매일 교실에서 이루어지는 일을 기록하는 보육일지나 유아 개개인이 자기의 활동을 기록하는 일지는 유용한 평가 자료가 된다.

(6) 표준화검사

표준화검사는 실시 및 채점방법이 표준화되어 있어서 사용하기에 용이하며, 그 결과 얻어지는 점수를 규준(norm)에 비추어 또래의 다른 유아들과 비교해 볼 수 있는 장점이 있다.

① 표준화검사의 특성

표준화검사가 가지는 일반적인 특성은 다음과 같다(Gullo, 1994).

① 표준화검사는 목적이 진술되어 있어야 한다.
② 검사를 실시하는 과정과 점수를 계산하는 과정이 있어야 한다.
③ 검사결과를 어떻게 해석해야 하는지에 대한 설명이 있어야 한다.
④ 검사를 개발하는 데 대상이 된 샘플 집단에 대한 설명이 있어야 한다.
⑤ 어떤 집단을 대표로 한 것인지를 밝혀야 하며, 검사지침서에서 검사의 제한점을 진술해야 한다.

② 표준화검사의 종류와 선택

유아에게 표준화검사를 실시하려고 할 때 주의할 점은 우선 검사를 선택하는 사람과 검사종류를 선택하는 데 신중을 기해야 한다. 검사도구의 선정과정에서는 표준화검사 지침서를 반드시 먼저 숙지해야 한다.

(7) 포트폴리오

'개인 작품집'이라고 소개되고 있는 포트폴리오(portfolio)는 유아의 발달과 학습에 대한 기록과 증거들을 시간의 흐름에 따라 구체적인 목적을 갖고 조직적으로 모아 놓은 것이다. 포트폴리오 평가는 조직적으로 모아 놓은 유아에 대한 기록과 활동결과물, 즉 사진, 비디오테이프, 체크리스트, 일화기록, 또래관계에 대한 관찰기록, 교사와 학생과의 개별 면담과 부모와의 면담을 포함한 종합적인 평가방법으로 최근에 가장 적절한 평가방법으로 여겨지고 있다.

일반적으로 포트폴리오 평가를 위해 수집할 기록과 결과물들로 다음과 같은 것들이 포함될 수 있다.

① 유아 활동작품의 표본은 쓰기 활동의 표본, 이야기 나누기와 보여 주고 말하기 시간의 발표 내용에 대한 오디오테이프, 실험이나 프로젝트에 관한 사진, 이야기에 관한 그림, 그림이나 콜라주, 자신을 표현한 프로젝트, 글로 쓴 단어들 목록, 프로젝트의 비디오테이프
② 교사의 관찰은 일화기록, 체크리스트
③ 교사가 보고하는 학생 자신의 정기적인 자기평가는 태도항목, 흥미항목

④ 유아와 교사가 함께 작성한 진보 노트
⑤ 새 단어책(어휘 발달, 교실이나 새 프로젝트에서 들은 책)
⑥ 부모관찰
⑦ 부모－교사화합
⑧ 부모－교사 의사소통

(8) 교사제작 검사

교사들은 유아의 발달상황을 파악하고 설정된 교육목표의 달성을 위해 그들의 발달특징이나 교육활동을 측정 · 평가할 수 있는 검사 도구를 직접 제작하여 사용할 수 있다.

교사가 제작한 검사는 창의적이며, 학습에 기여도가 높은 경우가 많다. 그러나 시간이 걸리며, 교사의 전문적 능력 여부에 영향을 받으므로 타당성을 의심받는 단점이 있다.

(9) 면담법(유아－교사－부모면담)

면담은 언어를 매개로 하여 유아나 부모로부터 여러 가지 자료를 수집하는 방법이다. 면담은 내용의 구조화 정도에 따라 구조화, 비구조화, 반구조화로 구분할 수 있으며, 면담의 대사에 따라 집단, 개별 그리고 부모, 유아와의 면담으로 나누어 볼 수 있다.

(10) 기타 평가자료 수집방법

① 학부모가 제출한 서류
ⓐ 입학원서 : 가족사항과 본원을 지원하게 된 동기 등을 기재
ⓑ 건강진단서 : 소아과, 안과, 치과, 이비인후과 등의 검진에 의한 신체발육 상태와 질병의 유무 등
ⓒ 가정환경 조사서 : 유아의 출산과 성장과정, 가족관계, 발달상의 특징, 가정환경, 부모가 보는 관점에서의 자녀의 특성 등

② 유아의 자기평가
유아라 하더라도 자신이 한일에 대한 평가를 스스로 느껴 보도록 유도할 수 있다.

2) 보육 프로그램의 평가

보육 프로그램에 대한 평가는 프로그램의 질적 수준을 관리하기 위한 것이다. 프로그램에서 제시한 교육목표를 제대로 실행하고 어느 정도의 성과를 얻었는가를 평가하고, 문제가 있는 부분을 파악하여 다음 교육 프로그램을 계획하거나 실시할 때 이전의 평가 결과를 토대로 수정할 수 있다.

보육시설 평가의 대상과 영역은 상당히 광범위하므로 평가의 목적에 따라 설정하게 된다. 일반적으로 개인의 수행에 대한 평가, 보육시설에서의 프로그램에 대한 평가, 유아를 둘러싸고 있는 환경에 대한 평가로 나누어 볼 수 있다.

개인 수행에 대한 평가는 유아평가, 교사평가 및 부모평가가 포함되며, 보육시설 프로그램 평가는 시설 전체의 평가와 개별 학급에 대한 운영평가로 나누어 볼 수 있다. 환경에 대한 평가는 가정환경 평가 및 보육시설 환경 평가가 포함된다.

영유아 보육 프로그램 진단평가척도(임재택 외, 1996)는 보육시설의 물리적 환경(실외 환경, 실내 환경, 시설 설비 및 관리), 종사자(근무 여건, 종사자 관리, 종사자 관계, 종사자 발전), 운영관리(원아관리, 재정관리, 사무관리, 유아교육기관 발전관리), 교육과정(교육계획, 교육과정 운영, 교육자료, 교육과정평가), 영양 · 건강 · 안전(영양 및 급식, 건강 및 위생, 안전), 가정 및 지역사회와의 연계(가정과의 연계, 지역사회와의 연계) 등으로 구성되어 있으며, 그 구체적인 내용은 다음 〈표 10-3〉과 같다.

또 다른 형태의 프로그램 평가는 프로그램 효과에 대한 평가다. 이는 여러 프로그램 가운데 교육 효과를 비교 · 평가하여, 가장 교육효과가 높은 프로그램을 알아보기 위한 평가다. 이는 횡단적으로 평가할 경우도 있고, 종단적으로 평가해 볼 수도 있다. 프로그램 효과에 대한 평가는 어떤 유형의 프로그램이 좋은지 선정할 때 많이 사용하게 된다.

표 10-3 영유아 보육 프로그램 진단평가척도

영 역	부 문	구 성 항 목	문항수
물리적 영역 (25)	실외 환경	일반적 사항, 놀이터	6
	실내 환경	일반적 사항, 유아교육실, 기준 설비	12
	시설 · 설비 및 관리	시설 · 설비, 시설 · 설비관리	7
종사자 (25)	근무여건	업무량과 복무, 보수 및 후생복지	8

영 역	부 문	구 성 항 목	문항수
	종사자 관리	기록 및 문서관리, 임용 및 해임	7
	종사자 관계	운영자와 종사자 간의 관계, 종사자 간의 관계	5
	종사자 발전	종사자 교육, 종사자 평가	5
운영관리 (30)	원아관리	기록 및 문서관리, 유아교육관리	10
	재정관리	기록 및 문서관리, 예산 · 집행 · 결산, 재정관련 업무, 유아교육료관리	10
	사무관리	기록 및 문서관리, 사무관련 업무	5
	유아교육기관 발전관리	시설운영자의 전문성, 시설평가	5
교육과정 (30)	교육계획	교육 계획수립, 교육활동 선정 및 조직	9
	교육과정 운영	교사 · 유아 상호작용, 교수 · 학습방법	7
	교육자료	교재 · 교구, 시청각 기자재, 환경구성	8
	교육과정평가	평가계획 및 방법, 평가결과	6
영양 · 건강 · 안전 (30)	영양 및 급식	급식 · 간식계획, 급식 · 간식의 실행, 식습관 지도	7
	건강 및 위생	질병관리, 건강관리, 시설의 청결관리	11
	안전	응급사태 대책, 안전사고 대책, 소방 대책	12
가정 및 지역사회와의 연계 (20)	가정과의 연계	부모교육 프로그램, 시설 · 가정 상호작용, 부모 · 교사 상호작용, 부모참여	13
	지역사회와의 연계	지역사회 인사의 참여, 지역사회와 유아교육기관과의 상호 교류	7

* ( ) 안은 문항수

국내 · 외 유아교육기관 평가 연구들을 살펴보면 교육과정이나 보육과정 영역은 거의 대부분의 연구에서 중요하게 다루어지고 있고, 물리적 환경 영역, 교사와의 상호작용, 교직원 영역도 중요하게 고려되고 있다. 특히 최근 들어 유아교육기관의 종일제 내지 종일반화를 지향하는 경향으로 건강 · 영양 · 안전 영역이 강조되는 경향이 두드러지고 있다.

3) 교사에 대한 평가

시설장들은 교사에 대한 근무평정을 할 수 있다. 근무평정은 승진 등의 인사에 반영되

거나 업무분장에 반영되기도 한다. 이는 교사를 우수한 교사와 그렇지 못한 교사를 변별하고자 함이 아니라, 평가 결과를 통해 교사 성장 및 발전을 위한 기본 자료로 사용됨이 바람직하다. 평가 결과를 통해, 교사들에게 필요한 연수나 교육이 어떤 부분인지 알 수 있게 된다.

교사들은 스스로를 성장시키기 위해 자가진단평가를 하기도 한다.

또한, 요청장학이나 멘토링 시스템에 의한 평가도 교사의 기술과 인격의 성장을 위해 유익한 것이다. 그러나 많은 교사들이 자신이 평가 대상이 된다는 점을 불편하게 생각하며 거부감을 가지고 있는 실정이다.

4) 보육시설 및 설비에 대한 평가

보육시설이 프로그램을 실시하기에 적절한가, 법적 기준에 부합되도록 건축되었는가, 안전하게 설계되고 건축되었는가, 유아들에게 교육적 효과를 얻을 수 있도록 되어 있는가 등 유아교육기관이나 보육시설의 건축 및 시설 · 설비에 대한 평가를 할 수 있다.

5) 보육시설 운영평가

유아교육기관을 운영하는 운영자는 운영사항 전체를 평가할 필요가 있다. 기관을 운영하기 위해 원장들은 다양한 운영능력과 자질이 필요하며, 리더십 또한 필요로 한다. 기관을 효율적으로 운영하려면, 원장으로서의 자질 평가뿐 아니라, 기관에서 실행하고 있는 교육 프로그램 평가, 기관의 시설 및 설비에 대한 평가, 재정에 대한 평가, 행정능력에 대한 평가, 조직간 의사소통 유형에 대한 평가 등 기관이나 시설을 운영하는데 필요한 제반 영역들에 대한 총체적인 평가를 해야 한다.

자가 평가뿐 아니라, 지역사회 인사들이나 학부모들이 참여한 운영평가의 결과는 보다 합리적인 운영에 도움이 되는 정보를 획득할 수 있을 뿐 아니라, 보다 발전적인 기관운영을 할 수 있으며 보다 객관적인 시각으로 기관을 평가함으로써 보다 발전적인 운영계획을 수립하는 데 도움이 될 것이다.

표 10-4 유아교육기관 평가 영역

평가도구	개발자(연도)	영역 (문항수)	평가영역 및 내용
ECERS (유아교육 환경 평정척도)	Harms & Clifford(1980) 임재택 번안(1983)	7(37)	생활습관지도, 유아를 위한 설비와 자료의 진열, 언어 · 개념 학습활동, 대 · 소근육 활동, 창의적 활동, 사회성 발달, 성인을 위한 배려
FDCRS (가정보육시설 평정척도)	Harm & Clifford(1989)	6(32)	보육과 학습을 위한 공간과 설비, 기본적 보육, 언어 · 개념학습, 학습활동, 사회성 발달, 성인을 위한 배려
NAEYC의 질 높은 유아교육 프로그램의 준거	NAEYC	10(120)	교사-아동 상호작용, 교육과정, 교사-부모 상호작용, 교사의 자격 및 발달, 운영, 교사 편제, 물리적 환경, 건강 및 안전, 영양 및 급식 서비스, 평가
유아교육기관 평가준거	박혜정, 강혜원, 장명림(1987)	5(73)	교육과정 운영, 교육 환경, 시설 · 설비 관리, 경영관리, 가정 및 지역사회 관계
APECP (유아교육 프로그램 평가 프로파일)	Abbot-Shim & Sibley(1987) 강숙현 번안(1994)	5(145) 5(129) 5(147)	· 운영관리-시설 · 설비, 영양 및 급식, 프로그램 운영, 인사관리, 프로그램 발전 · 영아기 프로그램 -건강과 안전, 영양, 학습 환경, 상호작용, 개별화 · 유아기 프로그램-건강과 안전, 학습 환경, 일과계획, 교육과정, 상호작용, 개별화(학령기 프로그램은 제외)
NCAC 평가기준	호주 NCAC(1993)	4(52)	교사 · 유아 · 부모의 상호작용, 보육 프로그램, 영양 · 건강 · 안전, 운영관리 및 교사 발전
유치원 교육 평정척도	허영, 이영석, 김경성(1994)	5(60)	물리적 환경, 교육과정 운영, 교사의 전문성, 경영관리, 가정과 지역사회와의 관계
보육프로그램 진단평가척도	임재택, 조희숙, 황해익(1996)	6(160)	물리적 영역, 종사자, 운영관리, 교육과정, 영양 · 건강 · 안전, 가정 및 지역사회와의 관계
보육시설 평가기준	정기원, 오미영, 안현애(1995)	4(93)	물리적 환경, 운영 및 종사자 관리, 보육프로그램, 상호작용

평가도구	개발자(연도)	영역 (문항수)	평가영역 및 내용
유아교육 프로그램 평가척도	이은해, 이기숙(1996)	10(169)	일과계획, 교육과정, 상호작용, 물리적 환경, 교재·교구, 영양·건강·안전, 운영관리, 교직원, 가정 및 지역사회와의 관계, 평가활동
유치원 평가의 영역 및 기준	유현숙, 박영숙(1997)	6(54)	교육목표 및 계획, 교육과정, 교육환경, 교직원, 운영관리, 유치원의 성취
유치원 교육환경 평가척도	권영례, 이영자, Harms(1999)	8(156)	물리적 환경, 건강과 안전, 일과계획 및 운영, 상호작용, 교육과정, 교직원 개발, 운영관리, 평가
유치원 평가지표	장명림 외(1999)	6(83)	물리적 환경, 교육과정, 운영관리, 유아의 영양·건강·안전, 교직원, 가정 및 지역사회와의 연계
유치원기관 평가도구	이대균, 이기우(1999)	10(112)	교육계획, 교육과정 편성, 행사운영, 물리적 환경, 영양·건강·안전, 교직원, 유치원 운영관리, 가정 및 지역사회, 유아성취, 중·장기 발전계획
보육시설 평가지표	서문희, 이상헌, 임유경(2000)	9(120)	운영관리, 보육교사 관리, 교육과정, 보육환경, 건강관리, 위생관리, 영양관리, 안전관리, 부모참여 및 지역사회 교류

4. 평가결과의 기록과 활용

1) 유아에 대한 평가 기록

유아교육 현장에서 유아 평가결과를 기록하고 정리할 때 고려되어야 할 점을 살펴보면 다음과 같다(이은해, 1995).

① 각 유아별로 파일을 만들어 그 유아에 관한 모든 평가자료, 즉 관찰, 건강기록부, 검사 결과, 작업표본, 면담자료 등을 정리한다.

② 모든 자료에는 날짜, 관찰자(또는 검사자), 관련사항에 대한 간략한 정보가 반드시 포함되도록 한다.

③ 1년간의 계획을 세우고, 지속적으로 자료를 수집하여 어느 한 시기에만 집중되지 않도록 한다.

④ 담당교사 외의 다른 교사가 관찰한 것 또는 한 상황에서 한 명 이상의 유아가 관찰된 경우 등에서 파일을 상호보완(cross-filing)할 수 있는 체제를 만든다.

⑤ 1년에 2회 또는 3회(예를 들어, 6월, 11월, 2월)에 걸쳐 유아별 평가의 요약 및 해석을 시도한다. 이 때 자료에서 누락된 부분이 있는지의 여부를 확인한다.

⑥ 유아별 평가 요약은 유아의 발달영역 또는 새 교육과정에 기초하여 생활영역별로 정리한다. 유아에 대한 일종의 프로파일을 제시하듯이 발달이 잘 이루어진 영역과 덜 이루어진 영역을 서술한다.

생활기록부는 유아가 졸업한 해로부터 20년간 보존문서이며, 유아가 전학을 할 때에는 전학하는 유치원으로 생활기록부 원본을 송부하고 현 재적원은 사본은 보관하며, 초등하교에 입학할 때에는 생활기록부 원본은 유치원에 보관하고 사본에 원본 대조필 도장을 찍어 보내도록 되어 있다.

생활기록부는 유아의 재원을 증명할 수 있는 중요한 자료로, 작성 요령 및 취급상의 유의사항을 들면 다음과 같다.

첫째, 생활기록부는 정확한 내용을 생명으로 하기 때문에 기록에 있어 정확성을 기해야 한다.

둘째, 생활기록부에 기재하는 정보는 포괄적이며 상세한 내용일수록 좋다.

셋째, 누가적인 기록이어야 한다.

넷째, 활용될 수 있는 기록이 되도록 한다.

다섯째, 생활기록부의 기재내용에 대한 보완을 철저히 하도록 유의하고, 아울러 분실 · 훼손되지 않도록 유의해야 한다.

2) 유아에 대한 평가 활용

유아에 대한 평가결과를 그들의 부모에게 알리는 것은 부모가 자녀에 대한 지식과 이해를 할 수 있도록 하는 것이며, 가정과의 연계를 통해 평가결과가 바람직한 방향으로 활용될 수 있도록 하는 것이다.

부모에게 알리는 보고방법은 여러 가지가 있다. 주로 유아교육기관에서 하는 방법은 부모면담, 편지와 전달장, 뉴스레터와 같은 형식적인 방법과 특별한 계획이나 형식이 없이 우연히 비형식적으로 이루어지는 방법이 있다.

5. 보육시설의 평가인증

보건복지부장관은 보육서비스의 질적 수준 향상을 위하여 보육시설에 대한 평가인증을 실시하고, 업무는 공공 또는 민간기관 · 단체 등에 위탁하여 실시할 수 있다(영유아보육법 제30조).

평가인증 진행과정은 총 9개월 동안 참여신청, 자체점검, 현장관찰, 인증심의 등 4단계로 진행되며 보육 품질을 개선하기 위하여 모든 보육시설을 대상으로 확대 실시하게 된다.

평가인증의 기본방향은 보육서비스에 대한 효과적인 질 관리 시스템을 마련하고, 부모들이 합리적으로 보육시설을 선택할 수 있도록 정보 제공하는 데 중점을 두고 있다.

평가인증을 위한 평가 항목은 다음 7 개영역으로 구성되어 있으며 전문가의 관찰에 의해 평가되어진다.

1) 평가인증의 지표

보육시설 평가인증을 위한 영역 및 평가 항목은 40인 이상인 보육시설과 40인 미만일 경우가 다르다. 또한 장애아전담 보육시설의 경우는 그 특수성 때문에 일반 보육시설과 평가 지표가 다소 다르다.

40인 이상 보육시설 평가인증지표는 7개 영역 80항목, 장애아전담 보육시설 평가인증 지표는 7개 영역 85항목, 그리고 39인 이하 소규모 보육시설 평가인증지표는 5개 영역 60항목으로 구성되어 있다.

(1) 40인 이상 보육시설 평가인증지표 (7개 영역 80항목)

영 역	하위 영역
영역 1. 보육환경(10항목)	가. 보육시설 환경(5항목) 나. 보육활동 자료(5항목)
영역 2. 운영관리(13항목)	가. 시설의 운영관리(7항목) 나. 보육인력(6항목)
영역 3. 보육과정(15항목)	가. 보육활동 계획과 구성(7항목) 나. 보육활동(8항목)
영역 4. 상호작용(11항목)	가. 일상적 양육(3항목) 나. 교사의 상호작용(8항목)
영역 5. 건강과 영양(13항목)	가. 청결과 위생(8항목) 나. 질병관리(3항목) 다. 급식과 간식(2항목)
영역 6. 안전(10항목)	가. 실내외 시설의 안전(4항목) 나. 영유아의 안전보호(6항목)
영역 7. 가족 및 지역사회와의 협력(8항목)	가. 가족과의 협력(6항목) 나. 지역사회와의 협조(2항목)

(2) 39인 이하 보육시설 평가인증지표(5개 영역 60항목)

영 역	하위 영역
영역 1. 보육환경 및 운영관리 (12항목)	가. 보육시설 환경(3항목) 나. 시설운영 및 가족과의 협력(6항목) 다. 보육인력(3항목)
영역 2. 보육과정(13항목)	가. 보육활동 계획과 구성(4항목) 나. 보육활동과 자료(9항목)
영역 3. 상호작용(11항목)	가. 일상적 양육(4항목) 나. 교사의 상호작용(7항목)
영역 4. 건강과 영양(14항목)	가. 청결과 위생(8항목) 나. 질병관리(3항목) 다. 급식과 간식(3항목)
영역 5. 안전(10항목)	가. 실내 시설의 안전(4항목) 나. 영유아의 안전보호(6항목)

(3) 장애아전담 보육시설 평가인증지표 (7개 영역 85항목)

영　역	하위 영역
영역 1. 보육환경(14항목)	가. 보육시설 환경(7항목) 나. 보육활동 자료(7항목)
영역 2. 운영관리(13항목)	가. 시설의 운영관리(7항목) 나. 보육인력(6항목)
영역 3. 보육과정(15항목)	가. 보육활동 계획과 구성(7항목) 나. 보육활동(8항목)
영역 4. 상호작용(11항목)	가. 일상적 양육(3항목) 나. 교사의 상호작용(8항목)
영역 5. 건강과 영양(14항목)	가. 청결과 위생(8항목) 나. 질병관리(3항목) 다. 급식과 간식(3항목)
영역 6. 안전(10항목)	가. 실내외 시설의 안전(4항목) 나. 장애 영유아의 안전보호(6항목)
영역 7. 가족 및 지역사회와의 협력(8항목)	가. 가족과의 협력(6항목) 나. 지역사회와의 협조(2항목)

보육시설 평가인증제의 실시 이후 보육시설의 질적 향상이 기대되며, 시범 운영을 거쳐 2008년 이후 전국의 보육시설에 확대 적용할 방침이다.

2) 평가인증의 과정

평가인증은 참여신청, 자체점검, 현장관찰, 인증심의 4단계로 진행된다.

1단계 참여신청 (1개월)
- 평가인증 신청 및 접수
- 평가인증 참여시설 적합판정
- 참여수수료 납부 및 참여 설명회(1회 1일), 참여 확정

↓

2단계 자체점검 (3~4개월)
- 자체점검위원회 구성(3~7인 이내)
- 자체점검 실시(3개월 또는 4개월)
- 자체개선 방안 마련 및 시행
- 자체점검보고서 작성 및 제출

◁ **조력 (보육정보센터)**

* 단, 자체점검 기간은 시설의 선택에 따라 3개월 또는 4개월로 진행된다.

↓

3단계 현장관찰 (1개월)	· 현장관찰자 파견(2인) · 현장관찰 실시 · 현장관찰결과보고서 작성 및 제출
↓	
4단계 인증심의 (1개월)	· 인증심의 전 필수항목 및 행정처분 사항 확인 · 평가인증심의위원회 구성 · 인증심의
↓	
인증심의 및 결정	· 인증결과 발표 · 인증서 및 인증현판 발급

(1) 1단계 : 참여신청

① 대상보육시설

영유아보육법 제12조 및 제13조 규정에 의하여 설치된 국·공립 보육시설, 법인 보육시설, 직장 보육시설, 가정 보육시설, 부모협동 보육시설, 민간 보육시설(방과후 전담 보육시설 제외)

② 참여할 수 있는 보육시설

- ○ 영유아보육법, 동법 시행령, 동법 시행규칙 및 보육사업 지침 등 보육과 관련된 법령사항을 준수한 보육시설에 한한다.
- ○ 평가인증 참여신청 마감일 기준 영유아보육법 제13조 및 동법 시행규칙 제5조 규정에 의한 최초 인가일로부터 1년 이상 경과한 보육시설에 한한다.
- ○ 평가인증 참여신청 마감일 기준으로 행정처분(영유아보육법 시행규칙 제38조 제1항 별표 9) 종료 후 1년이 경과한 보육시설 및 영유아보육법 제40조 제2호 및 제3호의 반환명령을 이행 완료한 보육시설에 한한다.

③ 신청방법

- ○ 참여희망 보육시설은 평가인증사무국 홈페이지(http : //www.kcac21.or.kr)에 접속하여 참여신청서 및 참여서약서를 작성하여 인터넷으로 접수한다.

○ 보육시설은 참여신청 당시 자체점검 기간을 3개월 또는 4개월로 선택하여 신청한다.

④ 평가인증 소요기간

보육시설이 평가인증을 받는 데에는 약 6~7개월의 기간이 소요된다.

구분	신청	평가인증 참여설명회	자체점검	현장관찰	인증심의
기간	1개월	1회(1일)	3개월 또는 4개월*	1개월	1개월

※ 단, 자체점검 기간은 시설의 선택에 따라 3개월 또는 4개월로 진행된다.

⑤ 참여수수료

○ 평가인증에 참여하는 보육시설은 영유아보육법 제30조 및 동법 시행규칙 제32조 규정에 의하여 여성가족부장관이 매년 결정 · 고시한 수수료를 납부한다.

○ 보육시설은 시 · 군 · 구로부터 선정시설임을 통보받은 날로부터 7일 이내 평가인증 참여 수수료를 다음 계좌에 납부한다.

⑥ 참여설명회

○ 보육시설은 시 · 도의 안내에 따라 1일 동안 참여설명회에 반드시 참석하여야 하며, 참석 대상자는 보육시설의 장 또는 교사 등 1인 이상이 참석하여야 한다.

○ 시 · 도는 평가인증 참여시설을 대상으로 보육시설 평가인증이 원활히 진행될 수 있도록 평가인증 운영체계와 평가인증지표 등에 관한 설명회를 개최한다.

– 단, 운영체계와 평가인증지표 설명에 필요한 교육내용, 강사 등은 보건복지부(보육시설 평가인증사무국)가 지원할 수 있다.

○ 시 · 도는 참여설명화가 종료된 후 7일 이내에 출석 상황을 보건복지부(보육시설 평가인증사무국)에 보고한다.

○ 설명회 내용

구 분	내 용
① 보육시설 평가인증 과정참여 안내	- 자체점검 진행안내, 자체점검 보고서 입력 안내 - 현장관찰 진행안내, 관찰기간 협의방법, 현장관찰자와의 관계에서 주의해야 할 점, 준비사항 등 - 인증심의 및 인증결과 통보안내

구 분	내 용
	- 사후관리
② 보육시설 평가인증지표 및 지침교육	- 보육시설 평가인증지표 및 지침교육
③ 조력안내	- 보육정보센터 안내
④ 자료배부	- 각 보육시설에 보육시설 평가인증지침서, 보육시설 평가인증 설명서, 부모용 소식지 등 리플릿 배부

⑦ 평가인증 참여 취소가 되는 경우

○ 보건복지부는 다음과 같은 사유가 발생될 경우 보육시설 평가인증 참여를 취소할 수 있다.

- 평가인증 진행 일정에 따라 참여하지 않는 경우
- 참여신청 마감일 이후 소재지 변경이 이루어진 경우
- 참여신청 마감일 이후 양도, 증여, 상속, 압류, 매매 등으로 인한 대표자의 명의가 변경되는 경우
- 참여신청 마감일 기준으로 운영 형태가 변경된 경우
- 평가인증 참여 전 과정에서 허위 사실이 발견된 경우
- 평가인증 진행과정 중에 시설 및 종사자에 대한 행정처분 사항이 발생할 경우
  - 영유아보육법 제40조의 제2호 및 제3호
  - 영유아보육법 시행규칙 제38조 제1항 별표 9
  - 동법 시행규칙 제39조 제2항 별표 10
- 심의 전 필수항목이 미준수된 경우
- 참여과정 중 휴지신고된 경우
- 평가인증 참여 전후에 보육시설에서 발생한 성폭력, 아동학대, 운영 부조리 등으로 인하여 대표자 및 보육종사자가 고발 또는 고소의 대상이 되거나, 수사, 재판 계류 중에 있는 경우
- 기타 보건복지부장관이 더 이상 평가인증 진행이 불가능하다고 판단하는 경우

(2) 2단계 : 자체점검

① 자체점검위원회 구성

보육시설은 자체점검을 실시하기 위해 먼저 자체점검위원회를 구성한다. 객관적인 자체점검을 위해서는 보육시설의 구성원이 함께 참여하는 것이 바람직하므로, 자체점검위원회는 시설장, 보육교사, 원아 부모 각 1인 이상을 포함하여 3~7인 이내로 한다.

■ 자체점검위원회 구성 및 점검방법

○ 시설장, 보육교사, 원아 부모 각 1인 이상씩 포함 3~7인 이내
- 단, 39인 이하 보육시설의 시설장이 보육교사를 겸하면서 별도의 보육교사가 없는 경우 시설장과 원아 부모로 3인 이상 구성할 수 있다.

○ 원아 부모는 자녀를 해당 보육시설에 6개월 이상 보내고 있는 자로 한다.

○ 점검기간 : 3개월 또는 4개월 중 선택

② 조력 요청

○ 평가인증 참여신청 보육시설은 지역보육정보센터에 조력을 신청하여 교육, 워크숍, 인증시설 방문 등의 지원을 받을 수 있다.

○ 시 · 도(시 · 군 · 구)는 보육시설에서 자체점검 시 지역보육정보센터의 조력이 원활하게 이루어질 수 있도록 적극 지원하여야 한다.

③ 자체점검보고서 작성 및 입력

○ 자체점검보고서를 작성할 때에는 자체점검 결과에 따라 표지의 기본 정보와 영역별 점수를 정확하게 기입하고, 영역별로 해당영역의 부족했던 점과 개선된 점, 그리고 개선이 어려웠던 점에 대하여 정리하여 기재한다.

○ 이때 자체점검보고서 점수의 객관성과 제반 기재사항은 심의점수에 반영되므로 지표에 근거하여 가급적 명확하게 평가하고, 구체적으로 기재하여야 한다.

○ 보육시설이 자체점검을 완료한 후에는 반드시 자체점검 기간 내에 평가인증사무국 홈페이지에서 보육시설 ID로 로그인하여 자체점검 결과를 입력, 제출하여야 한다.

○ 제출방법

① 자체점검을 실시한 후 그 결과를 정해진 기간 내에 보육시설 평가인증사무국의 홈페이지에 접속하여 입력한다.
(※ 주의 : 반드시 입력한 자체점검보고서의 내용이 정확한지 확인한다.)

↓

② '저장하고 제출완료' 버튼을 눌러 보육시설 평가인증사무국으로 최종 제출한다.
(※ 주의 : 제출이 완료되면 자체점검보고서의 내용은 수정할 수 없다.)

(3) 3단계 : 현장관찰

① 현장관찰 실시 전

○ 현장관찰 기간은 평가인증사무국이 현장관찰 파견기간(1주일)을 정하여 해당 보육시설에 공지한다.

○ 보육시설은 자체점검 기간 완료 3주 전 사무국 홈페이지에 로그인하여 '나의 상태'를 통하여 현장관찰 주간을 확인할 수 있다.

○ 보육시설은 공지된 현장관찰 주간에 특별한 행사가 없고, 보육시설의 현원이 2/3 이상 출석 가능한 기간으로 정한다.

○ 현장관찰은 보육시설과 협의된 1주일 중 현장관찰자가 임의로 정한 하루 동안 실시되며, 현장관찰자는 관찰일 전날 대상시설에 유선(발신번호 표시 제한)으로 통보한다.

❑ 현장관찰자 자격

① 영유아 관련학과 석사학위 소지자로서 교사 경력 3년 이상인 자
② 영유아 관련학과 학사학위 소지자로서 교사 경력 3년을 포함하여 총 경력이 5년 이상인 자
  – 교사 경력은 유치원 교사 경력을 포함하되, 반드시 1년 이상 보육시설 경력(보육교사 또는 시설장)이 있어야 한다.
※ 현장관찰자는 당해연도 참여시설에 근무하고 있거나 조력자, 평가인증심의위원으로 참여하는 경우에는 활동할 수 없다.

② 현장관찰 실시

○ 현장관찰은 시설 당 현장관찰자 2인이 파견되어 1일간 실시된다. 시설도착 예정시간은 08 : 30~09 : 30이며, 관찰종료 예정시간은 16 : 30~17 : 30 정도다.

○ 평가인증사무국은 현장관찰자와 보육시설을 지역별로 교차하여 파견한다.

○ 관찰 당일 보육시설에서는 평가인증지표와 관련하여 관찰대상이 될 수 있는 서류 등을 준비해 놓는다.

③ 현장관찰결과보고서 작성 및 제출

현장관찰자는 현장관찰 후 개별 현장관찰결과보고서 각 1부 및 종합 현장관찰결과보고서 1부를 작성하여 평가인증사무국 홈페이지에 입력과 동시에 현장관찰결과보고서 3부(개별 각 1부, 종합 1부)를 밀봉하여 평가인증사무국으로 우편 발송한다.

(4) 4단계 : 인증심의

① 인증심의 전 필수 항목 및 행정처분 사항 점검

○ 시·군·구는 평가인증심의 전까지 참여시설을 대상으로 평가인증 필수항목 준수 여부 및 행정처분 사항, 시도별 특수사업 준수 여부를 점검하여 그 결과를 시·도에 보고하고, 시·도는 보건복지부(평가인증사무국)에 최종 보고한다.

– 필수 항목 준수여부 및 행정처분 사항 발생유무 점검이 적용되는 기간은 참여신청 마감 이후부터 점검시점까지다.

❑ 평가인증지표 필수과목

① 정원준수
② 영유아 상해보험 가입(단, 상해보험을 포함하는 배상보험은 대체 가능)
③ 예·결산서 및 회계장부 구비 ※ 단, ③은 재무회계 프로그램 출력물 등으로 대체할 수 있다

○ 보건복지부(평가인증사무국)는 평가인증심의 전에 시·도에서 송부된 필수항목을 점검하여 평가인증심의 대상 시설을 확정한다.

– 다만, 현장관찰자가 현장관찰결과보고서에서 필수항목이 1점인 시설과 시·도에서 송부받은 보육시설 점검결과와 일치하지 않은 보육시설은 시·도 및 시·군·구에 송부하여 재확인한다.

② 평가인증심의위원회 구성

○ 평가인증사무국은 보육관련 전문가 등으로 평가인증심의위원회를 구성한다.

❑ 평가인증심의위원 자격

① 학계 전문가
- 영유아 관련학과 교수
- 기타 보육관련 전문가(관련 연구기관 전문가) 등

② 현장종사자
평가인증 보육시설에 근무하는 시설장, 보육교사로서
- 영유아 관련학과 석사 이상 : 교사 경력 1년 포함 총 보육경력 4년 이상인 자
- 영유아 관련학과 학사 이상 : 교사 경력 1년 포함 총 보육경력 6년 이상인 자

③ 보육담당 공무원
※ 교사 경력에는 유치원 교사 경력을 포함할 수 있다.
※ 단, 당해연도에 참여시설로 선정되었거나 현장관찰자로 참여하는 경우 평가인증심의위원으로 활동할 수 없다.

③ 인증심의

○ 인증심의는 3인 1조로 구성된 평가인증심의위원회에서 조별로 진행한다.

○ 평가인증심의위원회 자체점검보고서와 현장관찰결과보고서를 검토하여 심의하고, 인증결과는 다음과 같이 2가지 유형으로 구분한다.

ⓐ 인증 : 총점 및 모든 영역에서 기준 점수를 통과한 경우 인증이다.

ⓑ 인증유보 : 총점 또는 영역별 점수가 기준 점수를 통과하지 못한 경우에는 인증유보다.

④ 인증결과

○ 현장관찰이 완료된 보육시설은 평가인증사무국의 안내에 따라 사후질문지를 평가인증사무국 홈페이지에 입력한다.

○ 평가인증사무국은 참여시설에게 인증결과와 총점 및 영역별 점수를 평가인증사무국 홈페이지를 통해 확인하도록 안내한다.

○ 인증시설에 대해서는 보건복지부장관 명의의 인증서 및 인증현판을 발급한다.

○ 보건복지부(평가인증사무국), 시 · 도, 시 · 군 · 구는 인증보육시설 명단을 언론매체 등을 통하여 홍보한다.

평가인증에 실패한 경우, 인증 결과가 통보된 날로부터 15일 이내 재참여를 할 수 있는 기회가 주어진다. 재참여신청의 과정은 다음과 같다.

> 재참여신청 ⇒ 재점검(2개월) ⇒ 재관찰/재심의(1개월 내외) ⇒ 결과 통보

⑤ 인증시설의 사후관리

평가인증시설은 보건복지부(평가인증사무국)에서 인증시설 보건복지부장관 명의의 인증서 및 인증현판을 발급한다.

인증은 평가인증이 결정된 이후 익월 1일부터 3년간 유효하며, 2005년 시범시설의 경우 인증유효 기간을 2009년 12월 31일까지 연장하여 인정한다.

평가인증사무국에서는 인증시설의 서비스 점검 및 유지관리를 위하여 인증시설을 방문·지도할 수 있으며, 지자체와 보육시설은 이에 적극 협조하여야 한다. 사무국에서는 온라인으로 인증 관련 각종 지식과 정보를 제공해 준다.

평가인증 보육시설의 시설장이 교체된 경우 신임 시설장은 교체된 시점에서 6개월 이내에 보건복지부(평가인증사무국)에서 실시하는 시설장 교육을 반드시 이수하여야 한다.

⑥ 인증이 취소되는 경우

다음의 경우에 해당될 경우 평가인증이 취소된다.

- 인증 후 양도, 증여, 상속, 압류, 매매 등으로 인한 대표자의 명의가 변경된 경우
- 인증 후 소재지가 변경되었을 경우
- 인증 후 보육시설의 운영 형태가 변경된 경우
- 연차별 자체점검보고서를 기한 내에 제출하지 않았을 경우
- 인증 후 행정처분을 받은 경우
- 금고이상의 형을 선고받고 그 형이 확정된 때(대표자, 시설장)
- 해당 보육시설과 현장관찰자의 이해(利害)관계가 드러난 경우
  - 보육시설의 대표자 및 보육종사자가 현장관찰자와 직계 존·비속의 관계
  - 현장관찰자의 자녀가 해당시설에 재원한 경험이 있는 경우
  - 현장관찰자가 해당 시설에 근무한 적이 있는 경우

- 시설장이 현장관찰자에게 금품을 제공한 사실이 발견된 경우
- 평가인증 후 참여과정과 인증 유효기간 중에 허위 사실이 발견된 경우
- 인증시설의 시설장이 변경된 후 보건복지부(보육시설 평가인증사무국)에서 실시하는 평가인증 시설장 교육을 지정한 기간 내 이수하지 않을 경우
- 평가인증 참여 전후에 보육시설에서 발생한 성폭력, 아동학대, 운영부조리 등으로 인하여 대표자 및 보육종사자가 고발 또는 고소의 대상이 되거나 수사, 재판 계류 중에 있는 경우
- 기타 보건복지부장관이 보육시설이 인증을 유지하기에 부적합하다고 판단하는 경우 39인 미만 시설에서 평가인증을 받기 위해 구비해야 할 문서의 예를 들면 다음과 같다.

평가인증을 위한 구비문서(39인 이하 보육시설)

점검일자 :　　월　　일

시 설 명 :　　　　　　　　　　O : 구비됨, △ : 보완요망, X : 준비 안됨

영역	항목	필수구비문서	구비사항
1	소 1-4. 보육교사의 교사 대 영유아 비율(필수항목)	· 이용아동 연명부, 아동출석부	
	소 1-5. 재정관리 체계(필수항목)	· 예산서, 결산서, 총계정원장, 현금출납부, 수입 · 지출결의서	
	소 1-6. 신입원아 적응을 위한 절차	· 영유아를 위한 초기적응 프로그램	
	소 1-7. 원아에 대한 문서관리	· 영유아 문서(생활기록부, 영유아 관찰기록 등)	
	소 1-8. 보육시설과 가정과의 의사소통	· 가정통신문(알림장) 등	
	소 1-10. 보육시설 종사자의 재교육	· 재교육 관련자료 - 교사연간 연수계획안, 교사연수대장, 교육이수증(연수보고서) 등	
	소 1-12. 보육교사의 인건비 지급규정	· 자체인건비 지급규정(근로계약서, 복무규정)	
2	소 2-1. 보육계획안의 수립	· 연간보육계획안, 월간 또는 주간보육계획안, 일일보육계획안	
	소 2-2. 보육활동계획의 균형 소 2-13. 역할 및 쌓기놀이와 자료	· 일일보육계획안	

영역	항목	필수구비문서	구비사항
3	없음		
4	소 4-1. 실내 공간의 청결 유지	· 일일보육계획안 등	
	소 4-7. 개별 침구의 사용과 관리	· 가정통신문, 일일보육계획안 등	
	소 4-9. 전염성 질환에 대한 예방과 관리 대책	· 가정통신문 · 영유아기에 발생 가능한 일반 전염병, 법정 전염병, 휴원을 요하는 전염병 안내	
	소 4-10. 아프거나 다친 영유아에 대한 처리	· 응급처치동의서 · 환아관리지침, 투약의뢰서, 투약일지 · 비상연락망, 비상약품 구비	
	소 4-11. 영유아와 종사자의 정기 건강 검진	· 영유아 및 종사자 건강진단 증빙서류 (건강진단카드, 검사결과통보서)	
	소 4-12. 급 · 간식 계획과 시행	· 급 · 간 식단	
	소 4-13. 영유아를 위한 급식	· 급 · 간 식단	
	소 4-14. 영유아를 위한 간식	· 급 · 간 식단	
5	소 5-1. 실내시설(보육실 외)의 안전관리	· 실내시설 안전점검표	
	소 5-2. 보육실의 설비와 놀잇감의 안전 관리	· 보육실 내 설비 · 놀잇감 안전점검표	
	소 5-6. 영유아의 인계과정	· 생활기록부	
	소 5-7. 등원 및 귀가용 차량 운행	· 차량 내에 차량 안전수칙 부착, 구급상자 · 소화기 · 안전벨트 구비, 차량안전 점검표	
	소 5-8. 안전사고에 대한 상해보험 가입 및 공지(필수항목)	· 보험증서, 가정통신문에 안내	
	소 5-9. 비상사태를 대비한 시설 · 설비와 대처방안	· 유관기관 등과의 비상연락체계, 종사자 비상연락체계 (비상연락망, 업무분장, 비상대피도 등)	
	소 5-10. 안전교육과 정기적인 소방훈련	· 연간 안전교육계획안, 소방훈련포함 계획–활동–평가기록, 소화기 개별 점검표	

가정 및 지역사회와의 연계

Chapter 11

보육시설은 지역사회의 영유아를 보육하는 기관이므로 부모는 물론 그 지역사회와 상호 협력적인 관계를 유지해야 한다. 본 장에서는 보육시설과 가정, 그리고 지역사회의 연계의 필요성을 서술하고 부모 참여 프로그램 및 지역사회 연계 프로그램을 제시하고 설명할 것이다.

1. 보육시설과 지역사회의 연계
2. 가정과의 연계
3. 부모교육과 참여의 실제
4. 지역사회 연계 프로그램

1. 보육시설과 지역사회의 연계

보육시설은 영유아들을 보호하고 양육하는 기관이므로 그 특성상 가정과 밀접히 연계되어야 한다. 바람직한 유아교육을 위해서는 유아교육기관과 가정이 다양한 형태의 유기적인 관계를 맺는 것이 중요하다. 학부모와 교사 간 원활한 의사소통을 위해서는 입학식 전과 입학 후에 다양한 프로그램의 운영이 필요하며, 프로그램에 대한 평가를 통해 지속적인 관리를 해야 한다. 최근에는 소극적인 부모교육에서 보다 직접적이고 적극적인 부모참여, 그리고 아버지들의 유아교육 참여가 이루어지고 있다.

또한 보육시설은 그 지역사회의 특성과 요구를 고려하여 운영하고, 지역사회의 자원과 협력을 얻을 수 있어야 한다. 보육시설은 지역사회의 영유아를 보육하는 기관이므로 지역사회에 기여를 하고 있으므로 상호 협력적인 관계를 유지해야 한다. 가령, 지역사회에 있는 연구소, 상담소 등의 유아 관련 기관들과 보건소, 경찰서, 우체국 등과 같은 각종 공공시설, 그리고 각종 사회단체나 언론사 등과 연계를 맺는 일은 매우 중요하다. 지역사회의 각 기관들은 다양한 유아교육 자원으로 활용될 수 있을 뿐 아니라 기관의 홍보를 위해서도 유용하다.

유아교육기관은 단순한 유아들의 보육 및 교육을 담당하는 서비스뿐 아니라 지역사회의 센터로서 그 역할을 담당하게 되었다. 지역사화와의 인적·물적 상호협력 없이는 기관의 운영과 관리가 어려울 것이다. 특히 유치원이나 초등학교와의 긴밀한 협력은 기관간의 상호 연계성 있는 프로그램을 구성하는 데 도움을 주므로 매우 중요한 문제일 것이다. 보육시설과 지역사회의 연계관계를 간략히 도시하면, 〈그림 11-1〉과 같다.

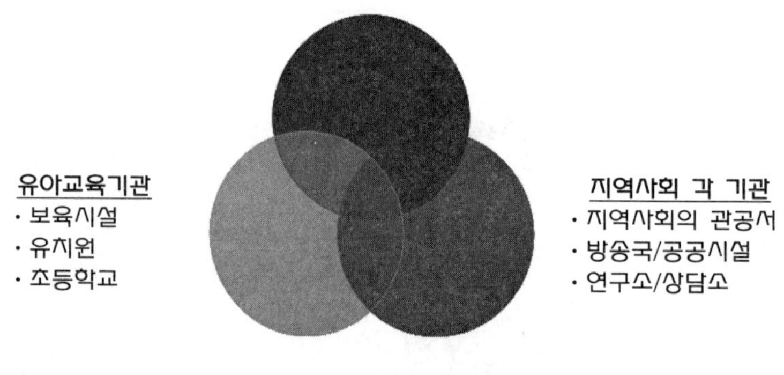

〈그림 11-1〉 보육시설과 지역사회의 연계

2. 가정과의 연계

오늘날 보육은 가정과 보육시설을 넘어 사회의 중요한 부분을 차지하고 있으며, 보육시설은 지역사회의 다양한 정보를 주고 공유하는 센터로서의 역할을 담당한다. 지역사회의 다양한 인적 · 물적 자원을 활용하고 지역사회와 연계함으로써 보육시설의 프로그램은 더욱 풍부해 질 수 있다.

다른 한편으로, 유아교육기관에서의 유아교육이 효율적으로 수행되기 위해서는 그 대상인 유아를 위한 교육뿐만 아니라, 유아의 부모들을 위한 교육 및 부모의 참여가 필요하다. 그리고 부모들의 관심과 보육과 교육에의 적극적인 개입은 보육의 질을 더욱 향상시킨다.

1) 부모교육과 부모참여의 개념

일반적으로 부모교육(parent education)은 부모참여(parent participation or parent involvement), 부모훈련(parent training) 등과 같은 용어로 사용되고 있다.

(1) 부모교육

부모로서의 역할기능을 원활히 수행할 수 있도록 부모에게 정보나 지식을 전달하거나 기술을 가르치는 것을 말한다. 따라서 부모교육의 목적은 부모가 기관의 도움 없이 혼자 힘으로 정보 및 서비스를 활용하는 능력 배양에 있다.

(2) 부모개입

부모가 가족생활에 영향을 주는 특정 프로그램의 구성 및 운영에 직접 참여하는 것을 의미한다. 부모교육 프로그램의 목적은 특정기관의 프로그램 결정권자로서 부모가 전문가와 지식 또는 정보를 교환하며, 책무성을 받아들이게 하는 데 있다.

(3) 부모지지

친지로부터의 도움을 위시하여 교회, 지역사회 내의 각종 학부모회, 지방단체, 아동복지시설, 병원, 교육기관, 기업체 기타 사회사업기관이 부모를 지원, 지지하는 것을 포함한다.

(4) 부모교육과 참여의 필요성

최근에는 이러한 부모교육 및 참여활동은 유아교육의 효과를 증진시키는데 필수 불가결한 측면이 되고 있으며, 유아교육에서는 소극적이고 수동적인 의미의 부모교육이 아닌 적극적이고 능동적인 의미의 부모참여 활동의 필요성이 더욱 강조되고 있다.

Bronfenbrenner(1974)는 유아교육에서의 부모참여를 강조하면서 적극적인 부모참여야말로 유아교육 프로그램의 성공적 요소이며, 부모참여가 없으면 프로그램의 효과도 지속되지 않는다고 지적하였다. Brand(1998) 역시 부모와 교사를 동반자 관계로 보고, 효율적으로 의사소통하면서 부모가 적극 참여할 때 자녀의 성장과 발달을 최대로 도울 수 있다고 주장하였다.

부모교육은 현재 부모이거나 장차 부모가 될 사람들에게 부모로서의 건전한 가치관과 인격형성을 도모하며, 자녀양육에 대한 올바른 지식과 기술을 습득하게 하여 유아의 바람직한 성장과 발달을 돕도록 하는 데 있어서 매우 중요하다고 할 수 있다.

2) 부모교육의 목적

부모교육은 일반적으로 자녀양육이나 교육, 가정생활 개선에 관한 지식을 제공하고, 일반교양을 고양시키는 것을 목적으로 하며, 그 구체적인 목표는 다음과 같다.

첫째, 부모로 하여금 자녀양육에 대하여 관심을 가지고 유아의 성장과 발달에 대한 정보를 받아서 자녀를 돕기 위해 할 수 있는 특정한 일들에 대해 배울 수 있게 하는 데 있다.

둘째, 보육시설의 교육내용이나 방법에 대한 올바른 이해를 가지고 보육시설에 협력하는 태도를 가지도록 한다.

셋째, 부모-자녀 상호작용을 향상시키고, 자기 자녀에게만 관심을 국한시키는 것이 아니라 관심의 영역을 다른 유아에게까지 확대시킴으로써 이기적이고 편협한 자녀관을 개선시키도록 하는 것이다.

3) 부모교육 및 참여의 내용

① 유아발달, 양육방법 및 유아교육 방법에 관련된 내용
② 부모의 자아실현 기회를 제공하기 위한 교육 내용
③ 가정생활 운영과 관련된 내용
부모교육의 내용을 보다 구체적으로 살펴보면 다음과 같다.
① 유아교육과 부모의 역할
② 유아발달의 특징과 지도방법
③ 유아의 문제행동과 지도방법
④ 자녀와의 대화기법
⑤ 가정에서의 학습환경 조성
⑥ 유아교육기관에의 부모참여
⑦ 부모를 위한 일반상식

4) 부모교육 및 참여의 효과

① 자녀의 건전한 성장과 발달을 돕는다.
② 가정교육과 학교교육의 일관성을 유지한다.
③ 가정과 보육시설의 상호신뢰를 도모한다.
④ 유아지도에 필요한 정보를 상호 교환한다.
⑤ 부모에게 자녀교육에 필요한 지식이나 기술을 습득시킨다.
⑥ 교사의 과중한 업무를 줄여 준다.
⑦ 아동에게 나타난 효과
⑧ 부모에게 나타난 효과
⑨ 수직적 · 수평적 파급효과

부모참여의 효과는 대상아동과 부모 뿐만 아니라 대상아동의 형제 자매에게 긍정적 영향을 미치며(Gilmer, 1970), 주변의 가족, 친구, 이웃, 지역사회 및 교사에 이르기까지 파급되는 효과를 나타냈다.

3. 부모교육과 참여의 실제

1) 부모교육 및 참여의 유형

부모교육의 장은 가정이 될 수도 있고, 유치원과 어린이집, 학교 같은 기관이 될 수도 있다.

부모교육의 유형은 극히 소극적인 최소한의 부모참여의 형태로부터 완전히 프로그램을 통제하는 형태에 이르기까지 다음과 같은 네 가지로 요약될 수 있다.

① 소극적이고 최소한의 부모참여가 이루어지는 기초적인 형태다.

② 첫 형태에서 약간 진보된 형태로, 직접적인 교수활동에 부모참여가 증진되도록 계획하는 형태다.

③ 부모가 학급에 참여하여 보조자나 자원자로서 봉사하는 보다 진보된 부모참여의 형태다.

④ 교사나 부모의 권한을 최대로 인정함으로써 보육시설의 운영에 직접 참여하려는 부모의 요구를 존중하는 가장 진보적인 부모참여의 형태다.

2) 부모참여의 형태

(1) 소극적 부모참여

① 부모회

가장 전통적인 방법의 부모참여는 부모회일 것이다. 부모회의 종류는 그 내용에 따라 다음과 같이 여러 가지 방법이 있다.

표 11-1 부모회의 유형

종 류	내 용
강연회	강연회는 부모들에게 유아교육에 필요한 기본적인 지식이나 정보를 알려주기 위하여 매달 1회 또는 1년에 한두 번 정도 그 분야의 전문가나 관련인사를 초청하여 주제에 대해 강연을 듣게 하는 것이다.
좌담회	좌담회는 부모와 여러 분야의 전문가를 초빙하여 유아교육에 관한 문제나 특정문제를 중심으로 각자의 의견을 나누는 모임이다.
토론회	같은 주제에 대해 몇 가지 방향으로 세 사람 이상의 강사를 초빙하는데, 강사는 대개 특정영역의 전문가이거나 그 분야의 업적이 뛰어난 사람을 초대한다. 좌담회와 동일하게 한 연사가 주제에 관하여 이야기한 후 청중으로부터 질문을 받고, 다음 연사가 이야기하는 형식을 취하는 것이 보통이다.
역할극과 심리극	역할극이나 심리극은 생활주변에서 흔히 일어나는 유아의 문제해결이나 행동지도 등을 위한 구체적인 방법의 하나로 사용될 수 있다. 자녀의 문제나 행동지도의 사례를 극화하고, 부모들이 직접 연기자가 되어 심리극이나 역할극을 꾸미도록 한다.

② 가정방문

유아의 성격이나 행동을 바르게 이해하기 위해서는 가정환경, 가족관계, 부모의 사고방식 등에 대한 이해가 필요하며, 이러한 목적을 달성할 수 있는 방법이 바로 가정방문이다. 학기 초에는 유아들에게 보육시설에서의 새로운 생활에 대한 기대를 갖고 교사와도 친밀감을 형성하도록 도울 수 있다.

③ 가정통신

가정통신은 서신을 통하여 부모와 교류하는 형태다. 부모와 교사가 직접 대면하지 않고 문서를 통해 연락함으로써 간접적인 유대를 갖는 것이다. 현재 보육시설에서 가장 많이 실시하는 보편적인 방법이다. 가정통신은 다음과 같은 두 가지 종류가 있다.

첫째, 보육시설의 생활을 부모에게 알려 주기 위한 '주간계획 가정통신'이다.

둘째, 유아의 특별한 문제행동이나 생활태도에 관해 보육시설과 가정이 의견을 교환하기 위한 '기관–가정통신'이다.

④ 면담

보육시설에서의 면담 유형은 개인면담과 집단면담으로 나누어 볼 수 있다. 〈표 11-2〉에서는 개인면담과 집단면담의 방법을 제시한다.

표 11-2 면담의 유형

종 류	내 용
개인면담	교사와 부모가 서로 대면하여 유아의 생활과 행동에 관한 여러 가지 문제에 관하여 서로 의견을 교환하는 것이다.
집단면담	집단면담은 보통 1년에 한두 번 정도, 즉 학기 초와 학기 말에 한 번씩 반별로 담임교사와 부모 20~30명 정도가 함께 모여 이야기를 나눈다. 집단면담의 장점은 여러 부모들이 가정에서 자녀를 키우면서 경험했던 문제를 이야기함으로써 자기 아이만의 문제라고 생각했던 것을 다른 유아에게서도 발견할 수 있다는 것을 알고 위안을 받을 수 있다는 점이다.

⑤ 워크숍(workshop)

워크숍은 부모들이 실제로 참여하고 배우고, 연구하며, 실습해 보는 활동이다. 주로 유아교육 자료를 만들어 보는 활동을 많이 하고 있으며, 부모의 능력 및 요구에 따라 취미활동, 특기개발, 독서회 등을 할 수 있다.

(2) 적극적 부모참여

① 수업참관

수업참관의 목적은 첫째, 유아의 발달 정도를 객관적으로 파악하고, 둘째, 가정과 보육시설에서 유아행동 간의 차이를 알 수 있으며, 셋째, 보육시설의 교육과 지도방법에 대한 이해를 높이고 가정에서도 일관성 있는 지도를 하는 데 있다.

② 보조교사

부모들에게 일정한 교육을 하여 보육시설의 교육활동에 참여하게 함으로써 이러한 문제점들을 다소나마 해결할 수 있다.

부모가 보조교사로서 할 수 있는 역할은 다음과 같다.

첫째, 간식준비와 간식시간에 소집단지도를 할 수 있다.

둘째, 놀이시간 지도의 역할을 하기 위해서는 교사에게 사전 지도를 받아야 하지만, 자유놀이 시간에 교사의 시선이나 손이 미치지 못하는 환경이나 위험으로부터의 보호나

안전지도 또는 유아의 요구에 반응해 주거나 응해 주는 등의 소극적인 입장에서 보조교사의 역할을 할 수 있다.

셋째, 소집단활동의 보조자로서 생활주제에 따라 개별학습 이외의 소집단을 이루어 교사와 대화, 토의, 발표, 게임 등 언어를 매개로 하는 시간에 교사는 주된 활동을 하고, 보조자는 조용히 놀이를 돌보아 주는 역할을 할 수 있다.

넷째, 환경정리와 교구제작의 보조를 할 수 있다.

다섯째, 부분적으로 부모 프로그램에 참여할 수 있다.

이상과 같은 역할 이외에도 현장학습, 소풍, 운동회 등 특별행사에 보조자 역할을 담당하는 폭넓은 인적 자원의 활용이 가능한 것이다.

③ 보육시설 운영에의 참여

가장 적극적인 참여의 형태로 부모의 요구를 운영자나 교사가 존중해 주는 방법이다. 기관의 교육계획 과정에 부모가 참여할 수 있는 기회를 제공함으로써 부모의 참여도를 높이고, 부모들과 함께 프로그램을 계획하는 것은 의의 있는 일이라고 하겠다.

3) 아버지 참여 프로그램

(1) 아버지 역할의 중요성

아동발달에 있어서 어머니와의 관계가 매우 중요하다는 것은 예로부터 많은 연구가 있어 왔다. 근자에 부모-자녀관계를 연구한 결과, 어머니-자녀관계만큼 아버지-자녀관계 또한 아동발달에 중요한 영향을 미치는 것으로 나타났다.

아버지 참여 프로그램을 통해 유아들은 아버지와 보육시설에서 하루를 보내면서 사랑을 나눌 수 있는 기회를 갖고, 아버지들은 유아들과의 바람직한 상호작용 및 자녀교육에 관하여 이해를 도모할 수 있다. 또한 보육이나 양육을 어머니들만의 전유물이 아닌, 부모의 책임인 것을 알 수 있는 좋은 기회가 된다.

(2) 참여내용

유아들이 아버지와 함께 보육시설에서 무엇을 하고 지낼 것인지를 사전에 의논하여 아버지를 초대한다. 아버지가 참여할 수 있는 프로그램으로 운동회, 목공놀이, 꽃모종 심기, 여름 캠프 등을 계획할 수 있다.

(3) 교사 유의사항

① 유아들이 행사준비에 능동적으로 참여하도록 교사는 수업계획을 유아들과 협의하여 진행한다.

② 사전에 가정통신문을 보내 아버지의 참여 여부를 확인하고, 각 아버지가 참여할 프로그램에 관하여 충분히 인식시키고 협조를 구한다.

(4) 아버지 참여 프로그램의 효과

① 성 역할 발달

남자 아동은 성 역할을 자연스럽게 아버지를 통해 동일시하게 되며 최근 연구 결과에 의하면 아버지와 아들의 관계를 통해 더욱 남성다움을 강조하며, 아버지와 딸의 관계에 있어서는 여성적 행동에 보상을 줌으로써 더욱 여성적인 딸로 성장하게 한다고 보고되어 있다. 성 역할 발달에서 특히 중요한 것은 원만한 부부관계인데, 부부관계가 원만하고 화목할 경우, 자녀들은 부모를 동일시하는 과정에서 남자 아동은 더욱 남자 아동답게, 여자 아동은 더욱 여자 아동답게 자라도록 하는 것으로 나타났다.

② 도덕 발달

양육적인 아버지와 아동양육에 보다 적극적인 참여를 하는 아버지는 자녀에게 이타주의와 관대함을 길러 준다. 또한 아버지-자녀관계가 좋지 못한 것은 아동 비행의 선행조건이 된다.

③ 성취와 지적 발달

아버지와의 동일시는 성취동기 실현을 촉진시킨다(파슨스). 특히 아버지-남자 아동은 아버지와의 동일시를 통해 지적인 과제에 대해 진보된 능력을 보여주었고 이러한 현상은 중류계층의 경우에 가장 두드러지게 나타난다.

아버지 양육과 지적인 능력간의 상관관계는 여아보다는 남아의 경우에 훨씬 더 명백하게 나타나는 것으로 보고되고 있다.

다른 한편으로, 전문직 여성들을 대상으로 한 연구 결과 그들은 공통적으로 그들을 지지해 주는 아버지와 긴밀한 관계를 유지하고 있는 것으로 나타났다.

공통적인 현상은 자녀의 학업 성취도와 아버지의 관계는 매우 중요하며 상관관계가 높은 것으로 나타났는데, 이때 아버지의 양육태도는 친밀하고 지배적이면서도 민주적이었다는 공통점을 가지고 있다.

④ 사회적 능력과 심리적 적응

아버지가 따뜻하고 민감하게 행동할 때 유아와의 안정된 애착관계를 형성할 수 있다. 어머니-자녀와의 관계와 마찬가지로 아버지-자녀와의 관계도 안정적일 때 긍정적인 관계능력을 길러 준다. 아버지가 긍정적이고 따뜻할 때 자녀는 높은 자아존중감을 가질 수 있으며 성격조절도 쉬워진다.

아버지-자녀관계가 좋지 못하고 부모에 대한 적절한 동일시가 일어나지 않았을 경우 자녀에게 여러 가지 병리적 현상을 보이게 된다.

⑤ 아버지 부재의 영향

아버지는 존재 자체로도 자녀에게 큰 영향을 주게 된다. 특히 동일시가 시작되는 무렵에는 결정적인 영향을 미칠 수 있다. 아버지의 존재는 특히 남아에게 만족스러운 동료관계를 맺고 적절한 적응행동을 보이며 이성 관계에 있어서도 성공적인 것으로 나타난다.

아버지 부재의 영향은 상황에 따라 다양하게 영향을 미친다. 아버지 부재가 시작되기 전에 아버지-자녀의 관계 및 아버지-어머니 관계에 따라 다소 영향을 미치며 부재 원인 및 기간에 따라, 또한 아버지가 없는 동안 아동에게 제공될 수 있는 다른 성인 모델이 있느냐의 여부에 따라 서로 다르게 영향을 미칠 수 있다. 아버지 부재와 관련한 일반적인 연구 결과들을 요약하면 다음과 같다.

- 성 역할 발달에 부정적인 영향을 미친다. 남아의 경우 너무 여성적이거나 과도하게 공격적으로 되는 경향이 있다.
- 아버지 부재가 아동이 발달적으로 동일시가 일어날 무렵(만 3~5세)에 있었을 때 그 영향은 매우 크며, 연령이 증가할수록 영향은 적어진다.
- 아버지 부재는 사회에 적응하는 데 어려움을 가지게 된다(연구 결과, 많은 행동장애를 가진

아동들은 아버지가 없었다).

- 중류계층 및 하류계층의 경우, 아버지 부재의 영향이 더 크게 나타나는 경향이 있으며 더욱 오래 지속된다.

⑥ 바람직한 부모의 양육태도

자녀 양육태도는 자녀의 행동특성 및 행동유형에 지대한 영향을 준다. 자녀에게 지나치게 허용적인 태도로 대하거나 반대로 지나치게 독재적인 부모의 양육태도는 자녀들의 문제행동을 유발시키고 자발성, 적응력 및 성취감을 떨어뜨린다. 권위 있는 부모의 양육태도가 가장 바람직한 태도임을 확인할 필요가 있다.

4) 간접적인(소극적인) 부모참여

부모 모두 직장에 다니는 경우 부모들이 유아들의 수업에 직접 참여하기 어려운 경우도 있기 때문에 교사는 부모의 시간과 특기, 직업 등을 고려하여 부모참여를 효율적으로 운영할 필요가 있다. 부모들은 교재·교구 제작하기, 간식 만들어 제공하기, 물품구입 대행하기, 대청소에 참여하기, 유아들의 침구류 세탁하기 등과 같이 간접적인 방법으로 참여할 수 있다.

보육시설에서 활용할 수 있는 부모교육 프로그램 및 부모참여를 통한 운영의 예시를 살펴보면 다음과 같다.

연간 부모교육 프로그램

시 기	유 형	내 용
3월	부모상담(1차)	영유아에 대한 정보 제공
4월	부모참관수업	엄마, 아빠! 저는 이렇게 생활해요.
5월	조부모님 오시는 날	할아버지, 할머니 사랑해요.
6월	아버지 참여수업	아빠와 함께 해요.
7월	부모회보(신문) 소책자	어린이집, 가정, 영유아 소식 집안에서 할 수 있는 물놀이 방법
8월	어머니 워크숍	영유아와 함께 하는 수・과학・언어놀이
9월	부모상담(2차)	영유아의 발달상황에 대한 정보 제공
10월	참여수업(워크숍)	영유아와 함께 나들이 가기
11월	부모회보(신문)	선생님, 부모님, 영유아들의 이야기
12월	성탄행사	온 가족과 함께 성탄을 축하해요.
1월	강연회	영유아기의 중요성
2월	새 학기를 위한 오리엔테이션	보육시설의 운영방침 소개

운영위원회 회의록(예시)

<table>
<tr><td>일시</td><td colspan="3">2004년 5월 18일 화요일 오후 2시</td><td>위원장</td><td>시설장</td></tr>
<tr><td>장소</td><td colspan="3">○○ 어린이집 ○○ 반</td><td></td><td></td></tr>
<tr><td rowspan="2">참석
현황</td><td>총 원</td><td>참 석</td><td>불 참</td><td colspan="2">비 고</td></tr>
<tr><td>6</td><td>5</td><td>1</td><td colspan="2"></td></tr>
<tr><td></td><td colspan="4">회 의 내 용</td><td>비고</td></tr>
<tr><td>토의
안건</td><td colspan="4">1. 개회사 – 시설장
운영위원회 위원장으로 자모회 대표 ○○○ 어머님이 선출됨으로
자모회 대표 ○○○어머님이 운영위원회 회의를 진행
운영위원 참석자 소개

2. 어린이집 운영 현황 보고
○○○ 시설장이 현황보고 자료를 통해 보고함
- 2004학년도부터 셋째 아동(2001년생 이후) 보육료 전액 면제 실시
- 신입아동 부모를 위한 오리엔테이션을 시청각 기자재를 통하여 실시
- 2003학년도에 6회 졸업식을 거행, 21명의 원아들이 졸업
- 관내에서 실시하는 불우이웃돕기 캠페인에서 ○○어린이집과 가정간</td><td>〈준비사항〉
차와 과일
필기도구
사진기
보고자료</td></tr>
</table>

	의 협조가 잘 이루어져 제일 좋은 성과를 보이고 있음 - 1년 동안의 행사를 거쳐 연말에 수거한 성금으로 ○○동사무소와 구청을 통해 불우이웃을 돕고 관내 경감아동 입학금을 후원함 - 당일 실시한 소방대피훈련에 대한 설명과 에피소드 소개 - 유기농산물을 구청에서 지정받은 업체에 한하여 공동구매로 구입 - 운영체에서 지원하는 시설 관리자를 통해 보수 및 개수가 용이하고 대기하고 있는 원아들로 아동이 정원을 항상 채워 재정 상태가 양호하고 운영이 잘 되고 있는 시설임 따라서 "시설기능 보강비" 같은 경우 운영이 어려운 타 시설부터 관내에서 우선지원을 하므로 자체적으로 전년도 이월금을 "시설기능 보강비" 항목으로 예산 집행함 **3. 보고자료에 따른 질의 및 답변** (구의원) 어린이집 관리비 항목은 구체적으로 무엇인가? (시설장) 제세공과금, 교재·교구비, 교사 복지후생비 등의 항목이다. (구의원) 이월금으로 "시설기능 보강비"를 책정해 놓았는데 이렇듯 예산 반영하여 구청관리직과 협조 및 자문을 구하여 실외놀이터에 천장을 드리우는 문제를 합법적으로 실시할 수 있지 않은가?	
토의 내용	(시설장) 협조와 자문을 구하고 있으나 천장을 드리우는 것이 법적인 차원에서 어려움이 있어 지연되고 있다. (자모대표) 주방의 운영은 모든 어린이집이 동일한가? (시설장) 운영은 시설의 규모에 따라 차이가 있으며 ○○어린이집의 경우 교사가 식단을 작성하고 그에 맞게 가락동 시장에서 재료가 일주일에 2번씩 들어오며, 쌀과 계란, 장류 등 유기농 상품을 구입하여 식단의 질이 다른 타 시설에 비해 수준이 높은 편이다. (자모대표) 아이들이 김치를 좋아하게 되고 식단이 가정에서 먹는 것보다 훨씬 좋은 음식들로 구성되어 매우 만족함을 느끼고 뿌듯하다. (구의원) 대기자가 많은데 대기자에 대한 배려가 더 안 되는가? (시설장) 정원 초과 시 추가 인원에 대한 것은 구청 담당자의 협의와 허락을 통해서만 가능하다. **4. 건의사항** (구의원) 운영이 잘되고 있는 ○○어린이집의 규모를 더 늘려야 하지 않는가? (시설장) 대기자들의 수용과 더불어 졸업 후 초등학교에 입학한 아이들을 대상으로 방과후 프로그램을 실시하여 지역의 아이들을 관리할 필요성을 느낀다. 현 ○○노인정이 할머님들로만 구성되어져 있고 오후 5시 이후에는 모두 귀가하시어 노인정 시설의 50%만 활용해도 큰 도움이 된다. (자모대표) ○○놀이터 공청회가 있었는데 언제 놀이터 공사가 이루어지나? (구의원) 6월 중 착공에 임할 것임	

의결 사항	※구의원－○○어린이집의 시설의 규모를 더 늘릴 수 있는 방법을 모색하여 ○○동 거주 지역민들에게 골고루 혜택이 주어질 수 있도록 하겠다. 또한 어려운 문제 사항들에 대해 알려주시면 언제든 문제해결을 위해 애쓰겠다. ※자모대표－어린이집에 만족하여 늘 협조하는 마음자세로 임하겠다. ※시설장－늘 새로운 모습으로 발전하도록 노력하겠다.	
특기 사항	※참석자－○○○ 동 구의원, ○○○시설장, ○○○교사대표, ○○○어머니 자모회 회장, ○○○ 어머니 자모회 총무 ※불참석자－○○○ 동 동장	
개회 시간	14 : 00	
폐회 시간	15 : 30	

○○ 어린이집

4. 지역사회 연계 프로그램

보육시설은 지역사회의 특성과 요구를 충분히 고려하여 운영하여야 하며 지역사회 역시 보육시설의 운영에 도움을 주어야 하는 상호보완적인 관계를 가진다. 지역사회는 인적 · 물적 자원을 활용할 수 있도록 협력하고 영유아의 보호와 교육, 그리고 시설의 원활한 운영에 도움을 준다. 보육시설이 지역사회와의 원활한 협력관계를 유지하기 위해서는 지역사회의 이해와 요구분석이 있어야 하며 다양한 지역사회와의 관계를 유지하기 위한 방안을 모색해야 한다.

1) 지역사회 현황 및 요구분석

보육시설은 지역사회의 특성 및 요구를 충분히 고려하여 운영하여야 한다. 지역사회의 가족 현황, 맞벌이 부모 현황 및 출퇴근 시간, 영유아들의 수, 사회 경제적 수준,

주변의 보육시설 분포 현황 등을 충분히 파악하고 부모들이 원하는 형태의 유아교육 서비스가 어떠한 것인지를 사전에 파악해야 한다. 지역사회의 현황과 요구 분석은 다음과 같다.

· 지역사회 가족 및 영유아의 수
· 가정의 사회 경제적 지위
· 맞벌이 부부/ 조손가족/ 한부모 가정 현황
· 지역사회의 주거 특성
· 유아교육기관의 분포 현황
· 부모들이 원하는 보육 서비스

2) 지역기관과의 연계

지역사회에 있는 연구소, 상담소 등의 유아 관련 기관들과 보건소, 경찰서, 우체국 등과 같은 각종 공공시설, 그리고 각종 사회단체나 언론사 등과 연계를 맺는 일은 매우 중요하다. 지역사회의 각 기관들은 다양한 유아교육 자원으로 활용될 수 있을 뿐 아니라 기관의 홍보를 위해서도 유용하다.

특히 보육시설 외의 유아교육기관인 유치원과의 긴밀한 협력을 통해 상호간의 프로그램과 교육에 대한 정보를 교환하는 것은 이원화된 유아교육기관간의 차이를 해소하고 기관 간의 특성을 이해하는 데 도움을 줄 것이다.

3) 초등학교와의 연계

보육시설과 필수적으로 연계되어야 하는 기관은 초등학교다. 연계성있는 교육을 위해서는 유아교육과정과 초등학교 교육과정의 연계뿐 아니라 교사들의 인적 교류를 통해 두 기관의 특성을 이해할 필요가 있으며, 취학전 유아들이 보다 쉽게 초등학교에 적응하기 위해 취학 대상 초등학교를 정기적으로 방문하거나 초등학교에서 제공하는 유아 대상 프로그램에 참여할 필요가 있다.

초등학교에서는 입학 전 유아들에 대한 다양한 자료들을 보육시설을 통해 전달받을 수 있으며, 이를 통해 각 아동에 대해 보다 질적으로 높은 교육이 실시될 수 있으므로 두 기관 간의 체계적이고 유기적인 연계가 필요할 것이다.

다음 예시는 지역사회의 협력기관을 정리한 문서다.

예시) 지역사회 협력기관 정리

분 류	서비스 종 류	기 관 명	전화번호	소 재 지	비 용	비 고
가족 지원	상담	○○복지관		○구 ○○동		
장애 아동	언어치료 물리치료	○○복지관				
발달 지원	심리검사	○○아동복지관				
학대 아동	치료 및 상담	○○아동학대 예방센터				

지역사회 연계 프로그램의 예

활동명	일 시	관계기관	내 용	인 원
○○산, 산책	매주 1회	○○산	영유아의 체력단련 자연친화적인 사고의 확장	전체 영유아
실습생교육	연 2회	각대학	4주간의 실습교육 영유아 관찰 및 유아교육	분기별 4명
동화구연	매주 1회	지역	다양한 자료를 이용하여 동화구연 실시 영유아들의 흥미유발	지역주민 1명
방역소독	월 1회	○○구청보건소	영유아들의 위생을 위해 지역 내에 있는 보건소에서 방역을 실시함	보건소 3명
안전교육, 성교육	연 1회	○○구청보건소	내 몸은 내가 지켜요. 화재대피교육	보건소 2명
구강교육	연 1회	○○치과	올바른 양치질 방법 치아의 구조 치아에 좋은 음식, 나쁜 음식	우리들치과 4명
사랑의 동전 모으기	연 1회	○○구청	주위의 불우한 이웃을 알고 도와줌	전체 영유아

활동명	일 시	관계기관	내 용	인 원
수재민 돕기	연 1회	○○구청	다른 사람의 아픔을 같이 나누고 도와줌	전체 영유아
소방서 견학	연 1회	○○소방서	화재교육, 화재대피교육 소방서가 하는 일 소방차 살펴보기	소방서 3명
초등학교 견학	연 1회	○○초등학교	어린이집과 초등학교의 차이점	초등학교 2명
지역 내 종합복지관 견학	월 1회	○○복지관	저소득층 가정과 한부모 가정의 영유아들을 위한 지원 프로그램	해당 영유아
산타행사	연 1회	지역	지역주민의 협조로 유아들에게 산타할아버지와의 좋은 추억을 만들어 줌	지역주민 2명
카네이션 달아드리기	연 1회	○○경로당	할아버지, 할머니의 사랑과 고마움 알기 카네이션 달아 드리고 안마해 드리기	할아버지, 할머니 40명
부모교육	연 4회		어린이집과 가정과의 연계	학부모 50명
장난감도서관 개방	매주 2회	○○어린이집	지역주민에게 다양한 장난감, 도서, 비디오를 개방	지역주민
장애아동 통합수업	매주 1회	○○복지관	지역의 장애시설 등과 연계하여 장애아동에 대한 통합교육 모색과 교육실시	

참고 문헌

강문희 외 3인(2003). 유아교육기관 운영관리. 서울 : 학지사.

경상남도 교육과학연구원 · 교육과정연구위원회(1999). 초등학교 교육과정 편성 운영을 위한 지침 장학자료 학교 교육과정 모형개발. 경상남도 교육과학연구원.

곽노의(1999). 비교유아교육론. 서울 : 양서원.

교육부교육과정지원센터(2000). 초등학교 교육과정 편성 · 운영자료 1. 해설과 문답. 교육부.

김영옥(1991). 유아의 사회성 발달을 위한 유치원과 초등학교 1학년의 연계적 교육과정 개발 연구, 교육학연구, 29(4), 29-56.

김윤옥(1998). 유치원 · 초등학교 연계 통합교육의 과제. 인문과학논집, 6(1), 503-529. 강남대학교 인문과학연구소.

김희진 · 김언아 · 홍희란(2004). 영아를 위한 프로그램의 이론과 실제. 서울 : 창지사.

김주건(1998). 유아교육기관의 경영관리. 서울 : 창지사.

나정(2000). OECD국가들의 유아교육과 보호정책 및 제도분석. 한국교육개발원.

나정 · 장영숙(2002). 영국의 유아교육과 보호정책. 경기 : 양서원.

문미옥(2008). 영유아교육과정. 서울, 창지사.

문인원(1970). 국민학교 교장 교감 직무에 대한 고찰, 8(1). 한국교육인류학회.

박낭자 · 양승희(2002). 주제중심 통합교육과정의 이론과 실제. 서울 : 창지사.

박은혜 외(2002). 유아교사 교육의 최근 연구동향. 서울 : 이화여자대학교출판부.

박재환(2002). 유아교육기관의 경영관리. 경기 : 양서원.

박준섭(1998). 우리나라 보육시설의 실태와 영 · 유아 보육정책의 발전 방향. 복지사회연구, 2(1).

서정현(2005). 유아교육기관 운영관리. 서울 : 태영출판사.

______(2009). 보육시설 경영의 실제. 강릉 : 청솔사.

성영혜 · 이상희(2002). 유아교육기관 운영관리. 서울 : 동문사.

양경모(2000). 유치원과 초등학교의 연계교육에 대한 어머니의 인식 분석. 순천향대학교 교육대학원 석사학위논문.

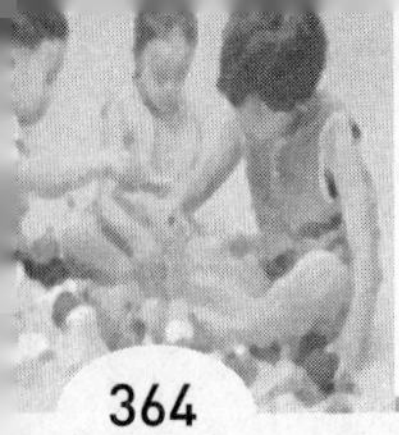

여성가족부(2005). 보육통계.

_________(2006). 여성가족부보고서. 보육시설 종사자 직무 및 보육실태분석.

_________(2007a). 보육사업안내. 여성가족부 보육정책국.

_________(2007b). 여성가족부고시 제 2007-1호 표준보육과정의 구체적 보육내용 및 교사지침.

육아정책 개발센터(2007a). 2007년 추진 연구과제. 육아정책포럼, 4호.

_______________(2007b). 우리나라의 육아지원정책, 2007.

유재련(1994). 유아교사 양성문제. 교육이론과 실천, 4(1).

유희정(1997). 어린이집 설립유형 질적 수준. 이화여자대학교 박사학위논문. 150.

윤기영 · 김경숙(1996). 유치원 오후 연장 프로그램. 서울 : 교문사.

이기숙(1982). 유아교육과정. 서울 : 교문사.

이대균 · 송정원(1996). 유치원 교육과의 연계교육을 위한 초등학교 저학년 열린 공간 구성에 관한 연구, 1(1). 열린유아교육학회.

이미화(2000). 유치원과 초등학교의 교육과정 연계성에 대한 초등교사의 인식과 기대에 관한 연구. 대구대학교 교육대학원교육학과.

이소은 외(2001). 유아교육기관의 운영관리 및 유아기 프로그램 평가. 생활연구논총, 4.

이영자 · 권영례(1998a). 유아교육기관의 운영관리. 서울 : 창지사.

___________(1998b). 유치원과 초등학교 저학년 교육환경 평가척도개발 예비연구, 초등교육연구, 12(1). 한국초등교육학회.

이윤경 외(2006). 유아교육개론. 서울 : 창지사.

이정식 · 황보영란(1998). 원장의 지도성 유형과 유치원 운영관리. 유아교육논문집, 8(1). 부산 유아교육학회.

이현옥(1997). 유치원과 초등학교 교육과정 운영의 연계성 분석. 사회과학 연구, 4(1). 성결대학교 사회과학연구소.

이현옥 · 김지영 · 김학수 · 김선희(2000). 유치원과 초등학교의 연계성에 대한 교사의 관심도 향상방안연구, 한국교원사교육, 17(1). 한국교원교육학회.

임재택(1997). 보육시설의 운영관리. 서울 : 창지사.

전선순(2001). 영유아교육기관 운영실태. 대전대학교 경영행정대학원 석사학위논문, 92.

정태범(2000). 학교경영진단. 서울 : 양서원.

______(2001). 학교경영 계획론. 서울 : 양서원.

조성일 · 장선철(2002). 유아교육기관 운영관리. 서울 : 동문사.

조태성 · 조태영(2002). 유치원 경영관리. 서울 : 동문사.

조용환(1998). 학교장의 삶과 일 : 교장의 눈으로 본 학교문화. 한국교육인류학회, 1(2).

주혜영(2001). 보육시설의 운영평가. 대전대학교 경영행정대학원 석사학위논문, 92.

지정옥(1995). 유아교육에 대한 초등교사의 인식. 숙명여자대학교 교육대학원 석사학위논문.

천세영(2000). 유아교육 발전을 위한 재정지원체제.

한국열린교육연구회 · 한국초등교육학회 편(1996). 열린교육의 이해. 서울 : 양서원.

한윤경 · 김희진(2000). 유치원과 초등학교의 연계교육에 대한 교사의 인식과 상대교육과정에 대한 인지. 교육과학연구, 31(3), 215-229.

황해익 외(2009). 유아교육개론. 경기 : 공동체.

Decker. & Decker.(1992). Planning and Administering Early Childhood Programs. NY : Macmillan Publishing Co.

Hart, C. H., Burts, D. C., & Charlesworth, R.(대구교육대학교 열린교육 교수연구회 역)(2001). 유아 · 초등교사를 위한 발달 중심의 통합교육과정. 서울 : 양서원.

Sciarra, D. J. & Dorsey, A. C.(2003). *Developing and Administering a Child Care Center(5th)*. US : Thomson Delmar Leading.

Spodek, B., & Saracho, O. N.(2005). *Handbook of Research on the Education of young Children(2nd ed.)*. NY : Routledge.

유아교육법(2004. 1. 29. 법률 제7120호)

유아교육법(타)일부개정 2008. 2. 29. 법률 제8852호.

영유아보육법(타)일부개정 2008. 2. 29. 법률 제8852호.

영유아보육법(일부개정 2008. 12. 19. 법률 제9165호, 시행일 2009. 7. 1)

영유아보육법(시행령 일부 개정령). 대통령령 제21956호, 시행일 2010. 1. 1.

영유아보육법(시행규칙 일부 개령령). 대통령령 제21956호, 시행일 2010. 1. 1.

강릉시 보육정보센터 http : //www.kneducare.or.kr/

강릉영동대학 카페 http : //cafe.daum.net/gycece/

강릉영동대학 수업자료실 http : //cafe.daum.net/megot2

강원도 교육연수원 사이트 http : //www.geti.or.kr/

교육통계센터 사이트 http : //cesi.kedi.re.kr/index.jsp

보건복지가족부 사이트 www.mw.go.kr

부산광역시 보육정보센터 http : //www.bscare.or.kr/

육아정책개발 사이트 http : //www.kicce.re.kr/

저출산 고령사회위원회(2005) 제1차 저출산고령사회기본계획 http : //www.precap.go.kr

중앙보육정보센터 사이트 http : //www.ducare.or.kr

통계청 사이트 http : //www.nso.go.kr

부 록

1. 영유아보육법
2. 영유아보육법 시행규칙

1. 영유아보육법

제1장 총칙

제1조(목적) 이 법은 영유아를 심신의 보호와 건전한 교육을 통하여 건강한 사회성원으로 육성함과 아울러 보호자의 경제적 · 사회적 활동을 원활하게 함으로써 가정복지 증진에 기여함을 목적으로 한다.

제2조(정의) 이 법에서 사용하는 용어의 정의는 다음과 같다.

1. "영유아"라 함은 6세 미만의 취학전 아동을 말한다.
2. "보육"이라 함은 영유아를 건강하고 안전하게 보호 · 양육하고 영유아의 발달특성에 적합한 교육을 제공하는 사회복지서비스를 말한다.
3. "보육시설"이라 함은 보호자의 위탁을 받아 영유아를 보육하는 시설을 말한다.
4. "보호자"라 함은 친권자 · 후견인 그 밖의 자로서 영유아를 사실상 보호하고 있는 자를 말한다.
5. "보육시설종사자"라 함은 보육시설에서 영유아의 보육, 건강관리 및 보호자와의 상담 그 밖에 보육시설의 관리 · 운영 등의 업무를 담당하는 자로서 보육시설의 장 및 보육교사와 그 밖의 종사자를 말한다.

제3조(보육이념) ① 보육은 영유아의 이익을 최우선적으로 고려하여 제공되어야 한다.

② 보육은 영유아가 안전하고 쾌적한 환경에서 건강하게 성장할 수 있도록 하여야 한다.

③ 영유아는 자신 또는 보호자의 성 · 연령 · 종교 · 사회적 신분 · 재산 · 장애 및 출생지역 등에 따른 어떠한 종류의 차별도 받지 아니하고 보육되어야 한다.

제4조(책임) ① 모든 국민은 영유아를 건전하게 보육할 책임을 진다.

② 국가 및 지방자치단체는 보호자와 더불어 영유아를 건전하게 보육할 책임을 진다.

③ 시장 · 군수 · 구청장(자치구의 구청장에 한한다. 이하 같다)은 영유아의 보육을 위한 적정한 보육시설을 확보하여야 한다.

제5조(보육정책조정위원회) ① 보육정책에 관한 관계부처간의 의견을 조정하기 위하여 국무총리소속하에 보육정책조정위원회(이하 "보육정책조정위원회"라 한다)를 둔다.

② 보육정책조정위원회는 다음 각호의 사항을 심의 · 조정한다.

1. 보육정책의 기본방향에 관한 사항
2. 보육관련 제도개선과 예산지원에 관한 사항
3. 보육에 관한 관계부처간 협조사항
4. 그 밖에 위원장이 부의하는 사항

③ 보육정책조정위원회는 위원장을 포함한 12인 이내의 위원으로 구성하되, 위원장은 국무조정실장이 되고 위원은 다음 각호의 자가 된다.〈개정 2005.3.24〉

1. 교육인적자원부차관 · 보건복지부차관 · 노동부차관 · 여성가족부차관 및 기획예산처차관
2. 제1호의 위원이 추천하여 위원장이 위촉하는 보육계 · 유아교육계 · 여성계 · 사회복지계 · 시민단체 및 보호자를 대표하는 자 각 1인

④ 보육정책조정위원회의 구성 및 운영 등에 관하여 필요한 사항은 대통령령으로 정한다.

제6조(보육정책위원회) ① 보육에 관한 각종 정책 · 사업 · 보육지도 및 시설평가사항 등을 심의하기 위하여

여성가족부에 중앙보육정책위원회를, 특별시 · 광역시 · 도(이하 "시 · 도"라 한다) 및 시 · 군 · 구(자치구에 한한다. 이하 같다)에 지방보육정책위원회를 둔다. 다만, 지방보육정책위원회는 그 기능을 담당하기에 적합한 다른 위원회가 있고 그 위원회의 위원이 제2항의 규정에 의한 자격을 갖춘 경우에는 시 · 도 또는 시 · 군 · 구의 조례가 정하는 바에 따라 그 위원회가 지방보육정책위원회의 기능을 대신할 수 있다. 〈개정 2004.12.31, 2005.3.24〉

② 제1항의 규정에 의한 중앙보육정책위원회 및 지방보육정책위원회(이하 "보육정책위원회"라 한다)의 위원은 보육전문가, 보육시설의 장 및 보육교사 대표, 보호자 대표 또는 공익을 대표하는 자, 관계공무원 등으로 구성한다.

③ 보육정책위원회의 구성 · 기능 및 운영 등에 관하여 필요한 사항은 대통령령으로 정한다.

제7조(보육정보센터) ① 보육에 관한 정보의 수집 · 제공 및 상담을 위하여 여성가족부장관은 중앙보육정보센터를, 특별시장 · 광역시장 · 도지사(이하 "시 · 도지사"라 한다) 및 시장 · 군수 · 구청장은 지방보육정보센터를 설치 · 운영하여야 한다. 이 경우 필요하다고 인정하는 경우에는 영아 · 장애아 보육 등에 관한 보육정보센터를 별도로 설치 · 운영할 수 있다. 〈개정 2004.12.31, 2005.3.24〉

② 제1항의 규정에 의한 중앙보육정보센터 및 지방보육정보센터(이하 "보육정보센터"라 한다)에는 보육정보센터의 장과 보육에 관한 정보제공 및 상담업무 등을 담당하는 보육전문요원 등을 둔다.

③ 여성가족부장관, 시 · 도지사 및 시장 · 군수 · 구청장은 보육정보센터를 보육관련법인 · 단체 등에 위탁하여 운영할 수 있다. 〈개정 2004.12.31, 2005.3.24〉

④ 보육정보센터의 설치 · 운영 및 기능, 보육정보센터의 장과 보육전문요원의 자격 및 직무, 보육정보센터의 위탁 및 위탁의 취소 등에 관하여 필요한 사항은 대통령령으로 정한다.

제8조(보육개발원) ① 여성가족부장관은 보육에 관한 연구와 정보제공, 프로그램 및 교재개발, 평가척도개발 및 종사자 연수 등의 업무를 위하여 보육개발원을 설치하거나 당해 업무를 관련 연구기관 등에 위탁할 수 있다. 〈개정 2004.12.31, 2005.3.24〉

② 제1항의 규정에 의한 보육개발원의 설치 · 운영 및 위탁 등에 관하여 필요한 사항은 대통령령으로 정한다.

제9조(보육실태조사) ① 여성가족부장관은 이 법의 적절한 시행을 위하여 보육실태조사를 5년마다 실시하여야 한다. 〈개정 2004.12.31, 2005.3.24〉

② 제1항의 규정에 의한 보육실태조사의 방법 · 내용 등에 관하여 필요한 사항은 여성가족부령으로 정한다. 〈개정 2004.12.31, 2005.3.24〉

제2장 보육시설의 설치

제10조(보육시설의 종류) 보육시설의 종류는 다음 각호와 같다.

1. 국 · 공립보육시설 : 국가 또는 지방자치단체가 설치 · 운영하는 보육시설
2. 법인보육시설 : 사회복지사업법에 의한 사회복지법인(이하 "법인"이라 한다)이 설치 · 운영하는 보육시설
3. 직장보육시설 : 사업주가 사업장의 근로자를 위하여 설치 · 운영하는 보육시설(국가 또는 지방자치단체의 장이 소속공무원을 위하여 설치 · 운영하는 시설을 포함한다)

4. 가정보육시설 : 개인이 가정 또는 그에 준하는 곳에 설치 · 운영하는 보육시설
5. 부모협동보육시설 : 보호자들이 조합을 결성하여 설치 · 운영하는 보육시설
6. 민간보육시설 : 제1호 내지 제5호에 해당하지 아니하는 보육시설

제11조(보육계획의 수립 및 시행) ① 여성가족부장관, 시 · 도지사 및 시장 · 군수 · 구청장은 보육사업의 원활한 추진을 위하여 여성가족부장관의 경우에는 중앙보육정책위원회, 그 밖의 경우에는 각 지방보육정책위원회의 심의를 거쳐 보육시설 수급계획 등을 포함한 보육계획을 수립 · 시행하여야 한다.〈개정 2004.12.31, 2005.3.24〉

② 여성가족부장관, 시 · 도지사 및 시장 · 군수 · 구청장은 제1항의 규정에 의한 보육계획의 수립 · 시행을 위하여 필요한 경우에는 보육시설, 보육관련 법인 또는 단체 등에 대하여 자료제공 등의 협조를 요청할 수 있으며, 그 요청을 받은 보육시설 · 보육관련 법인 또는 단체 등은 정당한 사유가 없는 한 이에 응하여야 한다.〈개정 2004.12.31, 2005.3.24〉

③ 제1항의 규정에 의한 보육계획의 내용 · 수립시기 및 절차 등에 관하여 필요한 사항은 대통령령으로 정한다.

제12조(국 · 공립보육시설의 설치 등) 국가 또는 지방자치단체는 국 · 공립보육시설을 설치 · 운영하여야 한다. 이 경우 국 · 공립보육시설은 제11조의 규정에 의한 보육계획에 따라 도시저소득주민밀집주거지역 및 농어촌지역 등 취약지역에 우선적으로 설치하여야 한다.

제13조(국 · 공립보육시설외의 보육시설의 설치) ① 국 · 공립보육시설외의 보육시설을 설치 · 운영하고자 하는 자는 시장 · 군수 · 구청장의 인가를 받아야 한다. 인가받은 사항중 중요사항을 변경하고자 하는 경우에도 또한 같다.

② 제1항의 규정에 의한 인가에 관하여 필요한 사항은 여성가족부령으로 정한다.〈개정 2004.12.31, 2005.3.24〉

제14조(직장보육시설의 설치 등) ① 대통령령이 정하는 일정규모 이상의 사업장의 사업주는 직장보육시설을 설치하여야 한다. 다만, 사업장의 사업주가 직장보육시설을 단독으로 설치할 수 없을 때에는 사업주 공동으로 직장보육시설을 설치 · 운영하거나, 지역의 보육시설과 위탁계약을 체결하여 근로자 자녀의 보육을 지원하거나 또는 근로자에게 보육수당을 지급하여야 한다.

② 제1항의 규정에 의한 보육시설의 설치 · 위탁계약 및 보육수당의 지급에 관하여 필요한 사항은 여성가족부령으로 정한다.〈개정 2004.12.31, 2005.3.24〉

제15조(보육시설 설치기준) 보육시설을 설치 · 운영하고자 하는 자는 여성가족부령이 정하는 설치기준을 갖추어야 한다.〈개정 2004.12.31, 2005.3.24〉

제16조(결격사유) 다음 각호의 1에 해당하는 자는 보육시설을 설치 · 운영할 수 없다.

1. 미성년자 · 금치산자 또는 한정치산자
2. 정신질환자
3. 마약 · 대마 또는 향정신성의약품중독자
4. 파산자로서 복권되지 아니한 자
5. 금고 이상의 실형을 선고받고 그 집행이 종료(집행이 종료된 것으로 보는 경우를 포함한다)되거나 집행이 면제된 날부터 3년이 경과되지 아니한 자
6. 금고 이상의 형의 집행유예 선고를 받고 그 유예기간중에 있는 자

7. 제45조의 규정에 의하여 보육시설의 폐쇄명령을 받고 1년이 경과되지 아니한 자

제3장 보육시설종사자

제17조(보육시설종사자의 배치) ① 보육시설에는 보육시설종사자를 두어야 한다.

② 제1항의 규정에 의한 보육시설종사자의 배치기준 등에 관하여 필요한 사항은 여성가족부령으로 정한다.〈개정 2004.12.31, 2005.3.24〉

제18조(보육시설종사자의 직무) ① 보육시설의 장은 보육시설을 통할하고 보육교사 그 밖의 종사자를 지도 · 감독하며 영유아를 보육한다.

② 보육교사는 영유아를 보육하고 보육시설의 장이 불가피한 사유로 직무를 수행할 수 없을 때에는 그 직무를 대행한다.

제19조(보육시설종사자의 임면 등) ① 시장 · 군수 또는 구청장은 보육시설종사자의 권익보장과 근로여건 개선을 위하여 보육시설종사자의 임면 및 경력 등에 관한 사항을 관리하여야 한다.

② 보육시설의 장은 여성가족부령이 정하는 바에 의하여 보육시설종사자의 임면에 관한 사항을 시장 · 군수 · 구청장에게 보고하여야 한다.〈개정 2004.12.31, 2005.3.24〉

제20조(결격사유) 다음 각호의 1에 해당하는 자는 보육시설에 근무할 수 없다.

1. 제16조 각호의 1에 해당하는 자
2. 제46조 또는 제47조의 규정에 의하여 업무가 정지되거나 자격이 정지중인 자
3. 제48조의 규정에 의하여 자격이 취소된 후 1년이 경과되지 아니한 자

제21조(보육시설의 장 또는 보육교사의 자격) ① 보육시설의 장은 대통령령이 정하는 자격을 가진 자로서 여성가족부장관이 검정 · 수여하는 자격증을 받은 자이어야 한다.〈개정 2005.12.29〉

② 보육교사는 다음 각호의 1에 해당하는 자로서 여성가족부장관이 검정 · 수여하는 자격증을 받은 자이어야 한다.〈개정 2004.12.31, 2005.3.24〉

1. 대학(전문대학을 포함한다) 또는 이와 동등 이상의 학교에서 여성가족부령이 정하는 보육관련 교과목 및 학점을 이수하고 졸업한 자
2. 고등학교 또는 이와 동등 이상의 학교를 졸업한 자로서 여성가족부령이 정하는 교육훈련시설에서 소정의 교육과정을 이수한 자

③ 제2항의 규정에 의한 보육교사의 등급은 1 · 2 · 3급으로 하고, 등급별 자격기준은 대통령령으로 정한다.

제22조(보육시설의 장 또는 보육교사 자격증의 교부 등) ① 여성가족부장관은 제21조제1항 및 제2항의 규정에 따라 보육시설의 장 또는 보육교사의 자격을 검정하고 자격증을 교부하여야 한다.〈개정 2005.12.29〉

② 여성가족부장관은 제1항의 규정에 의한 보육시설의 장 또는 보육교사의 자격증을 교부 또는 재교부받고자 하는 자에게 여성가족부령이 정하는 바에 의하여 수수료를 납부하게 할 수 있다.〈개정 2004.12.31, 2005.3.24, 2005.12.29〉

③ 제1항의 규정에 의한 자격의 검정 및 자격증의 교부 등에 관하여 필요한 사항은 여성가족부령으로 정한다.〈개정 2004.12.31, 2005.3.24〉

제22조의 2(명의대여 등의 금지) 보육시설의 장 또는 보육교사는 다른 사람에게 자기의 성명이나 보육시설의

명칭을 사용하여 보육시설의 장 또는 보육교사의 업무를 수행하게 하거나 자격증을 대여하여서는 아니 된다.

[본조신설 2005.12.29]

제23조(보수교육) ① 여성가족부장관은 보육시설종사자의 자질향상을 위한 보수교육을 실시하여야 한다. 〈개정 2004.12.31, 2005.3.24〉

② 보수교육은 직무교육과 승급교육으로 구분한다.

③ 여성가족부장관은 제1항의 규정에 의한 보수교육을 대학(전문대학을 포함한다) 또는 여성가족부령이 정하는 전문기관에 위탁하여 실시할 수 있다.〈개정 2004.12.31, 2005.3.24〉

④ 제1항의 규정에 의한 보수교육의 기간 · 방법 · 내용, 보수교육 실시기관의 위탁 및 위탁의 취소 등에 관하여 필요한 사항은 여성가족부령으로 정한다.〈개정 2004.12.31, 2005.3.24〉

제4장 보육시설의 운영

제24조(보육시설의 운영기준 등) ① 보육시설을 설치 · 운영하는 자는 여성가족부령이 정하는 운영기준에 따라 보육시설을 운영하여야 한다.〈개정 2004.12.31, 2005.3.24〉

② 국가 또는 지방자치단체는 제12조의 규정에 의하여 설치된 국 · 공립보육시설을 법인 · 단체 또는 개인에게 위탁하여 운영할 수 있다. 이 경우 최초 위탁은 공개경쟁의 방법에 의한다.

③ 제14조의 규정에 의하여 직장보육시설을 설치한 사업주는 이를 법인 · 단체 또는 개인에게 위탁하여 운영할 수 있다.

④ 제2항 및 제3항의 규정에 의한 보육시설 위탁 등에 관하여 필요한 사항은 여성가족부령으로 정한다.〈개정 2004.12.31, 2005.3.24〉

제25조(보육시설운영위원회) ① 보육시설의 장은 보육시설운영의 자율성과 투명성을 높이고 지역사회와의 연계를 강화하여 지역실정과 특성에 맞는 보육을 실시할 수 있도록 하기 위하여 보육시설에 보육시설운영위원회를 설치 · 운영할 수 있다. 다만, 제26조의 규정에 따른 취약 보육을 우선적으로 실시하여야 하는 보육시설과 대통령령이 정하는 보육시설은 보육시설운영위원회를 설치 · 운영하여야 한다..〈개정 2005.12.29〉

② 보육시설운영위원회는 당해 보육시설의 장, 보육교사 대표, 학부모 대표 및 지역사회인사(직장보육시설의 경우에는 당해 직장의 보육시설 업무 담당자로 한다)로 구성한다.〈개정 2005.12.29〉

③ 보육시설의 장은 보육시설운영위원회의 위원정수를 5인 이상 10인 이내의 범위에서 보육시설의 규모 등을 고려하여 정할 수 있다.〈개정 2005.12.29〉

④ 보육시설운영위원회는 다음 각 호의 사항을 심의한다.〈신설 2005.12.29〉

1. 보육시설 운영규정의 제정 또는 개정에 관한 사항
2. 보육시설 예산 및 결산의 보고에 관한 사항
3. 영유아의 건강 · 영양 및 안전에 관한 사항
4. 보육시간 · 보육과정의 운영방법 등 보육시설의 운영에 관한 사항
5. 그 밖에 보육시설 운영에 대한 제안 및 건의사항

⑤ 그 밖에 보육시설운영위원회의 설치 · 운영에 관하여 필요한 사항은 여성가족부령으로 정한다.〈신설

2005.12.29〉

제26조(취약보육의 우선 실시 등) ① 국가 또는 지방자치단체와 사회복지법인 그 밖의 비영리법인이 설치한 보육시설과 대통령령이 정하는 보육시설의 장은 영아 · 장애아 등에 대한 보육(이하 "취약보육"이라 한다)을 우선적으로 실시하여야 한다.

② 여성가족부장관, 시 · 도지사 및 시장 · 군수 · 구청장은 취약보육을 활성화하는데 필요한 각종 시책을 수립 · 시행하여야 한다.〈개정 2004.12.31, 2005.3.24〉

③ 취약보육의 종류 및 실시 등에 관하여 필요한 사항은 여성가족부령으로 정한다.〈개정 2004.12.31, 2005.3.24〉

제27조(보육시설 이용대상) 보육시설의 이용대상은 보육이 필요한 영유아를 원칙으로 한다. 다만, 필요한 경우 보육시설의 장은 만 12세까지 연장하여 보육할 수 있다.

제28조(보육의 우선 제공) ① 국가 또는 지방자치단체와 사회복지법인 그 밖의 비영리법인이 설치한 보육시설과 대통령령이 정하는 보육시설의 장은 다음 각 호의 어느 하나에 해당하는 자가 우선적으로 보육시설을 이용할 수 있도록 하여야 한다. 다만, 고용정책기본법 제21조제2항의 규정에 의하여 고용촉진시설의 설치 · 운영을 위임 또는 위탁받은 지방자치단체의 장, 공공단체 또는 비영리법인이 설치 · 운영하는 시설의 장은 근로자의 자녀가 우선적으로 보육시설을 이용하게 할 수 있다.〈개정 2004.12.31, 2005.3.24, 2005.12.29〉

1. 「국민기초생활보장법」에 따른 수급자
2. 「모 · 부자복지법」 제5조의 규정에 의한 보호대상자의 자녀
3. 「국민기초생활보장법」 제24조의 규정에 의한 차상위계층의 자녀
4. 「장애인복지법」 제2조의 규정에 의한 장애인 중 여성가족부령이 정하는 장애등급 이상에 해당하는 자의 자녀
5. 그 밖에 소득수준 등을 고려하여 여성가족부령이 정하는 자의 자녀

② 사업주는 사업장 근로자의 자녀가 우선적으로 직장보육시설을 이용할 수 있도록 하여야 한다.

제29조(보육과정) ① 보육과정은 영유아의 신체 · 정서 · 언어 · 사회성 및 인지적 발달을 도모할 수 있는 내용을 포함하여야 한다.

② 여성가족부장관은 표준보육과정을 개발 · 보급하여야 하며 필요시 그 내용을 검토하여 수정 · 보완하여야 한다.〈개정 2004.12.31, 2005.3.24〉

③ 보육시설의 장은 제2항의 규정에 의한 표준보육과정에 따라 영유아를 보육하도록 노력하여야 한다.

④ 제1항의 규정에 의한 보육과정의 구체적인 내용은 여성가족부령으로 정한다.〈개정 2004.12.31, 2005.3.24〉

제29조의 2(보육시설생활기록) 보육시설의 장은 영유아의 발달 등을 종합적으로 관찰 · 평가하여 영유아생활지도 및 초등학교 교육과의 연계지도에 활용할 수 있도록 하기 위하여 여성가족부장관이 정하는 기준에 따라 생활기록부를 작성 · 관리하여야 한다.〈개정 2004.12.31, 2005.3.24〉

제30조(보육시설 평가인증) ① 여성가족부장관은 보육서비스의 질적 수준 향상을 위하여 보육시설에 대한 평가인증을 실시할 수 있다.〈개정 2004.12.31, 2005.3.24〉

② 여성가족부장관은 제1항의 규정에 의한 보육시설 평가인증에 관한 업무를 공공 또는 민간 기관 · 단체 등에 위탁하여 실시할 수 있다.〈개정 2004.12.31, 2005.3.24〉

③ 보육시설 평가인증의 실시 등에 관하여 필요한 사항은 여성가족부령으로 정한다.〈개정 2004.12.31, 2005.3.24〉

④ 여성가족부장관은 제1항의 규정에 의한 평가인증을 받고자 하는 보육시설 설치 · 운영자에게 여성가족부령이 정하는 바에 따라 평가인증에 필요한 비용을 납부하게 할 수 있다.〈개정 2004.12.31, 2005.3.24〉

⑤ 여성가족부장관은 제1항의 규정에 의한 평가인증의 결과에 따라 보육사업 실시에 필요한 지원을 할 수 있다.〈개정 2004.12.31, 2005.3.24〉

제5장 건강 · 영양 및 안전

제31조(건강관리 및 응급조치) ① 보육시설의 장은 영유아와 보육시설종사자에 대하여 정기적으로 건강진단을 실시하는 등 건강관리를 하여야 한다.

② 보육시설의 장은 영유아에게 질병 · 사고 또는 재해 등으로 인하여 위급상태가 발생한 경우 즉시 응급의료기관에 이송하여야 한다.

③ 제1항의 규정에 의한 건강진단 등에 관하여 필요한 사항은 여성가족부령으로 정한다.〈개정 2004.12.31, 2005.3.24〉

제32조(치료 및 예방조치) ① 보육시설의 장은 제31조의 규정에 의한 건강진단결과 질병에 감염되었거나 감염될 우려가 있는 영유아에 대하여 그 보호자와 협의하여 질병의 치료 및 예방에 필요한 조치를 하여야 한다.

② 보육시설의 장은 제1항의 조치를 위하여 필요한 때에는 지역보건법 제7조 및 제10조의 규정에 의한 보건소 및 보건지소 그리고 의료법 제3조의 규정에 의한 의료기관에 협조를 구할 수 있다.

③ 제2항의 규정에 의하여 협조를 요청받은 보건소 · 보건지소 및 의료기관의 장은 적절한 조치를 취하여야 한다.

제33조(급식관리) 보육시설의 장은 영유아에게 여성가족부령이 정하는 바에 의하여 균형있고 위생적이며 안전한 급식을 하여야 한다.〈개정 2004.12.31, 2005.3.24〉

제6장 비 용

제34조(비용의 부담) ① 국가 또는 지방자치단체는 국민기초생활보장법에 의한 수급자와 여성가족부령이 정하는 일정소득 이하 가구의 자녀 등의 보육에 필요한 비용의 전부 또는 일부를 부담하여야 한다.〈개정 2004.12.31, 2005.3.24〉

② 제1항의 규정에 의한 보육에 필요한 비용은 가구의 소득수준 · 거주지역 등을 고려하여 차등 지원할 수 있다.

제35조(무상보육의 특례) ① 초등학교 취학직전 1년의 유아 및 장애아에 대한 보육은 무상으로 하되, 대통령령이 정하는 바에 의하여 순차적으로 실시한다.

② 제1항의 규정에 의한 무상보육 실시에 드는 비용은 대통령령이 정하는 바에 의하여 국가 및 지방자치단체가 부담 또는 보조하여야 한다.

③ 제12조 후단의 규정에 불구하고 국가 및 지방자치단체는 제1항의 규정에 의한 무상보육을 받고자 하는 유아 및 장애아를 보육하기 위하여 필요한 보육시설을 설치 · 운영하여야 한다.

제36조(비용의 보조 등) 국가 또는 지방자치단체는 대통령령이 정하는 바에 의하여 제10조의 규정에 의한 보육시설의 설치, 보육교사의 인건비, 초과보육 운영경비 등 운영에 소요되는 경비 또는 보육정보센터의 설치 · 운영, 보육시설종사자의 복지증진, 취약보육의 실시등 보육사업에 소요되는 비용의 전부 또는 일부를 보조한다.

제37조(사업주의 비용부담) 제14조의 규정에 의하여 보육시설을 설치한 사업주는 대통령령이 정하는 바에 의하여 그 보육시설의 운영 및 보육에 필요한 비용의 전부 또는 일부를 부담하여야 한다.

제38조(보육료 등의 수납) 제12조 내지 제14조의 규정에 의하여 보육시설을 설치 · 운영하는 자는 당해 보육시설의 소재지를 관할하는 시 · 도지사가 정하는 범위안에서 그 시설을 이용하는 자로부터 보육료 그 밖의 필요경비 등을 수납할 수 있다. 다만, 시 · 도지사는 필요시 보육시설 유형과 지역적 여건을 고려하여 그 기준을 다르게 정할 수 있다.

제39조(세제지원) ① 제14조 및 제37조의 규정에 의하여 사업주가 직장보육시설을 설치 · 운영하거나 보육수당 지급에 소요되는 비용과 보호자가 영유아의 보육을 위하여 지출한 보육료 그 밖의 보육에 소요되는 비용에 관하여는 조세특례제한법이 정하는 바에 의하여 조세를 감면한다.

② 제10조제3호의 직장보육시설을 제외한 보육시설의 운영비에 대하여도 조세특례제한법이 정하는 바에 의하여 조세를 감면한다.

제40조(비용 및 보조금의 반환명령) 국가 또는 지방자치단체는 보육시설의 설치 · 운영자, 보육정보센터의 장, 교육훈련 위탁실시자 등이 다음 각호의 1에 해당하는 때에는 이미 교부한 비용 및 보조금의 전부 또는 일부의 반환을 명할 수 있다.

1. 시설운영이 정지 · 폐쇄 또는 취소된 때
2. 사업의 목적외에 보조금을 사용한 때
3. 거짓 그 밖의 부정한 방법으로 보조금의 교부를 받은 때
4. 이 법 또는 이 법에 의한 명령을 위반한 때

제7장 지도 및 감독

제41조(지도와 명령) 여성가족부장관, 시 · 도지사 및 시장 · 군수 · 구청장은 보육사업의 원활한 수행을 위하여 보육시설 설치 · 운영자 및 보육시설종사자에 대하여 필요한 지도와 명령을 할 수 있다.〈개정 2004.12.31, 2005.3.24〉

제42조(보고와 검사) ① 여성가족부장관, 시 · 도지사 또는 시장 · 군수 · 구청장은 보육시설을 설치 · 운영하는 자로 하여금 당해 시설에 관하여 필요한 보고를 하게 하거나 관계공무원으로 하여금 당해 시설의 운영상황을 조사하게 하거나 장부 및 그 밖의 서류를 검사하게 할 수 있다.〈개정 2004.12.31, 2005.3.24〉

② 제1항의 규정에 의하여 관계공무원이 그 직무를 행하는 때에는 그 권한을 표시하는 증표를 지니고 이를 관계인에게 내보여야 한다.

제43조(보육시설의 폐지 · 휴지 및 재개 등의 신고) ① 제13조제1항의 규정에 의하여 인가된 보육시설을

폐지 또는 휴지하거나 그 운영을 재개하고자 하는 자는 여성가족부령이 정하는 바에 의하여 미리 시장 · 군수 · 구청장에게 신고하여야 한다.〈개정 2004.12.31, 2005.3.24〉

② 보육시설의 장은 보육시설이 폐지 또는 휴지되는 경우에는 여성가족부령이 정하는 바에 의하여 당해 보육시설에 보육중인 영유아를 다른 보육시설로 전원조치하는 등 영유아의 권익을 보호하기 위한 조치를 취하여야 한다.〈개정 2004.12.31, 2005.3.24〉

제44조(시정 또는 변경 명령) 여성가족부장관, 시 · 도지사 또는 시장 · 군수 · 구청장은 보육시설이 다음 각호의 1에 해당하는 경우에는 보육시설의 장 또는 그 설치 · 운영자에게 기간을 정하여 그 시정 또는 변경을 명할 수 있다.〈개정 2004.12.31, 2005.3.24〉

1. 제13조제1항의 규정에 의한 변경인가를 받지 아니하고 보육시설을 운영하는 경우
2. 제15조의 규정에 의한 보육시설의 설치기준을 위반한 경우
3. 제17조의 규정에 의한 보육시설종사자의 배치기준을 위반한 경우
4. 제24조제1항의 규정에 의한 보육시설의 운영기준을 위반한 경우
5. 제38조의 규정에 의한 보육료 등의 수납한도액을 초과하여 수납한 경우
6. 제42조의 규정에 의한 보고를 하지 아니하거나 거짓으로 보고한 경우 또는 조사 · 검사를 거부하거나 기피한 경우
7. 제43조제1항의 규정에 의한 신고를 하지 아니하고 보육시설을 폐지 또는 휴지하거나 그 운영을 재개한 경우
8. 그 밖에 이 법 또는 이 법에 의한 명령을 위반한 경우

제45조(보육시설의 폐쇄 등) ① 여성가족부장관, 시 · 도지사 및 시장 · 군수 · 구청장은 보육시설을 설치 · 운영하는 자가 다음 각호의 1에 해당하는 경우에는 1년 이내의 시설운영정지를 명하거나 시설의 폐쇄를 명할 수 있다.〈개정 2004.12.31, 2005.3.24〉

1. 제36조의 규정에 의하여 비용을 보조받은 자가 사실을 거짓으로 보고하여 보조를 받았거나 보조금을 유용하였을 경우
2. 제40조의 규정에 의한 비용 또는 보조금의 반환명령을 받고 이를 반환하지 아니한 경우
3. 제44조의 규정에 의한 시정 또는 변경 명령을 위반한 경우

② 제1항의 규정에 의한 행정처분의 세부기준은 여성가족부령으로 정한다.〈개정 2004.12.31, 2005.3.24〉

제46조(보육시설의 장의 자격정지) 여성가족부장관은 보육시설의 장이 다음 각호의 1에 해당하는 경우에는 1년 이내의 범위에서 여성가족부령이 정하는 바에 의하여 그 자격을 정지시킬 수 있다.〈개정 2004.12.31, 2005.3.24, 2005.12.29〉

1. 보육시설의 장의 업무수행중 고의 또는 중대한 과실로 손해를 가한 경우
2. 보육교사 · 간호사 또는 영양사 등 당해 업무수행에 필요한 자격이 없는 자를 채용하여 해당 업무를 수행하게 한 경우
3. 제23조의 규정에 의한 보수교육을 연속하여 3회 이상 받지 아니한 경우

제47조(보육교사의 자격정지) 여성가족부장관은 보육교사가 다음 각호의 1에 해당하는 경우에는 1년 이내의 범위에서 여성가족부령이 정하는 바에 의하여 그 자격을 정지시킬 수 있다.〈개정 2004.12.31, 2005.3.24〉

1. 보육교사의 업무수행중 당해 자격과 관련하여 고의 또는 중대한 과실로 손해를 가한 경우

2. 제23조의 규정에 의한 보수교육을 연속하여 3회 이상 받지 아니한 경우

제48조(보육시설의 장 또는 보육교사의 자격취소) 여성가족부장관은 보육시설의 장 또는 보육교사가 다음 각호의 1에 해당하는 경우에는 그 자격을 취소할 수 있다.〈개정 2004.12.31, 2005.3.24, 2005.12.29〉

1. 거짓 그 밖의 부정한 방법으로 자격증을 취득한 경우
2. 자격취득자가 업무수행중 당해 자격과 관련하여 고의 또는 중대한 과실로 손해를 가하고 금고 이상의 형의 선고를 받은 경우
3. 아동복지법 제29조의 금지행위를 위반하여 동법 제40조의 규정에 의한 처벌을 받은 경우
4. 제22조의2의 규정을 위반한 경우
5. 자격정지처분기간 종료후 3년 이내에 자격정지처분에 해당하는 행위를 한 경우
6. 자격정지처분을 받고도 동 기간 이내에 자격증을 사용하여 자격관련 업무를 행한 경우
7. 자격정지처분을 3회 이상 받은 경우

제49조(청문) 여성가족부장관, 시 · 도지사 및 시장 · 군수 · 구청장은 제45조 내지 제48조의 규정에 의한 행정처분을 하고자 하는 경우에는 청문을 실시하여야 한다. 다만, 청문대상자가 정당한 사유없이 이에 응하지 아니하거나 청문이 사실상 불가능한 경우에는 그러하지 아니하다.〈개정 2004.12.31, 2005.3.24〉

제8장 보　　칙

제50조(경력의 인정) ① 보육시설에 근무하는 자중 유아교육법에 의한 유치원교원의 자격을 가진 자에 대하여는 동 시설에서의 근무경력을 유아교육법에 의한 교육경력으로 인정한다.

② 유치원(유아교육법 제2조제6호의 규정에 의한 종일제 수업과정을 운영하고 있는 유치원에 한한다)에 근무하는 자중 이 법에 의한 보육교사의 자격을 가진 자에 대하여는 동 시설에서의 근무경력을 이 법에 의한 보육경력으로 인정한다.

제51조(권한의 위임 및 위탁) ① 여성가족부장관 또는 시 · 도지사는 이 법에 의한 권한의 일부를 대통령령이 정하는 바에 의하여 시 · 도지사 또는 시장 · 군수 · 구청장에게 위임할 수 있다.〈개정 2004.12.31, 2005.3.24〉

② 여성가족부장관은 이 법에 의한 업무의 일부를 대통령령이 정하는 바에 의하여 법인 또는 단체에 위탁할 수 있다.〈개정 2004.12.31, 2005.3.24〉

제52조(도서 · 벽지 · 농어촌지역 등의 보육시설) ① 시장 · 군수 · 구청장은 도서 · 벽지 · 농어촌지역 등에 있는 보육시설로서 제15조의 규정에 따른 보육시설의 설치기준 및 제17조제2항의 규정에 따른 보육시설 종사자의 배치기준을 적용하기 어렵다고 인정하는 경우에는 제6조의 규정에 따른 지방보육정책위원회의 심의를 거쳐 관할 시 · 도지사의 승인을 얻어 이를 달리 적용할 수 있다.

② 제1항의 규정에 따른 도서 · 벽지 · 농어촌지역 등의 구체적인 범위, 보육시설의 설치기준 및 보육시설종사자의 배치기준은 여성가족부령으로 정한다.〈개정 2005.3.24〉

[전문개정 2004.12.31]

제53조(보육시설연합회) ① 보육사업의 원활한 추진과 보육시설의 균형적인 발전, 보육시설간의 정보교류 및 상호협조 증진을 위하여 보육시설연합회(이하 "연합회"라 한다)를 설립할 수 있다.

② 연합회의 조직 · 운영 및 기능 등에 관하여 필요한 사항은 여성가족부령으로 정한다.〈개정 2004.12.31, 2005.3.24〉

제9장 벌 칙

제54조(벌칙) ① 제36조의 규정에 따라 비용을 보조받은 자가 사실을 거짓으로 보고하여 보조를 받았거나 보조금을 유용하였을 경우 3년 이하의 징역 또는 1천만원 이하의 벌금에 처한다.

② 다음 각호의 1에 해당하는 자는 1년 이하의 징역 또는 500만원 이하의 벌금에 처한다.〈개정 2005.12.29〉

1. 제13조제1항의 규정에 의한 설치인가를 받지 아니하고 보육시설의 명칭을 사용하거나 사실상 보육시설의 형태로 운영한 자

1의2. 거짓 그 밖의 부정한 방법으로 제13조제1항의 규정에 따른 보육시설의 설치인가 또는 변경인가를 받은 자

1의3. 제22조의2의 규정을 위반하여 자기의 성명이나 보육시설의 명칭을 사용하여 보육시설의 장 또는 보육교사의 업무를 수행하게 하거나 자격증을 대여한 자 및 그 상대방

2. 제45조제1항의 규정에 의한 정지명령 또는 시설의 폐쇄명령을 위반하여 사업을 계속한 자

제55조(양벌규정) 법인의 대표자나 법인 또는 개인의 대리인 · 사용인 그 밖의 종사자가 그 법인 또는 개인의 업무에 관하여 제54조의 위반행위를 한 때에는 그 행위자를 벌하는 외에 그 법인 또는 개인에 대하여도 동조의 벌금형을 과한다.

제56조(과태료) ① 제43조제1항의 규정에 의한 신고를 하지 아니하고 보육시설을 폐지 또는 휴지하거나 그 운영을 재개한 자는 500만원 이하의 과태료에 처한다.

② 다음 각호의 1에 해당하는 자는 300만원 이하의 과태료에 처한다.〈개정 2005.12.29〉

1. 제26조제1항의 규정에 의한 취약보육을 우선적으로 실시하지 아니한 자
2. 제28조제1항 각 호에 해당하는 자를 우선적으로 보육하지 아니한 자
3. 제31조의 규정에 의한 건강진단실시 또는 응급조치 등을 이행하지 아니한 자

③ 제1항 및 제2항의 규정에 의한 과태료는 대통령령이 정하는 바에 따라 여성가족부장관, 시 · 도지사 또는 시장 · 군수 · 구청장(이하 "부과권자"라 한다)이 부과 · 징수한다.〈개정 2004.12.31, 2005.3.24〉

④ 제3항의 규정에 의한 과태료처분에 불복이 있는 자는 그 처분의 고지를 받은 날부터 30일 이내에 부과권자에게 이의를 제기할 수 있다.

⑤ 제3항의 규정에 의한 과태료처분을 받은 자가 제4항의 규정에 의한 이의를 제기한 때에는 부과권자는 지체없이 관할법원에 그 사실을 통보하여야 하며, 그 통보를 받은 관할법원은 비송사건절차법에 의한 과태료의 재판을 한다.

⑥ 제4항의 규정에 의한 기간 이내에 이의를 제기하지 아니하고 과태료를 납부하지 아니한 때에는 국세체납처분 또는 지방세체납처분의 예에 의하여 이를 징수한다.

부칙〈제7153호, 2004.1.29〉

제1조(시행일) 이 법은 공포후 1년이 경과한 날부터 시행한다.

제2조(보육정보센터 및 보육지도원에 관한 경과조치) 이 법 시행 당시 종전의 규정에 의한 보육정보센터 및 보육지도원은 각각 이 법에 의한 보육정보센터 및 보육전문요원으로 본다.

제3조(보육교사 등에 관한 경과조치) ① 이 법 시행 당시 종전의 규정에 의한 보육시설의 장 및 보육교사의 자격은 이 법에 의한 자격으로 인정한다.

② 제1항의 규정에 의하여 보육교사의 자격을 인정받은 자 및 이 법 시행 당시 종전의 제9조제2항제1호의 규정에 의한 학과를 전공중인 자는 그 학과를 졸업했을 경우와 제9조제2항제2호의 규정에 의한 교육과정을 이수중인 자는 그 과정을 수료했을 경우에 이 법에 의한 자격을 인정한다.

③ 제1항 또는 제2항의 규정에 의하여 자격을 인정받은 자에게는 제22조의 규정에 의한 자격증을 교부할 수 있다.

제4조(보육시설에 관한 경과조치) 이 법 시행 당시 종전의 규정에 의하여 신고한 보육시설은 이 법에 의하여 인가를 받은 것으로 본다.

제5조(보육시설연합회에 관한 경과조치) 이 법 시행 당시 종전의 규정에 의한 보육시설연합회는 이 법에 의한 보육시설연합회로 본다.

제6조(행정처분 등에 대한 경과조치) 이 법 시행 당시 종전의 규정에 의하여 행정기관 등이 행한 명령 그 밖의 행위 또는 각종 신고 그 밖의 행정기관 등에 대한 행위는 이 법에 의한 행정기관 등의 행위 또는 행정기관 등에 대한 행위로 본다.

제7조(벌칙에 관한 경과조치) 이 법 시행전의 행위에 대한 벌칙의 적용에 있어서는 종전의 규정에 의한다.

제8조(다른 법률과의 관계) 이 법 시행 당시 다른 법령에서 종전의 영유아보육법의 규정을 인용한 경우에는 이 법중 그에 해당하는 규정이 있는 때에는 종전의 규정에 갈음하여 이 법의 해당 조항을 인용한 것으로 본다.

부칙〈제7302호, 2004.12.31〉

이 법은 2005년 1월 30일부터 시행한다.

부칙(정부조직법) 〈제7413호, 2005.3.24〉

제1조(시행일) 이 법은 공포한 날부터 시행한다. 다만, 다음 각호의 사항은 각호의 구분에 의한 날부터 시행한다.

1. 제26조……부칙 제2조 내지 제4조의 규정은 이 법 공포 후 3월 이내에 제42조의 개정규정에 의한 여성가족부의 조직에 관한 대통령령이 시행되는 날
2. 생략

제2조 생략

제3조(다른 법률의 개정) ① 내지 ⑩ 생략

⑪ 영유아보육법 일부를 다음과 같이 개정한다.

제5조제3항제1호중 “여성부차관”을 “여성가족부차관”으로 한다.

제6조제1항 본문중 “여성부”를 “여성가족부”로 한다.

제7조제1항 전단 · 제3항, 제8조제1항, 제9조제1항, 제11조제1항 · 제2항, 제21조제2항 각호외의 부분, 제22조제1항 · 제2항, 제23조제1항 · 제3항, 제26조제2항, 제29조제2항, 제29조의2, 제30조제1항 · 제2항 · 제4항 · 제5항, 제41조, 제42조제1항, 제44조 각호외의 부분, 제45조제1항 각호외의 부분, 제46조 각호외의 부분, 제47조 각호외의 부분, 제48조 각호외의 부분, 제49조 본문, 제51조제1항 · 제2항 및 제56조제3항중 "여성부장관"을 각각 "여성가족부장관"으로 한다.

제9조제2항, 제13조제2항, 제14조제2항, 제15조, 제17조제2항, 제19조제2항, 제21조제2항제1호 · 제2호, 제22조제2항 · 제3항, 제23조제3항 · 제4항, 제24조제1항 · 제4항, 제25조제3항, 제26조제3항, 제28조제1항 본문, 제29조제4항, 제30조제3항 · 제4항, 제31조제3항, 제33조, 제34조제1항, 제43조제1항 · 제2항, 제45조제2항, 제46조 각호외의 부분, 제47조 각호외의 부분, 제52조제2항 및 제53조제2항중 "여성부령"을 각각 "여성가족부령"으로 한다.

⑫ 내지 ⑭ 생략

제4조 생략

부칙〈제7785호, 2005.12.29〉

① **(시행일)** 이 법은 공포 후 3월이 경과한 날부터 시행한다. 다만, 제21조제1항, 제22조제1항 · 제2항, 제22조의2, 제46조, 제48조 및 제54조제2항의 개정규정은 공포 후 1년이 경과한 날부터 시행한다.

② **(보육시설의 장에 관한 경과조치)** 이 법 시행당시 종전의 규정에 따라 보육시설의 장의 자격이 있는 자는 제21조제1항의 개정규정에 따른 보육시설의 장의 자격증을 받은 자로 본다. 이 경우 제21조제1항의 개정규정의 시행 후 1년 이내에 제21조제1항의 개정규정에 따른 요건을 갖추어야 한다.

2. 영유아보육법 시행규칙

[일부개정 2006.4.13 대통령령 제19446호]

제1조 (목적) 이 영은 「영유아보육법」에서 위임된 사항과 그 시행에 관하여 필요한 사항을 규정함을 목적으로 한다.

제2조 (보육정책조정위원회 위원의 임기) 「영유아보육법」(이하 "법"이라 한다) 제5조제1항의 규정에 의하여 국무총리소속하에 두는 보육정책조정위원회(이하 "보육정책조정위원회"라 한다)의 위원중 동조제3항 제2호의 규정에 의한 공무원이 아닌 위원의 임기는 2년으로 하되 연임할 수 있다. 다만, 위원의 사임 등의 사유로 새로이 위촉된 위원의 임기는 전임위원의 잔여임기로 한다.

제3조 (보육정책조정위원회의 운영 등) ① 보육정책조정위원회의 위원장은 보육정책조정위원회를 대표하며 보육정책조정위원회의 업무를 통할한다.

② 보육정책조정위원회의 부위원장은 여성가족부차관이 되고, 위원장을 보좌하며, 위원장이 부득이한 사유로 직무를 수행할 수 없는 때에는 그 직무를 대행한다. 〈개정 2005.6.23〉

③ 보육정책조정위원회의 사무를 처리하기 위하여 보육정책조정위원회에 간사 1인을 두되, 간사는 여성가족부에서 보육정책을 담당하는 국장이 된다. 〈개정 2005.6.23〉

④ 간사는 보육정책조정위원회의 회의에 출석하여 발언할 수 있다.

제4조 (보육정책조정위원회의 회의) ① 보육정책조정위원회의 회의는 위원장이 필요하다고 인정하거나 재적위원 3분의 1 이상의 회의소집 요청이 있는 때에 위원장이 이를 소집한다.

② 보육정책조정위원회의 회의는 재적위원 과반수의 출석으로 개의하고 출석위원 과반수의 찬성으로 의결한다.

③ 위원장은 업무수행을 위하여 필요하다고 인정하는 경우에는 관계기관 · 단체 등에 대하여 관련자료 또는 의견의 제출 등을 요청할 수 있다.

④ 보육정책조정위원회의 회의에 출석한 위원에 대하여는 예산의 범위안에서 수당과 여비를 지급할 수 있다. 다만, 공무원인 위원이 그 소관 업무와 직접적으로 관련되어 출석하는 경우에는 그러하지 아니하다.

제5조 (보육정책조정위원회의 운영세칙) 이 영에서 정한 것외에 보육정책조정위원회의 운영에 관하여 필요한 사항은 보육정책조정위원회의 의결을 거쳐 위원장이 정한다.

제6조 (보육정책위원회의 구성) ① 법 제6조제1항 본문의 규정에 의하여 여성가족부에 두는 중앙보육정책위원회(이하 "중앙보육정책위원회"라 한다)는 위원장 및 부위원장 각 1인을 포함한 20인 이내의 위원으로 구성하고, 특별시 · 광역시 · 도 및 시 · 군 · 구(자치구를 말한다. 이하 같다)에 두는 지방보육정책위원회(이하 "지방보육정책위원회"라 한다)는 위원장 및 부위원장 각 1인을 포함한 15인 이내의 위원으로 구성한다. 〈개정 2005.6.23〉

② 중앙보육정책위원회의 위원장은 여성가족부차관이 되고, 부위원장은 위원중에서 호선하며, 위원은 법 제6조제2항의 규정에 의한 보육전문가, 보육시설의 장 및 보육교사 대표, 보호자 대표 또는 공익을 대표하는 자중에서 여성가족부장관이 위촉하는 자와 여성가족부에서 보육정책을 담당하는 국장이 된

다. 〈개정 2005.6.23〉

③ 지방보육정책위원회의 위원장 및 부위원장은 위원중에서 호선하며, 위원은 법 제6조제2항의 규정에 의한 보육전문가, 보육시설의 장 및 보육교사 대표, 보호자 대표 또는 공익을 대표하는 자, 관계공무원 중에서 당해 지방보육정책위원회가 속하는 지방자치단체의 장이 위촉 또는 임명하는 자가 된다.

제7조 (보육정책위원회의 기능) ① 중앙보육정책위원회는 다음의 사항을 심의한다.

1. 법 제11조의 규정에 의한 보육계획 및 이 영 제19조제2항의 규정에 의한 연도별 시행계획의 수립에 관한 사항
2. 법 제29조의 규정에 의한 보육과정의 개발에 관한 사항
3. 법 제30조의 규정에 의한 보육시설의 평가에 관한 사항
4. 그 밖에 보육관련 업무의 위탁 등 보육에 관하여 위원장이 회의에 부치는 사항

② 지방보육정책위원회는 다음의 사항을 심의한다.

1. 법 제7조제3항의 규정에 의한 보육정보센터의 설치 및 운영 위탁에 관한 사항
2. 법 제11조의 규정에 의한 보육계획 및 이 영 제19조제2항의 규정에 의한 연도별 시행계획의 수립에 관한 사항
3. 법 제21조제2항제2호의 규정에 의한 교육훈련시설의 지정에 관한 사항
4. 법 제23조제3항의 규정에 의한 보수교육의 실시 위탁에 관한 사항
5. 법 제24조의 규정에 의한 공립보육시설의 설치 및 운영 위탁에 관한 사항
6. 법 제38조의 규정에 의한 보육시설 이용자가 납부할 보육료 등에 관한 사항
7. 법 제46조의 규정에 의한 보육시설 장의 업무정지 및 법 제47조의 규정에 의한 보육교사의 자격정지에 관한 사항
8. 법 제52조의 규정에 의한 도서 · 벽지 · 농어촌 등의 보육시설 설치기준 및 보육시설종사자의 배치기준에 관한 사항
9. 그 밖에 보육에 관하여 위원장이 회의에 부치는 사항

제8조 (보육정책위원회 위원의 임기) 중앙보육정책위원회 및 지방보육정책위원회(이하 "각 보육정책위원회"라 한다)의 위원중 민간 위원의 임기는 2년으로 하되, 1차에 한하여 연임할 수 있다. 다만, 위원의 사임 등의 사유로 새로이 위촉된 위원의 임기는 전임위원의 잔여임기로 한다.

제9조 (보육정책위원회의 운영 등) ① 각 보육정책위원회의 위원장은 당해 위원회를 대표하며, 위원회의 업무를 통할한다.

② 각 보육정책위원회의 부위원장은 위원장을 보좌하며, 위원장이 부득이한 사유로 직무를 수행할 수 없는 때에는 그 직무를 대행한다.

③ 각 보육정책위원회의 사무를 처리하기 위하여 각 보육정책위원회에 간사 1인을 두되, 간사는 각 보육정책위원회가 속하는 기관 및 지방자치단체의 장이 소속 공무원중에서 지명하는 자로 한다. 이 경우 간사는 회의록을 작성하여야 한다.

제10조 (보육정책위원회의 회의) ① 각 보육정책위원회의 회의는 각 보육정책위원회가 속하는 기관 · 지방자치단체의 장 또는 재적위원 3분의 1 이상의 회의소집 요청이 있거나 위원장이 필요하다고 인정하는 때에 위원장이 소집한다.

② 각 보육정책위원회의 회의는 재적위원 과반수의 출석으로 개의하고 출석위원 과반수의 찬성으로 의결한다.

③ 제4조제4항의 규정은 각 보육정책위원회의 회의에 출석한 위원에 대한 수당 및 여비의 지급 등에 관하여 이를 준용한다.

④ 각 보육정책위원회의 회의결과와 회의내용은 공개함을 원칙으로 한다. 이 경우 공개의 방법은 각 보육정책위원회의 운영세칙으로 정한다.

제11조 (보육정책위원회의 운영세칙) 제5조의 규정은 각 보육정책위원회의 운영세칙에 관하여 이를 준용한다.

제12조 (보육정보센터의 설치) 법 제7조제1항의 규정에 의하여 여성가족부장관이 설치 · 운영하는 중앙보육정보센터(이하 "중앙보육정보센터"라 한다)와 특별시장 · 광역시장 · 도지사(이하 "시 · 도지사"라 한다) 및 시장 · 군수 · 구청장(자치구의 구청장을 말한다. 이하 같다)이 설치 · 운영하는 지방보육정보센터(이하 "지방보육정보센터"라 한다)에는 자료실, 상담실 및 교육실 등을 두어야 한다. 〈개정 2005.6.23〉

제13조 (보육정보센터의 기능) ① 중앙보육정보센터 및 지방보육정보센터(이하 "각 보육정보센터"라 한다)는 다음의 기능을 수행한다.

1. 보육에 관한 정보의 수집 및 제공
2. 보육 프로그램 및 교재 · 교구의 제공 또는 대여
3. 보육시설 종사자에 대한 상담 및 구인 · 구직 정보의 제공
4. 보육시설 이용자에 대한 안내 · 상담 및 교육
5. 장애아보육 등 취약보육에 대한 정보의 제공
6. 육아지원에 대한 정보의 제공
7. 그 밖에 보육시설 운영지원 등에 관하여 필요한 사항

② 중앙보육정보센터는 지방보육정보센터의 업무를 지원하고, 지방보육정보센터는 관할지역내의 보육시설과 보육수요자에 대하여 지역특성에 기초한 서비스를 제공하여야 한다.

제14조 (보육정보센터의 장의 자격 및 직무) ① 각 보육정보센터의 장은 제15조제1항의 규정에 의한 보육전문요원의 자격을 취득한 이후 보육업무에 2년 이상 종사한 경력이 있는 자로 한다.

② 각 보육정보센터의 장은 당해 보육정보센터를 대표하고 그 업무를 통할한다.

③ 각 보육정보센터의 장은 상근을 원칙으로 한다.

제15조 (보육전문요원의 자격 및 직무) ① 법 제7조제2항의 규정에 의한 보육전문요원은 다음의 어느 하나에 해당하는 자격을 가진 자로 한다.

1. 별표 1의 규정에 의한 보육교사 1급 자격을 가진 자
2. 「사회복지사업법」에 의한 사회복지사 1급 자격을 취득한 이후 보육업무에 3년 이상 종사한 경력이 있는 자

② 보육전문요원은 제13조의 규정에 의한 보육정보센터의 업무를 수행하고, 보육정보센터의 장이 부득이한 사유로 직무를 수행할 수 없는 때에는 선임 보육전문요원이 보육정보센터의 장의 직무를 대행한다.

제16조 (보육정보센터 운영업무의 위탁) ① 여성가족부장관, 시 · 도지사 및 시장 · 군수 · 구청장은 법 제7조제3항의 규정에 의하여 보육정보센터의 운영에 관한 업무를 다음 각호의 어느 하나에 해당하는 연구기

관이나 법인 또는 단체 등으로서 보육에 관한 전문성과 인력 및 장비를 갖춘 연구기관이나 법인 또는 단체에 위탁할 수 있다. 이 경우 여성가족부장관, 시 · 도지사 및 시장 · 군수 · 구청장은 수탁기관 및 위탁업무의 내용을 고시하여야 한다. 〈개정 2005.6.23〉

1. 「정부출연연구기관 등의 설립 · 운영 및 육성에 관한 법률」에 의하여 설립된 정부출연연구기관
2. 보육 또는 아동복지 관련 학과가 개설된 대학
3. 그 밖에 보육관련 비영리법인 · 단체

② 여성가족부장관, 시 · 도지사 및 시장 · 군수 · 구청장은 제1항의 규정에 의하여 보육정보센터의 운영에 관한 업무를 위탁하고자 하는 경우 미리 위탁의 기준, 절차 및 방법 등을 자체 게시판이나 인터넷 홈페이지를 이용하여 공고하여야 한다. 〈개정 2005.6.23〉

③ 보육정보센터의 위탁신청절차, 신청서류, 수탁기관 선정, 수탁기관 변경 사유 등에 관하여 필요한 사항은 여성가족부령으로 정한다. 〈개정 2005.6.23〉

제17조 (보육정보센터 운영업무 위탁의 취소) 여성가족부장관, 시 · 도지사 및 시장 · 군수 · 구청장은 다음의 어느 하나에 해당하는 사유가 발생한 때에는 보육정보센터 운영업무의 위탁을 취소할 수 있다. 〈개정 2005.6.23〉

1. 수탁기관이 법 제36조의 규정에 의하여 지급받은 보조금을 목적 외의 용도에 사용한 때
2. 수탁기관이 허위 그 밖에 부정한 방법으로 법 제36조의 규정에 의한 보조금을 교부받은 때
3. 수탁기관이 제13조의 규정에 의한 보육정보센터의 기능을 제대로 수행하지 못한다고 판단될 때
4. 수탁기관이 파산 또는 해산한 때

제18조 (보육에 관한 연구업무 등의 위탁) ① 여성가족부장관은 법 제8조제1항의 규정에 의하여 다음의 업무를 제16조제1항의 규정에 의한 요건을 갖춘 연구기관이나 법인 또는 단체에 위탁할 수 있다. 이 경우 여성가족부장관은 수탁기관 및 위탁업무의 내용을 고시하여야 한다. 〈개정 2005.6.23〉

1. 보육에 관한 정책의 연구 및 정보의 제공
2. 보육 프로그램 및 교재의 개발
3. 보육시설 종사자에 대한 연수교재 개발 및 연수
4. 보육시설 평가척도의 개발
5. 그 밖에 보육정보센터, 교육훈련시설 등의 평가 등 보육업무와 관련하여 여성가족부장관이 필요하다고 인정하는 업무

② 제16조제2항의 규정은 제1항의 규정에 의한 업무의 위탁기준 등의 공고에 관하여 이를 준용한다.

③ 제1항의 규정에 의하여 업무를 위탁받은 연구기관이나 법인 또는 단체는 당해 업무에 대한 계획서와 예산서를 작성하여 사업년도 개시 전까지 여성가족부장관에게 제출하여야 한다. 〈개정 2005.6.23〉

④ 여성가족부장관은 제1항의 규정에 의하여 업무를 위탁받은 연구기관이나 법인 또는 단체에 대하여 예산의 범위 안에서 위탁업무의 수행에 소요되는 비용을 보조할 수 있다. 〈개정 2005.6.23〉

제19조 (보육계획의 내용, 수립시기 및 절차) ① 여성가족부장관, 시 · 도지사 및 시장 · 군수 · 구청장은 법 제11조제1항의 규정에 의하여 다음의 사항이 포함된 보육계획을 수립하여야 한다. 〈개정 2005.6.23〉

1. 보육사업의 기본방향
2. 보육시설의 설치 및 수급에 관한 사항

3. 보육시설 종사자에 관한 사항
4. 보육시설 운영 및 평가에 관한 사항
5. 보육비용에 관한 사항
6. 그 밖에 영유아 보육에 관하여 필요한 사항

② 여성가족부장관, 시 · 도지사 및 시장 · 군수 · 구청장은 제1항의 규정에 의한 보육계획을 5년마다 수립하여야 하고, 매년 2월말까지 연도별 시행계획을 수립하여야 한다. 〈개정 2005.6.23〉

제20조 (직장보육시설의 설치) ① 법 제14조제1항의 규정에 의하여 사업주가 직장보육시설을 설치하여야 하는 사업장은 상시 여성근로자 300인 이상 또는 근로자 500인 이상을 고용하고 있는 사업장으로 한다.

② 제1항의 규정에 의한 사업장외의 사업주는 필요한 경우 사업장 근로자의 자녀를 보육하기 위한 직장보육시설을 설치하거나 보육수당을 지급할 수 있다.

제21조 (보육시설의 장 및 보육교사의 자격기준) 법 제21조제1항 및 제3항에 의한 보육시설의 장과 보육교사의 자격기준은 별표 1과 같다.

제21조의 2 (보육시설운영위원회의 설치 범위) 법 제25조제1항 단서에서 "대통령령이 정하는 보육시설"이라 함은 보육정원이 40인 이상인 보육시설을 말한다.

[본조신설 2006.4.13]

제22조 (무상보육의 대상자 및 그 실시지역) ① 법 제35조제1항의 규정에 의한 초등학교 취학직전 1년의 유아에 대한 무상보육은 매년 3월 1일 현재 만 5세에 도달한 유아를 대상으로 하여 실시하되, 예산의 범위 안에서 다음 각호의 어느 하나에 해당 하는 유아에 대하여 우선적으로 실시한다.

1.「국민기초생활 보장법」에 의한 수급자인 유아
2.「도서 · 벽지 교육진흥법」제2조의 규정에 의한 도서 · 벽지에 거주하는 유아
3. 행정구역상 읍 · 면지역에 거주하는 유아

② 제1항 각호외의 자에 대한 무상보육의 실시는 예산의 범위 안에서 순차적으로 확대한다.

③ 제1항의 규정에 의하여 무상보육대상자로 된 유아는 행정구역의 변경에 따라 영향을 받지 아니한다.

④ 그 밖에 무상보육의 실시에 관하여 필요한 사항은 여성가족부장관이 정한다. 〈개정 2005.6.23〉

제23조 (무상보육 실시의 비용) ① 법 제35조제2항의 규정에 의하여 무상보육의 실시에 드는 비용은「보조금의 예산 및 관리에 관한 법률 시행령」제4조 및 별표 1의 규정에 의한 영유아보육사업에 대한 지원비율에 따라 국가와 지방자치단체가 이를 부담한다.

② 무상보육 실시를 위한 보육료 지원 절차 등 구체적인 사항은 여성가족부장관이 정한다. 〈개정 2005.6.23〉

제24조 (비용의 보조) ① 법 제36조의 규정에 의하여 국가 또는 지방자치단체는 예산의 범위 안에서 다음의 비용의 전부 또는 일부를 보조한다. 〈개정 2005.6.23〉

1. 보육시설의 설치, 증 · 개축 및 개 · 보수비
2. 보육교사 인건비
3. 교재 · 교구비
4. 보육정보센터의 설치 · 운영비
5. 보수교육 등 종사자 교육훈련 비용

6. 장애아보육 등 취약보육 실시비용
7. 그 밖에 차량운영비 등 여성가족부장관 또는 당해 지방자치단체의 장이 보육시설 운영에 필요하다고 인정하는 비용

② 제1항에서 정한 비용의 지원방법 등에 관하여 필요한 사항은 여성가족부장관 또는 당해 지방자치단체의 장이 정한다. 〈개정 2005.6.23〉

제25조 (사업주의 비용보조) 법 제14조제1항의 규정에 의하여 직장보육시설을 설치(둘 이상의 사업주가 공동으로 직장보육시설을 설치하는 경우를 포함한다)하거나, 지역의 보육시설과 위탁계약을 체결한 사업주는 그 보육시설의 운영 및 수탁 보육중인 영유아의 보육에 필요한 비용의 100분의 50 이상을 보조하여야 한다.

제26조 (권한의 위임 및 위탁) ① 여성가족부장관은 법 제51조제1항의 규정에 의하여 법 제23조제1항의 규정에 의한 보수교육의 실시에 관한 권한을 시·도지사에게 위임한다. 〈개정 2005.6.23〉

② 여성가족부장관은 법 제51조제1항의 규정에 의하여 다음의 권한을 시장·군수·구청장에게 위임한다. 〈개정 2005.6.23〉

1. 법 제46조의 규정에 의한 보육시설의 장의 업무정지에 관한 권한
2. 법 제47조의 규정에 의한 보육교사의 자격정지에 관한 권한

③ 여성가족부장관은 법 제51조제2항의 규정에 의하여 법 제22조제1항의 규정에 의한 보육교사의 자격검정 및 자격증 교부에 관한 업무를 이 영 제16조제1항의 규정에 의한 연구기관이나 대학 또는 법인·단체에 위탁한다. 이 경우 수탁기관이나 위탁업무의 내용을 고시하여야 한다. 〈개정 2005.6.23〉

④ 제16조제2항의 규정은 제3항의 규정에 의한 업무의 위탁기준 등의 공고에 관하여 이를 준용한다.

제27조 (과태료의 부과·징수) ① 법 제56조의 규정에 의하여 과태료를 부과할 때에는 당해 위반행위를 조사·확인한 후 위반 사실 및 과태료 금액 등을 서면으로 명시하여 이를 납부할 것을 과태료처분대상자에게 통지하여야 한다.

② 여성가족부장관, 시·도지사 또는 시장·군수·구청장은 제1항의 규정에 의하여 과태료를 부과하고자 할 때에는 10일 이상의 기간을 정하여 과태료처분대상자에게 구술 또는 서면에 의한 의견진술의 기회를 주어야 한다. 이 경우 지정된 기일까지 의견진술이 없는 때에는 의견이 없는 것으로 본다. 〈개정 2005.6.23〉

③ 여성가족부장관, 시·도지사 또는 시장·군수·구청장은 과태료의 금액을 정함에 있어서는 당해 위반행위의 동기와 그 결과 등을 참작하되, 그 세부기준은 별표 2와 같다. 〈개정 2005.6.23〉

④ 과태료의 징수절차에 관하여는 여성가족부령으로 정한다. 〈개정 2005.6.23〉

부칙〈제18691호, 2005.1.29〉

제1조 (시행일) 이 영은 2005년 1월 30일부터 시행한다. 다만, 제20조제1항의 개정규정은 2006년 1월 30일부터 시행한다.

제2조 (보육정보센터 운영업무의 위탁에 관한 경과조치) 이 영 시행 당시 종전의 규정에 의한 보육정보센터 운영업무의 위탁은 이 영에 의한 위탁으로 본다. 이 경우 이 영 제16조제1항의 규정에 의하여 여성부장관, 시·도지사 및 시장·군수·구청장은 수탁기관 및 위탁업무의 내용을 고시하여야 한다.

제3조 (보육시설의 장의 자격기준에 관한 경과조치) ① 이 영 시행당시「고등교육법」제29조의 규정에 의한 대학원에서 법률 제7186호 영유아보육법중개정법률(이하 "종전의 법"이라 한다) 제9조제2항제1호에 의하여 여성부령이 정하는 유아교육 또는 아동복지에 관련된 학과를 전공중인 자가 교육인적자원부에 석사 이상의 학위등록을 한 후 보육시설을 설치할 경우에는 이 영에 의한 보육시설의 장의 자격을 갖춘 것으로 본다.

② 이 영 시행당시 「고등교육법」 제47조의 규정에 의한 전문대학 또는 이와 동등 이상의 학교에서 종전의 법 제9조제2항제1호에 의하여 여성부령이 정하는 유아교육 또는 아동복지에 관련된 학과를 전공중인 자가 졸업한 후 영유아 40인 미만의 보육시설을 설치할 경우에는 이 영에 의한 보육시설의 장의 자격을 갖춘 것으로 본다.

③ 이 영 시행당시 종전의 법 제9조제2항제2호에 의하여 여성부령이 정하는 교육훈련시설에서 소정의 교육과정을 이수중인 자가 수료한 후 영유아 40인 미만의 보육시설을 설치할 경우에는 이 영에 의한 보육시설의 장의 자격을 갖춘 것으로 본다.

제4조 (보육교사의 자격에 관한 경과조치) ① 이 영 시행당시 종전의 규정에 의한 보육교사 1급 및 2급의 자격은 각각 이 영에 의한 보육교사 1급 및 2급의 자격으로 인정한다.

② 이 영 시행당시 종전의 법 제9조제2항제1호의 규정에 의한 학과를 전공중인 자는 그 학과를 졸업하였을 경우 이 영에 의한 보육교사 1급의 자격을 인정하고, 종전의 법 제9조제2항제2호의 규정에 의한 교육과정을 이수중인 자는 그 과정을 수료하였을 경우 이 영에 의한 보육교사 2급의 자격을 인정한다.

제5조 (다른 법령과의 관계) 이 영 시행 당시 다른 법령에서 종전의 규정을 인용한 경우에는 이 영 중 그에 해당하는 규정이 있는 때에는 종전의 규정에 갈음하여 이 영의 해당 조항을 인용한 것으로 본다.

부칙(여성가족부 직제)〈제18873호, 2005.6.23〉

제1조 (시행일) 이 영은 공포한 날부터 시행한다.

제2조 내지 제4조 생략

제5조 (다른 법령의 개정) ① 내지 〈19〉생략

〈20〉영유아보육법시행령 일부를 다음과 같이 개정한다.

제3조제2항 및 제6조제2항중 "여성부차관"을 각각 "여성가족부차관"으로 한다.

제3조제3항 및 제6조제1항 · 제2항중 "여성부"를 각각 "여성가족부"로 한다.

제6조제2항, 제12조, 제16조제1항 각 호 외의 부분 · 제2항, 제17조 각 호 외의 부분, 제18조제1항 각 호 외의 부분 · 동항제5호, 제18조제3항 · 제4항, 제19조제1항 각 호 외의 부분 · 제2항, 제22조제4항, 제23조제2항, 제24조제1항제7호 · 제2항, 제26조제1항 · 제2항 각 호 외의 부분 · 제3항 전단, 제27조제2항 전단 · 제3항 및 별표 1의 제2호의 보육교사 1급의 자격기준란 및 보육교사 2급의 자격기준란중 "여성부장관"을 각각 "여성가족부장관"으로 한다.

제16조제3항, 제27조제4항, 별표 1의 제1호 라목의 (3) 및 별표 1의 제2호의 보육교사 2급의 자격기준란중 "여성부령"을 각각 "여성가족부령"으로 한다.

〈21〉내지 〈35〉생략

부칙〈제19446호, 2006.4.13〉

① **(시행일)** 이 영은 공포한 날부터 시행한다. 다만, 제26조의 개정규정은 2006년 12월 30일부터 시행한다.

② **(보육시설운영위원회의 설치에 관한 경과조치)** 이 영 시행당시 제21조의2의 개정규정에 해당하는 보육시설은 이 영 시행일부터 3월 이내에 보육시설운영위원회를 설치하여야 한다.

저자 소개

✍ 서정현

· 부산대학교 사범대학 유아교육과(교육학 박사)
· 부산대학교 교육대학원(교육학 석사)
· Paris 5대학(소르본느, 인문사회과학부) 박사과정 수료(DEA학위, 교육학)
· 현재 : 강릉영동대학 유아교육과 교수

〈저서 및 논문〉
· Rôle de la télévision auprès des enfants
· TV가 유아 사회화에 미치는 영향
· 유치원에서 활용할 수 있는 NIE 활동의 실제(공저)
· 유치원교사의 의사소통 정도 및 경로에 관한 조사연구
· 남북한 유아교육 비교 및 통일 대비 유아교육
· 유아들은 텔레토비를 어떻게 이해하는가?
· 현대 한국 사회와 유아의 성격 형성 과정의 문제점
· 유아교사의 여성화 동향과 그 대책
· 유 · 초 연계교육론(공저)
· 유아교육기관운영관리 외 다수

보육시설의 운영관리

초판인쇄 2010년 8월 15일
재판발행 2012년 2월 10일

2012. 1. 31.

저 자 서 정 현
발행인 김 현 태
발행처 태영출판사

주 소 (152-705) 서울 구로구 구로동 104-10 동남오피스텔 201호
전 화 02 · 839-3757, 839-3752
팩 스 02 · 837-3754
등 록 2005년 5월 30일 제12-421호
http://www.taeyeongbook.co.kr
E-mail tys2005@paran.com
ISBN 978-89-6302-039-6 93370
정 가 18,000원

NAVER 태영출판사

* 잘못 만들어진 책은 교환해 드립니다.